"十三五"普通高等教育本科系列教材

电工技术

DIANGONG JISHU

主编　罗映红　陶彩霞

编写　苏利捷　李若琼

主审　王建华

中国电力出版社
CHINA ELECTRIC POWER PRESS

内 容 提 要

本书为"十三五"普通高等教育本科系列教材，是在工程教育认证背景下，以 CDIO 的工程教育思想编写而成。CDIO 代表构思（Conceive）、设计（Design）、实现（Implement）和运作（Operate）。

全书除包含系统完整的基础教学内容外，还借助最新的信息技术，用二维码嵌入了大量的电器、原理电路、实际应用电路的动画、仿真、视频，以及"相关知识延伸与应用"，帮助学生掌握概念、理解原理、理论联系实际，启迪思维、开拓能力。全书共分 10 章，主要内容包括电路的基本概念与基本定律、电路的分析方法、正弦交流电路、三相正弦交流电路、线性电路动态过程的时域分析、变压器、交流电动机、继电接触器控制系统、可编程控制器等。

本书为高等理工科院校非电专业电工技术课程的分层教学编写，也可作为高等理工科各非电类专业一般电工学课程使用，同时可供有关科技、工程技术人员参考。

图书在版编目（CIP）数据

电工技术/罗映红，陶彩霞主编 . —北京：中国电力出版社，2018.12（2022.3 重印）
"十三五"普通高等教育本科规划教材
ISBN 978 - 7 - 5198 - 2777 - 9

Ⅰ.①电… Ⅱ.①罗… ②陶… Ⅲ.①电工技术—高等学校—教材 Ⅳ.①TM

中国版本图书馆 CIP 数据核字（2018）第 295132 号

出版发行：中国电力出版社
地　　址：北京市东城区北京站西街 19 号（邮政编码 100005）
网　　址：http://www.cepp.sgcc.com.cn
责任编辑：雷　锦（010 - 63412530）
责任校对：黄　蓓　常燕昆
装帧设计：赵姗姗
责任印制：吴　迪

印　　刷：三河市百盛印装有限公司
版　　次：2018 年 12 月第一版
印　　次：2022 年 3 月北京第五次印刷
开　　本：787 毫米×1092 毫米　16 开本
印　　张：15
字　　数：408 千字
定　　价：45.00 元

前　言

我国的高等教育特别是工程教育与经济社会发展的需要还存在一定差距，培养的工程技术人才不能很好的满足现代企业的要求。2010 年 6 月教育部启动的"卓越工程师教育培养计划"就是要"着力解决高等工程教育中的实践性和创新性问题，加紧培养一批创新性强、能够适应经济和社会发展需求的各类工程科技人才"。2016 年 6 月我国正式加入《华盛顿协议》，拉开了工程教育认证的序幕，为我国各个高校的工程教育提出了新高度。CDIO 工程教育模式是近年来国际工程教育改革的最新成果。CDIO 代表构思（Conceive）、设计（Design）、实现（Implement）和运作（Operate），它让学生以主动的、实践的、课程之间有机联系的方式学习工程。培养学生工程基础知识、个人能力、人际团队能力和工程系统能力。在这一思想的指导下，我们提出了"工程应用能力强、自主学习能力强、专业创新能力强、社会适应能力强"的"四强"培养目标，研究并实践以"四强"为目标、以工程应用为核心的工程应用人才培养的教学模式。本套教材正是在这样一个背景下编写出版。

教材借助最新的信息技术，用二维码嵌入大量的电器、原理电路、实际应用电路的动画，仿真以及视频，帮助学生掌握概念、理解原理、理论联系实际、启迪思维、开拓能力。用二维码嵌入的"相关知识延伸与拓展"引导学有余力，基础较好的学生开阔眼界，提高自学、探索与创新的意识，使他们有持久的学习动力与自觉的钻研习惯，能灵活运用所学知识和方法分析、解决问题，为后续课程的学习及成为具有较高素质的应用型工程技术人才打下良好的基础。本套教材为便于开展课堂讨论式教学，在书中增加了"思考与讨论"环节。为拓展读者的知识面在数字资源中增加了"相关知识延伸与应用"，扫书中二维码便能阅读。此外，在数字资源中还补充了一些习题，以供读者练习和复习。

本套教材突出了以下特点：①保证基础，加强概念，培养思路；②面向更新，理论联系实践；③注重启迪思维、开拓能力，培养学生较高的科学素质；④精选传统内容，引进新技术与新方法；⑤问题分析深入浅出，详略得当，着重培养学生的自学、探索、创新的意识与能力；⑥培养学生运用所学知识和方法解决工程应用问题的能力，为未来的学习、工作奠定基础。

本书的第 1、2 章由罗映红编写，第 3～5 章及第 1～5 章的电路仿真部分及附录 D 由李若琼编写，第 6、7 章由陶彩霞编写，第 8～10 章由苏利捷编写，本书由罗映红、陶彩霞主编，罗映红负责全套书的策划、组织、统稿和定稿。在教材编写过程中，参考了大量优秀教材，受益匪浅；同时，兰州交通大学自动化与电气工程学院电工学教研室全体老师们为此书的编写给予了大力支持；中国电力出版社的有关编辑及工作人员为此书的顺利出版也付出了积极的努力。在此，一并致以诚挚的谢意。

本书由西安交通大学王建华教授主审，王建华教授以严谨的科学态度、高度负责的精神作了认真的审阅，并提出了许多宝贵意见和修改建议。在此，谨表示衷心的感谢和敬意。

最后，感谢使用本书的各高校同行教师和读者。虽然我们精心组织，认真编写，但难免有不妥和错误之处，恳请读者给予批评指正。

编　者

2018 年 10 月

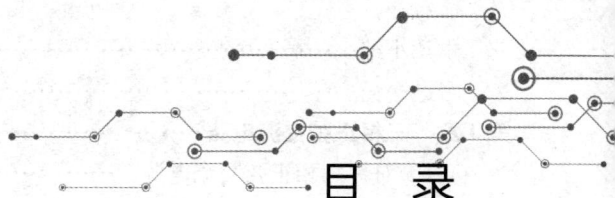

目　录

电工技术综合资源

第 1 章
电路的基本概念与基本定律

电路是电工技术和电子技术的基础。本章从电路模型入手，通过电阻电路介绍电路的基本物理量、电路的基本定律、电路的工作状态，以及电压和电流的参考方向等，这些内容都是分析与计算各类电路的基础。

1.1 电路与电路模型

1.1.1 电路的组成与作用

电路即电流的通路，它是为了满足某种用途，由某些电气设备或器件按一定的方式相互连接组成的。

电路一般包括电源、负载和中间环节三个组成部分。电源是将非电能量转换为电能量的供电设备，例如电池、发电机和信号源等。负载是将电能量转换为非电能量的用电设备，例如电动机、照明灯、信号灯和电炉等。负载的大小用负载取用的功率大小来衡量。中间环节则起着沟通电路、输送电能与电信号的作用。中间环节包括导线、开关和熔断器等一些实现对电路连接、控制、测量及保护的装置与设备。

电路的作用一般分为两类。一类是实现电能的传输和转换，如电力系统，发电机产生的电能通过输电线路输送到各用户，供给动力、电热、电解、电镀和照明用电，如图 1-1（a）所示。由于这类电路电压较高，电流、功率较大，常称为"强电"电路。另一类是用于进行电信号的传递和处理，如收音机和电视机，它们的接收天线（信号源）把载有语音、图像信息的电磁波接收后转换为相应的电信号，而后通过电路把信号传递和处理（调谐、变频、检波、放大等），送到扬声器和显像管（负载），还原为原始信息，如图 1-1（b）所示。这类电路通常电压较低，电流、功率较小，常称为"弱电"电路。

不论是电能的传输和转换，还是信号的传递和处理，其中电源或信号源的

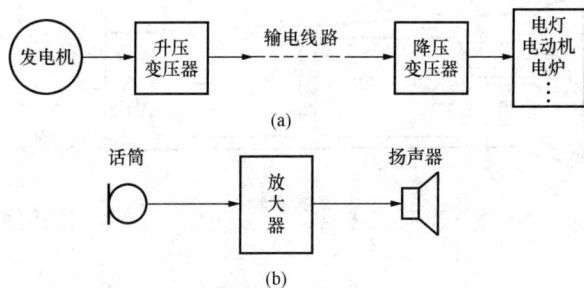

图 1-1 电路示意图
(a) 电力系统示意简图；(b) 扩音机电路

电压或电流称为激励，其主要作用为推动电路工作；激励在电路各部分产生的电压和电流称为响应。所谓电路分析，就是在已知电路结构和元件参数的条件下，讨论激励与响应之间的关系。

1.1.2 电路元件与电路模型

各种实际电路都是由电阻器、电容器、电感线圈、变压器、晶体管、发电机、电池等实际电气

器件组成的。这些实际电气器件的物理特性一般是比较复杂的。一种实际电气器件往往同时具有几种物理特性。例如，一个实际的电感线圈，当有电流通过时，不仅会产生磁通，形成磁场，而且还会消耗电能，即线圈不仅具有电感性质，而且具有电阻性质。不仅如此，电感线圈的匝与匝之间还存在分布电容，具有电容性质。

为了便于对实际电路进行分析和计算，将实际元件理想化或称模型化，即在一定的条件下突出其主要的电磁性质，忽略其次要因素，把它近似地看作理想电路元件。由一些理想电路元件所组成的电路，就是实际电路的电路模型，它是对实际电路电磁性质的科学抽象与概括。

理想电路元件（以下简称电路元件）分为有源元件和无源元件两类。基本的有源元件有电压源和电流源〔如图 1-2（a）、（b）所示〕，基本的无源元件有电阻元件 R、电感元件 L、电容元件 C〔如图 1-2（c）、（d）、（e）所示〕。这些理想电路元件具有单一的物理特性和严格的数学定义。实际电气器件消耗电能的物理特性用电阻元件来表征，实际电气器件存储磁场能的物理特性用电感元件来表征；实际电气器件存储电场能的物理特性用电容元件来表征等。这样，根据不同的工作条件，可以把一个实际电气器件用一个理想电路元件或几个理想电路元件的组合来模拟，从而把一个由实际电气器件连接成的实际电路转化为一个由理想电路元件组合而成的电路模型。建立实际电路的电路模型是分析研究电路问题的常用方法。

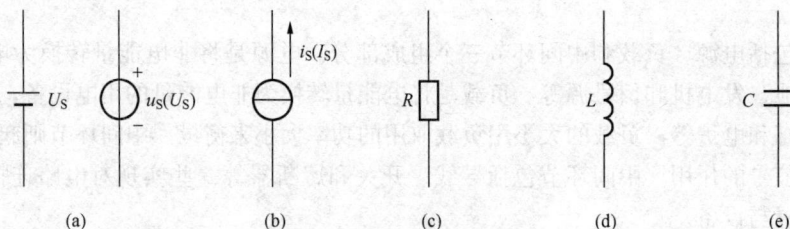

图 1-2　理想电路元件模型

（a）电压源；（b）电流源；（c）电阻元件 R；（d）电感元件 L；（e）电容元件 C

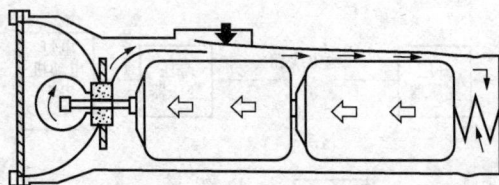

图 1-3　手电筒的实物图

【思考与讨论】

1. 电路一般由哪几部分组成？它们分别在电路中起什么作用？

2. 某负载为一可变电阻器，由电压一定的蓄电池供电，当负载电阻增加时，该负载是增加了还是减小了？

3. 手电筒的实物图如图 1-3 所示。请对应画出接线原理图和电路图（电路模型）。

1.2　电路的基本物理量及其参考方向

1.2.1　电流

单位时间内通过导体横截面的电荷量定义为电流强度，用以衡量电流的大小。电流强度常简称为电流，用符号 i 表示，即

$$i = \frac{\mathrm{d}q}{\mathrm{d}t}$$

(1-1)

式中：q 为电荷量，C（库仑）；t 为时间，s（秒）；i 为电流，A（安培）。

如果电流的大小和方向都不随时间变化，则称为直流电流（Direct Current，DC），用大写字母 I 表示。如果电流的大小和方向都随时间变化，则称为交流电流（Alternating Current，AC），用小写字母 i 表示。

习惯上规定正电荷运动的方向或负电荷运动的反方向为电流的实际方向。电流的实际方向是客观存在的。

1.2.2 电位、电压和电动势

1. 电位

电位在数值上等于电场力把单位正电荷从电场中某点移到无限远处所做的功。电场无限远处的点认为其电位为零，作为衡量电场中各点电位的参考点。工程上常选与大地相连的部件（如机壳等）作为参考点，没有与大地相连部分的电路，常选电路的公共节点为参考点，并称为地；在电路分析中，可选电路中一点作为各点电位的参考点，用接地符号"⊥"标出，电路中的电位记为 V。

2. 电压

电压是衡量电场力移动电荷时做功大小的物理量，电路中 a、b 两点间的电压在数值上等于电场力把单位正电荷从电场中的 a 点移到 b 点所做的功。电压用字母 $u(U)$ 表示，a、b 两点间的电压记作 $u_{ab}(U_{ab})$，下标 a、b 表明电压方向由 a→b。

电压和电位的单位都是 V（伏特，简称伏）。根据电压与电位的定义可知，a、b 两点间的电压等于 a、b 两点间的电位之差，即

$$U_{ab} = V_a - V_b \tag{1-2}$$

若以 b 为参考点，a、b 两点间的电压等于 a 点的电位。

需要注意的是：

(1) 若 $V_a > V_b$，则 $U_{ab} > 0$；反之，$U_{ab} < 0$，即电压的方向为电位降低的方向。

(2) 电位是相对的，电压是绝对的，即电路中各点的电位是相对参考点而言的，参考点选得不同，各点电位值也不同，但是任两点间的电位差不会变，它与参考点的选择无关。

(3) 电位值与电压值都与计算时所选的路径无关。

在电子电路中，为了作图的简便和图面的清晰，常利用电位的概念简化电路，即把供给电路能量的直流电源的一端接"地"，另一端用等于电源电压值的电位表示。例如图 1-4（a）可简化为图 1-4（b）。

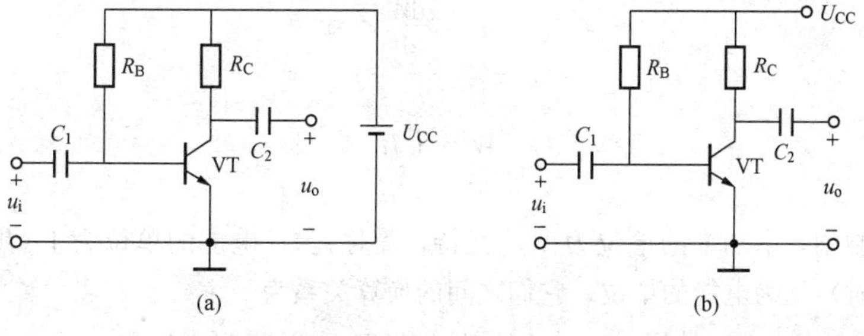

图 1-4　利用电位的概念简化电路
(a) 原电路；(b) 简化电路

3. 电动势

电动势是衡量电源内局外力克服电场力移动电荷时做功的物理量，它在数值上等于局外力把单位正电荷在电源内部由低电位端移到高电位端所做的功。电动势用字母 $e(E)$ 表示，单位与电压相同，方向为电位升高的方向，与电压方向相反。

1.2.3　电压与电流的参考方向

在进行电路的分析与计算时，需要知道电压与电流的方向。在简单直流电路中，可以根据电源的极性判别出电压和电流的实际方向，但在复杂直流电路中，电压和电流的实际方向往往是无法预知的，而且可能是待求的；而在交流电路中，电压和电流的实际方向是随时间不断变化的。因此，在这些情况下，需要给它们假定一个方向作为电路分析与计算时的参考。这些假定的方向称为参考方向或正方向。在参考方向下，电压与电流都是代数量。当电压、电流的参考方向与实际方向一致时，则解得的电压、电流值为正；否则为负。分析电路前应先在电路中标出各电压与电流的参考方向，如图 1-5 所示。参考方向一经选定不得再更改，以免与其代数值不符。

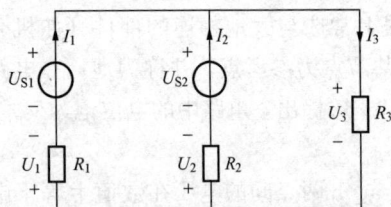

图 1-5　电压、电流的参考方向

原则上电压与电流的参考方向可以任意假定，但为了方便分析电路，在假定电路元件的电压、电流参考方向时，通常将两者的参考方向取为一致，并称为关联参考方向或关联正方向。在采用了关联正方向后，在电路元件上只标出电流（或电压）一个正方向就可以了。但对电源的电压和电流的参考方向，一般习惯于取非关联参考方向。

1.2.4　电功率

功率是电路分析中常用到的另一个物理量。我们知道在电路接通后，电路中同时进行着电能与非电能的转换，根据能量守恒定律，电源供出的电能等于负载消耗或吸收电能的总和。

负载消耗或吸收的电能即电场力移动电荷所做的功，用字母 W 表示，即

$$W = \int_0^q u\mathrm{d}q = \int_0^t ui\,\mathrm{d}t \tag{1-3}$$

式中：t 为电流通过负载的时间。

功率是单位时间内消耗的电能，用字母 $p(P)$ 表示，即

$$p = \frac{\mathrm{d}W}{\mathrm{d}t} \tag{1-4}$$

在直流情况下

$$W = UIt \tag{1-5}$$

$$P = UI \tag{1-6}$$

在国际单位制中，电功率的单位为 W（瓦特，简称瓦）；电能的单位为 J（焦耳）。工程上用 kW·h（千瓦·时）作为电能的单位，它们之间的换算关系为

$$1\mathrm{kW \cdot h} = 1000\mathrm{W} \times 3600\mathrm{s} = 3.6 \times 10^6 \mathrm{J}$$

以上各式为元件电压、电流参考方向一致时消耗电功率的表达式；当元件电压、电流参考方向不一致时，电功率的表达式前要加"－"号，即

$$P = -UI \qquad (1-7)$$

无论是上述哪种情况，如结果为 $P>0$，表示该元件（或该段电路）吸收功率，即消耗电能（或吸收电能）；如结果为 $P<0$，则表示输出功率，即送出电能。

我们还可直观地根据电压和电流的实际方向来确定某一电路元件是电源还是负载。

如 U 和 I 的实际方向相反，电流从电压实际极性的高电位端流出，则表明是产生功率，此元件为电源。

如 U 和 I 的实际方向相同，电流从电压实际极性的高电位端流入，则表明是消耗功率，此元件为负载。

【思考与讨论】

1. 有一元件接于某电路的 a、b 两点之间，已知 $U_{ab} = -5V$，试问 a、b 两点哪点电位高？

2. U_{ab} 是否表示 a 端的电位高于 b 端的电位？

3. 在图 1-6 中，方框代表电源或负载。已知 $U=5V$，$I=-1A$，试问哪些方框是电源，哪些是负载？

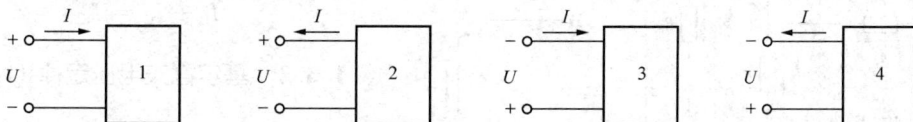

图 1-6　思考与讨论 3 图

4. 举例说明电流的作用与效应。

1.3　基 尔 霍 夫 定 律

分析与计算电路的基本定律除了欧姆定律以外，还有基尔霍夫定律。基尔霍夫定律分为电流定律和电压定律。在讨论基尔霍夫两个定律之前，要先介绍几个名词。

节点：三条或三条以上、含有电路元件的电路分支的连接点。如图 1-7 所示电路中的 a、b 两点。

支路：两个节点之间的每一条分支电路。支路中通过的电流是同一电流。在图 1-7 所示的电路中有 adb、acb、aeb 三条支路。

回路：电路中任一闭合路径称为回路。如图 1-7 中有 adbca、aebda 和 aebca 三个回路。

网孔：未被其他回路分割的单孔眼回路。如图 1-7 中有 adbca、adbea 两个网孔。

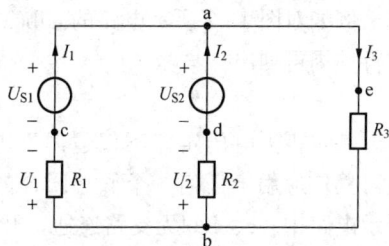

图 1-7　基尔霍夫定律

1.3.1　基尔霍夫电流定律 （KCL）

基尔霍夫电流定律说明了任何一电路中连接在同一个节点上的各支路电流间的关系。由于电流的连续性，流入任一节点的电流之和必定等于流出该节点的电流之和。例如对图 1-7 所示电路的节点 a 来说

$$I_1 + I_2 = I_3$$

或将其改写成

$$I_1 + I_2 - I_3 = 0$$

即

$$\sum I = 0$$

这就是说，如果流入节点的电流取正，流出节点的电流取负，那么任何节点上电流的代数和就等于零。这一结论不仅适用于直流电流，而且适用于交流电流。因此基尔霍夫电流定律可表述为：在任何电路的任何一个节点上，同一瞬间电流的代数和等于零，即

$$\sum i = 0 \tag{1-8}$$

基尔霍夫电流定律不仅适用于电路中任一个节点，而且可以推广应用于电路中任何一个假想的闭合面。一个闭合面可看作一个广义的节点。

如图 1-8 所示的电路中，对虚线包围部分分别有

$$I_1 + I_2 + I_3 = 0$$
$$I_B + I_C = I_E$$

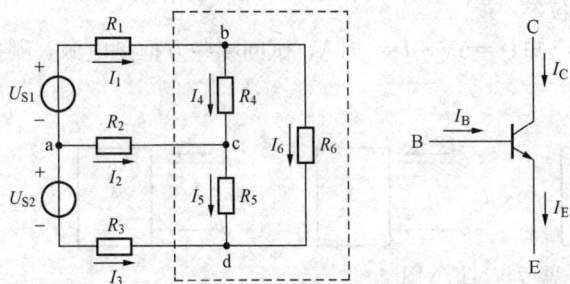

图 1-8 广义节点

1.3.2 基尔霍夫电压定律（KVL）

基尔霍夫电压定律说明了电路中任一回路中各部分电压之间的相互关系。由于电路中任意一点的瞬时电位具有单值性，所以在任一时刻，沿电路的任一闭合回路循行一周，回路中各部分电压的代数和等于零，即

$$\sum u = 0 \tag{1-9}$$

对直流电路有

$$\sum U = 0 \tag{1-10}$$

其中与回路循行方向一致的电压前取正号，不一致的电压前取负号。

例如对图 1-7 所示电路的 adbca 回路，从 a 点出发，以顺时针方向（或逆时针方向）沿回路循行一周可列出

$$U_{S2} + U_1 - U_{S1} - U_2 = 0$$

基尔霍夫电压定律不仅适用于电路中任一闭合回路。而且还可推广应用于任何一个假想闭合的一段电路，例如在图 1-9 所示电路中，c、f 间无支路连通，开口处虽无电流，但有电压。可将 bcfeb 看作假想的回路（广义回路），根据 KVL 列出回路电压方程

$$U_{cf} - U_{S2} + R_2 I_2 = 0$$

由此可得 c、f 间的电压为

$$U_{cf} = U_{S2} - R_2 I_2$$

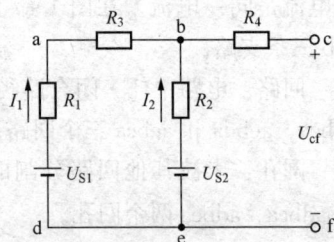

图 1-9 广义回路

应该指出的是，在应用基尔霍夫定律时，要在电路图上标出各支路电流和各部分电压的参考方向，因为所列方程中各项前的正负号是由它们的参考方向决定的，参考方向选得相反，则会相差一个负号。另外基尔霍夫定律是电路的结构约束，与电路元件性质无关。

【思考与讨论】

1. 在图 1-10 所示电路中，有几个节点？几条支路？几个网孔？几个回路？列出各节点的 KCL 方程和网孔的 KVL 方程。

2. 试分析得出图 1-11 所示电路中 I 的值。

3. 在图 1-8 （a）中，I_1、I_2、I_3 这三个电流有无可能都是正值？

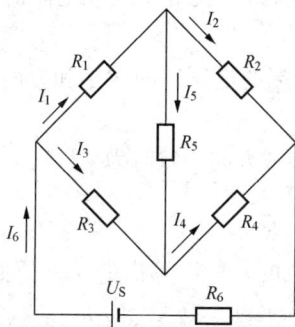

图 1-10　思考与讨论 1 图　　　　　图 1-11　思考与讨论 2 图

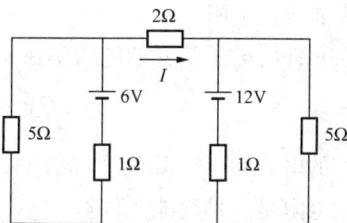

1.4　无源电路元件

电阻元件、电感元件和电容元件都是组成电路模型的理想无源元件。电阻元件只突出其消耗电能的性质；电感元件只突出其产生磁场且储存磁场能量的性质；电容元件只突出其产生电场且储存电场能量的性质。电阻元件是耗能元件；后两者是储能元件。在今后所讨论的各种电路中，除了电阻元件外，还有电感元件和电容元件。电路元件都有相应的参数来表征。

电路所具有的参数不同，其性质就不同，其中能量转换关系也不同。这种不同反映在电压与电流的关系上。因此，在分析各种具有不同参数的电路前，要先了解不同参数元件电压与电流的一般关系以及能量转换关系。

1.4.1　电阻元件

电气设备中不可逆地将电能转换成热能、光能或其他形式能量的特征可用"电阻"这个理想电路元件来表征。例如电灯、电炉等都可以用电阻来代替。

电阻的图形符号如图 1-12（a）所示。当电流通过它时将受到阻力，沿电流方向产生电压降，如图 1-12（a）所示。电压降与电流之间的关系遵从欧姆定律。在关联参考方向下，其表达式为

$$u = Ri \qquad (1-11)$$

式中：R 是表示电阻元件阻碍电流变化这一物理性质的参数。电阻的单位是 Ω（欧姆）。

电阻元件也可用电导参数来表征，它是电阻 R 的倒

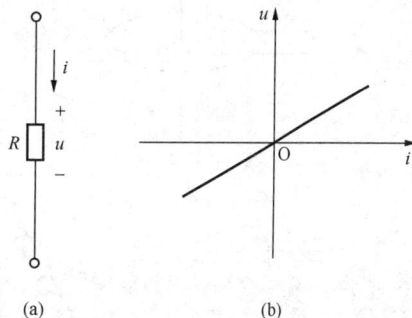

图 1-12　电阻元件
（a）图形符号；（b）伏安特性

数，用字母 G 表示，即

$$G = \frac{1}{R} \tag{1-12}$$

电导的单位是 S（西门子）。

在直角坐标系中，如果电阻元件的电压－电流特性（伏安特性）为通过坐标原点的一条直线〔如图 1-12（b）所示〕就定义为线性电阻。这条直线的斜率就等于线性电阻的电阻值，是一个常数。

如果电阻元件的电阻值随着通过它的电流（或其两端的电压）的大小和方向变化，其伏安特性是曲线，则称为非线性电阻。

电流通过电阻元件时电阻消耗的电功率在 u、i 的参考方向一致时为

$$p = ui = Ri^2 = \frac{u^2}{R} \tag{1-13}$$

由于电阻元件的电流和电压降的实际方向总是一致的，所以算出的功率任何时刻都是正值，是消耗电能。因此电阻是一种耗能元件。

扫一扫

1.4.2　电感元件

相关知识延伸与应用1

电感元件是用来表征电路中储存磁场能这一物理性质的理想元件。当有电流流过电感线圈时，其周围将产生磁场。磁通是描述磁场的物理量，磁通与产生它的电流方向间符合右手螺旋定则，如图 1-14（a）所示。

如果线圈有 N 匝，并且绕得比较密集，可以认为通过各匝的磁通相同，与线圈各匝相交链的磁通总和称为磁链，即 $\psi = N\Phi$。ψ 与通过线圈的电流 i 的比值为

$$L = \frac{\psi}{i} = \frac{N\Phi}{i} \tag{1-14}$$

式中：ψ（或 Φ）的单位为 Wb（韦伯）；i 的单位为 A（安培）；L 为线圈的电感，是电感元件的参数，单位为 H（亨利）。由式（1-14）可画出磁链与电流之间的函数关系曲线（电感的韦安特性）。

如果 ψ 与 i 的比值是一个大于零的常数，其韦安特性是一条通过坐标原点的直线，如图 1-13（b）所示。这种电感称为线性电感，否则便是非线性电感。

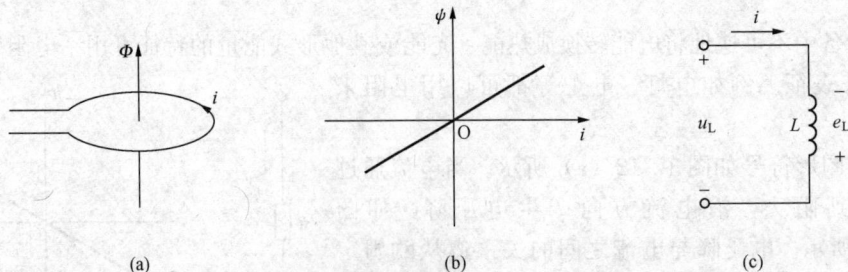

图 1-13　电感元件
(a) Φ、i 方向；(b) 韦安特性；(c) 图形符号

如果线圈的电阻很小可以忽略不计，而且线圈的电感为线性电感时，该线圈便可用图 1-13（c）所示的理想电感元件来代替。根据电磁感应定律，当线圈中的电流变化时，磁通与磁链将随

之变化，并在线圈中产生感应电动势 e_L，而元件两端就有电压 u_L。e_L 的方向与磁链方向间符合右手螺旋定则，e_L 的值正比于磁链的变化律，即

$$e_L = -\frac{\mathrm{d}\psi}{\mathrm{d}t} \tag{1-15}$$

因此，在图 1-13（c）中，关联参考方向采用下述规定：u_L 与 i 的参考方向一致，i 与 e_L 的参考方向都与磁链的参考方向符合右手螺旋定则，因而，i 与 e_L 的参考方向也应该一致。在此规定下，可得

$$e_L = -L\frac{\mathrm{d}i}{\mathrm{d}t} \tag{1-16}$$

根据基尔霍夫电压定律有

$$u_L = -e_L \tag{1-17}$$

由此可知电感电压和电流的关系为

$$u_L = L\frac{\mathrm{d}i}{\mathrm{d}t} \tag{1-18}$$

式（1-18）表明，电感电压与电流对时间的变化律成正比。如果通过电感元件的电流是直流电流，则 $\frac{\mathrm{d}i}{\mathrm{d}t}=0$，$u_L=0$，因此，在直流电路中，电感元件相当于短路。

将式（1-18）等号两边积分并整理，可得电流 i 与电压 u_L 的积分关系式

$$i = \frac{1}{L}\int_{-\infty}^{t} u_L \mathrm{d}t = \frac{1}{L}\int_{-\infty}^{0} u_L \mathrm{d}t + \frac{1}{L}\int_{0}^{t} u_L \mathrm{d}t = i(0) + \frac{1}{L}\int_{0}^{t} u_L \mathrm{d}t \tag{1-19}$$

式中：$i(0)$ 为计时时刻 $t=0$ 时的电流值，又称初始值。式（1-19）说明了电感元件在某一时刻的电流值不仅取决于 $[0, t]$ 区间的电压值，而且与电流的初始值有关。因此，电感元件有"记忆"功能，是一种记忆元件。

在电压、电流关联参考方向下，电感元件吸收的电功率为

$$p = u_L i = Li\frac{\mathrm{d}i}{\mathrm{d}t} \tag{1-20}$$

当 i 的绝对值增大时，$i\frac{\mathrm{d}i}{\mathrm{d}t}>0$，$p>0$，说明此时电感从外部输入电功率，把电能转换成了磁场能；当 i 的绝对值减小时，$i\frac{\mathrm{d}i}{\mathrm{d}t}<0$，$p<0$，说明此时电感向外部输出电功率，把磁场能又转换成了电能。可见，电感中储存磁场能的过程也是能量的可逆转换过程。若电流 i 由零增加到 I 值，电感元件吸收的电能为

$$W = \int_{0}^{I} Li\,\mathrm{d}i = \frac{1}{2}LI^2 \tag{1-21}$$

若电流 i 由 I 值减小到零值，则电感元件吸收的电能为

$$W' = \int_{I}^{0} Li\,\mathrm{d}i = -\frac{1}{2}LI^2 \tag{1-22}$$

W' 为负值，表明电感放出能量。比较式（1-21）和式（1-22）可见，电感元件吸收的能量与放出的能量相等。电感元件是储能元件。

实际的空心电感线圈，当它的耗能作用不可忽略且电源频率不高时，常用电阻元件与电感元件的串联组合模型来表示。

当电感线圈中插入铁芯时，因电感的韦安特性不为直线，故电感不是常数，属于非线性电感。

1.4.3 电容元件

电容是用来表征电路中储存电场能这一物理性质的理想元件。凡用绝缘介质隔开的两个导体就构成了电容器。如果忽略中间介质的漏电现象，则可看作一理想电容元件，图形符号如图 1-14（a）所示。

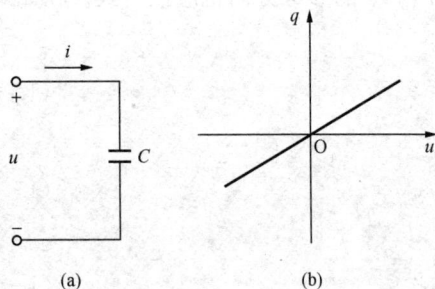

图 1-14 电容元件
(a) 图形符号；(b) 库伏特性

当电容元件两端加有电压 u 时，它的两极板上就会聚集等量异性的电荷 q，在极板间建立电场。电压 u 越高，聚集的电荷 q 越多，产生的电场越强，储存的电场能也越多。q 与 u 的比值

$$C = \frac{q}{u} \qquad (1-23)$$

称为电容，为电容元件的参数。它的单位为 F（法拉）。由于 F 的单位太大，使用中常采用 μF（微法）或 pF（皮法）。$1F = 10^6 \mu F = 10^{12} pF$。

由式（1-23）可画出一条电荷 q 与电压 u 之间的函数关系曲线（电容的库伏特性）。当 q 与 u 的比值是一个大于零的常数，其库伏特性是一条通过坐标原点的直线，如图 1-14（b）所示。这种电容称为线性电容，否则便是非线性电容。

当电容元件两端的电压随时间变化时，极板上储存的电荷就随之变化，与极板连接的导线中就有电流。若 u 与 i 的参考方向如图 1-14（b）所示，则

$$i = \frac{dq}{dt} = C\frac{du}{dt} \qquad (1-24)$$

式（1-24）表明，线性电容的电流 i 与端电压 u 对时间的变化律 $\frac{du}{dt}$ 成正比。对于直流电压，电容的电流为零，故电容元件对直流来说相当于开路。

将式（1-24）等号两边积分并整理，可得电容元件上的电压与电流的关系，即

$$u = \frac{1}{C}\int_{-\infty}^{t} i dt = \frac{1}{C}\int_{-\infty}^{0} i dt + \frac{1}{C}\int_{0}^{t} i dt$$

$$= u(0) + \frac{1}{C}\int_{0}^{t} i dt \qquad (1-25)$$

式中：$u(0)$ 为初始值。

式（1-25）说明了电容元件在某一时刻的电压值不仅取决于 $[0, t]$ 区间的电流值，而且与电压的初始值有关。因此，电容元件有"记忆"功能，也是一种记忆元件。

在电压、电流关联参考方向下，电容元件吸收的电功率为

$$p = ui = Cu\frac{du}{dt} \qquad (1-26)$$

当 u 的绝对值增大时，$u\frac{du}{dt} > 0$，$p > 0$，说明此时电容从外部输入电功率，把电能转换成了电场能；当 u 的绝对值减小时，$u\frac{du}{dt} < 0$，$p < 0$，说明此时电容向外部输出电功率，电场能又转换成了电能。可见，电容中储存电场能的过程是能量的可逆转换过程。

若电压 u 由零增加到 U 值，电容元件吸收的电能为

$$W = \int_0^U Cu\,\mathrm{d}u = \frac{1}{2}CU^2 \tag{1-27}$$

若电压 u 由 U 值减小到零值，则电容元件吸收的电能为

$$W' = \int_U^0 Cu\,\mathrm{d}u = -\frac{1}{2}CU^2 \tag{1-28}$$

W' 为负值，表明电容放出能量。比较式（1-27）和式（1-28）可见，电容元件吸收的电能与放出的电能相等，故电容元件不是耗能元件，也是储能元件。

对实际电容器，当其介质损耗不能忽略时，可用一个电阻元件与电容元件的并联组合模型来表示。

下面将电阻元件、电感元件和电容元件在几个方面的特征列于表 1-1 中，以供比较。

表 1-1 电阻元件、电感元件和电容元件的特征

特征 \ 元件	电阻元件	电感元件	电容元件
电压电流关系	$u = Ri$	$u_L = L\dfrac{\mathrm{d}i}{\mathrm{d}t}$	$i = C\dfrac{\mathrm{d}u}{\mathrm{d}t}$
参数意义	$R = \dfrac{u}{i}$	$L = \dfrac{\psi}{i}$	$C = \dfrac{q}{u}$
能量	$\displaystyle\int_0^t Ri^2\,\mathrm{d}t$	$W = \dfrac{1}{2}LI^2$	$W = \dfrac{1}{2}CU^2$

电阻器和电容器的命名方法及性能参数见附录 A。

学习这部分内容需要注意以下几个问题。

（1）表 1-1 所列的电压、电流瞬时值的关系式是在 u 和 i 的参考方向一致的情况下得出的；当 u 和 i 的参考方向不一致时，各式前应加 "$-$" 号。

（2）本章所讲的都是线性元件。R、L 和 C 都是常数，即相应的 u 和 i、ψ 和 i 及 q 和 u 之间都是线性关系。

（3）比较电感、电容元件的特征可以看出，它们的表达形式完全相同，只是电感电流与电容电压或电感电压与电容电流的对换，这种现象或关系称为 "对偶"。电感和电容是一对对偶元件。对偶现象在电路中随处可见，掌握对偶关系将对我们学习和掌握一些概念及分析电路大有益处，可以达到事半功倍的目的。

【例 1-1】 有一电感元件，$L = 0.2\mathrm{H}$，通过的电流 i 的波形如图 1-15 所示。求电感元件中产生的自感电动势 e_L 和两端电压 u 的波形。

解 当 $0 \leqslant t \leqslant 4\mathrm{ms}$ 时

$$i = t\,(\mathrm{mA})$$

所以

$$e_L = -L\frac{\mathrm{d}i}{\mathrm{d}t} = -0.2\,(\mathrm{V})$$

$$u = -e_L = 0.2\,(\mathrm{V})$$

当 $4\mathrm{ms} \leqslant t \leqslant 6\mathrm{ms}$ 时

$$i = -2t + 12\,(\mathrm{mA})$$

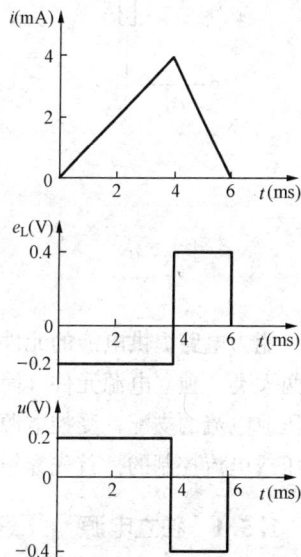

图 1-15 ［例 1-1］图

所以

$$e_L = -L\frac{\mathrm{d}i}{\mathrm{d}t} = -0.2 \times (-2) = 0.4(\text{V})$$

$$u = -e_L = -0.4(\text{V})$$

e_L 和 u 的波形如图 1-16 所示。由图可见：

(1) 电流正值增大时，e_L 为负；电流正值减小时，e_L 为正。

(2) 电流的变化率小，则 e_L 也小；电流的变化率大，则 e_L 也大。

(3) 电感元件两端电压和其中电流的波形是不一样的。

【例 1-2】 在 [例 1-1] 中，试计算在电流增大的过程中电感元件从电源吸取的能量和在电流减小的过程中它放出的能量。

解 在电流从 0 增大到 I 值的过程中电感元件所吸取的能量和在电流从 I 值减小到 0 的过程中所放出的能量是相等的，即

$$\frac{1}{2}LI^2 = \frac{1}{2} \times 0.2 \times (4 \times 10^{-3})^2 = 16 \times 10^{-7}(\text{J})$$

【思考与讨论】

1. 如果一个电感元件两端的电压为零，其储能是否也一定等于零？如果一个电容元件中的电流为零，其储能是否也一定等于零？

2. 电感元件中通过恒定电流时可视作短路，是否此时电感 L 为零？电容元件两端加恒定电压时可看作开路，是否此时电容 C 为无穷大？

3. 找出电感元件与电容元件对偶的特征，再列举一些具有对偶关系的元件和公式。

4. 如图 1-16 所示，若已知通过 R、L 和 C 三个元件的电流 $i = 5\sin314t$（A），波形如图 1-16（d）所示，求各元件的端电压 [设 $u_C(0)=0$]，并画出与 i 对应的波形。

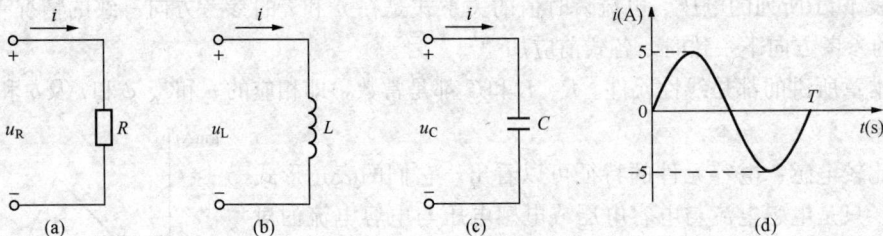

图 1-16 思考与讨论 4 图

1.5 有 源 电 路 元 件

能为电路提供电能的元件称为有源电路元件。有源电路元件分为独立电源元件和受控电源元件两大类。独立电源元件（简称独立电源）能独立地给电路提供电压和电流，而不受其他支路的电压或电流的支配；受控电源元件（简称受控电源）向电路提供的电压和电流，是受其他支路的电压或电流控制的。首先介绍独立电源。

1.5.1 独立电源

独立电源元件即理想电源元件，它是从实际电源中抽象出来的。当实际电源本身的功率损耗可

以忽略不计，而只起产生电能的作用时，这种电源便可用一个理想电源元件来表示。理想电源元件分理想电压源和理想电流源两种。

1. 理想电压源

理想电压源有两个基本性质。

（1）它的端电压总保持一恒定值 U_S 或为某确定的时间函数 $u_S(t)$，而与流过它的电流无关，所以也称为恒压源。

（2）它的电流由与它连接的外电路决定。电流可以从不同的方向流过恒压源，因而电压源即可向外电路输出能量，又可以从外电路吸收能量。

理想电压源的图形符号如图 1 - 17（a）所示，上面标明了其电压、电流的正方向。图 1 - 17（b）常用来表示直流理想电压源（如理想电池）。其伏安特性如图 1 - 17（c）所示，为平行于 i 轴且纵坐标为 U_S 的直线。伏安特性也表明了理想电压源的端电压与通过它的电流无关。

2. 理想电流源

理想电流源也有两个基本性质。

（1）它输出的电流总保持一恒定值 I_S

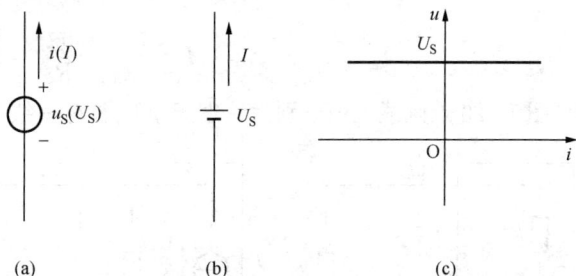

图 1 - 17　理想电压源

（a）理想电压源的图形符号；（b）直流理想电压源的图形符号；
（c）伏安特性

或为某确定的时间函数 $i_S(t)$，而与它两端的电压无关，所以也称为恒流源。

（2）它两端的电压由与它连接的外电路决定。其端电压可以有不同的方向，因而电流源即可向外电路输出能量，又可以从外电路吸收能量。

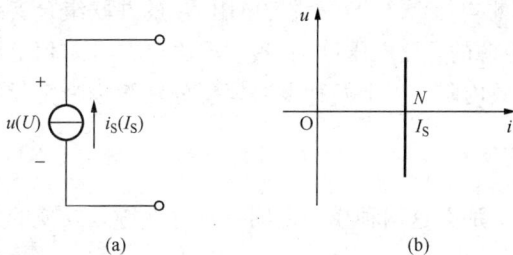

图 1 - 18　理想电流源

（a）图形符号；（b）伏安特性

理想电流源的图形符号如图 1 - 18（a）所示，上面标明了其电压、电流的正方向，其伏安特性如图 1 - 18（b）所示，为平行于 u 轴的直线。伏安特性也表明了理想电流源的电流与它的端电压无关。

无论是理想电压源还是理想电流源都有两种工作状态。当它们的电压和电流的实际方向与图 1 - 17（a）和图 1 - 18（a）中规定的参考方向相同时，它们输出（产生）电功率，起电源的作用；否则，它们取用（消耗）电功率，起负载的作用。

3. 实际电源模型

一个实际的电源一般不具有理想电源的特性，例如蓄电池、发电机等电源不仅对负载产生电能，而且在能量转换过程中有功率损耗，即存在内阻，实际的电源可以通过图 1 - 19（a）所示电路测出其伏安特性（外特性），如图 1 - 19（b）

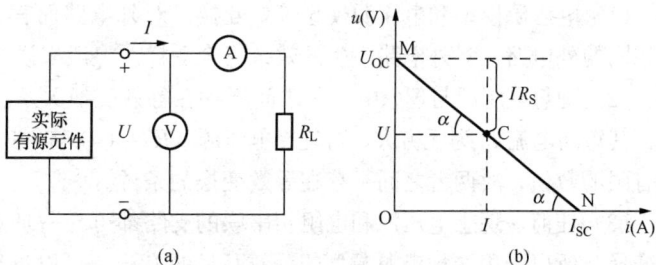

图 1 - 19　实际电源

所示，其端电压随输出电流的增大而减小，是一条与 u、i 坐标轴相交的斜直线。其与 u 轴的交点 M（$I=0$，$U=U_{OC}$）即为实际电源的开路状态，U_{OC} 称为开路电压；而与 i 轴的交点 N（$I=I_{SC}$，$U=0$）即为实际电源的短路状态，I_{SC} 称为短路电流。对任一点 C，电压与电流的关系为

$$U = U_{OC} - I\tan\alpha = U_{OC} - I\frac{U_{OC}}{I_{SC}} \tag{1-29}$$

式（1-29）中 $\tan\alpha = \dfrac{U_{OC}}{I_{SC}}$ 的量纲为 Ω，即实际电源的等效内阻，用 R_S 表示。式（1-29）可写为

$$U = U_{OC} - IR_S \tag{1-30}$$

或

$$I = \frac{U_{OC}}{R_S} - \frac{U}{R_S} = I_{SC} - \frac{U}{R_S} \tag{1-31}$$

图1-20点画线框中分别为一理想电压源与一线性电阻的串联组合的支路和一理想电流源与

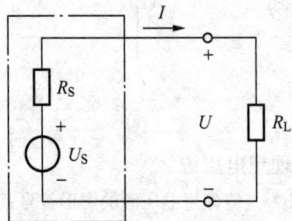
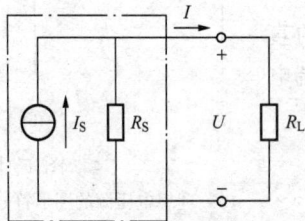

一线性电阻的并联组合的支路，按图示电压电流的正方向，其外特性方程为

$$U = U_S - IR_S \tag{1-32}$$

$$I = I_S - \frac{U}{R_S} \tag{1-33}$$

它们分别与实际电源的外特性方程，即式（1-30）和式（1-31）相对应。

图1-20　实际电源的电压源模型和电流源模型
(a) 电压源模型；(b) 电流源模型

所以一个实际电源可用一理想电压源 U_S 与一线性电阻 R_S 的串联组合支路或一理想电流源 I_S 与一线性电阻 R_S 的并联组合支路等效代替。其中理想电压源 U_S 在数值上等于实际电源的开路电压 U_{OC}；理想电流源 I_S 在数值上等于实际电源的短路电流 I_{SC}；R_S 等于实际电源的等效内阻。以上两种电路模型分别简称为实际电源的电压源模型和电流源模型。

4. 两种电源模型的等效互换

一个实际电源既然可以用两种模型来等效代替，那么这两种模型之间一定存在等效互换的关系。互换的条件可由式（1-32）和式（1-33）比较得出

$$U_S = I_S R_S \quad 或 \quad I_S = \frac{U_S}{R_S} \tag{1-34}$$

这里需要注意以下几个问题。

（1）电压源模型和电流源模型等效互换只对外电路而言，就是说，两种电源模型分别连接任一相同的外电路，对外电路产生的效果完全一样。一般来说，两种电源模型内部并不等效。

（2）理想电压源与理想电流源之间不存在等效变换关系。这是因为对理想电压源（$R_S=0$）来讲，其短路电流 I_S 为无穷大，对理想电流源（$R_S=\infty$）来讲，其开路电压 U_S 为无穷大，都不能得到有限的数值，故两者之间不存在等效变换的条件。

（3）任何一理想电压源和电阻相串联的支路都可与一理想电流源和电阻相并联的支路相互等效变换。所以采用两种电源模型的等效互换的方法，可以将较复杂的电路化简为简单电路，给电路分析带来方便。

【例 1 - 3】 一实际电源给负载 R_L 供电，已知电源的开路电压 $U_{OC}=4V$，内阻 $R_S=1\Omega$，负载 $R_L=3\Omega$。试画出电源的两种等效模型，并计算负载 R_L 分别接于两种模型时的电流、电压和消耗的功率以及电源产生和内部消耗的功率。

解 （1）实际电源的两种等效模型分别如图 1 - 21 点画线框中部分所示。其中

$$U_S = U_{OC} = 4V, \ R_S = 1\Omega, \ I_S = I_{SC} = \frac{U_S}{R_S} = 4A$$

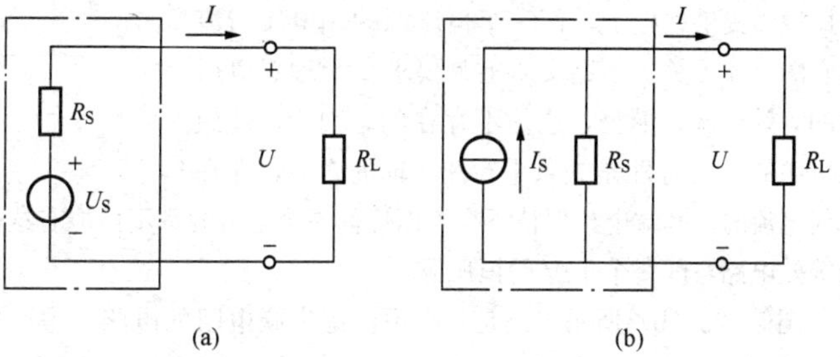

（2）在设定的电压、电流参考方向下，在图 1 - 21（a）中，负载电流

$$I = \frac{U_S}{R_S + R_L} = \frac{4}{1+3} = 1(A)$$

负载电压

$$U = IR_L = 1 \times 3 = 3(V)$$

负载消耗的功率

$$P_{RL} = UI = 3 \times 1 = 3(W)$$

电压源产生的功率

$$P_{US} = U_S I = 4 \times 1 = 4(W)$$

电源内部消耗的功率

图 1 - 21 ［例 1 - 3］图

$$P_{RS} = I^2 R_S = 1 \times 1^2 = 1(W)$$

在图 1 - 21（b）中，负载电流

$$I = I_S \frac{R_S}{R_S + R_L} = 4 \times \frac{1}{1+3} = 1(A)$$

负载电压

$$U = IR_L = 3 \times 1 = 3(V)$$

负载消耗的功率

$$P_{RL} = I^2 R_L = 1^2 \times 3 = 3(W)$$

电流源产生的功率

$$P_{IS} = UI_S = 3 \times 4 = 12(W)$$

电源内部消耗的功率

$$P_{RS} = \frac{U^2}{R_S} = \frac{3^2}{1} = 9(W)$$

由［例 1 - 3］的计算结果可以看出，同一实际电源的两种模型向负载提供的电压、电流和功率都相等，但其内部产生的功率和损耗不同。因此，两种模型对外电路的作用是等效的，内部不等效。

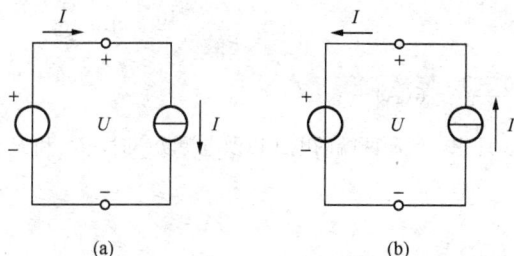

图 1 - 22 ［例 1 - 4］图

【例 1 - 4】 在图 1 - 22 中，一个理想电压源和一个理想电流源相串联，试讨论它们的工作状态。

解 由理想电压源和理想电流源的特性知，在图 1 - 22 所示电路中，理想电压源中的电流（大小和方向）决定于理想电流源的电流 I，理想电流源两端的电压（大小和方向）取决于理想电压源的电压 U。

所以在图 1 - 22（a）中，理想电压源中电流从它的正端流出，故理想电压源处于电源状态，$P=-UI$，为供出；而理想电流源中电流从它的正端流入，故理想电流源处于负载状态，吸收功率 $P=UI$。

在图 1 - 22（b）中，理想电压源中电流从它的正端流入，故理想电压源处于负载状态，吸收功率；而理

想电流源中电流从它的正端流出，故理想电流源处于电源状态，供出功率。

【例 1 - 5】 求图 1 - 23 （a）所示电路的等效电流源模型和图 1 - 23 （b）所示电路的等效电压源模型。

解 图 1 - 23 （a）所示电路是一个恒压源并联电阻的电路，两端电压恒定为 10V，与是否并联电阻（或恒流源）无关。因此，从 ab 两端来看，这个电路就是一个 10V 的恒压源。5Ω 电阻的存在只是要恒压源多提供些电流，而一个恒压源的端电压与流过它的电流无关。本题实质上是要求一个理想电压源的等效电流源模型，这是不存在的。因为，理想电压源的伏安特性是一条平行于 i 轴的直线，即在

图 1 - 23 ［例 1 - 5］图

任何电流时，其端电压保持不变，而任何一个电流源都不可能有这样的伏安特性。本题只能求出从 ab 两端来看的等效电路，即一个 10V 的恒压源。

图 1 - 23 （b）所示电路是一个恒流源串联电阻的电路，整个电路就 ab 两端来看，串联电阻 2Ω 的存在，不影响电路的电流，本题同样不能找到一个与之等效的电压源模型，只能求出从 ab 两端来看的等效电路：一个 5A 的恒流源。

由 ［例 1 - 5］可以看出，与恒压源并联的元件或与恒流源串联的元件，在对外电路求等效电路时，可以去掉。注意，这只是对外等效而对内是不等效的。

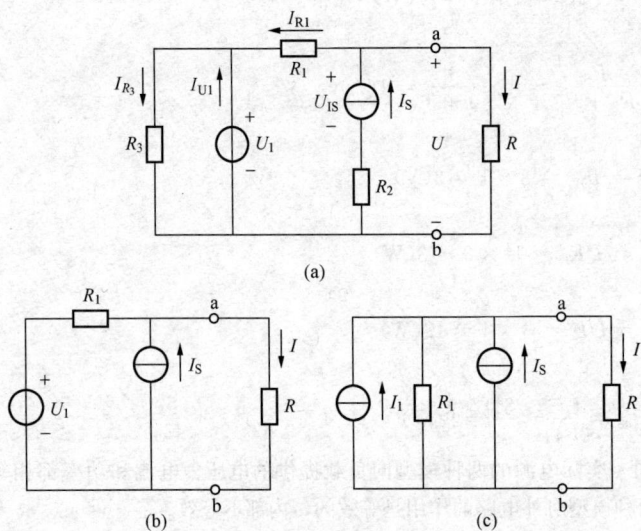

图 1 - 24 ［例 1 - 6］图

【例 1 - 6】 电路如图 1 - 24 （a）所示，$U_1 = 10V$，$I_S = 2A$，$R_1 = 1Ω$，$R_2 = 2Ω$，$R_3 = 5Ω$，$R = 1Ω$。

（1）求电阻 R 中的电流 I；

（2）计算理想电压源 U_1 中的电流 I_{U1} 和理想电流源 I_S 两端的电压 U_{IS}；

（3）分析功率平衡。

解 （1）为求电阻 R 中的电流，可将与理想电压源 U_1 并联的电阻 R_3 和与理想电流源 I_S 串联的电阻 R_2 除去（R_3 断开，R_2 短接），得到如图 1 - 24 （b）所示的等效电路。然后将电压源（U_1，R_1）等效变换为电流源（I_1，R_1），得到图 1 - 24 （c）所示的电路。由此可得

$$I_1 = \frac{U_1}{R_1} = \frac{10}{1} = 10(A)$$

$$I = \frac{I_1 + I_S}{2} = \frac{10 + 2}{2} = 6(A)$$

（2）应注意的是，求理想电压源和电阻 R_3 中的电流、理想电流源两端的电压以及电源功率时，R_3 和 R_2 不能除去，因为求得的等效电路对外等效对内不等效。

在图 1 - 24 （a）中

$$I_{R1} = I_S - I = 2 - 6 = -4(A)$$

$$I_{R3} = \frac{U_1}{R_3} = \frac{10}{5} = 2(A)$$

于是，理想电压源中的电流

$$I_{U1} = I_{R3} - I_{R1} = 2 - (-4) = 6(A)$$

理想电流源两端的电压

$$U_{\mathrm{IS}} = U + R_2 I_\mathrm{S} = RI + R_2 I_\mathrm{S} = 1 \times 6 + 2 \times 2 = 10(\mathrm{V})$$

（3）本题中理想电压源和理想电流源的电流都是从电压的正极流出的，所以它们都处于电源的工作状态。它们供出的功率分别为

$$P_{\mathrm{U1}} = U_1 I_{\mathrm{U1}} = 10 \times 6 = 60(\mathrm{W})$$
$$P_{\mathrm{IS}} = U_{\mathrm{IS}} I_\mathrm{S} = 10 \times 2 = 20(\mathrm{W})$$

各个电阻所消耗的功率分别为

$$P_{\mathrm{R}} = RI^2 = 1 \times 6^2 = 36(\mathrm{W})$$
$$P_{\mathrm{R1}} = R_1 I_{\mathrm{R1}}^2 = 1 \times (-4)^2 = 16(\mathrm{W})$$
$$P_{\mathrm{R2}} = R_2 I_\mathrm{S}^2 = 2 \times 2^2 = 8(\mathrm{W})$$
$$P_{\mathrm{R3}} = R_3 I_{\mathrm{R3}}^2 = 5 \times 2^2 = 20(\mathrm{W})$$

两者平衡

$$60 + 20 = 36 + 16 + 8 + 20$$
$$80\mathrm{W} = 80\mathrm{W}$$

1.5.2 受控电源

前面介绍过的电压源和电流源都是独立电源（以下简称独立源），它们的电压（或电流）或为定值或为时间的函数，与电路中其他部分的电压或电流无关。受控电源（简称受控源）与独立源不同，它向外电路提供的电压或电流是受其他支路的电压或电流控制的。

受控源原本是从电子器件抽象出来的。由于电子器件的广泛应用，许多电路已不能只用独立源和无源元件构成模型，因为这样的电路是不能放大电压、电流和功率的。因此，人们从半导体管等电子器件的工作状态中抽象出受控源元件。所以受控源与独立源在电路中的作用是完全不同的。独立源作为电路的输入，代表着外界对电路的作用，而受控源是用来表示在电子器件中所发生的物理现象，它反映了电路中某处的电压或电流能控制另一处的电压或电流的关系。

只要电路中有一个支路的电压（或电流）受另一个支路的电压或电流的控制，这两个支路就构成一个受控源。因此，可把一受控源看成一种四端元件，其输入端口为控制支路的端口，输出端口为受控支路端口。受控源的控制支路的控制量可以是电压或电流，受控支路中只有一个依赖于控制量的电压源或电流源（受控量）。根据控制量和受控量的不同组合，受控源可分为电压控制电压源（VCVS）、电压控制电流源（VCCS）、电流控制电压源（CCVS）和电流控制电流源（CCCS）四种类型。四种类型的理想受控源模型如图 1-25 所示。

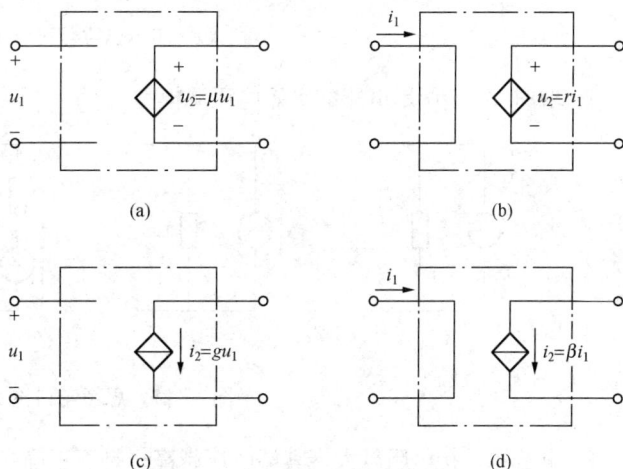

图 1-25 受控源模型

(a) VCVS；(b) CCVS；(c) VCCS；(d) CCCS

受控源的受控量与控制量之比，称为受控源的参数。图 1-25 中 μ、r、g、β 分别为四种受控源的参数。其中：

VCVS 中，$\mu=\dfrac{u_2}{u_1}$，称为电压放大倍数；

CCVS 中，$r=\dfrac{u_2}{i_1}$，称为转移电阻；

VCCS 中，$g=\dfrac{i_2}{u_1}$，称为转移电导；

CCCS 中，$\beta=\dfrac{i_2}{i_1}$，称为电流放大倍数。

当它们为常数时，该受控源称为线性受控源。

所谓理想受控源就是在控制端（输入端）控制量为电压时，其输入端电阻为无穷大；控制量为电流时，其输入端电阻为零。这样控制端消耗的功率为零。在受控端，对受控电压源，其输出端电阻为零，输出电压恒定，如图 1-25（a）、（b）所示的输出端；对受控电流源，其输出端电阻为无穷大，输出电流恒定，如图 1-25（c）、（d）所示的输出端。这点和理想独立电压源、电流源相同。非理想受控源的输入电阻和输出电阻均为有限值。

【思考与讨论】

1. 求图 1-26 所示电路的等效电流源模型。

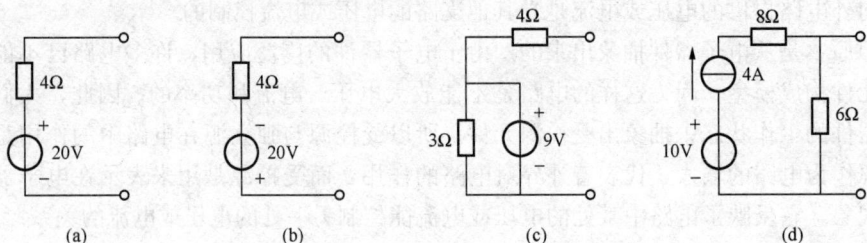

图 1-26　思考与讨论 1 图

2. 求图 1-27 所示电路的等效电压源模型。

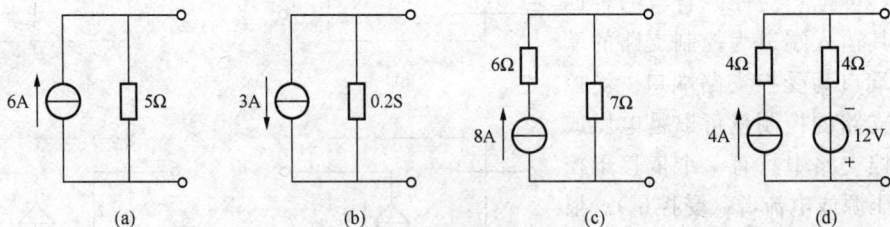

图 1-27　思考与讨论 2 图

3. 电流源外接电阻越大，其端电压越高，是否正确？

4. 某实际电源的外特性为 $U=10-5I$，外接电阻 $R=2\,\Omega$，供出电流为多少？

5. 在图 1-28 所示两个电路中：

（1）R_1 是不是电源内阻？

（2）R_2 中的电流 I_2 及其两端的电压 U_2 各等于多少？

（3）改变 R_1 的阻值，对 I_2 和 U_2 有无影响？

（4）理想电压源中的电流 I 和理想电流源两端电压 U 各等于多少？

（5）改变 R_1 的阻值，对（4）中的 I 和 U 有无影响？

6. 在图 1-29 所示两个电路中：

（1）负载电阻 R_1 中的电流 I 及其两端电压 U 各为多少？

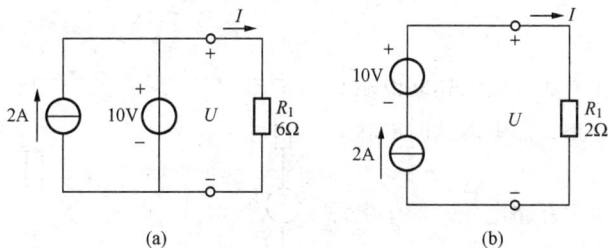

图 1-28　思考与讨论 5 图

图 1-29　思考与讨论 6 图

（2）如果在图 1-29（a）中除去（断开）与理想电压源并联的理想电流源，在图 1-29（b）中除去（短接）与理想电流源串联的理想电压源，对计算结果有无影响？

（3）判别理想电压源和理想电流源，何者为电源，何者为负载？

（4）试分析功率平衡关系。

1.6　电路的基本工作状态和电气设备的额定值

1.6.1　电路的基本工作状态

电路在不同的工作条件下，会处于不同的工作状态，并具有不同的特点。了解电路的基本状态及特点，对正确而安全地用电有非常重要的指导作用。电路的工作状态有以下三种。

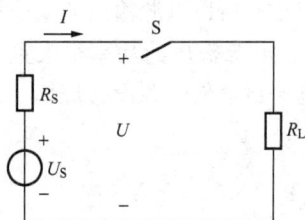

1. 通路

将如图 1-30 所示电路中的开关闭合，接通电源和负载，这时电路的工作状态称为通路，而电源这时的状态称为有载。

通路时，电源向负载提供的电流为

图 1-30　通路状态

$$I = \frac{U_S}{R_S + R_L} \qquad (1-35)$$

通常电源电压 U_S 和内阻 R_S 是一定的，由式（1-35）可见，负载电阻 R_L 越小，则电流 I 越大。

负载两端的电压为

$$U = IR_L \qquad (1-36)$$

电源端电压与负载端电压相等，即

$$U = U_S - IR_S = IR_L \qquad (1-37)$$

由式（1-37）可见，电源电压 U_S 与其内阻上的电压 IR_S 之差等于负载端电压 IR_L。电流越大或电源内阻越大，则电源端电压下降得越多。当 $R_S \ll R_L$ 时，则

$$U \approx U_S \qquad (1-38)$$

此时当负载发生变化时，电源的端电压几乎不变。

将式（1-37）各项乘以电流 I，则得电路的功率平衡式为

$$UI = U_S I - I^2 R_S = I^2 R_L \qquad (1-39)$$

即

$$P = P_S - \Delta P = P_L \qquad (1-40)$$

式中：P_S 为电源产生的功率；P 为电源输出的功率，等于负载消耗的功率 P_L；ΔP 为电源内阻消耗的功率。

任何一个电路功率都是平衡的。

式（1-35）、式（1-37）、式（1-40）分别表示了电路通路工作状态在电流、电压和功率三方面的特征。

2. 开路

将图 1-30 所示电路中的开关打开或由于某种原因切断电源与负载间的连接，这时电路的工作状态称为开路，而电源这时的状态称为空载，如图 1-31 所示。

在电路开路状态下，电源的端电压（称为开路电压）等于电源电压，电流为零，电源不向负载提供电压、电流和功率。

如上所述，电路开路时的特征可用各式表示为

图 1-31 开路状态

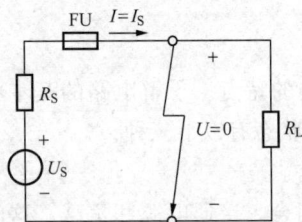

$$\left. \begin{array}{l} I = 0 \\ U = U_{OC} = U_S \\ P = 0 \end{array} \right\} \qquad (1-41)$$

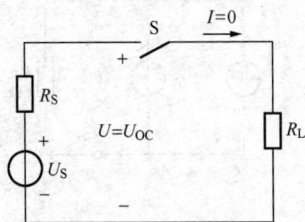

图 1-32 短路状态

3. 短路

当电源两端由于某种原因（接线不慎或负载的绝缘被破坏等）而连在一起，这时电路的工作状态称为短路，如图 1-32 所示。电源短路时，电源端电压即负载电压为零，电源电压全部加在电源内阻上；负载电流为零，由于电源内阻很小，所以电源输出的电流很大，称为短路电流 I_{SC}；负载功率为零，电源输出的功率很大且全部由电源内阻消耗，若不采取防范措施，将会使电源设备烧坏，甚至导致火灾事故的发生。如上所述，电源短路时的特征可用各式表示为

$$\left. \begin{array}{l} U = 0 \\ I = I_{SC} = \dfrac{U_S}{R_S} \\ P_S = \Delta P = I^2 R_S \\ P = 0 \end{array} \right\} \qquad (1-42)$$

短路也可发生在负载端或线路的任何位置。

短路通常是一种严重的事故，应该尽量防范。为此在工作中要严格遵守操作规程和经常检查电气设备及线路的绝缘情况，并且还必须在电路中接入熔断器（如图 1-32 中的 FU）等保护装置，以便电源短路时能迅速切断"火"源，使之不致为害。这是避免出现短路事故的重要安全措施。不过，有时为了某种需要，也常将电路中的某一部分短路，这种情况称之为"短接"以示区别。

1.6.2　电气设备的额定值

电气设备的额定值是设计和制造部门指导用户正确使用电气设备的技术数据，在本教材中用下标 N 表示，如额定电压 U_N、额定电流 I_N、额定功率 P_N 等。它们通常标在设备的铭牌上或说明书中。

大多数电气设备的寿命与绝缘材料的耐热性及绝缘强度有关。当通过设备的电流超过其额定值过多时，由于发热过甚，绝缘材料将遭受损坏，甚至会迅速碳化燃烧，而引起火灾；当设备上施加的电压超过额定值过多时，一方面会引起电流增大，另一方面可能使绝缘材料被高电压击穿。反之，如果电气设备使用时的电压与电流远低于其额定值，往往不能正常工作，或者不能充分利用设备能力，达不到预期的工作效果。所以，只有按照额定值使用设备才能保证其安全可靠、经济合理，充分发挥电气设备的效用，同时不至于缩短电气设备的使用寿命。

需要注意的是，电源设备的额定功率标志着电源供电能力的上限值。电源在有载状态下，供出的功率由其外电路决定，并不一定等于电源的额定功率。对于诸如白炽灯、电炉之类的负载，只要在额定电压下使用，其电流和功率都将达到额定值。但对于另一类电气负载，如电动机、变压器等，虽然在额定电压下工作，其电流、功率也不能达到额定值。这是因为电动机与变压器的电流和输出功率取决于它们所带的负荷，它们虽然在额定电压下工作，但还是存在着过载（电流和功率超过额定值）的可能性。

【例 1 - 7】　某设备的额定电流 $I_N = 0.5A$，但接在 220V 电源上，电流为 1.1A，问要串多大阻值的电阻才能将此设备接在 220V 的电源上？这个电阻的功率至少需要多大？

解　串联电阻后此电路的电流应满足设备的额定电流，故电路的总电阻

$$R = \frac{220}{0.5} = 440(\Omega)$$

该设备的阻值

$$R_1 = \frac{220}{1.1} = 200(\Omega)$$

故串联的电阻应为

$$R_2 = 440 - 200 = 240(\Omega)$$

这个电阻的功率至少需要

$$P = I_N^2 R_2 = 0.5^2 \times 240 = 60(\text{W})$$

扫一扫

相关知识延伸与应用2

【思考与讨论】

1. 电源的电压为 U_S，内阻为 R_S，有载时的电流为 I，试问该电源有载和空载时的电压和输出功率是否相同，若不相同，各应等于多少？

2. 一只 220V、40W 的白炽灯与一只 220V、100W 的白炽灯并联，接于 220V 的电源上，哪个亮？为什么？若串联呢？

3. 白炽灯灯泡的功率越大流过的电流是否也越大？

4. 铁路客车照明电源 $U_S = 110V$，内阻 $R_S = 0.5\Omega$，与照明负载 $R = 10.5\Omega$ 相连接，试计算正常工作电流 I。若某盏照明灯发生短路，求短路电流 I_{SC}。

5. 电工带电操作示意图与验电笔的结构原理图如图 1-33 和图 1-34 所示。试说明电阻串联电路的应用。

扫一扫
·热水器应用动画
·电热水器电路实验
小微课

笔记：

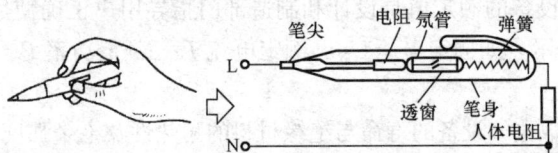

图 1-33　电工带电操作示意图　　　图 1-34　验电笔的结构原理图

1.7　用 Multisim 对电路进行仿真——基尔霍夫定律的验证

在电路分析中，KCL 定律是最基本的定律之一，下面以图 1-38 为例来验证 KCL 定律，同时熟悉在 Multisim 中选取元件、连接电路、表头测量的基本操作过程。

（1）创建电路：从元器件库中选择电压源、电阻及万用表 XMM1、XMM2、XMM3，创建 KCL 应用电路，如图 1-35 所示。

图 1-35　KCL 定律应用电路

（2）参数设置：双击各元件进行参数设置。

（3）起动仿真开关，双击各万用表可得各电流值分别如图 1-36 所示。

图 1-36　万用表电流值读数

（4）结果分析：$I_1 = I_2 + I_3$。

Multisim10 软件使用简介见附录 D。

本 章 小 结

（1）电路一般有电源、负载和中间环节三个组成部分。一些理想电路元件所组成的电路，就是实际电路的电路模型，它是对实际电路电磁性质的科学抽象与概括。

（2）理想电路元件有无源元件和有源元件两类。基本的无源元件有电阻元件 R、电感元件 L、电容元件 C；基本的有源元件有恒压源和恒流源。恒压源输出的电压恒定，输出的电流与功率由外电路决定。恒流源输出的电流恒定，其端电压及输出的功率由外电路决定。实际电源两种模型的等效互换，可用来简化电路。

（3）电压、电流的正方向（参考方向）是为分析计算电路而人为假定的。电路图中所标出的电压和电流的方向都是正方向。如果电压、电流值为正，则正方向与实际方向相同；否则相反。在假定正方向时应尽可能采用"关联"正方向，对于有源元件采用"非关联"正方向。当电压、电流的正方向为非关联正方向时，电路元件的约束方程前应加"－"号。

（4）基尔霍夫定律是描述电路的拓扑结构对电路中的电压和电流的约束，是分析电路的基本定律，它包括 KCL（$\sum i = 0$）和 KVL（$\sum u = 0$）两条。KCL 是描述电路中与节点相连的各支路电流之间的约束关系；KVL 是描述回路中各支路电压之间的约束关系。

（5）当元件的 u、i 正方向一致时，其功率用 $p = ui$ 计算；当 u、i 的正方向相反时，用 $p = -ui$ 计算。若 $p > 0$，表明元件消耗功率，为负载；若 $p < 0$，表明元件供出功率，为电源。

（6）电位是相对的，电压是绝对的，即电路中各点的电位是相对参考点而言的，而任两点间的电位差（电压）与参考点无关。电位值与电压值都与计算时所选的路径无关。在电子电路中，常利用电位的概念简化电路。

（7）在实际工作中，只有按照额定值使用设备才能保证其安全可靠、经济合理，充分发挥电气设备的效用，同时不至于缩短电气设备的使用寿命。

习 题

1. 在图 1-37 中五个元件代表电源或负载，电流和电压的参考方向如图 1-37 所示，通过实验测量得知：

$$I_1 = -4A; \quad I_2 = 6A; \quad I_3 = 10A;$$
$$U_1 = 140V; \quad U_2 = -90V; \quad U_3 = 60V; \quad U_4 = -80V; \quad U_5 = 30V$$

（1）标出各电流和各电压的实际方向。

（2）判断哪些元件是电源，哪些是负载。

（3）计算各元件的功率，电源发出的功率和负载取用的功率是否平衡？

2. 在图 1-38 中，已知 $I_1 = 3mA$，$I_2 = 1mA$。试确定电路元件 3 中的电流 I_3 和其两端电压 U_3，并说明它是电源还是负载。校验整个电路的功率是否平衡。

3. 试求图 1-39 中 a 点和 b 点的电位。如将 a，b 两点直接连接或接一个电阻，对电路工作有无影响？

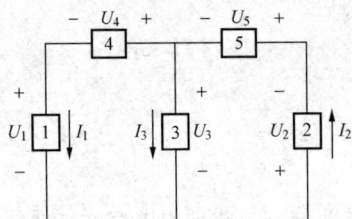

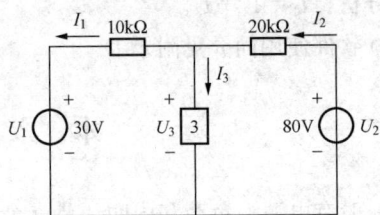

图 1-37 题 1 图   图 1-38 题 2 图

4. 在图 1-40 中，在开关 S 断开和闭合的两种情况下试求 a 点的电位。

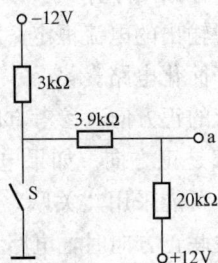

图 1-39 题 3 图   图 1-40 题 4 图

5. 在图 1-41 所示电路中，已知 $U_S=6V$，$I_S=2A$，$R_1=2\Omega$，$R_2=1\Omega$。试求开关 S 断开时开关两端的电压 U 和开关 S 闭合时通过开关的电流 I。

6. 在图 1-42 中，已知 $U_{S1}=15V$，$U_{S2}=5V$，$I_S=1A$，$R=5\Omega$，试求各元件的功率值，并说明各元件是吸收功率还是供出功率。

7. 在图 1-43 中，已知 $R_1=R_2=1\Omega$，$I_{S1}=1A$，$I_{S2}=2A$，$U_{S1}=U_{S2}=1V$，试求 a、b 两点的电压 U_{ab}。

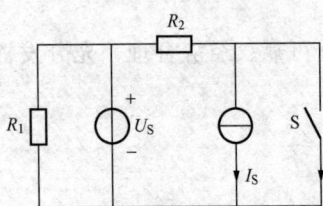

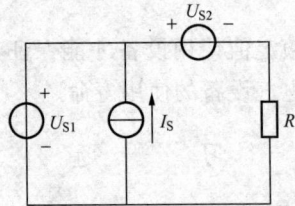

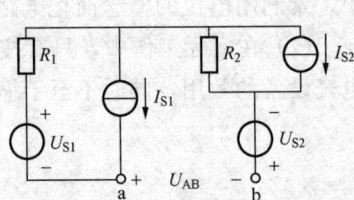

图 1-41 题 5 图   图 1-42 题 6 图   图 1-43 题 7 图

8. 在图 1-44（a）电路中，若将一恒压源与恒流源串联或并联，如图 1-44（b）和（c）所示，负载电流 I_1、I_2 是否改变？通过计算说明。已知 $U_S=8V$，$I_S=2A$，$R_1=R_2=2\Omega$。

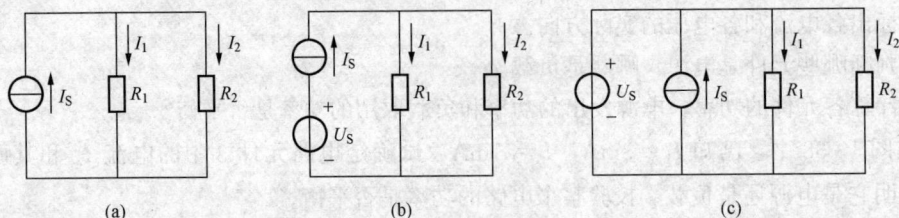

图 1-44 题 8 图

9. 利用实验方法测得某电源的开路电压 $U_{OC}=10V$，当电源接某一负载时又测得电路电流 $I=10A$，负载两端电压 $U=9V$，试求该电源的两种电路模型。

10. 已知电路如图 1-45 所示，$I_S=2A$，$U_{S1}=12V$，$U_{S2}=2V$，$R_1=2\Omega$，$R_2=R_L=6\Omega$。试求：

（1）R_L 中的电流。

（2）理想电压源 U_{S1} 输出的电流和功率。

（3）理想电流源 I_S 两端的电压和输出功率。

11. 如图 1-46 所示，$U_{S1}=8V$，$U_{S2}=2V$，$R=2\Omega$，方框内为一实际有源元件，供出电流 $I=1A$。当 U_{S2} 方向与图示方向相反时，电流 $I=0$，试求此实际有源元件的电压源串联组合模型。

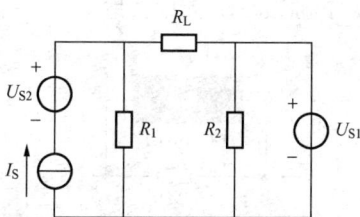

图 1-45　题 10 图

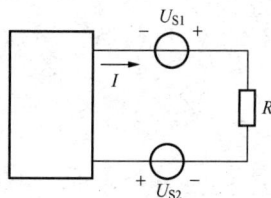

图 1-46　题 11 图

12. 试用电源模型等效变换的方法求图 1-47 所示电路中的电流 I。

13. 在图 1-48 中，已知 $U_{S1}=6V$，$U_{S2}=9V$，$R_1=20\Omega$，$R_2=30\Omega$，$R_3=180\Omega$，$R_4=270\Omega$，$R_5=470\Omega$。试用电源模型等效变换的方法求电流 I_5。

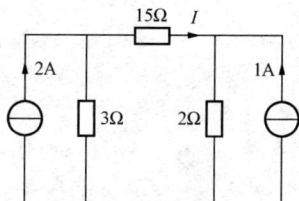

图 1-47　题 12 图

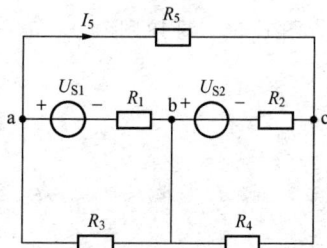

图 1-48　题 13 图

14. 某用电器的额定功率为 1W，额定电压为 100V，欲接到 200V 的直流电源上工作，应选下列哪个电阻与之串联才能正常工作？为什么？

（1）$R=10k\Omega$，$P_N=0.5W$；

（2）$R=5k\Omega$，$P_N=2W$；

（3）$R=20k\Omega$，$P_N=0.25W$；

（4）$R=10k\Omega$，$P_N=1.2W$。

15. 在图 1-49 中，H1 和 H2 的额定功率分别为 60W、100W，额定电压为 220V。

（1）电源电压 U_S 应为多少？

（2）开关 S 闭合前、后，电源供出的电流及各灯通过的电流为多少？S 闭合时，I_1 是否被分去一些？

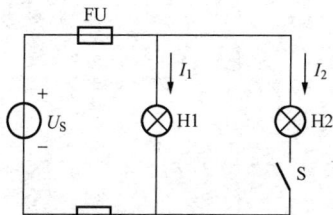

图 1-49　题 15 图

（3）60W 和 100W 的灯哪个电阻大？

（4）不慎将 100W 的灯两端短接，当 S 闭合时，后果如何？100W 的灯丝是否会烧断？

（5）设电源的额定功率为 125kW，当只接一个 220V、60W 的电灯时该灯会不会被烧坏？

16. 试用 Multisim10 仿真求图 1-38 所示电路中的电流 I_3 和电压 U_3，并与题 3 的结果相比较。

17. 试用 Multisim10 仿真求解题 10 电路中所示的电压和电流，并与题 11 的结果相比较。

18. 在 Multisim 环境中，创建电路如图 1-50 所示。试用 Multisim10 中的电流表测试各支路的电流，并验证 KCL 定律。注：电流表在指示器（Indicators）库中选取。

19. 在 Multisim 环境中，创建电路如图 1-51 所示。试用 Multisim10 中的电压表测试各电阻上的电压，并验证 KVL 定律。注：电压表在指示器（Indicators）库中选取。

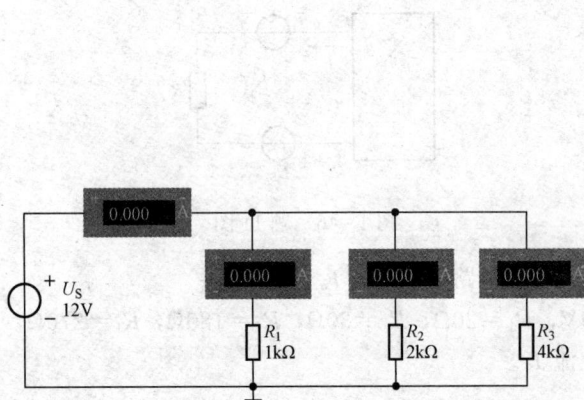

图 1-50　题 18 图

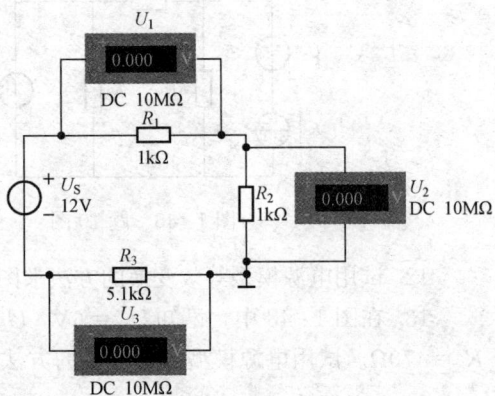

图 1-51　题 19 图

第 2 章

电 路 的 分 析 方 法

在第 1 章中曾讨论了基尔霍夫电压和电流定律以及电路元件的约束关系。当我们把电路元件相互连接组成具有一定几何结构形式的电路后，其各部分电压、电流为两类约束所支配。一类来自于元件的相互连接方式。连接在同一节点上的各支路电流必须受到 KCL 的约束；连接在同一回路上的各元件上的电压必须受到 KVL 的约束。这种只取决于互连形式的约束，称为拓扑约束。另一类约束来自于元件的性质，例如线性电阻两端的电压与流过的电流必须遵循 $u=Ri$ 的约束关系。这种只取决于元件性质的约束，称为元件约束。这两类约束关系是电路分析的基本依据。

本章将在上述两种约束关系的基础上，以直流电路为例介绍分析电路的一些基本方法和定理。这些方法和定理同样适用于分析正弦交流等时变信号电路。

本章最后对非线性电阻电路及其图解法做了简单介绍。

2.1 支 路 电 流 法

支路电流法是一种最基本的电路分析方法。在介绍支路电流法之前，先介绍与支路电流法有关的几个概念。

（1）独立节点：含有 n 个节点的电路，任意选取其中的 $(n-1)$ 个节点，都是独立节点。剩下的一个节点是非独立节点。

（2）独立回路：至少含有一条没有被其他回路所包含的支路的回路。

（3）平面电路：凡是可以画在一个平面上而不使任何两条支路交叉的电路。

平面电路的每一个网孔都是独立回路。

支路电流法是以支路电流为未知变量、直接应用基尔霍夫定律列方程求解的方法。由代数学可知，求解 b 个未知变量必须用 b 个独立方程式联立求解。因此，对具有 b 条支路、n 个节点的电路，用支路电流法分析时，须根据 KCL 列出 $(n-1)$ 个独立的电流方程；根据 KVL 列出 $b-(n-1)$ 个独立的回路电压方程，最后解此 b 元方程组即可解得各支路电流。下面以两个例题具体说明解题步骤。

【例 2-1】 如图 2-1 所示电路，试求各支路电流。

解 （1）确定支路数，标出各支路电流的参考方向。

图 2-1 所示电路有三条支路，即有三个待求支路电流。选择各支路电流的参考方向如图所示。

（2）确定独立节点数，列出独立的节点电流方程式。

图 2-1 所示电路中，有 a、b 两个节点，选节点 a 为独立节点，利用 KCL 列出独立节点方程式如下

$$I_1 + I_2 - I_3 = 0$$

（3）根据 KVL 列出 $b-(n-1)$ 个独立回路电压方程式。

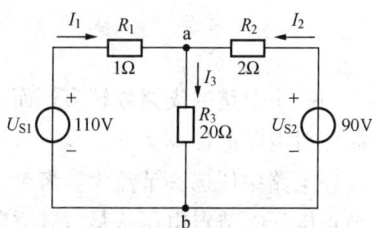

图 2-1 ［例 2-1］图

本题有三条支路两个节点，需列出 $3-(2-1)=2$ 个独立的回路电压方程。选取两个网孔为独立回路，回路循行方向为顺时针方向，列写方程如下

$$I_1 + 20I_3 = 110$$
$$-2I_2 - 20I_3 = -90$$

（4）解联立方程式，求出各支路电流值。

将以上三个方程联立求解，得

$$I_1 = 10\text{A}, \quad I_2 = -5\text{A}, \quad I_3 = 5\text{A}$$

（5）验证分析计算结果，有以下两种方法。

用电压平衡关系验证：选一未用过的回路列 KVL 方程，将所得结果代入，若等式成立，则答案无误。

用功率平衡关系验证：利用分析计算结果计算电源供出的功率之和，看是否等于电路所吸收或消耗的功率之和。若相等，则答案正确。

本题采用第一种方法验证。列出大回路的 KVL 方程为

$$R_1 I_1 - R_2 I_2 - U_{S1} + U_{S2} = 0$$

代入数据得

$$1 \times 10 - 2 \times (-5) - 110 + 90 = 20 - 20 = 0$$

等式成立，答案无误。

【例 2-2】 图 2-2 所示电路中 $I_S = 8\text{A}$，$U_S = 10\text{V}$。试用支路电流法求各支路电流。

解 根据恒流源的特性可知，恒流源所在支路的电流等于恒流源电流 I_S，为已知量。因而只需求解另外四条支路的电流。为此，根据 KCL 对 a、b 两个节点列写电流方程，再根据 KVL 对 Ⅰ、Ⅱ 两个网孔列写回路电压方程，得

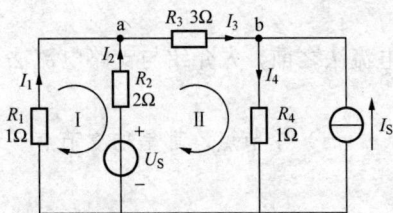

图 2-2　[例 2-2] 图

$$I_1 + I_2 - I_3 = 0$$
$$I_3 - I_4 + I_S = 0$$
$$-2I_2 + I_1 = -10$$
$$2I_2 + 3I_3 + I_4 = 10$$

联立求解得

$$I_1 = -4\text{A}, \quad I_2 = 3\text{A}, \quad I_3 = -1\text{A}, \quad I_4 = 7\text{A}$$

【思考与讨论】

1. 图 2-1 所示的电路共有三个回路，是否也可应用基尔霍夫电压定律列出三个方程求解三个支路电流？

2. 对图 2-1 所示电路下列各式是否成立？

$$I_1 = \frac{U_{S1} - U_{S2}}{R_1 - R_2}, \quad I_1 = \frac{U_{S1} - U_{ab}}{R_1 + R_2}, \quad I_2 = \frac{U_{S2}}{R_2}, \quad I_2 = \frac{U_{S2} - U_{ab}}{R_2}$$

2.2　节点电压法

当一个电路的支路数较多，而节点数较少时，采用节点电压法可以减少列写方程的个数，从而简化对电路的计算。

在电路中任选一节点为参考节点，即零电位点，其他节点与此参考节点之间的电压称之为独立节点电压。节点电压法是以独立节点电压为未知量，根据基尔霍夫电流定律和欧姆定律列写方程来求解独立节点电压，并进一步求出各支路电压和电流的方法。节点电压的参考极性均以零参考节点处为负。在任一回路中，各节点电压自动满足 KVL，所以在节点电压法中不必再列出

KVL 方程。

目前，在计算机辅助分析中，节点电压法得到了广泛的应用。

下面以图 2-3 为例推导用节点电压法解题的方法。

在图 2-3 中，节点数 $n=3$，选节点 0 为零参考节点，节点 1 和节点 2 的电压分别以 U_1 和 U_2 表示，它们均以 0 点处为"一"极性，各支路电流的参考方向如图中所示。

根据 KCL 可列出两个独立节点电流方程，即

节点 1 $\qquad\qquad I_1+I_3=I_S$ $\qquad\qquad$ (2-1)

节点 2 $\qquad\qquad I_2=I_3+I_4$ $\qquad\qquad$ (2-2)

图 2-3 节点电压法图例

应用欧姆定律各支路电流为

$$
\left.
\begin{aligned}
I_1 &= \frac{1}{R_1}(U_1-U_{S1}) = G_1(U_1-U_{S1}) \\
I_2 &= \frac{1}{R_2}(U_2-U_{S2}) = G_2(U_2-U_{S2}) \\
I_3 &= \frac{1}{R_3}(U_1-U_2) = G_3(U_1-U_2) \\
I_4 &= -\frac{1}{R_4}U_2 = -G_4U_2
\end{aligned}
\right\}
\qquad (2-3)
$$

将式（2-3）代入式（2-1）和式（2-2）并整理后可得出求解电路的节点电压方程如下

$$
\begin{aligned}
(G_1+G_3)U_1 - G_3U_2 &= I_S+G_1U_{S1} \\
-G_3U_1+(G_2+G_3+G_4)U_2 &= G_2U_{S2}
\end{aligned}
\qquad (2-4)
$$

解联立方程组，即可求出节点电压 U_1 和 U_2，并进而求出各支路电流、电压。为了掌握列写节点电压方程的一般规律，可将式（2-4）总结出以下普遍形式：

对节点 1 $\qquad\qquad\qquad$ $G_{11}U_1+G_{12}U_2=I_{S11}$ $\qquad\qquad$ (2-5)

对节点 2 $\qquad\qquad\qquad$ $G_{21}U_1+G_{22}U_2=I_{S22}$ $\qquad\qquad$ (2-6)

等式左边，$G_{11}=G_1+G_3$，是指连接到节点 1 的各支路的电导之和，称为节点 1 的自电导；$G_{22}=G_2+G_3+G_4$，是指连接到节点 2 的各支路的电导之和，称为节点 2 的自电导；$G_{12}=G_{21}=-G_3$，是指连接在节点 1 和节点 2 之间的公共电导之和的负值，称为节点 1 和节点 2 之间的互电导。在列写节点电压方程时，自电导取正，互电导取负，这是因为节点电压参考方向都假定为从该节点指向参考节点的缘故。等式左边各项相当于流出该节点的电流之和。

等式右边，I_{S11} 和 I_{S22} 是指连接到节点 1 和节点 2 上的各支路中的电流源和电压源分别流入节点 1 和节点 2 的电流之和。

对于具有 $(n-1)$ 个独立节点的电路，其节点电压方程可按式（2-5）和式（2-6）推广而得。

需要指出的是，在列节点电压方程时，可不必事先指定各支路中电流的参考方向，只有需要求出各支路电流时才有必要。

【例 2-3】 在图 2-4 所示电路中，$U_{S1}=4V$，$R_1=R_2=R_3=R_4=R_5=1\Omega$，$I_S=3A$，用节点电压法求各支路电流。

解 选节点 d 为参考节点，对独立节点分别列节点电压方程为

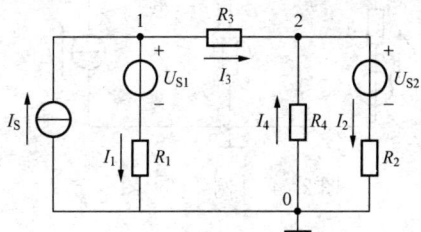

图 2-4　［例 2-3］图

$$\left(\frac{1}{R_1}+\frac{1}{R_2}+\frac{1}{R_3}\right)U_a-\frac{1}{R_2}U_b-\frac{1}{R_3}U_c=\frac{1}{R_1}U_{S1}$$

$$-\frac{1}{R_2}U_a+\left(\frac{1}{R_2}+\frac{1}{R_4}+\frac{1}{R_5}\right)U_b-\frac{1}{R_4}U_c=0$$

$$-\frac{1}{R_3}U_a-\frac{1}{R_4}U_b+\left(\frac{1}{R_3}+\frac{1}{R_4}\right)U_c=I_S$$

代入各数据得

$$3U_a-U_b-U_c=4$$
$$-U_a+3U_b-U_c=0$$
$$-U_a-U_b+2U_c=3$$

解得

$$U_a=4\text{V},\ U_b=3\text{V},\ U_c=5\text{V}$$

各支路电流为

$$I_1=\frac{U_{S1}-U_a}{R_1}=\frac{4-4}{1}=0(\text{A})$$

$$I_2=\frac{U_a-U_b}{R_2}=\frac{4-3}{1}=1(\text{A})$$

$$I_3=\frac{U_a-U_c}{R_3}=\frac{4-5}{1}=-1(\text{A})$$

$$I_4=\frac{U_b-U_c}{R_4}=\frac{3-5}{1}=-2(\text{A})$$

$$I_5=\frac{U_b}{R_5}=\frac{3}{1}=3(\text{A})$$

【例 2-4】　图 2-5 所示电路具有两个节点 a、b，取 b 点为参考节点。电流的参考方向如图所示，求节点 a 的电位。

　　解　因只有一个独立节点所以只需列出一个节点电压方程

$$(G_1+G_2+G_3+G_4)U_a=G_1U_{S1}-G_2U_{S2}$$

$$U_a=\frac{G_1U_{S1}-G_2U_{S2}}{G_1+G_2+G_3+G_4}=\frac{\dfrac{U_{S1}}{R_1}-\dfrac{U_{S2}}{R_2}}{\dfrac{1}{R_1}+\dfrac{1}{R_2}+\dfrac{1}{R_3}+\dfrac{1}{R_4}}$$

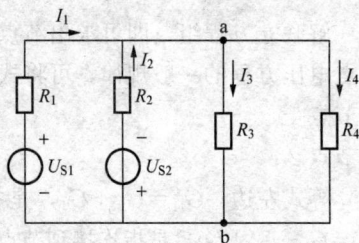

图 2-5　［例 2-4］图

总结［例 2-4］解答而得的公式可得出直接求解两节点电路的节点电压的一般表达式

$$U_a=\frac{\sum\limits_{k=1}^{m}\dfrac{U_{Sk}}{R_k}}{\sum\limits_{k=1}^{m}\dfrac{1}{R_k}} \qquad (2-7)$$

此式称为弥尔曼公式。

式中：m 为接于两节点间的支路数；U_{Sk}、R_k 分别为第 k 条支路中的电压源的源电压和电阻。分子为流入 a 节点电源电流的代数和，当第 k 条支路中的 U_{Sk} 方向与节点电压 U_a 方向一致时，此项为正，相反时为负；当 U_{Sk} 为零时，此项为零。式（2-7）也可写为

$$U_a=\frac{\sum\limits_{k=1}^{m}I_{Sk}}{\sum\limits_{k=1}^{m}\dfrac{1}{R_k}} \qquad (2-8)$$

式中：I_{Sk} 为与 a 点连接的第 k 条支路中电流源的源电流。流入 a 点的源电流为正，流出的则为负。

　　对于某支路中仅含理想电压源的情况，可将该支路中理想电压源中的电流作为变量引入节点电压方程，

笔记：

同时也增加一个节点电压与理想电压源电压间的约束关系，这样方程数仍与变量数相同。有时还可以通过选取合适的参考节点来简化计算。

【例 2 - 5】 电路如图 2 - 6 所示，用节点电压法求各支路电流。

解 因该电路左边支路仅含有一个理想电压源，可设流过该支路的电流为 I，列节点电压方程如下

$$(G_1 + G_2)U_a - G_2 U_b = I - I_S$$
$$-G_2 U_a + (G_2 + G_3)U_b = I_S$$

补充约束方程

$$U_a = U_S$$

求解方程组，可求得变量 U_a、U_b 及 I 的值，然后再求出其余各支路电流 I_1、I_2 和 I_3。其实对于本题在不需求 I 的情况下，因选择 c 点为参考节点使得 a 点电位为已知，所以只需列出 b 点的节点电压方程即可。

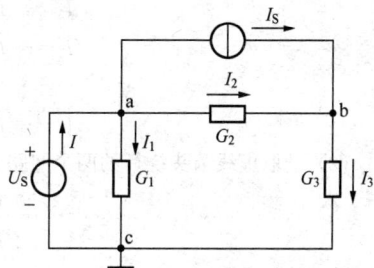

图 2 - 6 〔例 2 - 5〕图

2.3 回 路 电 流 法

回路电流法是以假想的独立回路电流为未知量，根据 KVL 和元件约束关系来列写方程求解独立回路电流的一种方法。适用于节点数多而回路数少的电路。

每个回路电流方程，实质上是构成这个独立回路的各条支路电压的代数和。只要求解出回路电流，由此就可求出各支路电流和电压。

采用回路电流法，KCL 自动得到满足。

下面通过两个例题来说明回路电流法的解题步骤。

【例 2 - 6】 如图 2 - 7 所示电路中，$R_1 = 5\Omega$，$R_2 = 10\Omega$，$R_3 = 20\Omega$，试用回路电流法求各支路电流和 R_3 两端的电压。

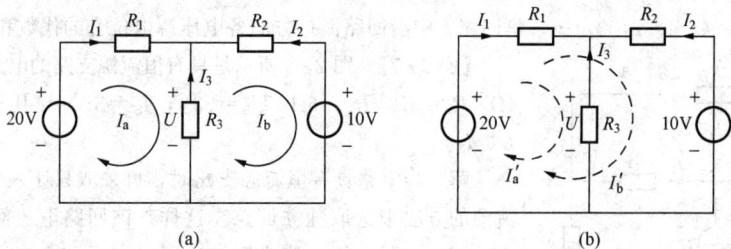

(a)　　　　　　　　　(b)

图 2 - 7 〔例 2 - 6〕图

解 （1）选取网孔为独立回路，回路绕行方向如图 2 - 7 (a) 所示，列写回路方程如下

$$(R_1 + R_3)I_a - R_3 I_b = 20$$
$$-R_3 I_a + (R_2 + R_3)I_b = -10 \qquad (2 - 9)$$

代入数据得

$$25I_a - 20I_b = 20$$
$$-20I_a + 30I_b = -10$$

解之得

$$I_a = 1.14(A)$$

笔记：

$$I_\mathrm{b} = 0.429(\mathrm{A})$$

所以

$$I_1 = I_\mathrm{a} = 1.14(\mathrm{A})$$
$$I_2 = -I_\mathrm{b} = -0.429(\mathrm{A})$$
$$I_3 = -I_\mathrm{a} + I_\mathrm{b}$$
$$= -1.14 + 0.429 = -0.711(\mathrm{A})$$
$$U = -I_3 R_3 = -(-0.711) \times 20 = 14.22(\mathrm{V})$$

(2) 选取虚线箭头绕行的两个回路为独立回路，如图 2-7 (a) 所示，列写回路方程如下

$$\left.\begin{array}{r}(R_1 + R_3)I'_\mathrm{a} + R_1 I'_\mathrm{b} = 20 \\ R_1 I'_\mathrm{a} + (R_1 + R_2)I'_\mathrm{b} = 20 - 10\end{array}\right\} \tag{2-10}$$

代入数据，解之得

$$I'_\mathrm{a} = 0.711(\mathrm{A})$$
$$I'_\mathrm{b} = 0.429(\mathrm{A})$$

所以

$$I_1 = I'_\mathrm{a} + I'_\mathrm{b} = 1.14(\mathrm{A})$$
$$I_2 = -I'_\mathrm{b} = -0.429(\mathrm{A})$$
$$I_3 = -I'_\mathrm{a} = -0.711(\mathrm{A})$$
$$U = -I_3 R_3 = -(-0.711) \times 20 = 14.22(\mathrm{V})$$

把式（2-9）和式（2-10）与图 2-7 所示电路进行对照比较，不难找出通过观察电路直接列写回路方程的规律，总结出便于推广应用的规范化形式，即

$$\left.\begin{array}{r}R_{11} I_1 + R_{12} I_2 = U_\mathrm{S11} \\ R_{21} I_1 + R_{22} I_2 = U_\mathrm{S22}\end{array}\right\} \tag{2-11}$$

在式（2-11）等号左边，$R_{kk}(k=1,2,3,\cdots)$ 称为回路 k 的自电阻，它是回路 k 中所有电阻之和，且恒为正值。$R_{kj}(k=1,2,3\cdots, j=1,2,3,\cdots, k\neq j)$ 称为回路 k 与回路 j 的互电阻，它是这两个回路公共支路上的电阻。如果流过互电阻的两个回路电流方向相同，则互电阻取"＋"号，若两个回路电流方向相反，则取"－"号。$U_\mathrm{Skk}(k=1,2,3,\cdots)$ 是回路 k 中沿回路循行方向各电压源电位升的代数和。

【例 2-7】 图 2-8 所示是具有恒流源支路的电路。$R_1 = 2\Omega$，$R_2 = 4\Omega$，$R_3 = 6\Omega$，$R_4 = 6\Omega$，$U_\mathrm{S} = 33\mathrm{V}$，$I_\mathrm{S} = 3\mathrm{A}$，试用回路电流法求 I_1、I_2、I_3。

解 当电路具有恒流源支路时，可采取只让一个回路电流通过恒流源的方法来选取独立回路。这样，该回路电流便仅由恒流源来决定。于是该回路的电流为已知，不必列回路方程，使求解过程得以简化。

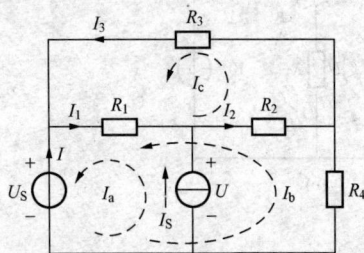

图 2-8 ［例 2-7］图

$$I_\mathrm{a} = I_\mathrm{S} = 3(\mathrm{A})$$
$$R_1 I_\mathrm{a} + (R_1 + R_2 + R_4)I_\mathrm{b} - (R_1 + R_2)I_\mathrm{c} = -U_\mathrm{S}$$
$$-R_1 I_\mathrm{a} - (R_1 + R_2)I_\mathrm{b} + (R_1 + R_2 + R_3)I_\mathrm{c} = 0$$

代入数据得

$$12 I_\mathrm{b} - 6 I_\mathrm{c} = -6 - 33$$
$$-6 I_\mathrm{b} + 12 I_\mathrm{c} = 6$$

解得

$$I_\mathrm{b} = -4(\mathrm{A})$$

$$I_c = -1.5 \text{(A)}$$

所以

$$I = -I_a - I_b = -3 - (-4) = 1 \text{(A)}$$
$$I_1 = -I_a - I_b + I_c = -3 - (-4) + (-1.5) = -0.5 \text{(A)}$$
$$I_2 = -I_b + I_c = -(-4) + (-1.5) = 2.5 \text{(A)}$$
$$I_3 = I_c = -1.5 \text{(A)}$$

2.4 叠 加 定 理

2.4.1 线性系统及其性质

叠加定理是解决许多工程问题的基础，也是分析线性电路的最基本的方法之一。所谓线性电路，简单地说就是由线性电路元件组成并满足线性性质的电路。

线性性质具有以下两层含义。

1. 齐次性

若线性系统的激励为 x，相应的响应为 y；当激励为 Kx 时，响应则为 Ky，如图 2-9 所示。

2. 可加性

系统只有激励 x_1 时响应为 y_1；只有激励 x_2 时响应为 y_2；若激励为 $x_1 + x_2$，则相应的响应为 $y_1 + y_2$，如图 2-10 所示。可见几个激励共同作用时，线性系统的响应为各激励单独作用时的响应之和。

图 2-9 线性系统的齐次性

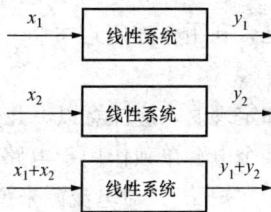

图 2-10 线性系统的可加性

根据齐次性和可加性可以看出，当线性系统的激励为 $K_1 x_1 + K_2 x_2$ 时，相应的响应为 $K_1 y_1 + K_2 y_2$，如图 2-11 所示。

图 2-11 线性系统的线性性质

2.4.2 叠加定理

叠加定理用文字可表述为：在含有多个电源的线性电路中，根据可加性，任一支路的电流或电压等于电路中各个电源分别单独作用时在该支路中产生的电流或电压的代数和。

叠加定理可用图 2-12（a）所示电路具体说明。

在图 2-12（a）所示电路中，设 U_S、I_S、R_1、R_2 已知，求电流 I_1 和 I_2，由于只有两个未知电流，利用支路电流法求解时可以只列出两个方程式，即

上节点

$$I_1 - I_2 + I_S = 0$$

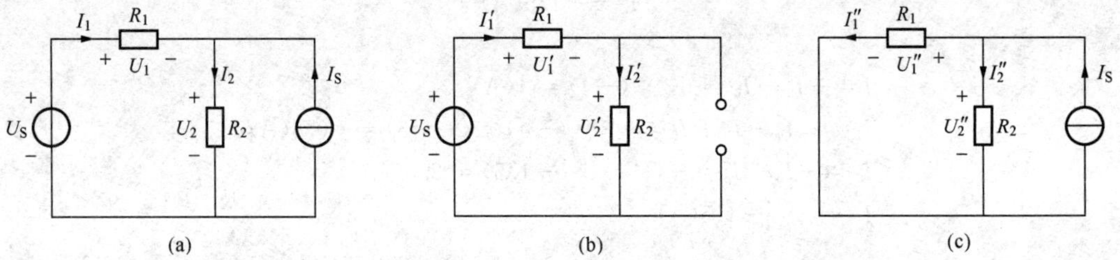

图 2 - 12 叠加定理

(a) 原电路；(b) 电压源单独作用的电路；(c) 电流源单独作用的电路

左网孔

$$R_1 I_1 + R_2 I_2 = U_S$$

由此解得

$$I_1 = \frac{U_S}{R_1 + R_2} - \frac{R_2 I_S}{R_1 + R_2} = I_1' - I_1''$$

$$I_2 = \frac{U_S}{R_1 + R_2} + \frac{R_1 I_S}{R_1 + R_2} = I_2' + I_2''$$

其中，I_1' 和 I_2' 是在理想电压源单独作用时［将理想电流源开路，如图 2 - 12（b）所示］产生的电流；I_1'' 和 I_2'' 是在理想电流源单独作用时［将理想电压源短路，如图 2 - 12（c）所示］产生的电流。同样，电压也有

$$U_1 = R_1 I_1 = R_1 (I_1' - I_1'') = U_1' - U_1''$$

$$U_2 = R_2 I_2 = R_2 (I_2' + I_2'') = U_2' + U_2''$$

由此可见，利用叠加定理可将一个多电源的复杂电路问题简化成若干个单电源的简单电路问题。

应用叠加定理时，应注意以下几点。

（1）当某个电源单独作用于电路时，其他电源应"除源"。即对电压源来说，令其源电压 U_S 为零，相当于"短路"；对电流源来说，令其源电流 I_S 为零，相当于"开路"。

（2）对各电源单独作用产生的响应求代数和时，要注意到单电源作用时的电流和电压分量方向是否和原电路中的方向一致。一致者，此项前为"＋"号，反之，取"－"号。

（3）叠加定理只适用于线性电路。

（4）叠加定理给予激励与响应的线性关系，只适用于电路中电流和电压的计算，不能用于功率和能量的计算。因为功和能与电压电流是平方倍的关系。例如，图 2 - 12（a）所示电路中 R_1 消耗的功率为 $P_1 = R_1 I_1^2 = R_1 (I_1' - I_1'')^2 \neq R_1 I_1'^2 - R_1 I_1''^2$。

【例 2 - 8】 电路如图 2 - 13（a）所示。

（1）试用叠加定理求电压 U；

（2）求电流源提供的功率。

解 （1）由叠加定理，当 3A 电流源单独作用时的等效电路如图 2 - 13（b）所示，因此有

$$U' = \frac{5 \times 10}{5 + 10} \times 3 = 10(\text{V})$$

9V 电压源单独作用时的等效电路如图 2 - 13（c）所示，则有

$$U'' = -\frac{5}{5 + 10} \times 9 = -3(\text{V})$$

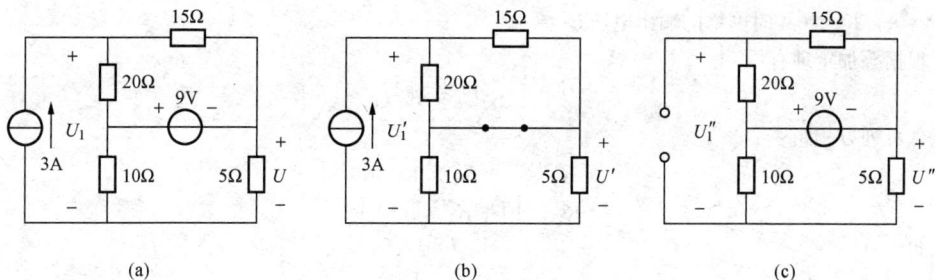

图 2 - 13 ［例 2 - 8］电路图

所以

$$U = U' + U'' = 10 + (-3) = 7(V)$$

（2）由图 2 - 13（b）可得

$$U_1' = 3 \times \left(\frac{15 \times 20}{15 + 20} + \frac{5 \times 10}{5 + 10} \right) = 35.7(V)$$

由图 2 - 13（c）可得

$$U_1'' = -\frac{20}{20 + 15} \times 9 + \frac{10}{10 + 5} \times 9 = 0.86(V)$$

故

$$U_1 = U_1' + U_1'' = 35.7 + 0.86 = 36.56(V)$$

3A 电流源产生的功率为

$$P_s = 3 \times 36.56 = 109.68(W)$$

【例 2 - 9】 在图 2 - 14（a）所示电路中，当 $U_S = 16V$ 时，$U_{ab} = 8V$。试用叠加原理求 $U_S = 0$ 时 a、b 两点间的电压。

解 该电路中有三个电源，$U_S = 16V$ 时，$U_{ab} = 8V$ 是这三个电源共同作用的结果。$U_S = 0$ 时，a、b 两点间的电压即为电压源除源，两个电流源作用的结果。由于两个电流源的电流未知，所以可以先求出电压源单独作用［等效电路如图 2 - 14（b）所示］的结果

$$U_{ab}' = \frac{1}{4} U_S = \frac{1}{4} \times 16 = 4(V)$$

然后从三个电源共同作用的结果 $U_{ab} = 8V$ 中减去 U_{ab}' 即为所求

$$U_{ab}'' = U_{ab} - U_{ab}' = 8 - 4 = 4(V)$$

【例 2 - 10】 研究某线性无源网络的输入输出关系的试验电路如图 2 - 15 所示。当外接电压源 $U_S = 1V$，电流源 $I_S = 1A$ 时，输出电压 $U_o = 0$；当 $U_S = 10V$，$I_S = 0$ 时，$U_o = 1V$。

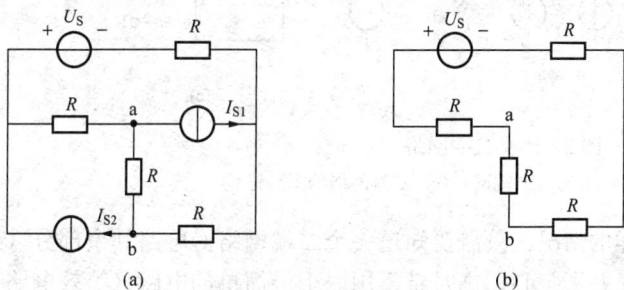

图 2 - 14 ［例 2 - 9］电路图   图 2 - 15 ［例 2 - 10］图

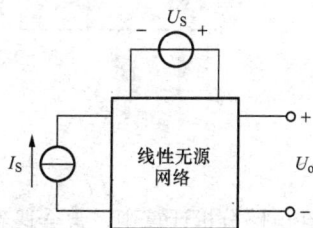

若 $U_s=0$，$I_s=10A$ 时网络的输出电压 $U_o=?$

解 根据叠加定理有

$$U_o = K_1 U_S + K_2 I_S$$

由已知条件可列方程组

$$K_1 \times 1 + K_2 \times 1 = 0$$
$$K_1 \times 10 + K_2 \times 0 = 1$$

解方程组得

$$K_1 = 0.1, \quad K_2 = -0.1$$

故网络的输入输出关系为

$$U_o = 0.1 U_S - 0.1 I_S$$

当 $U_s=0$，$I_s=10A$ 时

$$U_o = 0.1 \times 0 - 0.1 \times 10 = -1(V)$$

【思考与讨论】

1. 叠加定理可否用于将多个电源电路（例如有四个电源）看成是几组电源（例如两组电源）分别单独作用的叠加？

2. 利用叠加定理可否说明在单电源电路中，各处的电压和电流随电源电压和电流成比例的变化？

2.5　等效电源定理

2.5.1　二端网络

等效电源定理是分析计算复杂线性电路的一种有力工具。凡是具有两个接线端的部分电路称为二端网络。内部不含电源的称为无源二端网络，含电源的称为有源二端网络。图 2-16（a）所示电路为一无源二端网络，图 2-16（b）所示电路为一有源二端网络。二端网络的图形符号如图 2-16（c）所示。常以 N_A 表示有源二端网络，N_P 表示无源二端网络。

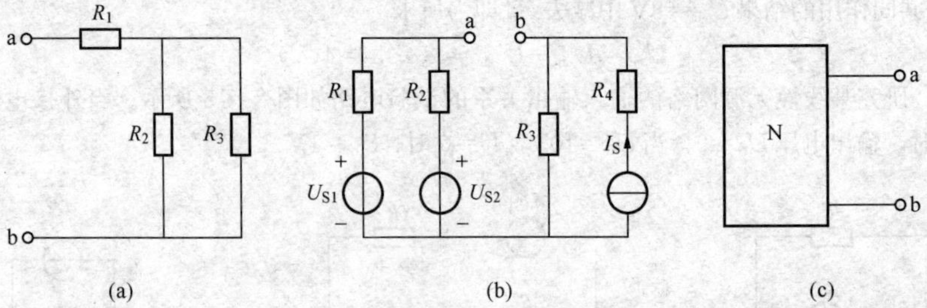

图 2-16　二端网络
（a）无源二端网；（b）有源二端网；（c）二端网络的图形符号

在电路分析计算中，常会遇到这样的情况：只需要知道一个二端网络对电路其余部分（外电路）的影响，而对二端网络内部的情况并不关心。这时希望用一个最简单的电路（等效电路）来替代复杂的二端网络，使计算得到简化。对于无源二端网络，等效电路为一条无源支路。支路中的等效电阻称为无源二端网络的入端电阻。例如图 2-16（a）所示的无源二端网络等效电阻为

$$R = R_1 + \frac{R_2 R_3}{R_2 + R_3}$$

有源二端网络不论其简繁程度如何，它对外电路而言，相当于一个电源，因为它对外电路提供电能。因此，有源二端网络一定可以化简为一个等效电源。根据 1.5 节所述，一个电源可以用两种电路模型表示：一种是源电压 U_S 和内阻 R_S 串联的电路（电压源模型）；一种是源电流 I_S 和内阻 R_S 并联的电路（电流源模型），因此有源二端网络有两种等效电源模型。

2.5.2　等效电源定理

等效电源定理包含戴维南定理和诺顿定理。

戴维南定理指出：任一有源二端线性网络，可用一电压源模型等效代替，如图 2-17 所示。电压源的源电压 U_S 为有源二端线性网络的开路电压 U_{OC}，内阻 R_S 为有源二端网络除源后的等效电阻 R_0。

图 2-17　戴维南定理示意图

诺顿定理指出：任一有源二端线性网络，可用一电流源模型等效代替，如图 2-18 所示。电流源的源电流 I_S 为有源二端线性网络的短路电流 I_{SC}，内阻 R_S 为有源二端网络除源后的等效电阻 R_0。

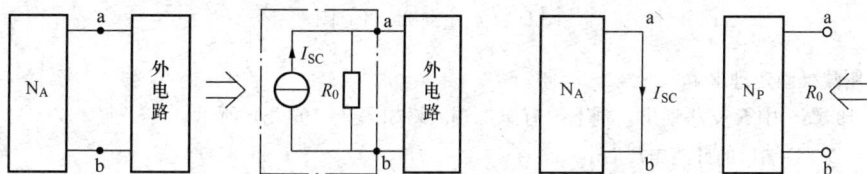

图 2-18　诺顿定理示意图

应用等效电源定理，关键是掌握如何正确求出有源二端网络的开路电压或短路电流，求出有源二端网络除源后的等效电阻。和 1.5 节内容联系起来总结如下：

求等效电源有两种途径。

（1）用两种电源模型的等效变换将复杂的有源二端网络化简为一等效电源。

（2）用所学过的任何一种电路分析方法求有源二端网络的开路电压 U_{OC} 或短路电流 I_{SC}，并用下列方法求戴维南等效电路或诺顿等效电路中的 R_S。

1）电阻串、并联法：利用电阻串、并联化简的方法。

2）加压求流法：将有源二端网络除源以后，在端口处外加一个电压 U，求其端口处的电流 I，则其端口处的等效电阻为

$$R_0 = \frac{U}{I} \tag{2-12}$$

3）开短路法：根据戴维南定理和诺顿定理，显然有

$$R_0 = \frac{U_{OC}}{I_{SC}} \qquad (2-13)$$

可见只要求出有源二端网络的开路电压 U_{OC} 和短路电流 I_{SC}，就可由式（2-13）计算出 R_0。

值得注意的是，戴维南定理和诺顿定理对被等效网络的要求是该二端网络必须是线性的，而对外电路则无此要求。另外，还要求二端网络与外电路之间没有耦合关系，例如外电路的某受控源受网络内某支路电流或电压的控制。

【例 2 - 11】 分别用戴维南定理和诺顿定理求图 2 - 19 （a）所示电路中 R 支路的电流 I。

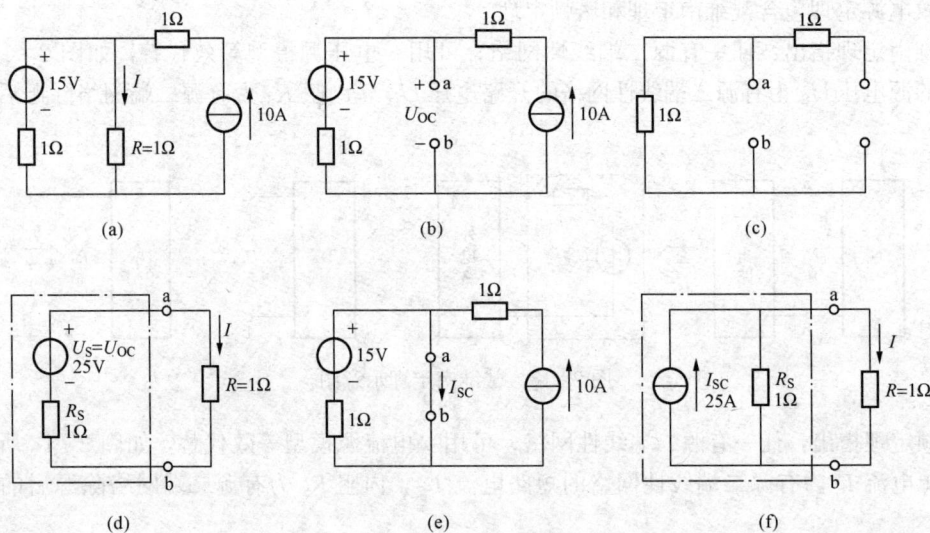

图 2 - 19 ［例 2 - 11］图

解 1. 用戴维南定理求解

将图 2 - 19 （a）中 R 支路划出，剩下一有源二端网络如图 2 - 19 （b）所示。

（1）计算 A、B 端口的开路电压 U_{OC}

$$U_{OC} = 15 + 1 \times 10 = 25(\text{V})$$

（2）将有源二端网络除源如图 2 - 19 （c）所示，其等效电阻为

$$R_0 = R_{ab} = 1\Omega$$

（3）画出戴维南等效电路如图 2 - 19 （d）点画线框部分所示。其中 $U_S = U_{OC} = 25\text{V}$，$R_S = R_0 = 1\Omega$，则

$$I = \frac{U_S}{R_S + R} = \frac{25}{1+1} = 12.5(\text{A})$$

2. 用诺顿定理求解

将图 2 - 19 （b）所示有源二端网络 a、b 端口短接，如图 2 - 19 （e）所示。利用叠加原理求短路电流 I_{SC}

$$I_{SC} = \frac{15}{1} + 10 = 25(\text{A})$$

诺顿等效电路中的 R_S 与戴维南等效电路中的求法相同，于是画出诺顿等效电路如图 2 - 19 （f）点画线框部分所示。其中 $I_S = I_{SC} = 25\text{A}$，$R_S = 1\Omega$。将划出的 R 支路接于诺顿等效电路端口，求 R 支路电流为

$$I = \frac{1}{2} \times 25 = 12.5(\text{A})$$

可见，由两个定理分析的结果是一致的。实际上，诺顿等效电路也可用电源的两种电路模型的等效变换

直接由戴维南等效电路求得。

【例 2 - 12】 求图 2 - 20（a）所示电路中通过 1Ω 电阻的电流 I。

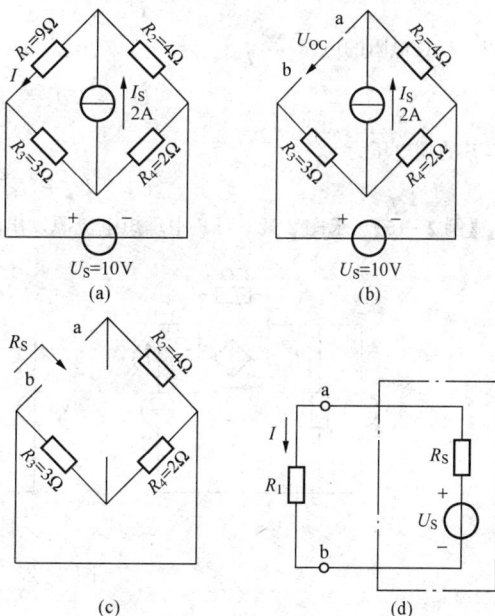

图 2 - 20 ［例 2 - 12］图

解 用电源两种模型等效变换的方法，将图 2 - 20（a）所示电路中除 1Ω 电阻支路以外的电路部分化简为图 2 - 20（f）中的诺顿等效电路，由此可得

$$I = \frac{2}{2+1} \times 3 = 2(A)$$

【例 2 - 13】 用戴维南定理计算图 2 - 21（a）所示桥式电路中的电阻 R_1 上的电流 I。

解 将图 2 - 21（a）中 R_1 支路断开，剩下部分电路为一有源二端网络，如图 2 - 21（b）所示。

（1）计算 a、b 端口的开路电压 U_{OC}

$$U_{OC} = I_S R_2 - U_S = 2 \times 4 - 10 = -2(V)$$

（2）将有源二端网络除源，如图 2 - 21（c）所示，因 R_3 和 R_4 被短接线短路，所以其等效电阻为

$$R_S = R_2 = 4\Omega$$

（3）画出戴维南等效电路如图 2 - 21（d）点画线框部分所示，连接断开的 R_1 支路，即可方便求出电流 I。

$$I = \frac{U_S}{R_S + R_1} = \frac{-2}{4+9} = -\frac{2}{13}(A)$$

【思考与讨论】

1. ［例 2 - 13］能否用两种电源模型等效变换的方法来求？

2. 图 2 - 19（e）和图 2 - 19（f）中的 I_{SC} 方向

图 2 - 21 ［例 2 - 13］图

笔记：

为何相反?

3. 欲求有源二端线性网络 N_A 的戴维南等效电路,现有直流电压表、直流电流表各一块,电阻一个,如何用实验的方法求得?

2.6 含受控源电路的分析与计算

对含有受控电源的线性电路,也可用前面几节所讲的电路分析方法进行分析计算,但考虑到受控电源的特性,在分析与计算时需要特别注意对受控电源的处理。下面通过例题来具体说明。

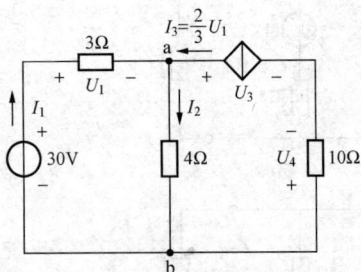

图 2-22 [例 2-14] 图

【例 2-14】 用节点电压法求图 2-22 中 VCCS 的端电压 U_3 及 10Ω 电阻的电压 U_4。

解 用回路电流法及节点电压法分析含受控源的电路时,要先将受控源看作独立源列写方程,然后再列出受控源的受控关系作为补充方程,使得电路未知数与方程的个数相等。

对图 2-22 根据弥尔曼公式可列出

$$U_a = \frac{\dfrac{30}{3} + \dfrac{2}{3}U_1}{\dfrac{1}{3} + \dfrac{1}{4}} \qquad (2-14)$$

再列出受控源的受控关系

$$U_1 = 3I_1 = 3 \times \frac{30 - U_a}{3} = 30 - U_a \qquad (2-15)$$

将式 (2-15) 代入式 (2-14) 可解得

$$U_a = 24(\text{V})$$

将 U_a 代入式 (2-15) 得

$$U_1 = 30 - U_a = 30 - 24 = 6(\text{V})$$

所以,10Ω 电阻的电压

$$U_4 = 10I_3 = 10 \times \frac{2}{3}U_1 = 40(\text{V})$$

VCCS 的端电压为

$$U_3 = U_a + U_4 = 24 + 40 = 64(\text{V})$$

【例 2-15】 求图 2-23 (a) 中理想电流源发出的功率。

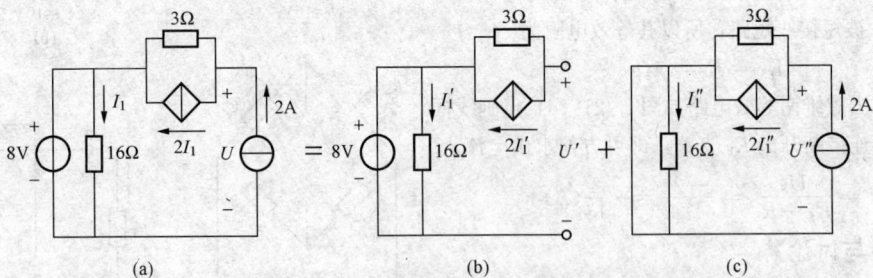

图 2-23 [例 2-15] 图

解 首先用叠加原理来求恒流源两端的端电压 U。图 2-23 (a) 中含有一个受控电流源,其控制量为 I_1,

在应用叠加原理时，受控源一般仍保留在电路中，不参与叠加。只将各独立源分别单独作用分解成图 2 - 23
（b）和图 2 - 23（c），其中受控源的受控关系不变。

在图 2 - 23（b）中

$$I_1' = \frac{8}{16} = 0.5(A)$$

$$U' = 8 - 2I_1' \times 3 = 8 - 3 = 5(V)$$

在图 2 - 23（c）中，由于恒压源被短接（除源），其两端电压为零，故

$$I_1'' = 0$$

$$U'' = 2 \times 3 = 6(V)$$

$$U = U' + U'' = 5 + 6 = 11(V)$$

这时恒流源发出的功率为

$$P = UI_S = 11 \times 2 = 22(W)$$

【例 2 - 16】 用戴维南定理求图 2 - 24（a）中的电流 I。

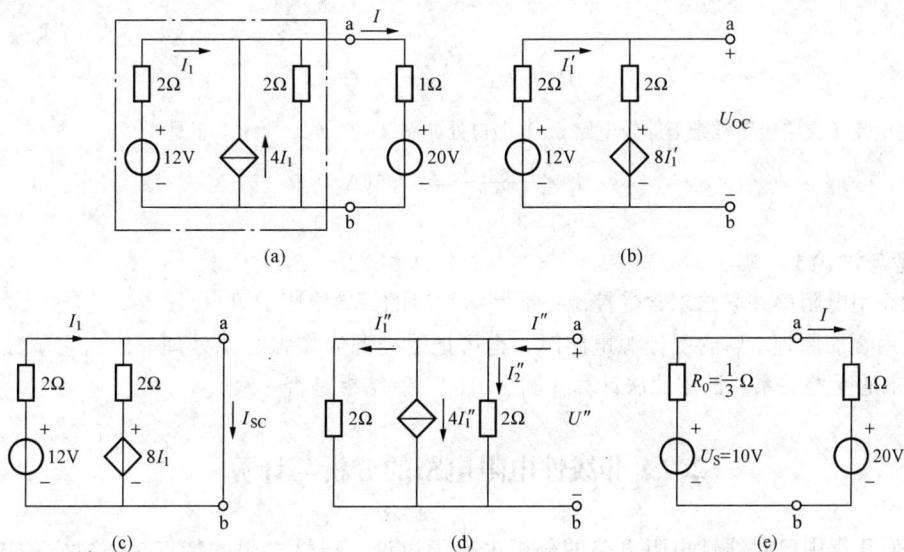

图 2 - 24 ［例 2 - 16］图

解 将图 2 - 24（a）所示电路在 a、b 处分开，移走被求支路，左面点画线框内为含受控源的有源二端网
络。在分割网络时要注意将受控源与它的控制量分割在同一部分电路中。如果受控源与它的控制量位于不同
分离部分，则应根据 KVL 和 KCL 将控制量转换到受控源所在的分离部分中。

（1）求点画线框内有源二端网络的开路电压 U_{OC}。先将 CCCS 变换成 CCVS 如图 2 - 24（b）所示。根据 KVL
有

$$2I_1' + 2I_1' + 8I_1' = 12$$

所以

$$I_1' = 1(A)$$

$$U_S = U_{OC} = 2I_1' + 8I_1' = 10(V)$$

（2）求二端网络的端口电阻 R_0。求含受控源二端网络的端口电阻时可用开短路法或加压求流法。但使用
加压求流法时应注意将有源二端网络中的独立源除源，受控源保留。当受控源的控制量方向改变时，受控量
的方向亦改变。

1）开短路法。将图 2-24（b）所示的二端网络短接，如图 2-24（c）所示，则有

$$I_{sc} = \frac{12}{2} + \frac{8I_1}{2} = \frac{12}{2} + \frac{8 \times \frac{12}{2}}{2} = 30(A)$$

$$R_0 = \frac{U_{oc}}{I_{sc}} = \frac{10}{30} = \frac{1}{3}(\Omega)$$

2）加压求流法。给有源二端网路 a、b 端口外加电压 U''，如图 2-24（d）所示。电路 I_1'' 的方向与图 2-24（a）中 I_1 的方向相反，受控源 $4I_1'$ 的电流方向也与图 2-24（a）中的 $4I_1$ 方向相反。

由图 2-24（d）可得

$$I_1'' = \frac{U''}{2}$$

$$I_2'' = \frac{U''}{2}$$

$$I'' = I_1'' + 4I_1'' + I_2'' = 5 \times \frac{U''}{2} + \frac{U''}{2} = 3U''$$

所以

$$R_0 = R_{ab} = \frac{U''}{I''} = \frac{1}{3}\Omega$$

（3）将电流 I 支路接于戴维南等效电路 a、b 端口处如图 2-24（e）所示。于是

$$I = \frac{10 - 20}{\frac{1}{3} + 1} = -7.5(A)$$

【思考与讨论】

1. 能否用电阻串并联法求含受控源二端网络端口的等效电阻 R_0？

2. 在用叠加原理求解含受控源电路时，也可把受控源当作独立源处理，但当它单独作用时，应保持原来的受控关系。试用此法计算 [例 2-15]，看结果是否一致。

2.7　非线性电阻电路的分析与计算

在前面几章中已对线性电阻电路的分析进行了讨论。线性电阻的特点是通过它的电流与其两端的电压成正比，其伏安特性是一条通过坐标原点的直线，如图 2-25（a）所示。而在实际电路中还有许多含有非线性电阻元件的电路，称为非线性电阻电路。非线性电阻的阻值不是常数，随电压或电流值的变化而变化，电压与电流不成正比，其伏安特性不是通过坐标原点的直线，可通过实验方法测得。非线性电阻元件在生产技术中应用很广，诸如热敏电阻、压敏电阻、半导体二极管、晶体三极管等半导体器件的伏安特性都是非线性的。图 2-25（b）就是半导体二极管的伏安特性。

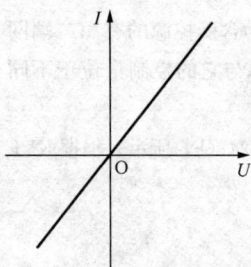
(a)

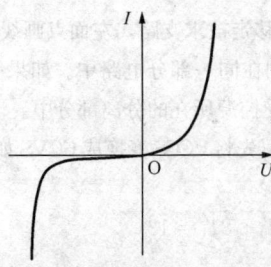
(b)

图 2-25　电阻元件的伏安特性
（a）线性电阻；（b）非线性电阻

非线性电阻元件的图形符号如图 2-26（a）所示。图 2-26（b）所示为某一非线性电阻元件的伏安特性曲线。

笔记：

特性曲线上任一点所对应的电压和电流的比值为在该电压电流作用下的电阻值，称为该点的静态电阻（直流电阻）。图 2-26 （b）中，Q 点的静态电阻为

$$R_0 = \frac{U}{I} = \tan\alpha \quad (2-16)$$

α 角是 $\overline{OQ}$ 线与 I 轴的夹角。

工作于 Q 点的非线性电阻，当其上的电压有微量变化 ΔU 时，电流也相应发生微量变化 ΔI，ΔU 与 ΔI 之比称为其在 Q 点的动态电阻。动态电阻用小写字母 r 表示，即

$$r_Q = \frac{\Delta U}{\Delta I} = \tan\beta \quad (2-17)$$

图 2-26 非线性电阻元件的图形符号与伏安特性
(a) 图形符号；(b) 伏安特性

β 为 I 轴与 $I = f(U)$ 曲线过 Q 点切线的夹角。当 ΔU 与 ΔI 足够小时，$\tan\beta$ 趋于伏安特性在 Q 点的切线斜率。因此

$$r_Q = \frac{\mathrm{d}u}{\mathrm{d}i}\bigg|_Q \quad\quad (2-18)$$

可见，对非线性电阻来说，对应于任何一个工作点 Q，都有静态电阻和动态电阻两个电阻值来表征其特性。它们的概念各不相同，两者的数值不是常数，且不相等，都与工作点 Q 有关。由于工作点 Q 是由加在其上的直流电压决定的，因此称 Q 点为静态工作点。

由于非线性电阻的伏安特性不是线性函数关系，前面各章节介绍的线性电路的分析方法不能直接用于分析非线性电路。但基尔霍夫定律是电路的结构约束，与电路元件的性质无关，因此基尔霍夫定律依然是分析非线性电路的依据。

非线性电阻电路的分析方法很多，其中图解法是最常用的方法之一。下面通过例题来介绍图解法。

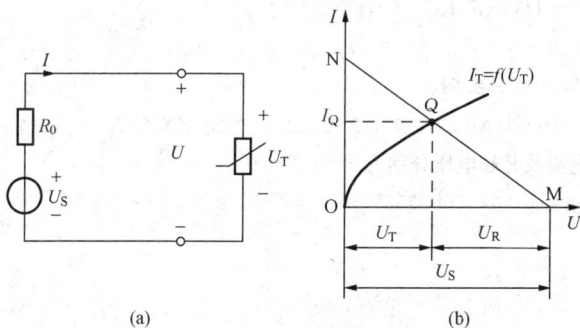

图 2-27 非线性电阻电路的图解分析法
（a) 电路图；(b) 图解分析

当电路中只含有一个非线性电阻时，可将它单独从电路中提出来，剩下的电路就是一个线性有源二端网络。利用戴维南定理，可将此有源二端网络用一个等效电压源来代替，电路便可简化成图 2-27 （a) 所示电路。

非线性电阻的电压和电流之间的关系为

$$U = U_S - R_0 I$$

这是一条直线，称为负载线。要做出负载线，只需求出线上的任意两点即可。

为此，令 $I=0$，则 $U=U_S$，在横轴上得到点 M $(U_S, 0)$；令 $U=0$，则 $I=\dfrac{U_S}{R_0}$，在纵轴上得到点 N $\left(0, \dfrac{U_S}{R_0}\right)$，连接 M 和 N 两点便得到了负载线，如图 2-27 （b) 所示。

非线性电阻的电压和电流之间的关系，既要满足负载线方程，又必须满足自身的伏安特性。因此，工作点只能在负载线和伏安特性的交点上，如图 2-27（b）所示，求得这一交点后，即可从图中查得 U 和 I。

【例 2-17】 在图 2-28（a）所示电路中，已知 $R_1 = R_2 = 1\text{k}\Omega$，$R_3 = 0.2\text{k}\Omega$，$U_S = 1.8\text{V}$，$I_S = 1\text{mA}$，VD 为半导体二极管，其伏安特性 $I_{VD} = f(U_{VD})$ 如图 2-28（b）所示，求二极管的电流 I_{VD} 及其端电压 U_{VD}，并计算二极管的静态电阻和动态电阻。

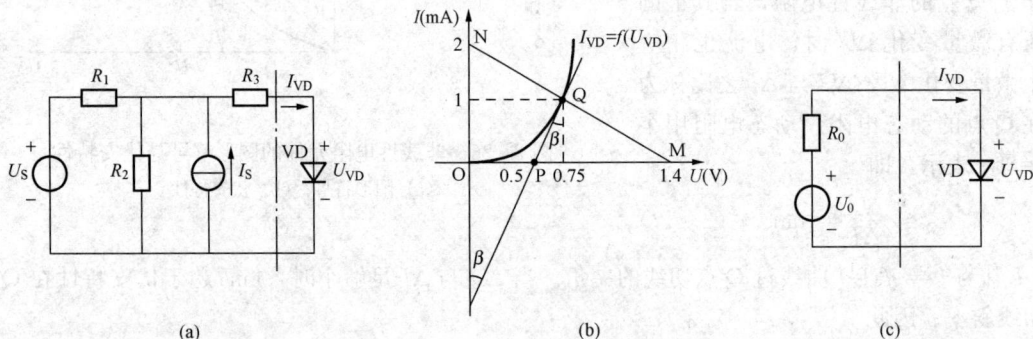

图 2-28 ［例 2-17］图
（a）原电路；（b）伏安特性曲线；（c）等效电路

解 （1）利用戴维南定理将电路化简成图 2-28（c）所示等效电路图。

$$U_O = U_S \frac{R_2}{R_1 + R_2} + I_S \frac{R_1 R_2}{R_1 + R_2}$$

$$= 1.8 \times \frac{1}{1+1} + 1 \times 10^{-3} \frac{10^3 \times 10^3}{(1+1) \times 10^3} = 1.4(\text{V})$$

$$R_O = R_3 + \frac{R_1 R_2}{R_1 + R_2} = 0.2 + \frac{1 \times 1}{1+1} = 0.7(\text{k}\Omega)$$

（2）用图解法求 I_{VD} 和 U_{VD}。根据 KVL 列出图 2-28（c）的回路电压方程

$$U_{VD} = U_O - R_O I_{VD}$$

代入数据得

$$U_{VD} = 1.4 - 0.7 I_{VD} \tag{2-19}$$

由式（2-19）在图 2-28（b）中作直线 MN，坐标为 M(1.4，0)，N(0，2)。直线 MN 交 $I_{VD} = f(U_{VD})$ 曲线于 Q 点，其坐标为 (0.75，1)，所以二极管的电流及其端电压分别为

$$I_{VD} = 1\text{mA}; \quad U_{VD} = 0.75\text{V}$$

（3）二极管工作于 Q 点时的静态电阻

$$R_Q = \frac{U_{VD}}{I_{VD}} = \frac{0.75}{1 \times 10^{-3}} = 750(\Omega)$$

求工作于 Q 点时的动态电阻。

过 Q 点作 $I_{VD} = f(U_{VD})$ 曲线的切线，交 U 轴于 P 点，坐标为 (0.5，0)，切线与轴 I 夹角为 β，则动态电阻

$$r_Q = \frac{0.75 - 0.5}{1 \times 10^{-3}} = 250(\Omega)$$

【思考与讨论】

1. KVL 和 KCL 能否用于非线性电路，为什么？

2. 非线性电阻元件的电压与电流之间的关系是否符合欧姆定律？

3. 伏安特性是一条不经过坐标原点的直线时，该电阻元件是否为线性电阻元件？

2.8 用 Multisim 对电路进行仿真——叠加定理和戴维南定理的验证

2.8.1 叠加定理的仿真分析

叠加定理是电路理论中的重要定理，可用 Multisim 分析验证。我们以图 2-29 所示的电路为例，求电路中的电压 U。

分析步骤如下。

（1）创建电路：从元器件库中选择电压源、电流源、电阻，创建叠加定理应用电路，如图 2-29（a）所示。同时接万用表 XMM1，测得电压 $U=-4V$，如图 2-29（b）所示。

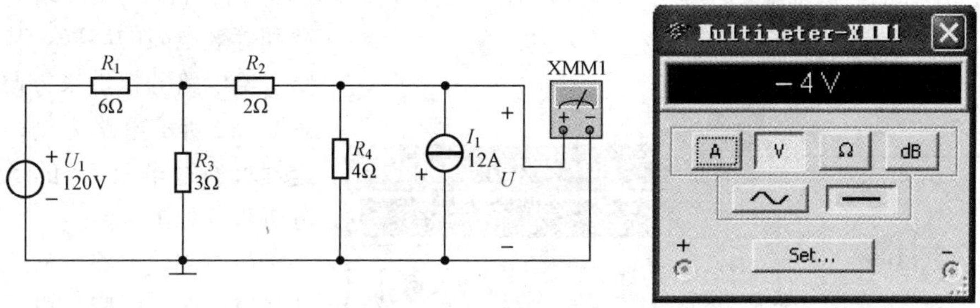

图 2-29 叠加定理应用电路
（a）仿真电路；（b）测试结果

（2）让电压源 U_1 单独作用，电流源开路处理，同时接入万用表 XMM2，电路如图 2-30（a）所示，测得电压的第一个分量 $U(1)=20V$，如图 2-30（b）所示。

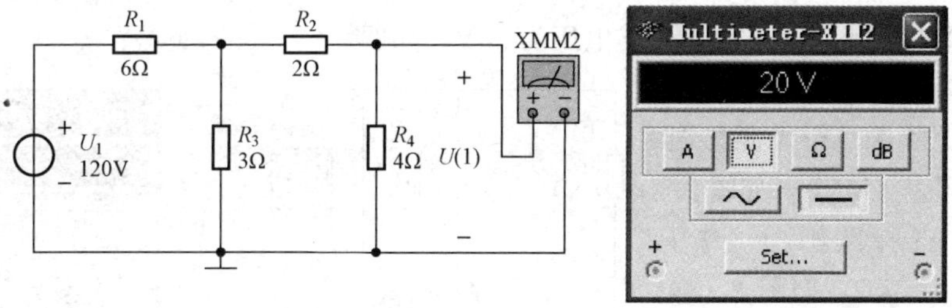

图 2-30 电压源 U_1 单独作用电路
（a）仿真电路；（b）测试结果

（3）让电流源 I_1 单独作用，电压源短路处理，同时接入万用表 XMM3，电路如图 2-31（a）所示，测得电压的第二个分量 $U(2)=-24V$，如图 2-31（b）所示。

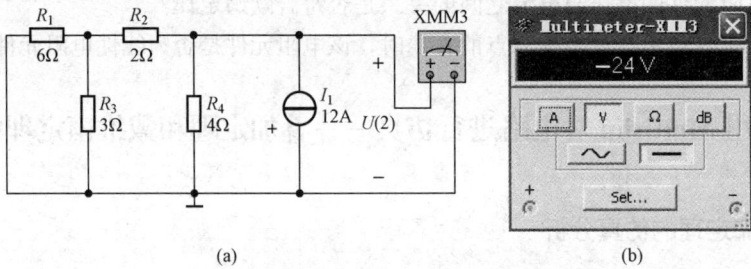

图 2-31 电流源 I_1 单独作用电路

(a) 仿真电路；(b) 测试结果

2.8.2 戴维南定理的仿真分析

在电路分析中，戴维南定理是一项重要内容，利用戴维南定理可将有源二端网络表示为电压源和等效电阻的串联，从而简化电路，给电路分析带来方便。我们以图 2-32 所示电路为例，用戴维南定理求通过电阻 R_3 的电流。以上分析步骤如下。

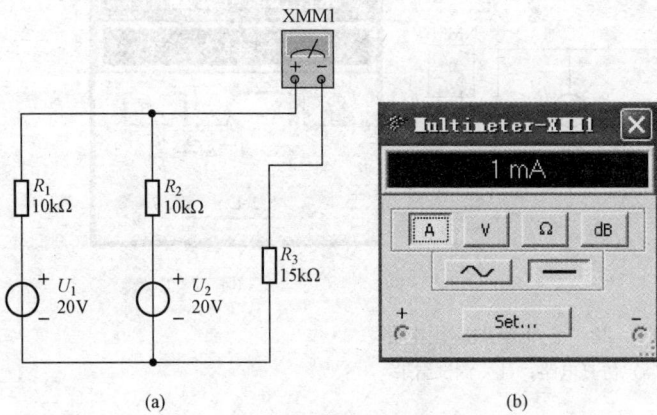

图 2-32 戴维南定理应用电路

(a) 仿真电路；(b) 测试结果

（1）创建电路：从元器件库中选择电压源、电阻、电流源，创建仿真电路，如图 2-32（a）所示，同时接万用表 XMM1，选择电流挡（A），可得 R_3 上的电流为 1mA，如图 2-32（b）所示。

（2）求开路电压，断开电阻 R_3，接万用表 XMM2，如图 2-33（a）所示，选择电压挡（V），可得开路电压为 20V，如图 2-33（b）所示。

（3）求等效电阻，将有源二端网路中的电压源除源，得无源二端网络，并接万用表 XMM3，如图 2-34（a）所示，选择欧姆挡（Ω），可得等效电阻为 5kΩ，如图 2-34（b）所示。

（4）得到图 2-32（a）所示电路的戴维南等效电路如图 2-35 所示。由此可求出 R_3 上的电流与仿真结果［图 2-32（b）中万用表 XMM1 的读数］相同。

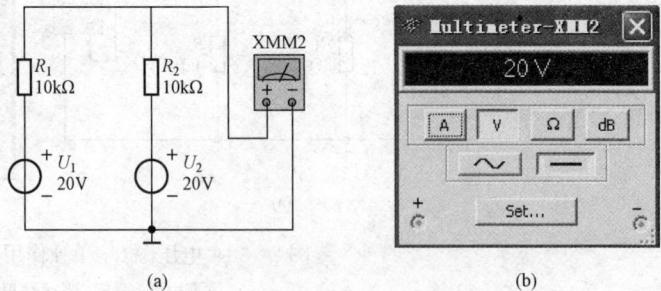

图 2-33 求开路电压电路

(a) 仿真电路；(b) 测试结果

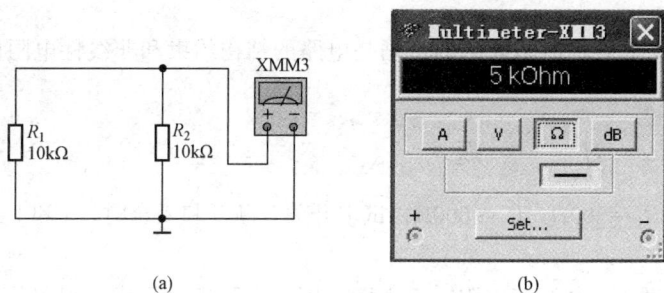

图 2-34 求等效电阻电路
(a) 仿真电路；(b) 测试结果

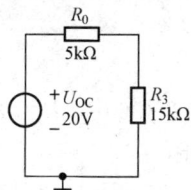

图 2-35 戴维南等效电路

本 章 小 结

本章介绍了线性电阻电路的基本分析方法、重要定理以及线性电路具有的特性。

（1）建立电路方程，求解电路变量。依据 KVL、KCL 和元件的电压电流关系建立电路方程，从而求得所需电流、电压和功率。本章讨论的支路电流法、节点电压法和回路电流法都属于此类方法。

1）支路电流法：对有 n 个节点，b 条支路的电路，以支路电流为未知量，建立 $(n-1)$ 个独立的 KCL 方程和 $(b-n+1)$ 个独立的 KVL 方程，求解这 b 个方程可求得各支路电流，从而可求得各支路的电压和功率。支路电流法需要 b 个独立方程，方程数较多。

2）节点电压法：在电路中任选一节点作为参考节点，其余 $(n-1)$ 个节点电压作为未知量，列写节点电压方程。通过求得的节点电压可解得各支路电流、电压和功率。对只有两个节点的电路，可直接应用弥尔曼公式求得节点电压。

3）回路电流法：以独立回路电流为未知量，列写 $(b-n+1)$ 个独立的 KVL 方程，求解各回路电流，进而求得各支路电流、电压及功率。根据回路方程的规律可以通过观察电路直接列写出回路方程。

（2）等效电源定理。等效电源定理包括戴维南定理和诺顿定理。该定理指出可将有源二端网络等效成恒压源与电阻串联支路（戴维南等效电路）或恒流源与电阻并联支路（诺顿等效电路）。当只需要求解复杂电路中某一支路的电流（或电压）时，采用等效电源定理较简单方便。用等效电源定理求解电路是本章的重点内容之一。

（3）电路的线性特性。电路的线性特性包括齐次性和可加性。叠加定理是应用线性性质分析电路的一个重要定理，它适用于多个独立电源作用的线性电路。利用叠加定理分析电路时，当某独立电源单独作用时，其他独立电源必须置零（除源），即恒压源短路，恒流源开路。用叠加定理求解电路是本章的重点内容之一。

叠加定理不适用于功率的叠加。

（4）含受控源电路的分析。分析含受控源电路时，关键是要注意受控源与独立源的不同。用支路电流法、节点电压法和回路电流法分析时先将受控源看作独立源列 KVL、KCL 方程，再辅以受控源的受控关系方程；利用叠加定理分析时，受控源一般不参与叠加；利用戴维南（诺顿）定理时，不能将受控量与控制量分割在两个网络中；利用等效变换化简时要注意不能把控制量化简消失。

(5) 非线性电阻电路的分析。分析非线性电阻电路的依据是电路的结构约束和非线性电阻的伏安特性，最常用的方法是图解法。

习　　题

1. 在图 2 - 36 中，$R_1=R_2=R_3=R_4=300\Omega$，$R_5=600\Omega$。试求开关 S 断开和闭合时，a 和 b 之间的等效电阻。

2. 图 2 - 37 所示电路是直流电动机的一种调速电阻，它由四个固定电阻串联而成。利用几个开关的闭合或断开，可以得到多种电阻值。设四个电阻都是 1Ω，试求在下列三种情况下 a、b 两点的电阻值：

(1) S1 和 S2 闭合，其他断开；

(2) S2、S3 和 S5 闭合，其他断开；

(3) S1、S3 和 S5 闭合，其他断开。

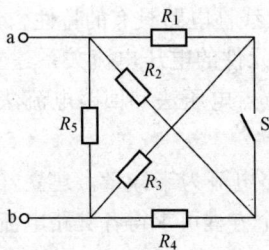

图 2 - 36　题 1 图

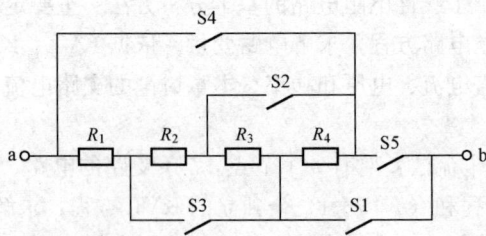

图 2 - 37　题 2 图

3. 列写出图 2 - 38 所示各电路用支路电流法求解时所需要的独立方程。

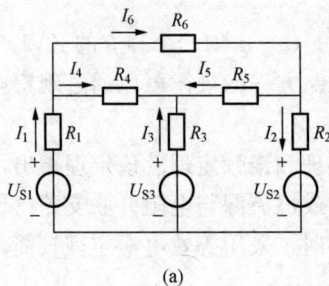

(a)

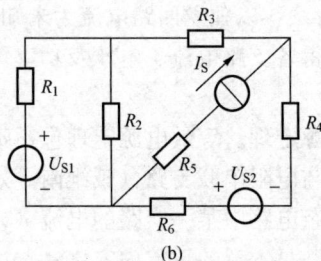

(b)

图 2 - 38　题 3 图

4. 用支路电流法求图 2 - 39 所示电路中各支路电流。已知 $U_{S1}=30V$，$U_{S2}=24V$，$I_S=1A$，$R_1=6\Omega$，$R_2=R_3=12\Omega$。

5. 用节点电压法求解第 5 题。

6. 用节点电压法求图 2 - 40 所示电路中电压 $U_{N'N}$ 和电流 I_1、I_2、I_3。已知：$U_{S1}=224V$，$U_{S2}=220V$，$U_{S3}=216V$，$R_1=R_2=50\Omega$，$R_3=100\Omega$。

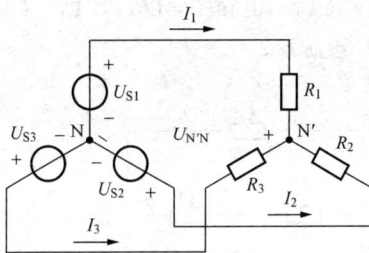

图 2-39 题 4 图　　　　图 2-40 题 6 图

7. 列写出第 3 题各电路用节点电压法求解时所需要的独立方程。

8. 列写出第 3 题各电路用回路电流法求解时所需要的独立方程。

9. 用回路电流法求解第 4 题。

10. 图 2-41 所示电路中 $I_S=52.5A$，$R_1=R_3=R_5=10\Omega$，$R_2=R_4=R_6=20\Omega$，试用线性电路的齐次性求电流 I。

11. 试用叠加定理求图 2-42 所示电路中的电压 U。已知 $R_1=R_2=3\Omega$，$R_3=R_4=6\Omega$，$I_S=3A$，$U_S=9V$。若 U_S 由 9V 变为 12V，U 变化了多少?

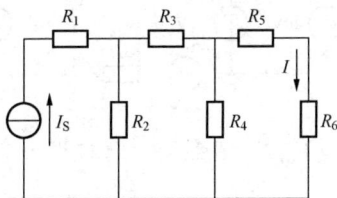
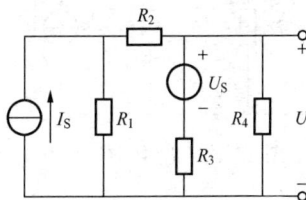

图 2-41 题 10 图　　　　图 2-42 题 11 图

12. 图 2-43 所示电路为自动控制系统中的速率电桥。点画线框内为直流电动机的等效电路，其中 E 是电动机的反电动势，它与电动机的转速 n 成正比，即 $E=kn$。试用叠加定理求出电压 U 的表达式，并证明当 $R_2R_4=R_1R_3$ 时，U 正比于电动机的转速 n。

13. 在图 2-44 所示电路中，$I_S=3A$，$U_{S2}=2U_{S1}$，$R_1=2R_3$，当开关 S 接 a 端时，$I_1=3A$，求开关 S 接 b 端时 I_1。

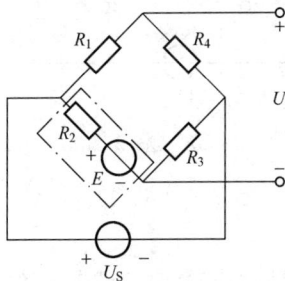
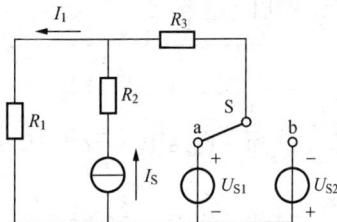

图 2-43 题 12 图　　　　图 2-44 题 13 图

14. 在图 2-45 所示电路中，$R_2=R_3$。当 $I_S=0$ 时，$I_1=2A$，$I_2=I_3=4A$。求 $I_S=10A$ 时的 I_1、I_2 和 I_3。

15. 在图 2-46 所示电路中，$U_{S1}=24V$，$U_{S2}=6V$，$I_S=10A$，$R_1=3\Omega$，$R_2=R_3=R_L=2\Omega$。试用戴维南定理求电流 I_L。

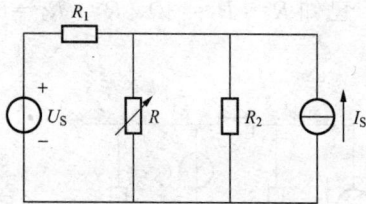

图 2-45　题 14 图

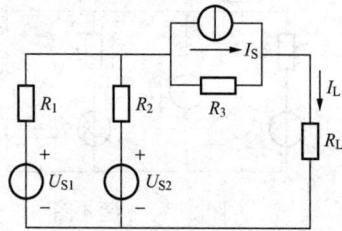

图 2-46　题 15 图

16. 求图 2-47 所示电路中 R 获得最大功率的阻值及最大功率。已知 $R_1=20\Omega$，$R_2=5\Omega$，$U_S=140V$，$I_S=15A$。

17. 求图 2-48 所示电路中流过 ab 支路的电流 I_{ab}。

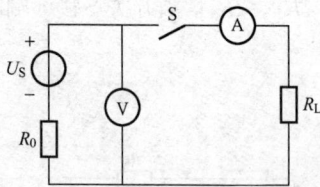

图 2-47　题 16 图

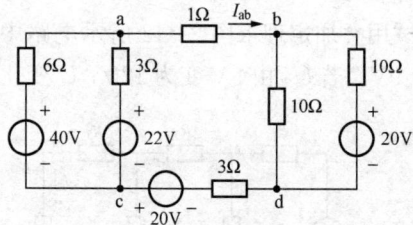

图 2-48　题 17 图

18. 电路如图 2-49 所示，当开关 S 闭合时，电流表读数为 0.6A，电压表读数为 6V；当开关 S 断开时，电压表读数为 6.4V，试问图中 U_S、R_0、R_L 分别是多少？

19. 试用戴维南定理计算图 2-50 所示电路中 R_1 上的电流 I。

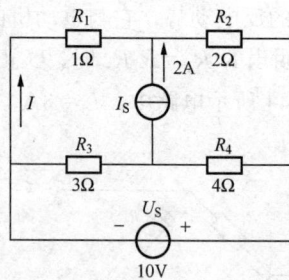

图 2-49　题 18 图

图 2-50　题 19 图

20. 在图 2-51 所示电路中，已知：$R_1=R_2=R_3=R_4=1\Omega$，$I_S=1A$，$U_S=6V$，求 R_4 上的电压 U。

21. 在图 2-52 中，当 $R_L=5\Omega$ 时，$I_L=1A$，若将 R_L 增加为 15Ω 时，试求 I_L 值。

22. 用节点电压法求图 2-53 所示电路中的电压 U。

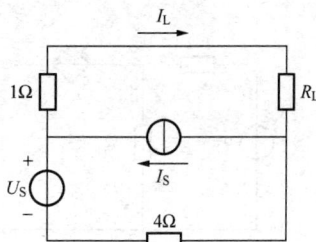

图 2-51　题 20 图　　　　　　图 2-52　题 21 图

23. 图 2-54 所示电路中，$R_1 = 20\Omega$，$R_2 = 10\Omega$，$U_{S1} = 10V$，CCVS 的端电压 $U_{S2} = 5I_1$，求 I_2。

24. 图 2-55 所示电路中，$I_S = 1A$，$U_S = 2U$，$R_1 = 4\Omega$，$R_2 = 2\Omega$。求电流源及 VCVS 的功率，并指出谁供出功率。

25. 图 2-56 所示电路中，$R_1 = 10\Omega$，$R_2 = 2\Omega$，$U_S = 10V$，$I_S = 2I_1$，求电压源及 CCCS 的功率，并指出谁供出功率。

26. 用叠加定理求图 2-57 所示电路中的电流 I。

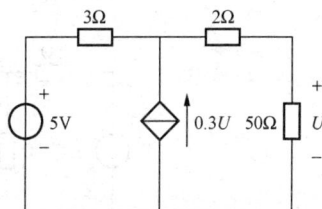

图 2-53　题 22 图

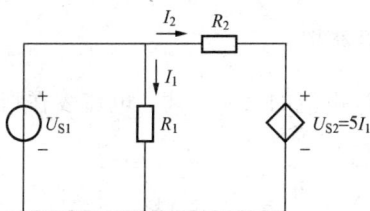

图 2-54　题 23 图

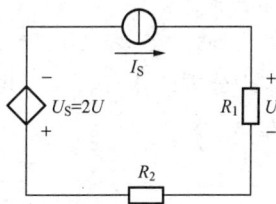

图 2-55　题 24 图

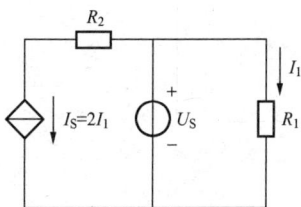

图 2-56　题 25 图

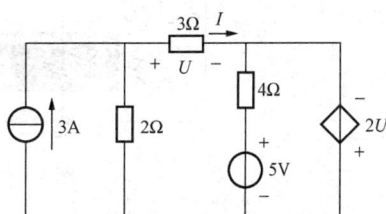

图 2-57　题 26 图

27. 求图 2-58 所示电路的戴维南等效电路。

28. 求图 2-59（a）所示电路中二极管的静态电阻和动态电阻。二极管的正向伏安特性如图 2-59（b）所示。

29. 试用 Multisim10 仿真求解题 14 电路中所求的电流和电压，并与题 14 的结果相比较。

30. 试用 Multisim10 仿真求解题 15 电路中所求的电流和电压，并与题 15 的结果相比较。

31. 试用 Multisim10 仿真求解题 20 电路中所求的电流和电压，并与题 20 的结果相比较。

32. 在 Multisim 环境中，创建电路如图 2-60 所示，试按 Space 键切换开关的触点观察仿真结

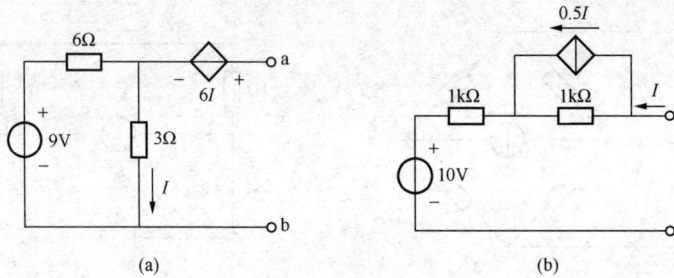

图 2 - 58 题 27 图

图 2 - 59 题 28 图

果。并用叠加定理分析计算 U_{S1}、U_{S2} 共同作用时 R_3 电流的大小。注：电流表在指示器（Indicators）库中选取。

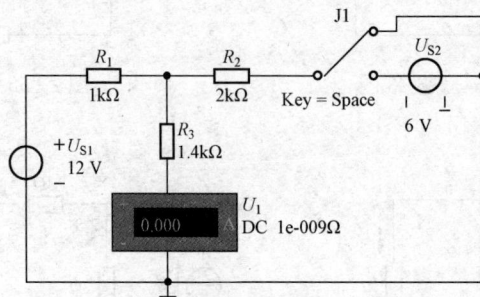

图 2 - 60 题 32 图

第3章

正 弦 交 流 电 路

所谓正弦交流电路，是指激励和响应均按正弦规律变化的电路。交流发电机中所产生的电动势和正弦信号发生器所输出的信号电压，都是随时间按正弦规律变化的。在生产上和日常生活中所用的交流电，一般都是指正弦交流电。因此，研究正弦交流电路具有重要的现实意义，是电工学中很重要的一个部分。本章首先介绍正弦交流电路的基本概念及相量表示法，然后讨论电阻、电感、电容元件的串并联和混联交流电路，再分析并讨论正弦交流电路的功率以及功率因数的提高。在供电系统中，功率因数具有重要的经济意义。

3.1　正弦量的基本概念

由前面两章的分析可知，直流电路中电流和电压的大小与方向（或电压的极性）是不随时间而变化的。正弦电压和电流的大小和方向都是按照正弦规律周期性变化的，其波形如图3-1所示。

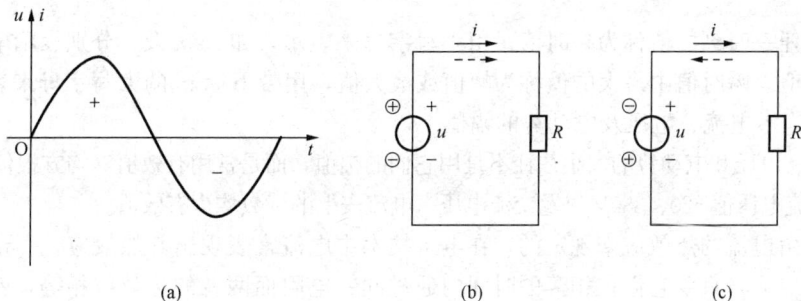

图3-1　正弦电压和电流

(a) 波形图；(b) 正半周；(c) 负半周

由于正弦电压和电流的方向是周期性变化的，在电路图上所标的方向是指它们的参考方向，即代表正半周时的方向。在负半周时，由于所标的参考方向与实际方向相反，则其值为负。图中的虚线箭标代表电流的实际方向；⊕、⊖代表电压的实际方向（极性）。

正弦电压和电流等物理量，常统称为正弦量。正弦量的特征表现在变化得快慢、大小及初始值三个方面，如图3-1所示，它们分别由频率（或周期）ω、幅值（或有效值）U_m 或 I_m 和初相位 φ_0 来确定。所以频率、幅值和初相位就称为确定正弦量的三要素。正弦量的一般表示式为（电压或电流）

$$u = U_m \sin(\omega t + \varphi_0) \quad 或 \quad i = I_m \sin(\omega t + \varphi_0) \tag{3-1}$$

🗼 3.1.1　频率与周期

正弦量变化一周所需的时间（s）称为周期 T，每秒内变化的次数称为频率 f，它的单位是 Hz

（赫兹）。频率是周期的倒数，即

$$f = \frac{1}{T} \tag{3-2}$$

在我国和其他大多数国家都采用 50Hz 作为电力标准频率，有些国家（如美国、日本等）采用 60Hz。这种频率在工业上应用广泛，习惯上也称为工频。通常的交流电动机和照明负载都用这种频率。在其他各种不同的技术领域内使用着各种不同的频率。例如，收音机中波段的频率是 530～1600kHz，短波段是 2.3～23MHz。

正弦量变化得快慢除用周期和频率表示外，还可用角频率 ω 来表示。在一个周期 T 内相角变化了 2π 弧度，所以角频率为

$$\omega = \frac{2\pi}{T} = 2\pi f \tag{3-3}$$

它的单位是 rad/s（弧度每秒）。式（3-3）表示 T、f、ω 三者之间的关系，只要知道其中之一，则其余各量均可求得。

【例 3-1】 已知 $f=50$Hz，试求 T 和 ω。

解

$$T = \frac{1}{f} = \frac{1}{50} = 0.02(\text{s})$$

$$\omega = 2\pi f = 2 \times 3.14 \times 50 = 314(\text{rad/s})$$

3.1.2 幅值与有效值

正弦量在任一时刻的值称为瞬时值，用小写字母来表示，如 i、u 及 e 分别表示电流、电压及电动势的瞬时值。瞬时值中最大的值称为幅值或最大值，用带下标 m 的大写字母来表示，如 U_m、I_m 和 E_m 分别表示电流、电压及电动势的幅值。

正弦电流、电压和电动势的大小往往不是用它们的幅值，而是常用有效值（均方根值）来计量的。通常所说的交流电压值 220、380V 以及交流电压、电流表上的读数均为有效值。

有效值是由电流的热效应来规定的，在电工技术中电流常表现出其热效应。不论是周期性变化的电流还是直流，只要它们在相等的时间内通过同一电阻而两者的热效应相等，就把它们的电流值看作是等效的。也就是说，若一个周期电流 i 通过电阻 R，在一个周期内产生的热量和另一个直流电流 I 通过同样大小的电阻在相等的时间内产生的热量相等，那么这个周期性变化的电流 i 的有效值在数值上就等于这个直流电流 I。有效值用相应周期量的大写字母表示。

由上述定义可得

$$\int_0^T i^2 R \mathrm{d}t = RI^2 T$$

则周期电流的有效值为

$$I = \sqrt{\frac{1}{T} \int_0^T i^2 \mathrm{d}t} \tag{3-4}$$

当周期电流为正弦量时，即 $i = I_m \sin(\omega t + \varphi_0)$，则式（3-4）可写为

$$I = \sqrt{\frac{1}{T} \int_0^T [I_m \sin(\omega t + \varphi_0)]^2 \mathrm{d}t}$$

因为

$$\int_0^T \sin^2(\omega t + \varphi_0) \mathrm{d}t = \int_0^T \frac{1 - \cos 2(\omega t + \varphi_0)}{2} \mathrm{d}t = \frac{T}{2}$$

所以

$$I = \sqrt{\frac{1}{T}I_{m}^{2}\frac{T}{2}} = \frac{I_{m}}{\sqrt{2}} \quad \text{即} \quad I_{m} = \sqrt{2}I \tag{3-5}$$

可见，最大值为有效值的 $\sqrt{2}$ 倍。同理

$$U_{m} = \sqrt{2}U, \quad E_{m} = \sqrt{2}E \tag{3-6}$$

3.1.3 初相位与相位差

将正弦量 $u = U_{m}\sin(\omega t + \varphi_{0})$ 中 $(\omega t + \varphi_{0})$ 称为正弦量的相位（相位角），它反映出正弦量的变化进程。当相位角随时间连续变化时，正弦量的瞬时值也随之连续变化。正弦量的一般表达式 $u = U_{m}\sin(\omega t + \varphi_{0})$ 中，当 $t=0$ 时的相位角称为初相位角或初相位（φ_{0}）。

在同一个正弦交流电路中，电压 u 和电流 i 的频率是相同的，但初相位不一定相同，如图 3-2（a）所示。图中 u 和 i 的波形可表示为

$$u = U_{m}\sin(\omega t + \varphi_{1})$$
$$i = I_{m}\sin(\omega t + \varphi_{2})$$

它们的初相位分别为 φ_{1} 和 φ_{2}。

两个同频率正弦量的相位角之差或初相位角之差，称为相位角差或相位差，用 $\Delta\varphi$ 表示，即

$$\Delta\varphi = (\omega t + \varphi_{1}) - (\omega t + \varphi_{2}) = \varphi_{1} - \varphi_{2} \tag{3-7}$$

相位差与时间 t 无关，它表明了在同一时刻两个同频率的正弦量间的相位关系。若 $\Delta\varphi = \varphi_{1} - \varphi_{2} > 0$，则称正弦量 u 比 i 超前 $\Delta\varphi$ 角，或称 i 比 u 滞后 $\Delta\varphi$ 角，其波形如图 3-2（a）所示。超前与滞后是相对的，是指它们到达正的最大值的先后顺序。若 $\Delta\varphi = \varphi_{1} - \varphi_{2} < 0$，则称 u 比 i 滞后 $\Delta\varphi$ 角，或说 i 比 u 超前 $\Delta\varphi$ 角。

如图 3-2（b）中所示的 i_{1} 与 i_{2}，$\Delta\varphi = \varphi_{1} - \varphi_{2} = 0$，则称 i_{1} 与 i_{2} 同相位，简称同相。再如图 3-2（b）中所示的 i_{1} 与 i_{3}，$\Delta\varphi = \varphi_{1} - \varphi_{3} = 180°$，则称 i_{1} 与 i_{3} 反相位，简称反相。

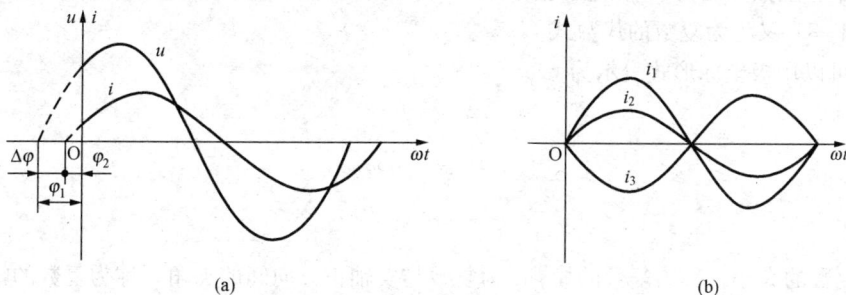

图 3-2　同频率正弦量的相位关系

(a) u 与 i 的初相位不相等；(b) 正弦量的同相和反相

通常，正弦量的初相位和相位差用绝对值小于或等于 π（或 180°）的角度表示。若初相和相位差大于 π（或 180°），要用 $(\omega t \pm 2\pi)$ 或 $(\omega t \pm 360°)$ 的角度表示。如 $u = U_{m}\sin(\omega t + 240°)$ 中，初相位可写为 $240° - 360° = -120°$，即电压表达式可写为 $u = U_{m}\sin(\omega t - 120°)$。

在正弦交流电路分析中，当所有正弦量的初相位都未知时，常设其中一个正弦量的初相为零，其余各正弦量的初相位都以它们与此正弦量的相位差表示。所设初相为零的正弦量称为参考正

弦量。

【思考与讨论】

1. 若某电路中，$u = 380\sin(314t - 30°)$ V：

（1）试指出它的频率、周期、角频率、幅值、有效值及初相位各为多少；

（2）画出波形图。

2. 若 $u_1 = 10\sin(100\pi t + 30°)$ V，$u_2 = 15\sin(200\pi t - 15°)$ V，则两者的相位差为 $\Delta\varphi = 30° - (-15°) = 45°$，是否正确，为什么？

3. 若 $u_1 = 10\sin(100\pi t + 30°)$ V，$i_1 = 2\sin(100\pi t + 60°)$ A，则 u_1 与 i_1 的相位关系是什么？

4. 已知某正弦电压在 $t = 0$ 时为 230V，其初相位为 45°，试问它的有效值等于多少？

5. 10A 的直流电流和最大值为 12A 的正弦交流电流，分别流过阻值相同的电阻，试问：在相同的时间内，它们谁发热量较多？为什么？

3.2　正弦量的相量表示法

一个正弦量具有幅值、频率及初相位三个特征，而这些特征可以用一些方法表示出来。正弦量的各种表示方法是分析与计算正弦交流电路的工具。前面已经讲过两种表示法，即三角函数式和正弦波形。这两种表达式难于进行加、减、乘、除等运算，需要一种新的表示式，即相量表示法。

相量表示法的基础是复数，就是用复数来表示正弦量。用复数的模表示正弦量的幅值，幅角表示正弦量的初相位。

一个复数的直角坐标形式为

$$A = a + jb \tag{3-8}$$

式中：a、b 分别为复数 A 的实部和虚部；j 为虚数单位。

在数学中，虚数单位为 i，在电工技术中，因 i 已表示了电流，故采用 j 表示虚数单位，以免混淆。式（3-8）又称为复数的代数式。

复数也可以用极坐标形式表示为

$$A = r\underline{/\varphi} \tag{3-9}$$

$$r = \sqrt{a^2 + b^2}$$

$$\varphi = \arctan\frac{b}{a}$$

式中：r 为复数的大小，称为复数的模；φ 为复数与实轴正方向间的夹角，称为复数的幅角。

复数的直角坐标形式与极坐标形式之间可以相互转换，即

$$A = a + jb = r\cos\varphi + jr\sin\varphi = r(\cos\varphi + j\sin\varphi) \tag{3-10}$$

一个复数可以用复平面内的一个有向线段（复矢量）来表示，如图 3-3 所示。若将该复矢量以 ω 角速度逆时针旋转，经过时间 t 后，复数在虚轴上的投影

$$y = r\sin(\omega t + \varphi) \tag{3-11}$$

故正弦量可以用这样的旋转复矢量的虚部表示。

为了与一般的复数相区别，我们把表示正弦量的复数称为相量，并在大写字母上打"·"表示。则表示正弦电压 $u = U_m\sin(\omega t + \varphi)$ 的相量为

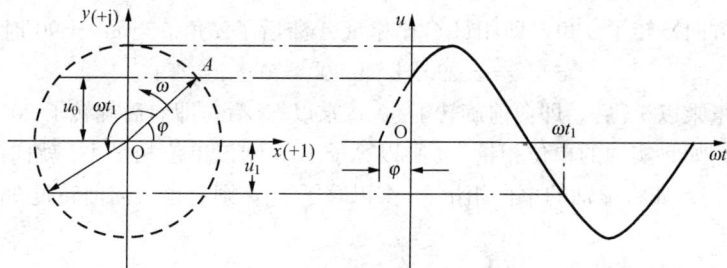

图 3-3 用正弦波形和旋转有向线段来表示正弦量

$$\dot{U}_m = U_m(\cos\varphi + j\sin\varphi) = U_m \underline{/\varphi} \qquad (3-12)$$

或

$$\dot{U} = U(\cos\varphi + j\sin\varphi) = U \underline{/\varphi} \qquad (3-13)$$

式中：$\dot{U}_m$ 为电压的幅值相量；$\dot{U}$ 为电压的有效值相量，一般用有效值相量表示正弦量。

注意，相量只是表示正弦量，而不是等于正弦量。另外，图 3-3 中的有向线段应是初始位置（$t=0$ 时）的有向线段，表示它的复数只具有两个特征，即模和幅角，也就是正弦量的幅值（或有效值）和初相位，如式（3-12）和式（3-13）所表示的那样。由于在分析线性电路时，正弦激励和响应均为同频率的正弦量，频率是已知的或特定的，可不必考虑，只要求出正弦量的幅值（或有效值）和初相位即可。

按照各个正弦量的大小和相位关系用初始位置的有向线段画出的若干个相量的图形，称为相量图。在相量图上能形象地看出各个正弦量的大小和相互间的相位关系。例如，在图3-2中用正弦波形表示的电压 u 和电流 i 两个正弦量，如用相量图表示则如图3-4所示。电压相量 $\dot{U}$ 比电流相量 $\dot{I}$ 超前 φ 角，也就是正弦电压 u 比正弦电流 i 超前 φ 角。

只有正弦量才能用相量表示，相量不能表示非正弦量。只有同频率的正弦量才能画在同一相量图上，不同频率的正弦量不能画在一个相量图上，否则就无法比较和计算。

由上可知，表示正弦量的相量有两种形式：相量图和复数式（相量式）。两个或多个正弦量的加减运算可用复数的代数式加减运算，乘除运算可用复数的极坐标式来进行。

最后讨论一下复数式中"j"的数学意义和物理意义。

在图 3-5 中，如以 $e^{j\alpha}$ 乘相量 $\dot{A} = re^{j\varphi}$，则得

$$re^{j\varphi}e^{j\alpha} = re^{j(\varphi+\alpha)} = \dot{B}$$

即相量 $\dot{B}$ 的大小仍为 r，但与实轴正方向间的夹角为（$\varphi+\alpha$）。可见一个相量乘以 $e^{j\alpha}$ 后，即向前（逆时针方向）转了 α 角，也就是相量 $\dot{B}$ 比相量 $\dot{A}$ 超前了 α 角。

同理，如以 $e^{-j\alpha}$ 乘相量 $\dot{A}$，则得

$$\dot{C} = re^{j(\varphi-\alpha)}$$

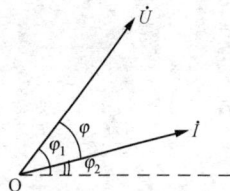

扫一扫

相量表示动画

图 3-4 相量图

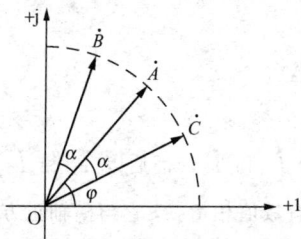

图 3-5 相量的超前与滞后

即向后（顺时针方向）转了 α 角，即相量 $\dot{C}$ 比相量 $\dot{A}$ 滞后了 α 角。当 $\alpha=\pm90°$ 时，则

$$e^{\pm j90°}=\cos90°\pm j\sin90°=0\pm j=\pm j$$

因此任意一个相量乘以 $+j$ 后，即向前旋转了 $90°$；乘以 $-j$ 后，即向后旋转了 $90°$。所以 j 称为 $90°$ 旋转因子。显然，如将实轴的单位相量 $+1$ 乘以算子 $+j$，则该单位相量 $+1$ 就向前旋转 $90°$，变为虚轴的单位相量 $+j$；如将虚轴的单位相量 $+j$ 乘以算子 $+j$，则它也要向前转过 $90°$，就变为实轴的单位相量 -1，即

$$(+j)(+j)=j^2=-1$$

由上式可知，$j=\sqrt{-1}$，这就是复数中的虚数单位。

【例 3 - 2】 试写出表示 $u_A=220\sqrt{2}\sin314t\,\mathrm{V}$，$u_B=220\sqrt{2}\sin(314t-120°)\,\mathrm{V}$ 和 $u_C=220\sqrt{2}\sin(314t+120°)$ V 的相量，并画出相量图。

解 分别用有效值相量 $\dot{U}_A$、$\dot{U}_B$、$\dot{U}_C$ 表示正弦电压 u_A、u_B 和 u_C，则

$$\dot{U}_A=220\underline{/0°}=220(\mathrm{V})$$

$$\dot{U}_B=220\underline{/-120°}=220\left(-\frac{1}{2}-j\frac{\sqrt{3}}{2}\right)(\mathrm{V})$$

$$\dot{U}_C=220\underline{/120°}=220\left(-\frac{1}{2}+j\frac{\sqrt{3}}{2}\right)(\mathrm{V})$$

相量图如图 3 - 6 所示。

【例 3 - 3】 在图 3 - 7 所示的电路中，设 $i_1=I_{1m}\sin(\omega t+\varphi_1)=30\sqrt{2}\sin(\omega t+0°)\mathrm{A}$，$i_2=I_{2m}\sin(\omega t+\varphi_2)=40\sqrt{2}\sin(\omega t+90°)\mathrm{A}$，试求总电流 i。

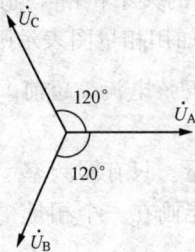

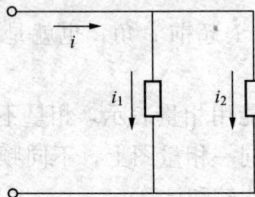

图 3 - 6　［例 3 - 2］图　　　　图 3 - 7　［例 3 - 3］图

解 根据表示正弦量的几种方法对本题分别进行计算如下。

（1）用相量法求解。将 $i=i_1+i_2$ 化为基尔霍夫电流定律的相量表示式，求 i 的相量 $\dot{I}$，有

$$\dot{I}=\dot{I}_1+\dot{I}_2=I_1\underline{/\varphi_1}+I_2\underline{/\varphi_2}=30\underline{/0°}+40\underline{/90°}$$

$$=(30\cos0°+j30\sin0°)+(40\cos90°+j40\sin90°)$$

$$=30+j0+0+j40=30+j40=50\underline{/53.1°}(\mathrm{A})$$

则 $i=50\sqrt{2}\sin(\omega t+53.1°)$（A）。

（2）用相量图求解。先作出表示 i_1 和 i_2 的相量 $\dot{I}_1$ 和 $\dot{I}_2$，而后以 $\dot{I}_1$ 和 $\dot{I}_2$ 为两邻边作一平行四边形，其对角线即为总电流 i 的有效值相量 $\dot{I}$，它与横轴正方向间的夹角即为初相位，如图 3 - 8 所示。即相量图求解法采用矢量图的加减乘除作图规则。

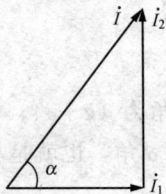

图 3 - 8　［例 3 - 3］
相量图

【思考与讨论】

1. 已知相量 $\dot{I}_1 = 2\sqrt{3} + \text{j}2\text{A}$，$\dot{I}_2 = -2\sqrt{3} + \text{j}2\text{A}$，画出相量图；若 $\omega t = 314t$，则写成正弦量。

2. 求题 1 中 $\dot{I} = \dot{I}_1 + \dot{I}_2$，并画出 i、i_1、i_2 的正弦波形。

3. 指出下列各式的错误。

(1) $i = 5\sqrt{2}\sin(\omega t + 30°) = 5\text{e}^{\text{j}30°}\text{A}$；

(2) $U = 100\text{e}^{\text{j}60°} = 100\sin(\omega t + 60°)\text{V}$；

(3) $\dot{I} = 30\text{e}^{45°}$；

(4) $u = (100\cos30° + \text{j}100\sin30°)$。

3.3 单一参数的交流电路

分析各种正弦交流电路，主要是确定电路中电压与电流之间的关系（包括大小和相位），并讨论电路中能量的转换和功率问题。分析各种交流电路时，必须首先掌握单一参数（电阻、电感、电容）元件电路中电压与电流之间的关系，因为其他电路无非是一些单一参数元件的组合而已。下面分析电阻、电感与电容元件的单一参数交流电路。

3.3.1 电阻元件的交流电路

1. 电流与电压的关系

为了分析方便起见，假定加在电阻两端的交流电压为 $u = U_\text{m}\sin\omega t$，则电路中将有电流 i 流过电阻 R，今假定电压、电流的参考方向如图 3-9（a）所示，依照欧姆定律

$$i = \frac{u}{R} = \frac{U_\text{m}\sin\omega t}{R} = I_\text{m}\sin\omega t$$

$$(3-14)$$

其中

$$I_\text{m} = \frac{U_\text{m}}{R} \quad \text{或} \quad I = \frac{U}{R}$$

由此可得，加在电阻两端的电压为正弦交流电压，则通过电阻的电流也按正弦规律变化，并且电流与电压是同相的。它们之间的大小关系为 $U_\text{m} = I_\text{m}R$ 或用有效值表示为 $U = IR$。

图 3-9（b）、（c）中画出了电流和电压的变化曲线以及两者的相量图。

如用相量表示电压与电流的关系，则为

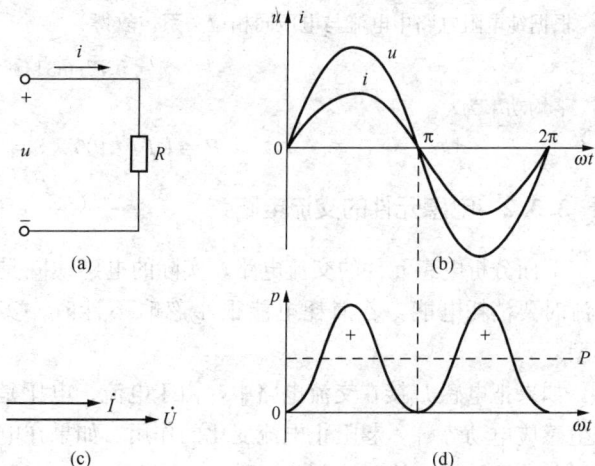

图 3-9 电阻元件的交流电路
(a) 电路；(b) 电压与电流的正弦波形；
(c) 电压与电流的相量图；(d) 功率波形

$$\dot{U}_\text{m} = \dot{I}_\text{m}R \quad \text{或} \quad \dot{U} = \dot{I}R \qquad (3-15)$$

此即欧姆定律的相量表示式。

2. 瞬时功率和有功功率

在任意瞬间，电压瞬时值与电流瞬时值的乘积，称为瞬时功率，用小写字母 p 代表，即

$$p = ui = U_\mathrm{m} I_\mathrm{m} \sin^2 \omega t = \frac{U_\mathrm{m} I_\mathrm{m}}{2}(1 - \cos 2\omega t) = UI(1 - \cos 2\omega t) \tag{3-16}$$

由式（3-16）可见，瞬时功率 p 是由两部分组成的，第一部分是常数 UI，第二部分是幅值为 UI，并以 2ω 的角频率随时间而变化的交变量 $UI\cos 2\omega t$。p 随时间而变化的波形如图 3-9（d）所示。由于在电阻元件的交流电路中 u 与 i 同相，它们同时为正，同时为负，所以瞬时功率总是正值，即 $p > 0$。瞬时功率为正，表示电阻是耗能元件，电阻将电能转变为热能。

在一个周期内消耗在电阻上的平均功率为

$$P = \frac{1}{T}\int_0^T p\,\mathrm{d}t = \frac{1}{T}\int_0^T UI(1 - \cos 2\omega t)\,\mathrm{d}t = \frac{U_\mathrm{m} I_\mathrm{m}}{2} = UI = I^2 R = \frac{U^2}{R} \tag{3-17}$$

这个在一个周期内的平均功率 P，即瞬时功率的平均值，称为有功功率。其计算平均功率的式子与直流电路相似。

【例3-4】　交流电压 $u = 100\sqrt{2}\sin 314t\,\mathrm{V}$ 作用在 20Ω 电阻两端，试写出电流的瞬时值函数式并计算其平均功率。

解　电压的有效值为

$$U = \frac{U_\mathrm{m}}{\sqrt{2}} = \frac{100\sqrt{2}}{\sqrt{2}} = 100(\mathrm{V})$$

电流的有效值为

$$I = \frac{U}{R} = \frac{100}{20} = 5(\mathrm{A})$$

根据纯电阻电路中电流与电压同相位关系，故得

$$i = 5\sqrt{2}\sin 314t\,(\mathrm{A})$$

平均功率为

$$P = UI = 100 \times 5 = 500(\mathrm{W})$$

🗼 3.3.2　电感元件的交流电路

下面分析电感元件的交流电路，实际的电感线圈是由导线绕制而成，导线有一定的电阻，有电流时要消耗电能，若消耗电能很小忽略不计时，实际的电感线圈可用一个理想电感 L 作为模型。

如果把电感 L 接在交流电路中，由于电流、电压是随时间按正弦规律变化的，因此在电感中产生感应电动势 e_L，起阻止电流变化的作用。如果在电路中电感 L 起主要作用，其他参数的影响可以忽略不计时，就叫纯电感电路。

1. 电流与电压的关系、感抗

当正弦电流 $i = I_\mathrm{m}\sin\omega t$ 通过线性电感 L 时，在线圈两端将产生感应电动势 e_L。电流 i 和电感电压 u 的参考方向如图 3-10（a）所示。

根据基尔霍夫电压定律

$$u = -e_\mathrm{L} = L\frac{\mathrm{d}i}{\mathrm{d}t} = L\frac{\mathrm{d}(I_\mathrm{m}\sin\omega t)}{\mathrm{d}t} = \omega L I_\mathrm{m}\sin(\omega t + 90°)$$

$$= U_\mathrm{m}\sin(\omega t + 90°) \tag{3-18}$$

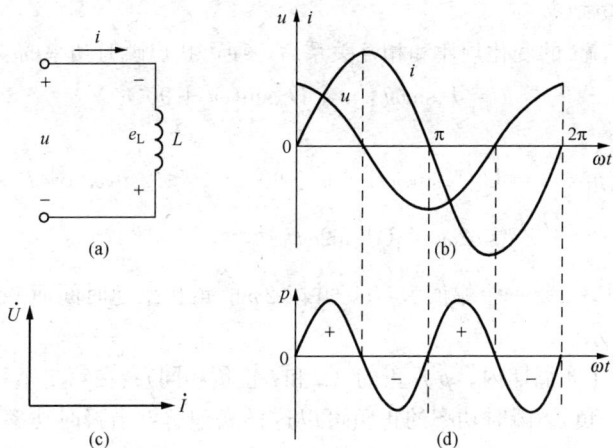

图 3-10 电感元件的交流电路

(a) 电路图；(b) 电压与电流的正弦波；(c) 电压与电流的相量图；(d) 功率波形

式 (3-18) 中

$$U_m = \omega L I_m \tag{3-19}$$

用有效值表示为

$$U = \omega L I \tag{3-20}$$

由此可知，通过电感元件的电流是正弦量，则电感两端产生的电压降也是同频率的正弦量。电压与电流的关系为 $U_m = \omega L I_m$ 或 $U = \omega L I$；电流与电压的相位关系为电压超前电流 $90°$。

电流与电压的波形图如图 3-10 (b) 所示。

由式 (3-19) 和式 (3-20) 可见，$\dfrac{U_m}{I_m} = \dfrac{U}{I} = \omega L$，此式中 ωL 具有电阻的单位，当电压 U 一定时，ωL 愈大，则电流 I 愈小。可见它具有对交流电流起阻碍作用的物理性质，所以称之为电感的电抗，简称感抗，记为 X_L，即

$$X_L = \omega L = 2\pi f L \tag{3-21}$$

感抗 X_L 与电感 L、频率 f 成正比。因此，电感线圈对高频电流的阻碍作用很大，而对直流则可视作短路，即对直流讲，$X_L = 0$（注意，不是 $L = 0$，而是 $f = 0$）。将这种特性一般叫做通直阻交。

当 U 和 L 一定时，X_L 和 I 同 f 的关系表示在图 3-11 中。

应该注意，感抗只是电压与电流的幅值或有效值之比，而不是它们的瞬时值之比，即 $\dfrac{u}{i} \neq X_L$，因为这与电阻电路不一样。在纯电感电路中电压与电流之间成导数的关系，见式 (3-18)，而不是成正比关系。

如用相量表示电压与电流的关系，则为

$$\dot{U}_m = j\omega L \dot{I}_m \quad \text{或} \quad \dot{U} = j\omega L \dot{I} \tag{3-22}$$

式 (3-22) 表示电压的有效值等于电流的有效值与感抗的乘积，在相位上电压比电流超前 $90°$。因电流相量乘上算子 j 后，即向前（逆时针方向）旋转 $90°$。电压和电流的相量图如图 3-10 (c) 所示。

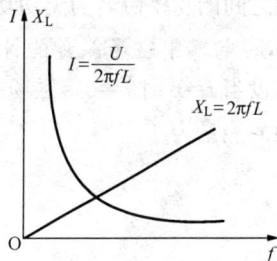

图 3-11 X_L 和 I 同 f 的关系

2. 瞬时功率与无功功率

知道了电压 u 和电流 i 的变化规律和相互关系后，便可找出瞬时功率的变化规律，即

若

$$i = I_{\mathrm{m}}\sin\omega t, \ u = U_{\mathrm{m}}\sin(\omega t + 90°)$$

则

$$p = ui = U_{\mathrm{m}}I_{\mathrm{m}}\sin\omega t \sin(\omega t + 90°) = U_{\mathrm{m}}I_{\mathrm{m}}\sin\omega t \cos\omega t$$

$$= \frac{U_{\mathrm{m}}I_{\mathrm{m}}}{2}\sin 2\omega t = UI\sin 2\omega t \tag{3-23}$$

由式（3-23）可见，p 是一个幅值为 UI，并以 2ω 的角频率随时间而变化的交变量，其变化波形如图 3-10（d）所示。

在第一个和第三个 1/4 周期内，p 是正的（u 和 i 正负相同）；在第二个和第四个 1/4 周期内，p 是负的（u 和 i 一正一负）。瞬时功率的正负可以这样来理解：当瞬时功率为正值时，电感元件处于充电状态，它从电源取用电能；当瞬时功率为负值时，电感元件处于供电状态，它把电能归还电源。电感元件的交流电路中（如图 3-10 所示），在第一个和第三个 1/4 周期内，电流值在增大，即磁场在建立，电感线圈从电源取用电能，并转换为磁能而储存在线圈的磁场内；在第二个和第四个 1/4 周期内，电流值在减小，即磁场在消失，线圈放出原先储存的磁场能量并转换为电能而归还给电源。这是一种可逆的能量转换过程。在忽略电感电阻的影响下，也就是说电路中没有消耗能量的器件，线圈从电源取用的能量一定等于它归还给电源的能量。关于这一点也可从平均功率看出。

纯电感电路的平均功率为

$$P = \frac{1}{T}\int_0^T p\,\mathrm{d}t = \frac{1}{2\pi}\int_0^{2\pi} UI\sin 2\omega t\,\mathrm{d}(\omega t) = 0$$

这就是说电感电路的平均功率等于零，即电感不消耗功率，只有电源与电感元件间的能量互换。这种能量互换的规模，我们用无功功率 Q 来衡量。规定无功功率等于瞬时功率的最大值，即

$$Q = UI = I^2 X_{\mathrm{L}} = \frac{U^2}{X_{\mathrm{L}}} \tag{3-24}$$

无功功率的单位是 var（乏）或 kvar（千乏）。

应当指出，电感元件和后面将要讲的电容元件都是储能元件，它们与电源间进行能量互换。这对电源来说，也是一种负担。但对储能元件本身来说，没有消耗能量，故将往返于电源与储能元件之间的功率命名为无功功率。因此，平均功率也可称为有功功率。

3. 电感中磁场能量的计算

设当 $t=0$ 时 $i=0$，磁场中也无能量，若经过时间 t_1 后，电流由 0 变为 i_1，则电感电路磁场中储存的能量为

$$W = \int_0^{t_1} p\,\mathrm{d}t$$

令

$$p = ui = L\frac{\mathrm{d}i}{\mathrm{d}t}i = \frac{Li\,\mathrm{d}i}{\mathrm{d}t}$$

则

$$W = \int_0^{t_1} p\,\mathrm{d}t = \int_0^{i_1} Li\,\mathrm{d}i = \frac{1}{2}Li_1^2$$

可见磁场储存的能量是与电流的平方成正比，与电感的大小成正比。

【例 3 - 5】 正弦电源电压为 220V，频率 $f=50$Hz，若将此电源电压加于电感 $L=0.024$H，而电阻很小可忽略不计的线圈两端，试求：

(1) 线圈的电感 X_L；

(2) 线圈中的电流 I；

(3) 线圈的无功功率 Q；

(4) 储存在线圈内的最大磁场能量 W_m。

解 (1) $X_L=2\pi fL=2\times3.14\times50\times0.024=7.54$（$\Omega$）

(2) $I=\dfrac{U}{X_L}=\dfrac{220}{7.54}=29.2$（A）

(3) $Q=UI=220\times29.2=6424$（var）

(4) 储存在线圈内的最大磁场能量

$$W_m=\int_0^{I_m}Li\,di=\frac{1}{2}Li^2\Big|_0^{I_m}=\frac{1}{2}LI_m^2=LI^2$$

$$W_m=0.024\times(29.2)^2=20.46(J)$$

3.3.3 电容元件的交流电路

1. 电流与电压的关系、容抗

设电流、电压的参考方向如图 3 - 12（a）所示，电容两端的电压为正弦交流电压

$$u=U_m\sin\omega t$$

由

$$C=\frac{q}{u},\quad i=\frac{dq}{dt}$$

可得

$$i=\frac{dq}{dt}=C\frac{du}{dt}=C\frac{d(U_m\sin\omega t)}{dt}=\omega CU_m\cos\omega t$$

$$=\omega CU_m\sin(\omega t+90°)=I_m\sin(\omega t+90°) \tag{3-25}$$

其中

$$I_m=\omega CU_m\quad\text{或}\quad I=\omega CU \tag{3-26}$$

由式（3 - 25）可知，通过电容元件的电压是正弦量，则流过电容的电流是同频率的正弦量。电流与电压的关系为 $I_m=\omega CU_m$ 或 $I=\omega CU$；电流与电压的相位关系为电流超前电压 90°。

电流与电压的波形图如图 3 - 12（b）所示。

由式（3 - 25）可得，$\dfrac{U_m}{I_m}=\dfrac{U}{I}=\dfrac{1}{\omega C}$，此式中 $\dfrac{1}{\omega C}$ 具有电阻的单位，当电压 U 一定时，$\dfrac{1}{\omega C}$ 愈大，则电流 I 愈小。可见它具有对交流电流起阻碍作用的物理性质，所以称之为电容的电抗，简称容抗，记为 X_C，即

$$X_C=\frac{1}{\omega C}=\frac{1}{2\pi fC} \tag{3-27}$$

容抗 X_C 与电感 C、频率 f 成反比。在同样电压下，当电容愈大时，电容器所容纳的电荷就愈多，因而电流愈大。当频率愈高时，电容器的充电与放电就进行得愈快。所以电容元件对高频电流所呈现的容抗很小，是一捷径，而对直流（$f=0$）所呈现的容抗 X_C，可视作开路。因此，电容

扫一扫

相关知识延伸与应用3

图 3-12 电容元件的交流电路

(a) 电路图；(b) 电压与电流的正弦波；(c) 电压与电流的相量图；(d) 功率波形

元件有通交隔直的作用。

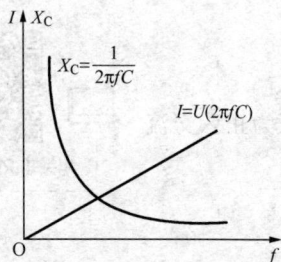

图 3-13 X_C 和 I 同 f 的关系

当电压 U 和电容 C 一定时，容抗 X_C 和电流 I 同频率 f 的关系如图 3-13 所示。如用相量表示电压与电流的关系，则为

$$\dot{U}_m = -jX_C \dot{I}_m = -j\frac{\dot{I}_m}{\omega C} \tag{3-28}$$

有效值为

$$\dot{U} = -jX_C \dot{I} = \frac{\dot{I}}{j\omega C} = -j\frac{\dot{I}}{\omega C} \tag{3-29}$$

式（3-29）表示电压的有效值等于电流的有效值与容抗的乘积，而在相位上电压比电流滞后 90°。因为电流相量乘上算子（−j）后，即向后（顺时针方向）旋转 90°。电压和电流的相量图如图 3-12 (c) 所示。

2. 瞬时功率与无功功率

若 $u = U_m \sin\omega t$，$i = I_m \sin(\omega t + 90°)$，则纯电容元件的瞬时功率为

$$p = ui = U_m I_m \sin\omega t \sin(\omega t + 90°) = U_m I_m \sin\omega t \cos\omega t$$

$$= \frac{U_m I_m}{2}\sin 2\omega t = UI\sin 2\omega t \tag{3-30}$$

由式（3-30）可见，p 是一个幅值为 UI，并以 2ω 的角频率随时间而变化的交变量，其变化波形如图 3-12 (d) 所示。

在第一个和第三个 1/4 周期内 p 是正的，电压值在增高，就是电容元件在充电。这时，电容元件从电源取用电能而储存在它的电场中。在第二个和第四个 1/4 周期内 p 是负的，电压值在降低，就是电容元件在放电。电容元件放出在充电时所储存的能量，把它归还给电源。从整个过程来看，电容电路中只有电能与电场能的互换，没有能量的损失，故电容与电感相同，为储能元件。

电容元件电路中的平均功率

$$P = \frac{1}{T}\int_0^T p\,dt = \frac{1}{2\pi}\int_0^{2\pi} UI\sin 2\omega t\,d(\omega t) = 0 \tag{3-31}$$

可见，电容元件与电感元件相同，平均功率（有功功率）为零，但由于交换能量，将电源与电容转换能量的最大值称为无功功率 Q，单位为 var（乏）或 kvar（千乏）。

（ 笔记:

$$Q = UI = I^2 X_C = \frac{U^2}{X_C} = U^2 \omega C \qquad (3-32)$$

3. 电容中电场能量的计算

设当 $t=0$ 时 $u=0$，则电场中无能量，若经过时间 t_1 后，电压由 0 变为 u_1，则电容电路在电场中储存的能量为

$$W = \int_0^{t_1} p\,\mathrm{d}t$$

令

$$p = ui = uC\frac{\mathrm{d}u}{\mathrm{d}t}$$

则

$$W = \int_0^{t_1} p\,\mathrm{d}t = \int_0^{u_1} Cu\,\mathrm{d}u = \frac{1}{2}Cu_1^2$$

可见电场储存的能量是与电压的平方成正比，与电容的大小成正比。

【例 3-6】 已知某电容器的容量为 $C=10\mu F$，若将它分别接在工频、220V 和 500Hz、220V 的电源上，求通过电容器的电流和电容器的无功功率。

解 (1) 接在工频、220V 电源上时

$$X_C = \frac{1}{2\pi fC} = \frac{1}{2 \times 3.14 \times 50 \times 10 \times 10^{-6}} \approx 318(\Omega)$$

$$I = \frac{U}{X_C} = \frac{220}{318} \approx 0.692(A)$$

$$Q_C = UI = 220 \times 0.692 = 152.24(\text{var})$$

(2) 接在 500Hz、220V 电源上时

$$X_C = \frac{1}{2\pi fC} = \frac{1}{2 \times 3.14 \times 500 \times 10 \times 10^{-6}} \approx 31.8(\Omega)$$

$$I = \frac{U}{X_C} = \frac{220}{31.8} \approx 6.92(A)$$

$$Q_C = UI = 220 \times 6.92 = 1522.4(\text{var})$$

【思考与讨论】

1. 已知纯电感交流电路中，$L=100\mathrm{mH}$，$f=50\mathrm{Hz}$，$i=7\sqrt{2}\sin\omega t\,A$，求电压 u。

2. 加在容抗 $X_C=100\Omega$ 的纯电容两端的电压 $u_C=100\sin(\omega t-4\pi/6)V$，则通过它的电流应是 ( )。

A. $i_C=\sin(\omega t+\pi/3)A$ B. $i_C=\sin(\omega t-\pi/6)A$

C. $i_C=\frac{1}{\sqrt{2}}\sin(\omega t+\pi/3)A$ D. $i_C=\frac{1}{\sqrt{2}}\sin(\omega t+\pi/6)A$

相关知识延伸与应用4

3. 试指出下列各式哪些是对的，哪些是错的（均为单一参数电路）。

(1) $\frac{u}{i}=X_L$；(2) $\frac{\dot{U}}{\dot{I}}=j\omega L$；(3) $\frac{U}{\dot{I}}=X_C$；(4) $\dot{I}=-j\frac{\dot{U}}{\omega L}$；

(5) $\dot{I}=j\omega C\dot{U}$；(6) $i=Ru$。

笔记:

3.4 电阻、电感与电容元件的串并联交流电路

3.4.1 电阻、电感与电容元件的串联交流电路的复阻抗

电阻、电感与电容元件的串联交流电路如图 3-14 所示。

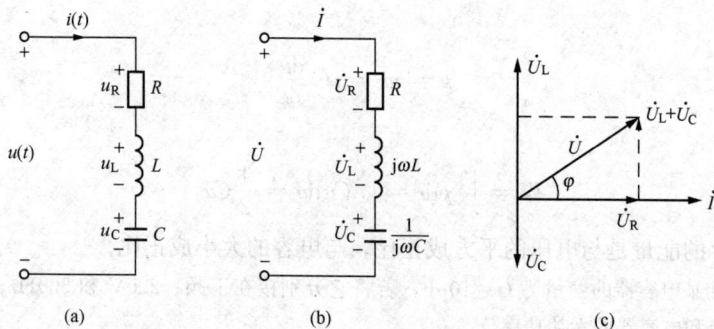

图 3-14 *RLC* 串联电路

(a) 原电路图；(b) 相量模型；(c) 相量图

图 3-14 (a) 是一个由 R、L 和 C 串联组成的电路。当电路在正弦电压 $u(t)$ 的激励下，有正弦电流 $i(t)$ 通过，而且在各元件上引起的响应 u_R、u_L 和 u_C 也是同频率的正弦量。它们的相量关系，根据 3.3 节的讨论可以直接写出来，即

$$\left.\begin{array}{l} \dot{U}_R = R\dot{I} \\ \dot{U}_L = j\omega L\dot{I} \\ \dot{U}_C = \dfrac{\dot{I}}{j\omega C} \end{array}\right\} \tag{3-33}$$

并且电路中的电压、电流可用相量表示，各元件的参数可用复数表示，即可作出与原电路对应的相量模型，如图 3-14 (b) 所示。这样一来，我们可以应用相量法进行复数运算。由基尔霍夫电压定律，写出电阻、电感与电容元件串联电路的电压相量方程式为

$$\dot{U} = \dot{U}_R + \dot{U}_L + \dot{U}_C \tag{3-34}$$

因串联电路中各元件上的电流是相同的，故选电流 $\dot{I}$ 为参考相量，电阻两端电压 $\dot{U}_R$ 与电流 $\dot{I}$ 同相，电感两端电压 $\dot{U}_L$ 超前电流 $\dot{I}$ 90°，电容两端电压 $\dot{U}_C$ 滞后电流 $\dot{I}$ 90°，由此作出电路的相量图，如图 3-14 (c) 所示。

由图 3-14 (c) 可见

$$U = \sqrt{U_R^2 + (U_L - U_C)^2} = I\sqrt{R^2 + (X_L - X_C)^2} = I\sqrt{R^2 + X^2}$$
$$X = X_L - X_C \tag{3-35}$$

式中：X 称为电路的等效阻抗，简称电抗，它是反映感抗和容抗的综合限流作用而导出的参数。因为串联的电感与电容上电压的相位差为 180°，故其等效电压为它们的相量之和，即

$$\dot{U}_X = \dot{U}_L + \dot{U}_C = jX_L\dot{I} - jX_C\dot{I} = j(X_L - X_C)\dot{I} = jX\dot{I} \tag{3-36}$$

由式（3-35）可以看出 $\dot{U}$、$\dot{U}_X$、$\dot{U}_R$ 构成一直角三角形，称为电压三角形，如图 3-15（a）所示。

将式（3-33）代入式（3-34）得

$$\dot{U} = \dot{I}\left(R + j\omega L - j\frac{1}{\omega C}\right)$$
$$= \dot{I}[R + j(X_L - X_C)]$$
$$= \dot{I}(R + jX) = \dot{I}Z$$

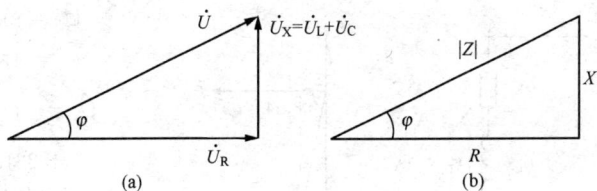

图 3-15　电压三角形和阻抗三角形
(a) 电压三角形；(b) 阻抗三角形

$$Z = R + jX = |Z|\underline{/\varphi} \qquad (3-37)$$

式中：Z 称为复阻抗，简称为阻抗，它是反映电阻和电抗的综合限流作用而导出的参数。其模

$$|Z| = \sqrt{R^2 + X^2} = \sqrt{R^2 + (X_L - X_C)^2} \qquad (3-38)$$

为电路的阻抗，单位是 Ω（欧姆），可见 Z、R、X 之间的关系构成阻抗三角形，如图 3-15（b）所示。其幅角

$$\varphi = \arctan\frac{X}{R} = \arctan\frac{X_L - X_C}{R} \qquad (3-39)$$

φ 的大小是由电路的参数决定的。若 $X_L > X_C$，即 $\varphi > 0$，则在相位上电压超前电流 φ 角，电路中电感的作用大于电容的作用，电路为电感性；若 $X_L < X_C$，即 $\varphi < 0$，则在相位上电压滞后电流 φ 角，电路中电感的作用小于电容的作用，电路为电容性；若 $X_L = X_C$，即 $\varphi = 0$，则在相位上电压与电流同相，电路呈纯电阻性。

将式（3-37）简化为

$$\dot{U} = \dot{I}Z \qquad (3-40)$$

称为欧姆定律的相量式。

若设 $\dot{U} = U\underline{/\varphi_u}$，$\dot{I} = I\underline{/\varphi_i}$，则

$$Z = \frac{\dot{U}}{\dot{I}} = \frac{U\underline{/\varphi_u}}{I\underline{/\varphi_i}} = \frac{U}{I}\underline{/(\varphi_u - \varphi_i)} = |Z|\underline{/\varphi} \qquad (3-41)$$

【例3-7】　在 RLC 串联电路中，已知 $R = 15\Omega$，$L = 12\text{mH}$，$C = 5\mu\text{F}$，电源电压 $u = 220\sqrt{2}\sin(314t + 30°)$ V，试求电路在稳态时的电流和各元件上的电压，并作出相量图。

解　(1) 先写出已知相量和元件的导出参数，即

$$\dot{U} = 220\underline{/30°}$$
$$X_L = \omega L = 314 \times 12 \times 10^{-3} = 3.768(\Omega)$$
$$X_C = \frac{1}{\omega C} = \frac{1}{314 \times 5 \times 10^{-6}} = 636.94(\Omega)$$

相量模型如图 3-16（a）所示。

(2) 由相量模型可求得

$$Z = R + j(X_L - X_C) = 15 + j(3.768 - 636.94) = 633.35\underline{/-88.64°}(\Omega)$$
$$\dot{I} = \frac{\dot{U}}{Z} = \frac{220\underline{/30°}}{633.35\underline{/-88.64°}} = 0.347\underline{/118.64°}(\text{A})$$
$$\dot{U}_R = \dot{I}R = 0.347\underline{/118.64°} \times 15 = 5.21\underline{/118.64°}(\text{V})$$

笔记：

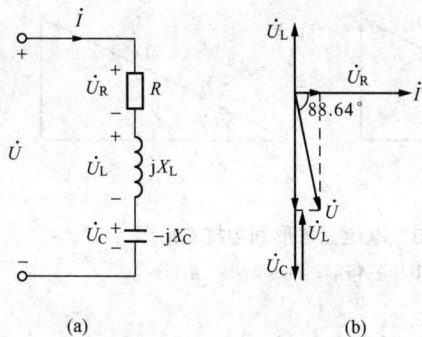

图 3 - 16 [例 3 - 7] 图
(a) 电路相量模型；(b) 相量图

$$\dot{U}_L = j\omega L \dot{I} = 3.768\underline{/90°} \times 0.347\underline{/118.64°}$$
$$= 1.307\underline{/208.64°}(V)$$
$$\dot{U}_C = -j\frac{1}{\omega C}\dot{I} = 636.94\underline{/-90°} \times 0.347\underline{/118.64°}$$
$$= 221.01\underline{/28.64°}(V)$$

（3）由各相量写出相应的瞬时表达式

$$i = 0.347\sqrt{2}\sin(314t + 118.64°)(A)$$
$$u_R = 5.21\sqrt{2}\sin(314t + 118.64°)(V)$$
$$u_L = 1.307\sqrt{2}\sin(314t + 208.64°)(V)$$
$$u_C = 221.01\sqrt{2}\sin(314t + 28.64°)(V)$$

根据结果以电流为参考相量作相量图，如图 3 - 16 （b）所示。

3.4.2 电阻、电感与电容元件的并联交流电路的复导纳

图 3 - 17 （a）所示是 R、L 和 C 并联电路，当电路在正弦电压 $u(t)$ 的激励下，在各元件上引起的响应 i_R、i_L 和 i_C 也是同频率的正弦量。各支路电流相量分别表示为

$$\left. \begin{array}{l} \dot{I}_R = \dfrac{\dot{U}}{R} \\[2mm] \dot{I}_L = \dfrac{\dot{U}}{jX_L} = -j\dfrac{\dot{U}}{X_L} \\[2mm] \dot{I}_C = \dfrac{\dot{U}}{-jX_C} = j\dfrac{\dot{U}}{X_C} \end{array} \right\} \tag{3-42}$$

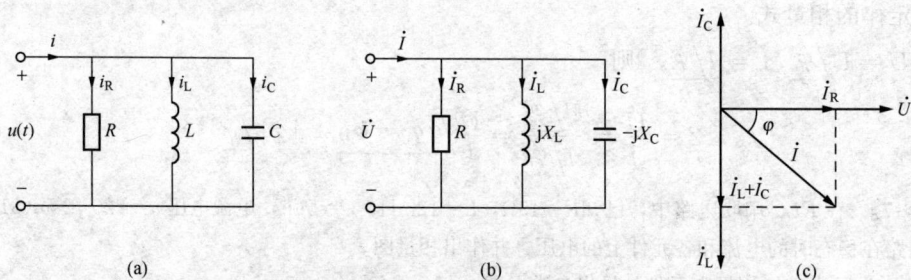

图 3 - 17 RLC 并联电路
(a) 原电路图；(b) 相量模型；(c) 相量图

由基尔霍夫电流定律，可列出 RLC 并联电路的电流相量方程式，即

$$\dot{I} = \dot{I}_R + \dot{I}_L + \dot{I}_C \tag{3-43}$$

将式（3 - 42）代入式（3 - 43）可得

$$\dot{I} = \frac{\dot{U}}{R} - j\frac{\dot{U}}{X_L} + j\frac{\dot{U}}{X_C} = \dot{U}\left[\frac{1}{R} - j\left(\frac{1}{X_L} - \frac{1}{X_C}\right)\right] \tag{3-44}$$

在并联电路中，由于各支路的端电压是相同的，选电压为参考相量，作相量图如图 3 - 17 （c）所示。由相量图可知总电流的有效值为

《 笔记：

$$I = \sqrt{I_R^2 + (I_L - I_C)^2} = U\sqrt{\left(\frac{1}{R}\right)^2 + \left(\frac{1}{X_L} - \frac{1}{X_C}\right)^2} \qquad (3-45)$$

电路中电压与电流之间的相位差为

$$\varphi = \arctan\frac{I_L - I_C}{I_R} = \arctan\frac{\dfrac{1}{X_L} - \dfrac{1}{X_C}}{\dfrac{1}{R}} \qquad (3-46)$$

在式（3-44）中，令

$$\left. \begin{aligned} G &= \frac{1}{R} \\ B_L &= \frac{1}{X_L} = \frac{1}{\omega L} \\ B_C &= \frac{1}{X_C} = \omega C \end{aligned} \right\} \qquad (3-47)$$

则式（3-44）和式（3-45）可写为

$$\dot{I} = \dot{U}[G - j(B_L - B_C)] = \dot{U}(G - jB) \qquad (3-48)$$

和

$$I = U\sqrt{G^2 + (B_L - B_C)^2} = U\sqrt{G^2 + B^2}$$

$$B = B_L - B_C$$

$$Y = G - jB \qquad (3-49)$$

式中：G 为电导；B_L 为感纳；B_C 为容纳；B 为等效电纳；Y 称为复数导纳，它的模为

$$|Y| = \sqrt{G^2 + B^2} = \sqrt{G^2 + (B_L - B_C)^2} = \sqrt{\left(\frac{1}{R}\right)^2 + \left(\frac{1}{X_L} - \frac{1}{X_C}\right)^2} \qquad (3-50)$$

电路中容纳、感纳、电纳和导纳的单位均为 S（西门子，简称西）。

式（3-48）可写为

$$\dot{I} = \dot{U}Y \qquad (3-51)$$

此式也称为欧姆定律的相量式。

则

$$Y = \frac{\dot{I}}{\dot{U}} = \frac{1}{Z} = \frac{1}{|Z|\underline{/\varphi}} = \frac{1}{|Z|}\underline{/-\varphi} = |Y|\underline{/-\varphi} \qquad (3-52)$$

由式（3-52）可见，导纳与阻抗在数值上互为倒数，复导纳与复阻抗具有大小相等而符号相反的幅角。

【思考与讨论】

1. 在 RLC 串联电路中，试判断哪些是错的，哪些是对的？

(1) $i = \dfrac{u}{|z|}$；(2) $I = \dfrac{U}{R + X_L + X_C}$；(3) $\dot{I} = \dfrac{\dot{U}}{R + j\omega L - j\dfrac{1}{\omega C}}$；(4) $I = \dfrac{U}{\sqrt{R^2 + (X_L - X_C)^2}}$；(5) $u =$

$u_R + u_L + u_C$；(6) $\dot{U} = \dot{U}_R + \dot{U}_L + \dot{U}_C$；(7) $u = Ri + L\dfrac{di}{dt} + \dfrac{1}{C}\int i dt$；(8) $U = U_R + U_L + U_C$；(9) $I = \dfrac{U}{|Z|}$。

2. RL 串联电路的阻抗为 $Z = 3 + j4\Omega$，试问该电路的电阻和感抗各为多少？若电源电压的有效值为 110V，则电路的电流为多少？

3. 有一 *RLC* 并联电路，已知 $R=X_L=X_C=10\Omega$，电源电压为 20V，求总电流 I，并画出相量图。

4. 两个同频率正弦交流电流 i_1、i_2 的有效值分别为 30A 和 40A。当 $i=i_1+i_2$ 的有效值分别为 70A 和 50A 时，i_1 与 i_2 的相位差分别为（　）和（　）。

A. $0°$ 　　B. $180°$ 　　C. $90°$ 　　D. $45°$

5. 在图 3-18 所示的各电路中，由已知量 $U_1=60V$，$U_2=80V$，$I_1=3A$，$I_2=4A$，求各未知量 U 或 I，并画出相量图。

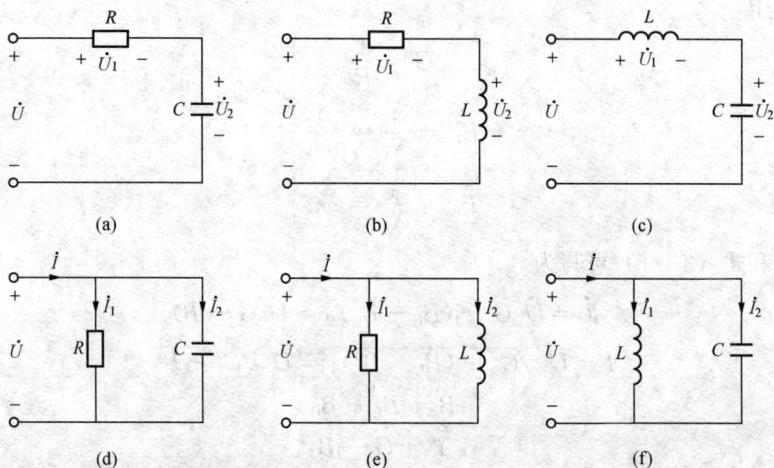

图 3-18　思考与讨论 5 图

3.5　复阻抗的混联电路

在正弦稳态电路中，复阻抗的连接方式是多种多样的，但归纳起来，不外乎是串联、并联与混联三种形式。

3.5.1　复阻抗的串联电路

图 3-19 所示为两个复阻抗 Z_1 和 Z_2 串联的电路，根据 KVL 可写出它的相量式

$$\dot{U}=\dot{U}_1+\dot{U}_2=\dot{I}Z_1+\dot{I}Z_2=\dot{I}(Z_1+Z_2) \tag{3-53}$$

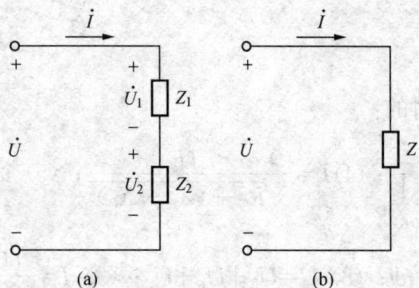

图 3-19　复阻抗串联电路
（a）复阻抗的串联；（b）等效电路

两个串联的复阻抗可用一个等效复阻抗来代替，在同样电压的作用下，电路中电流的有效值和相位保持不变。根据图 3-19 所示的等效电路可写出

$$\dot{U}=\dot{I}Z \tag{3-54}$$
$$Z=Z_1+Z_2$$

可见，电路的等效复阻抗等于各个串联复阻抗之和，在一般情况下，等效复阻抗可写为

$$Z=\sum Z_k=\sum R_k+j\sum X_k=R+jX=|Z|\underline{/\varphi} \tag{3-55}$$

$$|Z| = \sqrt{(\sum R_k)^2 + (\sum X_k)^2}$$

$$\varphi = \arctan \frac{\sum X_k}{\sum R_k}$$

式中：感抗 X_L 取正号，容抗 X_C 取负号。

【例 3-8】 RLC 串联电路如图 3-14（a）所示，已知 $R = 5\Omega$，$L = 0.01H$，$C = 100\mu F$，计算当电源频率为 50Hz 时，电路的复阻抗。

解
$$X_L = \omega L = 2\pi \times 50 \times 0.01 = 3.14(\Omega)$$

$$X_C = \frac{1}{\omega C} = \frac{1}{2\pi \times 50 \times 100 \times 10^{-6}} = 31.8(\Omega)$$

电路的复阻抗为
$$Z = R + j(X_L - X_C) = 5 + j(3.14 - 31.8) = 5 - j28.66 = 29.093\underline{/-80.1°}(\Omega)$$

该电路呈容性。

3.5.2　复阻抗的并联电路

图 3-20（a）所示为两个复阻抗 Z_1 和 Z_2 并联电路，根据 KCL 可写出它的相量式

$$\dot{I} = \dot{I}_1 + \dot{I}_2 = \frac{\dot{U}}{Z_1} + \frac{\dot{U}}{Z_2} = \dot{U}\left(\frac{1}{Z_1} + \frac{1}{Z_2}\right) = \frac{\dot{U}}{Z} = \dot{U}Y \tag{3-56}$$

可见，两个并联的复阻抗可用一个等效复阻抗 Z 来代替，式中

$$\frac{1}{Z} = \frac{1}{Z_1} + \frac{1}{Z_2}$$

即

$$Z = \frac{Z_1 Z_2}{Z_1 + Z_2} \quad 或 \quad Y = Y_1 + Y_2$$

可见，并联复阻抗的倒数等于各支路复数阻抗的倒数之和，或并联复导纳等于各支路导纳之和。

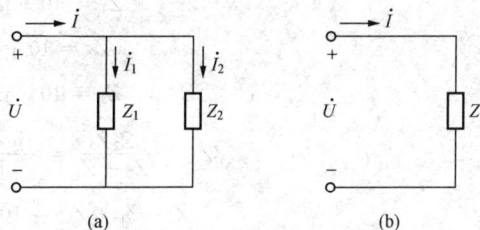

图 3-20　复阻抗并联电路
（a）复阻抗的并联；（b）等效电路

【例 3-9】 电路如图 3-20（a）所示，已知 $\dot{U} = 220\underline{/0°}$V，$Z_1 = 30 + j40\Omega$，$Z_2 = 60 - j80\Omega$，求电路的总电流相量。

解　已知支路的复阻抗
$$Z_1 = 30 + j40 = 50\underline{/53.13°}(\Omega)$$
$$Z_2 = 60 - j80 = 100\underline{/-53.13°}(\Omega)$$

则电路的总阻抗为
$$Z = \frac{Z_1 Z_2}{Z_1 + Z_2} = \frac{50\underline{/53.13°} \times 100\underline{/-53.13°}}{30 + j40 + 60 - j80} = 50.8\underline{/24°}(\Omega)$$

电路总电流为
$$\dot{I} = \frac{\dot{U}}{Z} = \frac{220\underline{/0°}}{50.8\underline{/24°}} = 4.34\underline{/-24°}(A)$$

扫一扫

3.5.3　复阻抗的混联电路

复阻抗混联电路是指阻抗串联与并联的组合电路。复阻抗混联电路的计算归纳起来主要有以下两种。

相关知识延伸与应用5

《 笔记：

1. 相量解析法

相量解析法是指应用相量形式的欧姆定律扩展到正弦稳态电路中的线性网络的基本分析方法和网络定律，求解电路参数的方法。与直流电路不同的是必须用电压和电流相量，电路参数是复阻抗，电路方程式为相量形式。

【例 3-10】 在图 3-21 中，电源电压 $\dot{U} = 220\underline{/0°}$ V，电路参数如图 3-21 所示，试求各支路电流 $\dot{I}_1$、$\dot{I}_2$ 和 $\dot{I}_3$ 及电压 $\dot{U}_1$、$\dot{U}_{23}$。

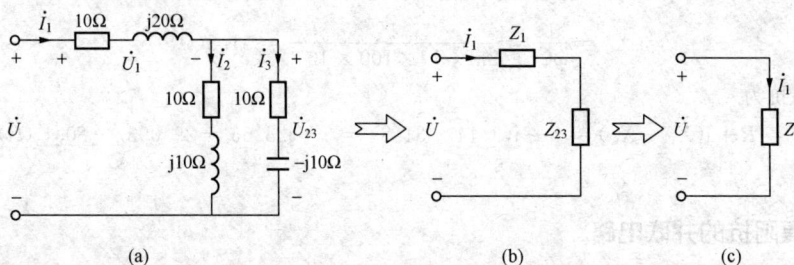

图 3-21 ［例 3-10］图

解 各支路的阻抗和电路的等效复阻抗为

$$Z_1 = 10 + j20 = 10\sqrt{5}\underline{/63.5°}(\Omega)$$

$$Z_2 = 10 + j10 = 10\sqrt{2}\underline{/45°}(\Omega)$$

$$Z_3 = 10 - j10 = 10\sqrt{2}\underline{/-45°}(\Omega)$$

$$Z_{23} = \frac{Z_2 Z_3}{Z_2 + Z_3} = \frac{10\sqrt{2}\underline{/45°} \times 10\sqrt{2}\underline{/-45°}}{10 + j10 + 10 - j10} = 10(\Omega)$$

$$Z = Z_1 + Z_{23} = 10 + 10 + j20 = 20\sqrt{2}\underline{/45°}(\Omega)$$

则各支路电流和电压

$$\dot{I}_1 = \frac{\dot{U}}{Z} = \frac{220\underline{/0°}}{20\sqrt{2}\underline{/45°}} = 7.78\underline{/-45°}(A)$$

$$\dot{U}_1 = \dot{I}_1 Z_1 = 7.78\underline{/-45°} \times 10\sqrt{5}\underline{/63.5°} = 174\underline{/18.5°}(V)$$

$$\dot{U}_{23} = \dot{I}_1 Z_{23} = 7.78\underline{/-45°} \times 10 = 77.8\underline{/-45°}(V)$$

$$\dot{I}_2 = \frac{\dot{U}_{23}}{Z_2} = \frac{77.8\underline{/-45°}}{10\sqrt{2}\underline{/45°}} = 5.5\underline{/-90°}(A)$$

$$\dot{I}_3 = \frac{\dot{U}_{23}}{Z_3} = \frac{77.8\underline{/-45°}}{10\sqrt{2}\underline{/-45°}} = 5.5(A)$$

【例 3-11】 在图 3-22 (a) 所示的电路中，已知 $R = 15\Omega$，$X_L = 2\Omega$，$X_{C1} = 3\Omega$，$X_{C2} = 12\Omega$，$\dot{U}_S = 10\underline{/0°}$ V。试用戴维南定理求通过 ab 支路的电流 $\dot{I}$。

解 从 a、b 处将电路断开，如图 3-22 (b) 所示，求 a、b 两点的开路电压 $\dot{U}_{OC}$，即

$$\dot{U}_{OC} = \frac{-jX_{C1}}{jX_L - jX_{C1}}\dot{U}_S = \frac{-j3}{j2 - j3} \times 10\underline{/0°}V = 30\underline{/0°}(V)$$

将电压源短路，如图 3-22 (c) 所示，求 a、b 两点的复阻抗 Z_{ab}：

$$Z_{ab} = \frac{jX_L(-jX_{C1})}{jX_L - jX_{C1}} + R = \frac{j2 \times (-j3)}{j2 - j3} + 15 = 15 + j6(\Omega)$$

作出戴维南等效电路，如图 3-22（d）所示，并求得 ab 支路的电流为

$$\dot{I} = \frac{\dot{U}_{OC}}{Z_{ab} - jX_{C2}} = \frac{30\underline{/0°}}{15 + j6 - j12} = 1.85\underline{/21.8°}(A)$$

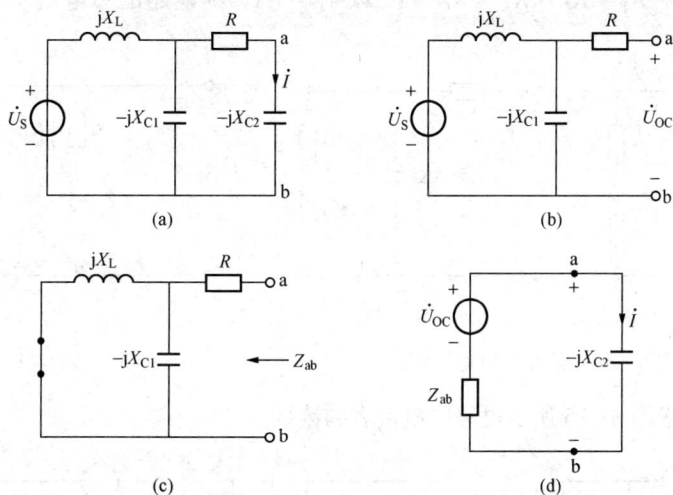

图 3-22　〔例 3-11〕图

2. 相量图图解法

这种方法是根据基尔霍夫定律，把各相量画在复平面上，并借助相量图中各量的几何关系，求出待求量。

【例 3-12】 在图 3-23（a）所示电路中，$I_1 = I_2 = 10A$，$U = 100V$，$\dot{U}$ 与 $\dot{I}$ 同相，试求 I、R、X_C 及 X_L。

解 以 $\dot{U}_2$ 为参考相量，作相量图如图 3-23（b）所示，由相量图中的电流三角形可得

$$I = \sqrt{I_1^2 + I_2^2} = \sqrt{10^2 + 10^2}$$
$$= 10\sqrt{2}(A)$$

$$\varphi = \arctan\frac{I_1}{I_2} = \arctan 1 = 45°$$

又根据给定的条件，$\dot{U}$ 与 $\dot{I}$ 同相位，$\dot{U}_L$ 超前于 $\dot{I}$ 90°，$\dot{U}_2$ 与 $\dot{I}_2$ 同相位，从相量图中看到电压三角形为一个等腰直角三角形，因此得

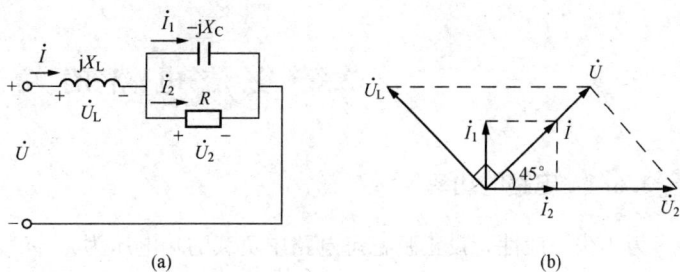

图 3-23　〔例 3-12〕图
（a）电路图；（b）相量图

$$U_2 = U/\cos 45° = 141(V)$$
$$U_L = U = 100(V)$$
$$X_L = U_L/I = 100/(10\sqrt{2}) = 7.07(\Omega)$$
$$X_C = U_2/I_1 = 141/10 = 14.1(\Omega)$$
$$R = U_2/I_2 = 141/10 = 14.1(\Omega)$$

【思考与讨论】

1. 计算图 3-24 所示两电路的阻抗。

2. 如果某支路的阻抗 $Z=8-\mathrm{j}6\Omega$，则其导纳 $Y=\dfrac{1}{8}-\mathrm{j}\dfrac{1}{6}\mathrm{S}$。是否正确？

3. 在 RLC 串联电路中，当 $R>L$ 时，电路呈感性，即电流滞后于总电压。是否正确？

4. 设图 3 - 25 中 $R_1=R_2=X_\mathrm{L}=X_\mathrm{C}=10\Omega$，$I_1=1\mathrm{A}$，则电路的总电流 I 为多少？并画出相量图。

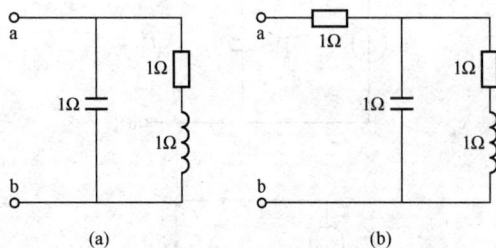

图 3 - 24　思考与讨论 1 图　　　　　　图 3 - 25　思考与讨论 4 图

5. 应用相量图求图 3 - 26 所示电路中电流表的读数。

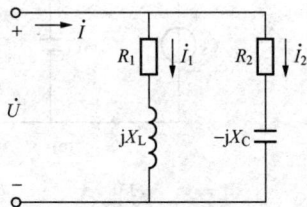

图 3 - 26　思考与讨论 5 图

3.6　交 流 电 路 的 功 率

3.6.1　电路的功率

为不失一般性，设正弦稳态电路中负载的端电压为 $u=U_\mathrm{m}\sin(\omega t+\varphi)$，电流为 $i=I_\mathrm{m}\sin\omega t$，则电路在任一瞬时的功率即瞬时功率为

$$p=ui=U_\mathrm{m}I_\mathrm{m}\sin(\omega t+\varphi)\sin\omega t=2UI\left[\frac{1}{2}\cos\varphi-\frac{1}{2}\cos(2\omega t+\varphi)\right]$$

$$=UI\cos\varphi-UI\cos(2\omega t+\varphi) \tag{3-57}$$

平均功率为

$$P=\frac{1}{T}\int_0^T p\mathrm{d}t=\frac{1}{T}\int_0^T[UI\cos\varphi-UI\cos(2\omega t+\varphi)]\mathrm{d}t=UI\cos\varphi \tag{3-58}$$

从电压三角形可得出

$$U\cos\varphi=U_\mathrm{R}=RI$$

于是，电阻上消耗的功率为

$$P_\mathrm{R}=U_\mathrm{R}I=RI^2=UI\cos\varphi=P$$

由此可见，交流电路中的有功功率 P 等于电阻中消耗的功率 P_R。串联电路中无功功率 Q 为储能元件上的电压 U_X 乘以 I，即

$$Q = U_X I = (U_L - U_C)I = I^2(X_L - X_C) = UI\sin\varphi \tag{3-59}$$

式（3-58）和式（3-59）是计算正弦交流电路中平均功率（有功功率）和无功功率的一般公式。

在正弦交流电路中，电压与电流有效值的乘积称为视在功率 S，其单位为 V·A（伏·安）或 kV·A（千伏·安），即

$$S = UI = |Z|I^2 \tag{3-60}$$

由式（3-58）～式（3-60）可得，P、Q 和 S 之间的关系为

$$\left.\begin{array}{l} P = S\cos\varphi \\ Q = S\sin\varphi \\ S = \sqrt{P^2 + Q^2} \end{array}\right\} \tag{3-61}$$

显然，它们也可以用一个直角三角形（功率三角形）来表示，如图 3-27 所示。电压、功率和阻抗三角形相似。

值得指出的是，本小节所得的公式是在一般情况下推导得出的，可以适用于各种连接方式的电路。

如果电路中同时接有若干个不同功率因数的负载，电路总的有功功率为各负载有功功率的算术和，无功功率为无功功率的代数和，即

图 3-27　功率三角形

$$\sum P = P_1 + P_2 + P_3 + \cdots + P_n \tag{3-62}$$

$$\sum Q = Q_1 + Q_2 + Q_3 + \cdots + Q_n \tag{3-63}$$

则视在功率为

$$S = UI = \sqrt{(\sum P)^2 + (\sum Q)^2} \tag{3-64}$$

式中：U 和 I 分别代表电路的总电压和总电流。

当负载为感性负载时，Q 为正值；当负载为容性负载时，Q 为负值。

【例 3-13】　计算［例 3-10］中电路的有功功率、无功功率和视在功率。

解　电路如图 3-29（a）所示，已知 $\dot{U} = 220\underline{/0°}$V，$R_1 = 10\Omega$，$X_{L1} = 20\Omega$，$R_2 = 10\Omega$，$X_{L2} = 10\Omega$，$R_3 = 10\Omega$，$X_{C3} = 10\Omega$，并已求得 $\dot{I}_1 = 7.78\underline{/-45°}$A，$\dot{I}_2 = 5.5\underline{/-90°}$A，$\dot{I}_3 = 5.5\underline{/0°}$A。可得

$$Q_1 = I_1^2 X_{L1} = (7.78)^2 \times 20 = 1210.3(\text{var})$$
$$Q_2 = I_2^2 X_{L2} = (5.5)^2 \times 10 = 302.5(\text{var})$$
$$Q_3 = -I_3^2 X_{C3} = (5.5)^2 \times 10 = -302.5(\text{var})$$
$$P_1 = I_1^2 R_1 = (7.78)^2 \times 10 = 605.3(\text{W})$$
$$P_2 = I_2^2 R_2 = (5.5)^2 \times 10 = 302.5(\text{W})$$
$$P_3 = I_3^2 R_3 = (5.5)^2 \times 10 = 302.5(\text{W})$$
$$\sum Q = Q_1 + Q_2 + Q_3 = 1210.3(\text{var})$$
$$\sum P = P_1 + P_2 + P_3 = 605.3 + 302.5 + 302.5 = 1210.3(\text{W})$$
$$S = \sqrt{(\sum P)^2 + (\sum Q)^2} = \sqrt{1210.3^2 + 1210.3^2} = 1712(\text{V·A})$$

或
$$S = UI = 220 \times 7.78 = 1712(\text{V·A})$$

3.6.2　功率因数的提高

由有功功率公式 $P = UI\cos\varphi$ 可知，在一定的电压和电流的情况下，电路获得的有功功率取决

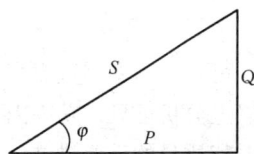

于功率因数的大小，而 $\cos\varphi$ 的大小只取决于负载本身的性质。一般的用电设备，如感应电动机、感应炉、日光灯等都属于电感性负载，它们的功率因数都是比较低的。如交流感应电动机在轻载运行时，功率因数为 0.2～0.3，即使在额定负载下运行，功率因数也只在 0.8～0.9 之间。因此，供电系统的功率因数总是在 0～1 之间。

负载的功率因数太低，将使发电设备的利用率和输电线路的效率降低。

发电机（或变压器）都有它的额定电压 U_N、额定电流 I_N 和额定视在功率 S_N。但发电机发出的有功功率 $P=U_N I_N \cos\varphi = S_N \cos\varphi$ 与负载的功率因数 $\cos\varphi$ 成正比，即负载的 $\cos\varphi$ 愈高，发电机发出的有功功率愈大，其容量才能得到充分的利用。例如容量为 1000kV·A 的变压器，如果 $\cos\varphi$ =1，即发出 1000kW 的有功功率，而在 $\cos\varphi$=0.7 时，则只能发出 700kW 的有功功率。

在供电方面，当发电机的电压 U 和输出的功率 P 一定时，电流与功率因数成反比，而线路和发电机绕组上的功率损耗则与 $\cos\varphi$ 的平方成反比，即

$$\Delta P = I^2 R = \frac{P^2 R}{U^2 \cos^2\varphi} \tag{3-65}$$

可见，功率因数愈高，线路上的电流愈小，所损失的功率也就愈小，从而提高了输电效率。从以上分析可见，功率因数的提高，能使发电设备的容量得到充分利用，同时也是节约能源和提高电能质量的重要措施。

功率因数低的原因在于供电系统中存在有大量的电感性负载，由于电感性负载需要一定的无功功率，如交流感应电动机需要一定的感性无功电流来建立磁场。为了提高功率因数，必须使负载所需要的无功功率不全部取自电源，而是部分地由电路本身来提供，并且在采取提高 $\cos\varphi$ 的措施时，应当保证负载的正常运行状态（电压、电流和功率）不受影响。根据这些原则，通常在电感性负载的两端并联一补偿电容器来提高供电系统的功率因数，其电路图和相量图如图 3-28 所示。

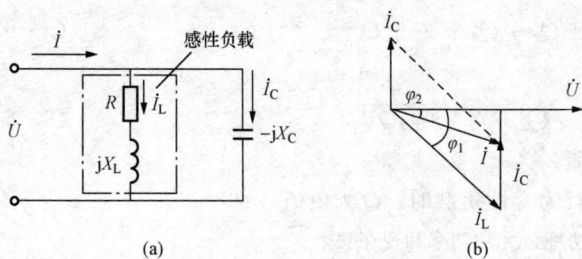

图 3-28 功率因数提高电路与相量图

（a）电路图；（b）相量图

相量图表明，在感性负载的两端并联适当的电容，可使电压与电流的相位差 φ 减小，即原来是 φ_1，现减小为 φ_2，$\varphi_2 < \varphi_1$，故 $\cos\varphi_2 > \cos\varphi_1$；同时线路电流由并联前的 I_1 减小为 I（此时线路电流）。而原感性负载其端电压、电流、功率因数、功率都不变。这时能量互换部分发生在感性负载与电容器之间，因而使电源设备的容量得到充分利用，线路上的能耗和压降也减小了。

由于未并入电容时，电路的无功功率为

$$Q = UI_1 \sin\varphi_1 = UI_1 \frac{\sin\varphi_1 \cos\varphi_1}{\cos\varphi_1} = P\tan\varphi_1$$

而并入电容后，电路的无功功率为

$$Q' = UI\sin\varphi_2 = P\tan\varphi_2$$

因而电容需要补偿的无功功率为

$$Q_C = Q - Q' = P(\tan\varphi_1 - \tan\varphi_2)$$

扫一扫

功率因数补偿动画

又因

$$Q_C = I_C^2 X_C = \frac{U^2}{X_C} = \omega C U^2$$

故

$$C = \frac{Q_C}{\omega U^2} = \frac{P}{2\pi f U^2}(\tan\varphi_1 - \tan\varphi_2) \qquad (3-66)$$

这就是所需并联的电容器的电容量。式中：P 是负载所吸收的功率；U 是负载的端电压；φ_1 和 φ_2 分别是补偿前和补偿后的功率因数角。

【例 3-14】 一低压工频配电变压器，额定容量为 50kV·A，输出额定电压为 220V，供电给一电感性负载，其功率因数为 0.7，若将一组电容与负载并联，使功率因数提高到 0.85，试求所需的电容量为多少？电容器并联前后，其输出电流各为多少？

解

$$P = S\cos\varphi_1 = 50 \times 0.7 = 35(\text{kW})$$

$$\cos\varphi_1 = 0.7, \ \tan\varphi_1 = 1.02; \ \cos\varphi_2 = 0.85, \ \tan\varphi_2 = 0.62$$

由式（3-66）得

$$C = \frac{P}{\omega U^2}(\tan\varphi_1 - \tan\varphi_2) = \frac{35 \times 10^3}{314 \times 220^2} \times (1.02 - 0.62) = 921(\mu\text{F})$$

电容器并联前，变压器输出电流为额定电流

$$I_1 = \frac{S}{U} = \frac{50 \times 10^3}{220} \approx 227.3(\text{A})$$

电容器并联后，线路的有功功率不变，即 $UI_1\cos\varphi_1 = UI\cos\varphi_2$，则电容器并联后输出电流为

$$I = \frac{UI_1\cos\varphi_1}{U\cos\varphi_2} = I_1\frac{\cos\varphi_1}{\cos\varphi_2} = 227.3 \times \frac{0.7}{0.85} = 187.2(\text{A})$$

【思考与讨论】

1. 下列计算正弦电路有功功率的各式哪些是错的，哪些是对的？

(1) $P = \sum P = P_1 + P_2 + P_3 + \cdots$；(2) $P = S\cos\varphi$；(3) $P = \sqrt{S^2 - Q^2}$；

(4) $P = S - Q$；(5) $P = Q\tan\varphi$。

2. 下列各式中 S 为视在功率，P 为有功功率，Q 为无功功率，正弦交流电路的视在功率正确的表示式为（　　）。

A. $S = P + Q_L - Q_C$　　B. $S^2 = P^2 + Q_L^2 - Q_C^2$　　C. $S^2 = P^2 + (Q_L - Q_C)^2$

D. $S = \sum S$　　E. $S = UI$　　F. $S = I\sum U$　　G. $S = \sqrt{(\sum P)^2 + (\sum Q)^2}$

3. 供电电路中的功率因数，是否因并联电容越大其功率因数值就提高得越高？

4. 感性负载并联电阻是否也能提高功率因数？和并联电容提高功率因数有何不同？

3.7　电路中的谐振

在具有电感和电容元件的电路中，电路两端的电压与其中的电流一般是不同相的，如果我们调节电路的参数或电源的频率而使它们同相，这时电路就发生谐振现象。研究谐振的目的就是要认识这种现象，并在生产上充分利用谐振的特征，同时又要预防它所产生的危害。按发生谐振电路的不同，谐振现象可分为串联谐振和并联谐振。

3.7.1　串联谐振

在 RLC 串联电路中，如图 3-14 所示，当 $X_L = X_C$ 时，电路中的电压和电流同相，电路发生

串联谐振。此时

$$\varphi = \arctan \frac{X_L - X_C}{R} = 0, \ \cos\varphi = 1$$

电路呈电阻性。令谐振频率为 ω_0，则由 $X_L = X_C$ 得

$$\omega_0 L = \frac{1}{\omega_0 C}, \ \omega_0 = \sqrt{\frac{1}{LC}}$$

则

$$f = f_0 = \frac{1}{2\pi \sqrt{LC}} \qquad (3-67)$$

可见只要调节 L、C 和电源频率 f 都能使电路发生谐振。

串联谐振具有以下特征。

(1) 电路的阻抗模 $|Z| = \sqrt{R^2 + (X_L - X_C)^2} = R$，其值最小。因此，在电源电压 U 不变的情况下，电路中的电流将在谐振时达到最大值，即

$$I = I_0 = \frac{U}{R}$$

在图 3-29 中分别画出了阻抗和电流等随频率变化的曲线。

(2) 由于电源电压与电路中电流同相（$\varphi = 0$），因此电路对电源呈现电阻性。电源供给电路的能量全被电阻所消耗，电源与电路之间不发生能量的互换。能量的互换只发生在电感和电容之间。

(3) 由于 $X_L = X_C$，于是 $U_L = U_C$。而 $\dot{U}_L$ 和 $\dot{U}_C$ 在相位上相反，互相抵消，对整个电路不起作用，因此电源电压 $\dot{U} = \dot{U}_R$，如图 3-30 所示。但 U_L 和 U_C 的单独作用不容忽视。因为

$$\left. \begin{array}{l} U_L = X_L I = X_L \dfrac{U}{R} \\[2mm] U_C = X_C I = X_C \dfrac{U}{R} \end{array} \right\} \qquad (3-68)$$

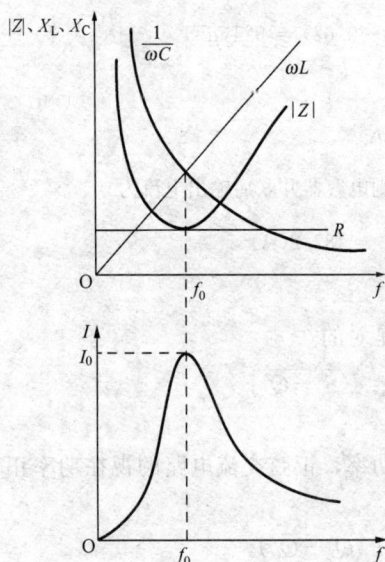

图 3-29 阻抗与电流等随频率变化曲线

当 $X_L = X_C > R$ 时，U_L 和 U_C 都高于电源电压 U。如果电压过高，可能击穿线圈和电容器的绝缘。因此，在电力工程中一般应避免发生串联谐振。但在无线电工程中，则常利用串联谐振以获得较高电压，电容和电感电压常高于电源电压几十倍或几百倍。所以，串联谐振也称为电压谐振。

U_L 和 U_C 与电源电压 U 的比值通常称为电路的品质因数 Q，即

$$Q = \frac{U_C}{U} = \frac{U_L}{U} = \frac{1}{\omega_0 CR} = \frac{\omega_0 L}{R} \qquad (3-69)$$

它的意义是表示在谐振时电容和电感元件上的电压是电源电压的 Q 倍。在无线电中通常利用这一特征选择信号，并将小信号放大。例如在接收机里被用来选择信号，图 3-31 所示为接收机典型输入电路。

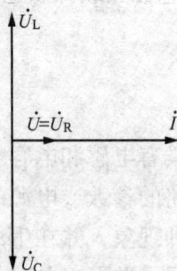

图 3-30 串联谐振相量图

这里有一个选择性的问题，如图 3-32 所示，当谐振曲线比较尖锐时，稍有偏离谐振频率 f_0，信号就大大减弱。就是说，谐振曲线越尖锐，选择性越强。一般用通频带来表示，通频带宽度规定为在电流 I 等于最大值 I_0 的 70.7%$\left($即 $\dfrac{1}{\sqrt{2}}\right)$处频率的上下限之间的宽度，即

$$\Delta f = f_2 - f_1$$

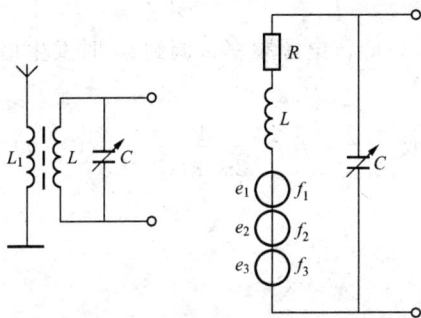

图 3-31　接收机输入电路

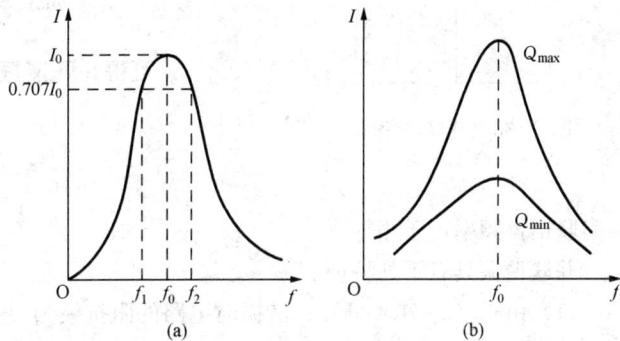

图 3-32　串联谐振曲线

（a）通频带宽度；（b）Q 与谐振曲线的关系

通频带宽度越小，表明谐振曲线越尖锐，电路的频率选择性越强。对于谐振曲线，Q 值越大，曲线越尖锐，则电路的频率选择性也越强。

【例 3-15】 将一线圈（$L=4\mathrm{mH}$，$R=50\Omega$）与电容器（$C=160\mathrm{pF}$）串联，接在 $U=25\mathrm{V}$ 的电源上。

（1）当 $f_0=200\mathrm{kHz}$ 时发生谐振，试求电流与电容器上的电压；

（2）当频率增加 10% 时，试求电流与电容器上的电压。

解 （1）当 $f_0=200\mathrm{kHz}$ 电路发生谐振时

$$X_{\mathrm{L}} = 2\pi f_0 L = 2 \times 3.14 \times 200 \times 10^3 \times 4 \times 10^{-3} = 5000(\Omega)$$

$$X_{\mathrm{C}} = \frac{1}{2\pi f_0 C} = \frac{1}{2 \times 3.14 \times 200 \times 10^3 \times 160 \times 10^{-12}} = 5000(\Omega)$$

$$I_0 = \frac{U}{R} = \frac{25}{50} = 0.5(\mathrm{A})$$

$$U_{\mathrm{C}} = X_{\mathrm{C}} I_0 = 5000 \times 0.5 = 2500(\mathrm{V})$$

（2）当频率增加 10% 时

$$X_{\mathrm{L}} = 5500(\Omega)$$

$$X_{\mathrm{C}} = 4500(\Omega)$$

$$|Z| = \sqrt{R^2 + (X_{\mathrm{L}} - X_{\mathrm{C}})^2} = \sqrt{50^2 + (5500 - 4500)^2} \approx 1000(\Omega)$$

$$I = \frac{U}{|Z|} = \frac{25}{1000} = 0.025(\mathrm{A})$$

$$U_{\mathrm{C}} = X_{\mathrm{C}} I = 4500 \times 0.025 = 112.5(\mathrm{V})$$

可见偏离谐振频率 10% 时，I 和 U_{C} 就大大减小。

3.7.2　并联谐振

图 3-33 所示为电容器与电感线圈并联的电路。电路的等效阻抗为

$$Z = \frac{\frac{1}{j\omega C}(R + j\omega L)}{\frac{1}{j\omega C} + (R + j\omega L)} = \frac{R + j\omega L}{1 + j\omega RC - \omega^2 LC}$$

通常线圈的电阻很小，即 $\omega L \gg R$，则上式可写成

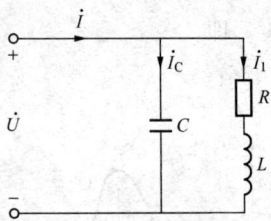

图 3-33　并联电路

$$Z \approx \frac{j\omega L}{1 + j\omega RC - \omega^2 LC} = \frac{1}{\frac{RC}{L} + j\left(\omega C - \frac{1}{\omega L}\right)} \quad (3-70)$$

由式（3-70）可得并联谐振频率，即将电源频率 ω 调到 ω_0 时发生谐振，这时

$$\omega_0 C - \frac{1}{\omega_0 L} \approx 0 \quad \text{或} \quad f = f_0 \approx \frac{1}{2\pi\sqrt{LC}} \quad (3-71)$$

与串联谐振频率近于相等。

并联谐振具有下列特征。

（1）由式（3-70）可知，谐振时电路的阻抗模为

$$|Z_0| = \frac{1}{\frac{RC}{L}} = \frac{L}{RC} \quad (3-72)$$

其值最大，因此在电源电压 U 一定的情况下，电路中的电流 I 将在谐振时达到最小值，即

$$I = I_0 = \frac{U}{\frac{L}{RC}} = \frac{U}{|Z_0|} \quad (3-73)$$

（2）由于电源电压与电路中电流同相（$\varphi = 0$），因此，电路对电源呈现电阻性，谐振时电路的阻抗模 $|Z|$ 与电流随频率变化的曲线如图 3-34 所示。

（3）谐振时各并联支路的电流为

$$I_1 = \frac{U}{\sqrt{R^2 + (2\pi f_0 L)^2}} \approx \frac{U}{2\pi f_0 L}$$

$$I_C = \frac{U}{\frac{1}{2\pi f_0 C}} = 2\pi f_0 CU$$

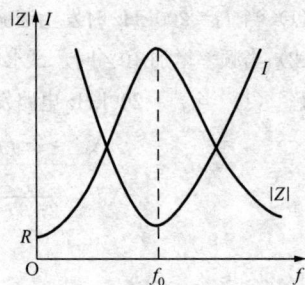

图 3-34　阻抗和电流随频率变化曲线

而

$$|Z_0| = \frac{L}{RC} = \frac{2\pi f_0 L}{R(2\pi f_0 C)} \approx \frac{(2\pi f_0 L)^2}{R}$$

当 $2\pi f_0 L \gg R$ 时

$$2\pi f_0 L \approx \frac{1}{2\pi f_0 C} \ll \frac{(2\pi f_0 L)^2}{R} = |Z_0|$$

于是可得 $I_1 \approx I_C \gg I_0$，如图 3-35 所示，即在谐振时并联支路的电流近于相等，而比总电流大许多倍。因此，并联谐振也称为电流谐振。

I_C 或 I_1 与总电流 I_0 的比值为电路的品质因数

$$Q = \frac{I_1}{I_0} = \frac{2\pi f_0 L}{R} = \frac{\omega_0 L}{R}$$

即在谐振时，支路电流 I_C 或 I_1 是总电流 I_0 的 Q 倍。

（笔记：

（4）如果并联电路由恒流源供电，当电源为某一频率时电路发生谐振，电路阻抗最大，电流通过时电路两端产生的电压也是最大。当电源为其他频率时电路不发生谐振，阻抗较小，电路两端的电压也较小，这样起到选频的作用。Q 越大，选择性越好，图 3-36 所示为不同 Q 时的阻抗谐振曲线。

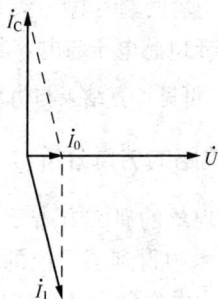

图 3-35　并联谐振相量图　　　　图 3-36　不同 Q 时的阻抗谐振曲线

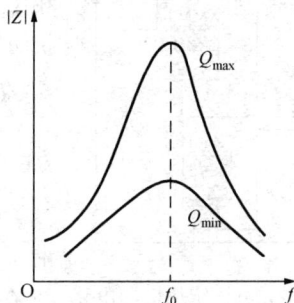

【例 3-16】　在图 3-33 中，$L=0.25\text{mH}$，$R=25\Omega$，$C=85\text{pF}$，试求谐振角频率 ω_0、品质因数 Q 和谐振时电路的阻抗模 $|Z_0|$。

解　　$$\omega_0 = \sqrt{\frac{1}{LC}} = \sqrt{\frac{1}{0.25 \times 10^{-3} \times 85 \times 10^{-12}}} = 6.86 \times 10^6 (\text{rad/s})$$

$$Q = \frac{\omega_0 L}{R} = \frac{6.86 \times 10^6 \times 0.25 \times 10^{-3}}{25} = 68.6$$

$$|Z_0| = \frac{L}{RC} = \frac{0.25 \times 10^{-3}}{25 \times 85 \times 10^{-12}} = 117 (\text{k}\Omega)$$

【思考与讨论】

1. 试分析电路发生谐振时能量的消耗和互换情况。

2. 图 3-37 所示为一并联交流电路，当电路发生谐振时，电流表 PA1 的读数为 15A，PA 的读数为 12A，问电流表 PA2 的读数应是多少？

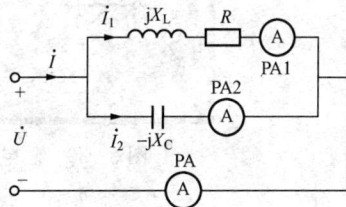

图 3-37　思考与讨论 2 图

3.8　用 Multisim 对电路进行仿真——正弦稳态电路分析

在线性电路中，当激励是正弦电流（或电压）时，其响应也是同频率的正弦电流（或电压），因而这种电路也称为正弦稳态电路。本节主要利用 Multisim 软件来研究时不变电路在正弦激励下的稳态响应，即正弦稳态分析。

3.8.1　正弦稳态电路电压关系分析

正弦交流电路中，KCL 和 KVL 适用于所有瞬时值和相量形式。我们以图 3-38 所示电路为例，验证 KVL 定理。以上分析步骤如下。

（1）创建电路：从元器件库中选择电压源、电阻、电容、电感，创建仿真电路，如图 3-38 所示，同时接万用表 XMM1、XMM2、XMM3、XMM4 选择交流电压挡（I），可得总电压 U 为 10V，电阻 R_1 上的电压为 7.2V，电容 C_1 上的电压为 11.459V，电感 L_1 上的电压为 4.524V，分

图 3-38　交流基尔霍夫电压定律应用电路

别如图 3-39~图 3-42 所示。

（2）结果分析：在交流电路中应用基尔霍夫电压定律时，各个电压相加必须使用相量加法。图 3-38 所示电路中，电阻两端的电压 U_{R1} 相位与电流相同，电感两端的电压相位超前电流 90°，电容两端的电压落后电流 90°。所以总电抗两端的电压 U_x 等于电感电压与电容电压之差，总电压 $U = \sqrt{U_R^2 + U_x^2} = 10\text{V}$。可见计算结果与仿真结果相同。

3.8.2　谐振电路的仿真分析

电路中对谐振现象的研究有着重要的意义。一方面谐振现象在科学技术中得到了广泛的的应用；另一方面在某些情况下电路中发生谐振又会破坏电路的正常工作，要加以避免。本节以串联谐振电路为例，分析电路的谐振现象。

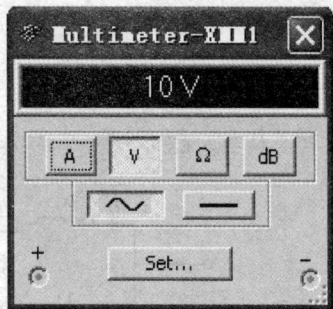

图 3-39　总电压 U

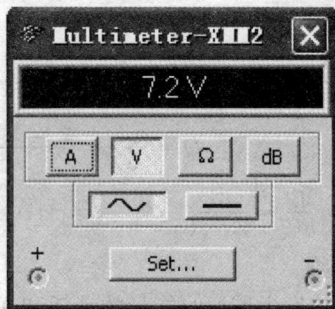

图 3-40　电压 U_{R1}

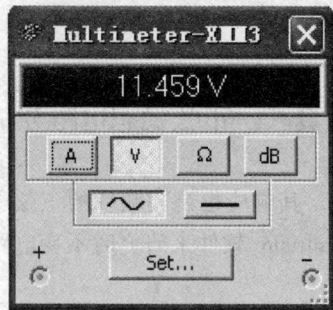

图 3-41　电压 U_{C1}

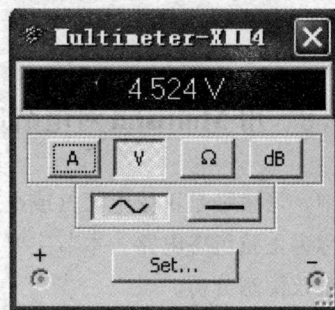

图 3-42　电压 U_{L1}

串联谐振电路如图 3-43 所示。

分析步骤如下。

（1）创建电路：从元器件库中选择电压源、电阻、电容、电感，连接成串联电路形式，电路参数设置，电压源的频率 $f_0 = 156\text{Hz}$，电感 $L_1 = 1\text{mH}$，电容 $C_1 = 1\text{mF}$ 时，满足串联电路发生谐振的条

件 $f_0 = \dfrac{1}{2\pi \sqrt{LC}}$，如图 3 - 43 所示；选择双踪示波器观察串联谐振电路外加电压与谐振电流的波形，选择波特图仪测定频率特性。

（2）串联谐振电路的电压电流波形：单击运行（RUN）按钮，双击双踪示波器的图标，可以看出当 $f_0 = 156\,\text{Hz}$ 电路发生谐振时，电路成纯阻性，外加电压与谐振电流同相位，其波形如图 3 - 44 所示。

（3）电路的幅频特性：单击运行（RUN）按钮，双击波特图仪的图标，在 Mode 选项组中单击 Magnitude（幅频特性）按钮，可得到电路的幅频特性，如图 3 - 45 所示。

（4）电路相频特性：在 Mode 选项组中单击 Phase（相频特性）按钮，可得到电路的相频特性，如图 3 - 46 所示。

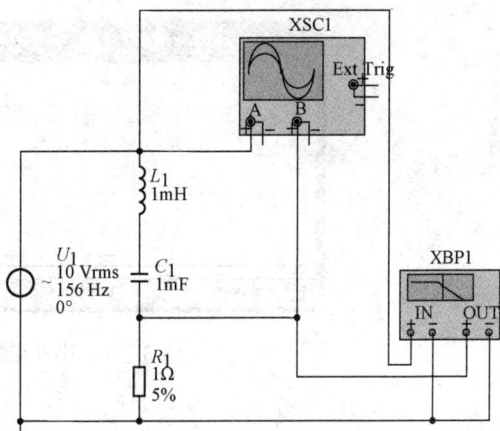

图 3 - 43　串联谐振电路

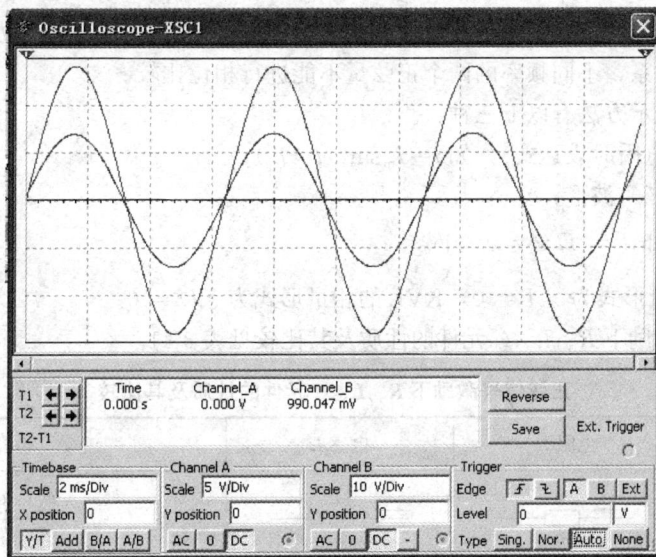

图 3 - 44　串联谐振电路电压、电流波形

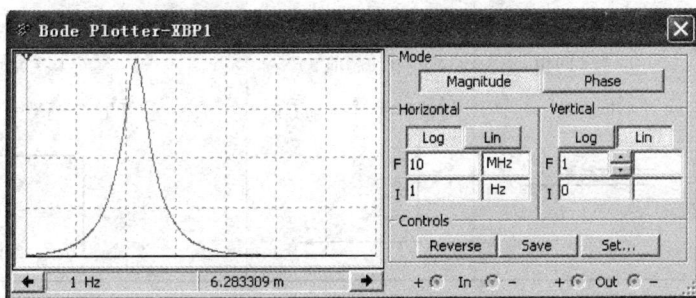

图 3 - 45　串联谐振电路的幅频特性曲线

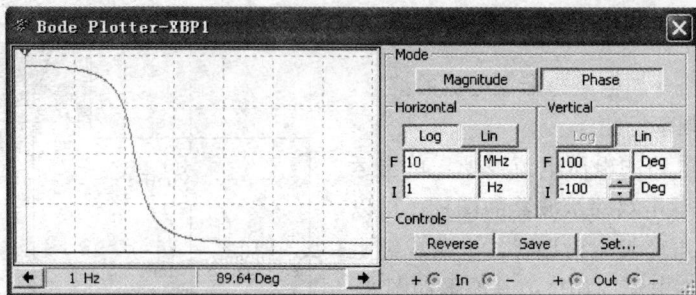

图 3-46 串联谐振电路的相频特性曲线

本 章 小 结

（1）正弦交流电路中的激励和响应都是同频率的正弦量。正弦量的三要素为幅值、（角）频率和初相位。正弦量的大小通常用有效值表示，有效值为幅值的 $\dfrac{1}{\sqrt{2}}$。

（2）相位差定义为两个同频率正弦量的相位之差，它等于初相之差。相位差表明了两个同频率的正弦量的相位关系，不同频率的两个正弦量不能进行相位比较。

（3）正弦量的表示方法有以下三种：

1）三角函数式（瞬时表达式），如 $i = I_m \sin(\omega t + \varphi_i)$；

2）正弦（或余弦）波形；

3）相量表示，如 $\dot{I} = I\underline{/\varphi_i} = a + jb$。

（4）KCL 的相量形式为 $\sum \dot{I} = 0$，KVL 的相量形式为 $\sum \dot{U} = 0$。

（5）正弦信号激励下 R、L、C 元件的性质及其比较见表 3-1。

表 3-1 正弦信号激励下 R、L、C 元件的性质及其比较

元　件	电阻 R	电感 L	电容 C
时域模型			
电压与电流关系（瞬时值 有效值 相位 相量式 相量图）	$u_R = Ri$ $U_R = RI$ u_R 与 i 同相 $\dot{U}_R = R\dot{I}$ 	$u_L = L\dfrac{di}{dt}$ $U_L = X_L I$ u_L 比 i 超前 $90°$ $\dot{U}_L = jX_L\dot{I} = j\omega L\dot{I}$ 	$i_C = C\dfrac{du_C}{dt}$ $U_C = X_C I$ u_C 比 i 滞后 $90°$ $\dot{U}_C = -jX_C\dot{I} = \dfrac{1}{j\omega C}\dot{I}$

元　件	电阻 R	电感 L	电容 C
相量模型	$\xrightarrow{\dot{I}}$ R $+\ \dot{U}_R\ -$	$\xrightarrow{\dot{I}}$ jX_L $+\ \dot{U}_L\ -$	$\xrightarrow{\dot{I}}$ $-jX_C$ $+\ \dot{U}_C\ -$
功率 $\begin{cases}有功功率 \\ 无功功率\end{cases}$	$P_R = I^2 R = \dfrac{U^2}{R}$ $Q_R = 0$	$P_L = 0$ $Q_L = IU_L = I^2 X_L$ $= \dfrac{U_L^2}{X_L}$	$P_C = 0$ $Q_C = -IU_C = -I^2 X_C$ $= -\dfrac{U_C^2}{X_C}$

（6）一无源二端网络可等效为一复阻抗，复阻抗为

$$Z = \frac{\dot{U}}{\dot{I}} = R + jX = |Z|\underline{/\varphi}$$

其中，阻抗值 $|Z| = \sqrt{R^2 + X^2}$，阻抗角 $\varphi = \arctan\dfrac{X}{R}$。当 $\varphi > 0$ 时，电路呈感性，等效相量模型为 R 与 jX_L 串联；当 $\varphi < 0$ 时，电路呈容性，等效相量模型为 R 与 $-jX_C$ 串联；当 $\varphi = 0$ 时，电路呈电阻性，可等效为一电阻元件。

复阻抗的倒数称为复导纳，即

$$Y = \frac{1}{Z} = \frac{\dot{I}}{\dot{U}} = G - jB$$

故二端网络也可等效为一复导纳。

（7）含 R、L、C 元件的二端网络，当端口电压与端口电流同相时，电路呈谐振状态。谐振发生在 R、L、C 串联电路中称为串联谐振，发生在 R、L、C 并联电路中称为并联谐振。产生谐振的条件为 $\omega_0 = \dfrac{1}{\sqrt{LC}}$。

串联谐振电路的特点为：①u_L 与 u_C 大小相等，相位相反，即 $\dot{U}_L + \dot{U}_C = 0$；②阻抗最小，$Z = R$，电流最大，$I = \dfrac{U}{R}$。

并联谐振电路的特点为：①i_L 与 i_C 大小相等，相位相反，即 $\dot{I}_L + \dot{I}_C = 0$；②阻抗 $Z = R$ 最大，总电流最小，$I = I_R = \dfrac{U}{R}$。

（8）正弦交流电路分析一般采用相量法。电路中的正弦量都以相量表示，根据元件约束和结构约束的相量形式，直接应用直流电路中介绍的定理、定律及分析方法即可。

相量图可有效地帮助我们确定相量之间的几何关系。有些情况下利用相量图分析电路会更为方便。

（9）二端网络的端口电压有效值 U 与电流有效值 I 的乘积为二端网络的视在功率，即 $S = UI$。

网络的有功功率为 $P = S\cos\varphi = \sum P_k$；

网络的无功功率为 $Q = S\sin\varphi = \sum Q_k$。

（10）功率因数 $\cos\varphi = \dfrac{P}{S}$。电路的功率因数低会增加线路的功率损耗，降低供电质量，并且不能使电源的能力得以充分利用。通常采用并联电容的方法提高感性电路的功率因数，但并非并联的电容越大越好。感性电路并联电容后，P 没有变，电源提供的电流减少了，$S\downarrow$，$Q\downarrow$，故 $\cos\varphi\uparrow$，电源还可带其他负载工作。

<h2 style="text-align:center">习　　题</h2>

1. 已知正弦量 $u_A = 220\sqrt{2}\sin314t\,\mathrm{V}$ 和 $u_B = 220\sqrt{2}\sin(314t-120°)\,\mathrm{V}$。

（1）指出两个正弦电压的最大值、有效值、初相位、角频率、频率、周期及两者的相位差；

（2）画出 u_A 及 u_B 的波形；

（3）计算当 $t=0.05T$、$0.1T$、$0.5T$、$1T$ 时 u_A 和 u_B 的瞬时值。

2. 求下列正弦量的相量图。

（1）$u_1 = 30\sqrt{2}\sin(\omega t-60°)\,\mathrm{V}$；

（2）$i_1 = 4\sin10t + 3\cos10t\,\mathrm{A}$；

（3）$u_2 = -2\sqrt{2}\sin(\omega t+30°)\,\mathrm{V}$。

3. 在图 3-47 所示电路中，试分别求出 PA0 表和 PV0 表上的读数，并作出相量图。

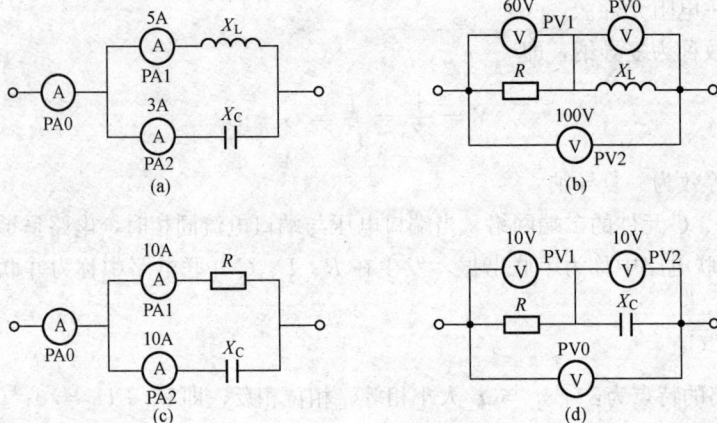

图 3-47　题 3 图

4. 在图 3-48 所示电路中，已知 $i_S = 10\sqrt{2}\sin(2t+45)\,\mathrm{A}$，$u_R = 5\sin(2t)\,\mathrm{V}$。试求 i_R、i_C、i_L 和 L。

5. 若已知 $\omega = 10\,\mathrm{rad/s}$，求图 3-49 所示电路的 Z_{ab}。

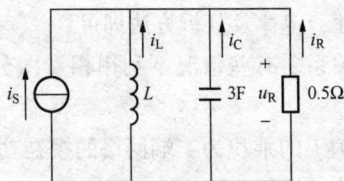

图 3-48　题 4 图

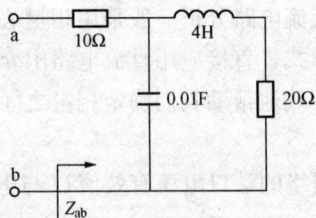

图 3-49　题 5 图

6. (1) 已知 $\dot{U}=86.6+j50V$，$\dot{I}=8.66+j5A$。试求 Z、P、Y、Q、S 和 $\cos\varphi$。

(2) 已知 $u=200\sqrt{2}\sin(314t+60°)V$，$i=5\sqrt{2}\sin(314t+30°)A$。试求 Z、Y、R、P、Q、S 和 $\cos\varphi$。

7. 在图 3-50 所示电路中，电压表 PV、PV1、PV3 的读数分别为 10V、6V、6V。

(1) 求电压表 PV2、PV4 的读数。

(2) 若电流有效值 $I=0.1A$，求电路的复阻抗。

(3) 该电路是何性质？

8. 在图 3-51 所示电路中，$Z_1=4+j10\Omega$，$Z_2=8-j6\Omega$，$Z_3=j8.33\Omega$，电源电压相量 $\dot{U}=60\underline{/0°}V$，求各支路电流相量，并画出电压和各电流相量图。

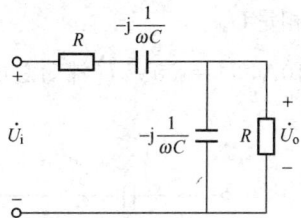

图 3-50 题 7 图

图 3-51 题 8 图

9. 图 3-52 所示为一 RC 选频网络，试求 $\dot{U}_i$ 和 $\dot{U}_o$ 同相的条件及 $\dot{U}_i$ 和 $\dot{U}_o$ 的比值。

10. 一移相电路如图 3-53 所示，$C_1=1\mu F$，$R_1=R_2=3.2k\Omega$，$f=50Hz$，要使 u_o 和 u_i 的相位差为 $\frac{\pi}{2}$，则 C_2 多少？

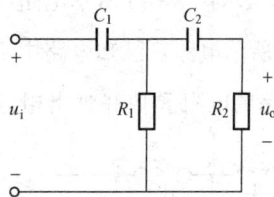

图 3-52 题 9 图

图 3-53 题 10 图

11. 求图 3-54 所示电路的阻抗 Z_{ab}。

图 3-54 题 11 图

12. 试计算图 3-55 所示电路中理想电流源两端的电压。

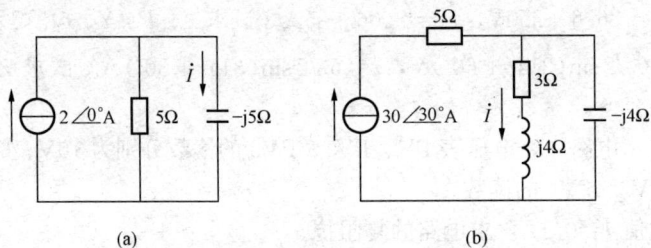

图 3-55 题 12 图

13. 求图 3-56 所示电路的戴维南等效电路。

14. 利用叠加定理求图 3-57 所示电路中的电流 $\dot{I}$。已知 $\dot{U}_S = 60\underline{/0°}$V, $\dot{I}_S = 5\underline{/30°}$V, $R=6\Omega$, $X_L = 8\Omega$, $X_C = 4\Omega$。

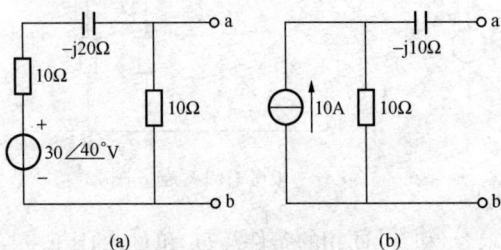

图 3-56 题 13 图

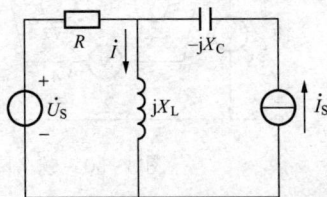

图 3-57 题 14 图

15. 用戴维南定理求图 3-58 所示电路中电压相量 $\dot{U}_{ab}$。

16. 用节点电压法求图 3-58 所示电路中的电压相量 $\dot{U}_{ab}$。

17. 如图 3-59 所示电路，已知电路中 $I_1 = I_2 = 10$A, $U = 150$V, $\dot{U}$ 滞后总电流 $\dot{I}$ 45°，试求电路中总电流 $\dot{I}$ 及支路的电阻 R 值并画出相量图。

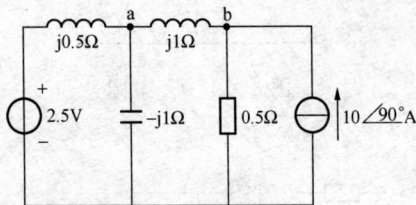

图 3-58 题 15 图

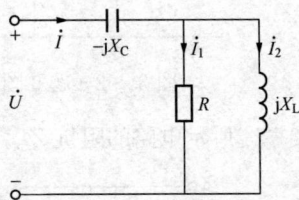

图 3-59 题 17 图

18. 图 3-60 所示电路中，已知 $U=100$V, $X_L = 5\sqrt{2}\Omega$, $X_C = 10\sqrt{2}\Omega$, $R = 10\sqrt{2}\Omega$, 且 $\dot{U}$ 与 $\dot{I}$ 同相。试求电流 $\dot{I}$、有功功率 P 及功率因数 $\cos\varphi$。

19. 图 3-61 所示电路中各支路的电流 $I_1 = 4$A, $I_2 = 2$A, 功率因数为 $\cos\varphi_1 = 0.8$, $\cos\varphi_2 = 0.3$。试求总的电流及总的功率因数。

20. 图 3-62 所示电路中，已知电流有效值 $I = I_L = I_1 = 2$A，电路的有功功率 $P = 100$W，试求 R、X_L、X_C。

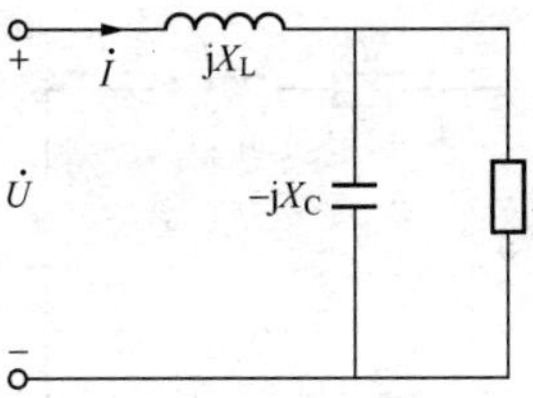

图 3-60　题 18 图 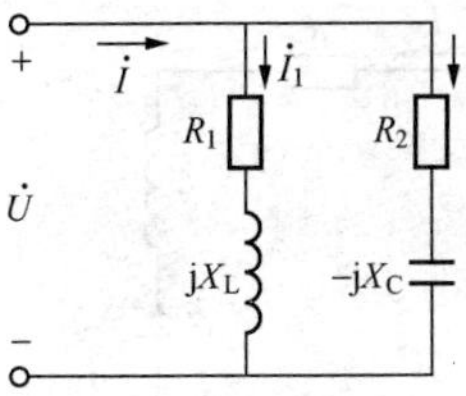　　　　　图 3-61　题 19 图

21. 已知 R、L 串联电路的电流 $i=50\sqrt{2}\sin(314t+20°)$A，有功功率 $P=8.8$kW，无功功率 $Q=6.6$kvar。试求：

(1) 电源电压 u；

(2) 电路参数 R、L。

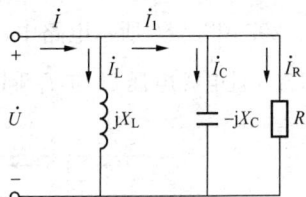

图 3-62　题 20 图

22. 两个感性负载串联，其中一个负载的电阻 $R_1=5\Omega$，电感 $L_1=10.5$mH，另一个负载的电阻 $R_2=10\Omega$，电感 $L_2=100.7$mH，若电路电流 I 为 10A，频率为 50Hz，试求：

(1) 各负载的电压 U_1、U_2 和电路总电压 U；

(2) 各负载消耗的功率 P_1、P_2 和电路的总有功功率 P；

(3) 各负载的视在功率 S_1、S_2 和电路的总视在功率 S；

(4) 各负载的功率因数 $\cos\varphi_1$、$\cos\varphi_2$ 和电路的功率因数 $\cos\varphi$。

23. 额定容量为 40kV·A 的电源，额定电压为 220V，专供照明用。

(1) 如果照明灯用 220V、40W 的普通电灯，最多可点多少盏？

(2) 如果照明灯用 220V、40W，$\cos\varphi=0.5$ 的日光灯，最多可点多少盏？

24. 把一只日光灯接到 220V、50Hz 的电源上，已知电流有效值为 0.366A，功率因数为 0.5，现欲将功率因数提高到 0.9，应当并联多大的电容？

25. 欲用频率为 50Hz，额定电压为 220V，额定容量为 9.6kV·A 的正弦交流电源供电给额定功率为 4.5kW，额定电压为 220V，功率因数为 0.5 的感性负载，试问：

(1) 该电源供电的电流是否超过其额定电流？

(2) 若将电路功率因数提高到 0.9，应并联多大电容？

(3) 并联电容后还可接多少盏 220V、40W 的电灯才能充分发挥电源的能力？

26. 如图 3-63 所示 RLC 串联电路中，已知 $u=50\sqrt{2}\sin314t$，调节电容 C 使电流 i 与 u 同相，且电流有效值 $I=1$A，电感电压 $U_L=90$V，试求：

(1) 电路参数 R、C；

(2) 若改变电源频率为 $f=100$Hz，电路是何性质？

27. 图 3-64 所示为正弦交流电路中，已知电压有效值 $U_1=100$V，$U_2=80$V，电流 $i=10\sqrt{2}\sin200t$，且 i 与总电压 u 同相。试求总电压 u 及 R、X_L、X_C。

28. 在图 3-65 所示电路中，$R=1$kΩ，$C=2\mu$F，当电源频率为 500Hz 时电路发生谐振，谐振时电流为 0.1A。试求：

(1) L 及各支路电流有效值；

(2) 若电源频率改为 1000Hz，电路的有功功率为多少？此时电路是何性质？

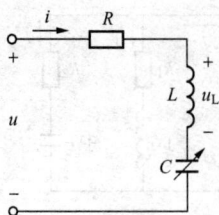

图 3-63   题 26 图

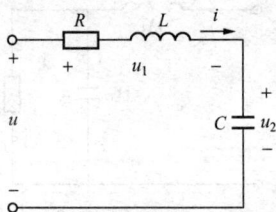

图 3-64   题 27 图

29. 图 3-66 所示电路中，已知电压有效值 $U=10\text{V}$，电阻支路和电感支路电流有效值 $I_R=I_L=1\text{A}$，且电源电压 $\dot{U}$ 与 $\dot{I}_C$ 同相，试求 R、X_L、X_C。

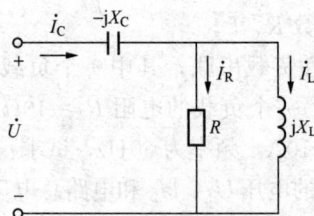

图 3-65   题 28 图   图 3-66   题 29 图

30. 在 Multisim 环境中，创建电路如图 3-67 所示。试用 Multisim10 中的电流表测试各支路的电流，并验证欧姆定律。

31. 在 Multisim 环境中，创建电路如图 3-68 所示。试用 Multisim10 中的电流表测试各支路的电流，并验证 KCL 定律。

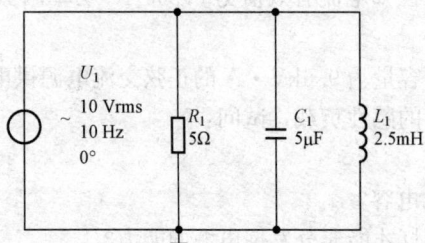

图 3-67   题 30 图

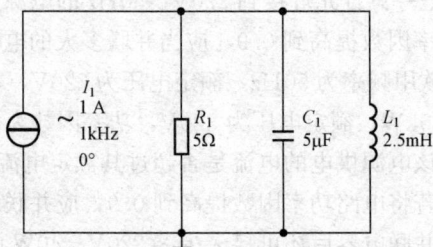

图 3-68   题 31 图

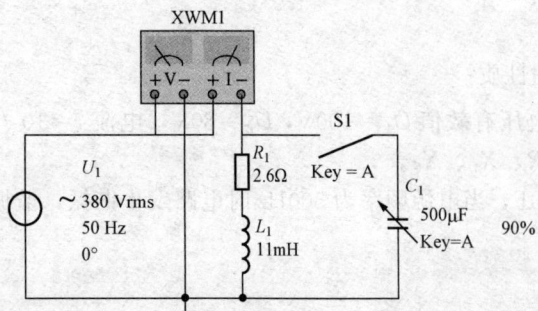

图 3-69   题 32 图

32. 在 Multisim 环境中，创建电路如图 3-69 所示。该电路为无功补偿电路，当开关 S1 合上后，由容性无功功率补偿感性无功功率，可提高功率因数。试分析开关闭合前后瓦特表的读数以及功率因数的变化；要将功率因数提高到 0.95，并接的电容容量大小。

注：因电源的频率为 50Hz，仿真时选择 Simulate 菜单中的 Interactive Simulation Settings 命令，将仿真步长设置为 0.01s。

33. 试用 Multisim10 仿真求解 [例 3-15]

中所求的电流和电压，并与［例 3-15］的结果相比较。

34. 在 Multisim 环境中，创建电路如图 3-70 所示。该电路为谐振测量电路，当 C_1 和 L_1 产生并联谐振时，电阻 R_1 上的电流最小（其两端的电压最小）。试仿真观测当电容 C_1 变化时，电阻 R_1 上的电流的变化（其两端的电压变化由示波器观测）。

注：信号源为函数发生器，设为交流，频率为 100kHz；电容的变化由按 A 键或按Shift＋A 组合键控制其增加或减小；电流表在指示器（Indicators）库中选取。

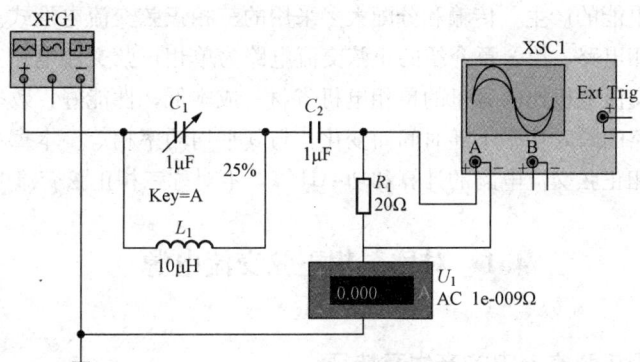

图 3-70　题 34 图

第4章

三 相 正 弦 交 流 电 路

在电力工业中，电能的产生、传输和分配大多采用的三相正弦交流电形式。由三相正弦交流电源供电的电路称为三相电路。第3章介绍的正弦交流电路为单相正弦交流电路。三相电路较单相有许多优点。制造三相交流电机比同容量的单相电机省材，成本低，性能好，效率高；三相输电最经济；对称三相交流电路的瞬时功率不随时间而变化，与其平均功率相等。本章主要讨论对称三相正弦交流电源，对称三相正弦交流电路的计算和功率计算，不对称三相正弦交流电路的分析。

4.1 对称三相正弦交流电源

4.1.1 对称三相正弦交流电的产生及特征

三相正弦交流电是三相交流发电机产生的。三相交流发电机主要由定子和转子两部分组成，其结构示意图如图4-1（a）所示。定子铁芯内圆上冲有均匀分布的槽，槽内对称地嵌放三组完全相同的绕组，每一组称为一相。图中，绕组AX、BY、CZ分别简称为A相绕组、B相绕组、C相绕组。三相绕组的各首端A、B、C之间及各末端X、Y、Z之间的位置互差120°，构成对称绕组。转子铁芯上绕有直流励磁绕组，选用合适的极面形状和励磁绕组的布置，可以使发电机空气隙中的磁感应强度按正弦规律分布。当转子由原动机（汽轮机、涡轮机等）带动并以均匀速度顺时针方向旋转时，三相定子绕组将依次切割磁力线，产生频率相同、幅值相等的正弦交流电动势 e_A、e_B、e_C。

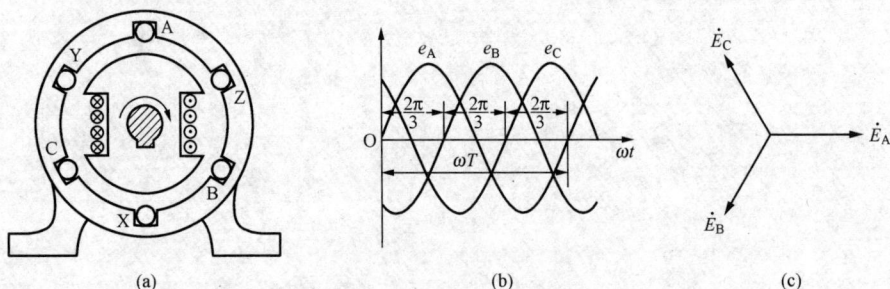

图4-1 对称三相交流电

（a）发电机结构图；（b）波形图；（c）相量图

e_A、e_B、e_C 的波形及相量图如图4-1（b）、（c）所示。

若以 e_A 为参考正弦量，三个电动势的表达式为

$$\left.\begin{aligned} e_A &= E_m \sin\omega t \\ e_B &= E_m \sin(\omega t - 120°) \\ e_C &= E_m \sin(\omega t + 120°) \end{aligned}\right\} \tag{4-1}$$

由式（4-1）或图 4-1（c）可见，三相电动势和等于零，即

$$e_A + e_B + e_C = 0$$

$$\dot{E}_A + \dot{E}_B + \dot{E}_C = 0 \tag{4-2}$$

三相正弦电压达到最大值的次序叫相序。若 e_A 达到最大值超前 e_B 120°，e_B 达到最大值超前 e_C 120°，e_C 超前 e_A 120°达到最大值，则将 A→B→C 的相序称为正相序，反之与此相反的相序即 C→B→A 的相序称为逆相序。在我国供配电系统中的三相母线都标有规定的颜色以便识别相序，其规定为 A 相—黄色，B 相—绿色，C 相—红色。

相序是一个不容忽视的问题。在并入电网时必须同名相连接，另外，一些电气设备的工作状态与相序有关，如电动机的正反转。

4.1.2 三相电源的连接

1. 星形连接（Y 连接）

三相交流发电机的三相定子绕组末端 X、Y、Z 连接在一起，分别由三个首端 A、B、C 引出三条输电线，称为星形连接。这三条输电线称为相线或端线，俗称火线，用 A、B、C 表示；X、Y、Z 的连接点称为中性点。由三条端线向用户供电，称为三相三线制供电方式；在低压系统中，一般采用三相四线制，即由中性点再引出一条称为中性线（零线）的输电线与三条相线一起向用户供电。星形连接的三相四线制电源如图 4-2（a）所示。

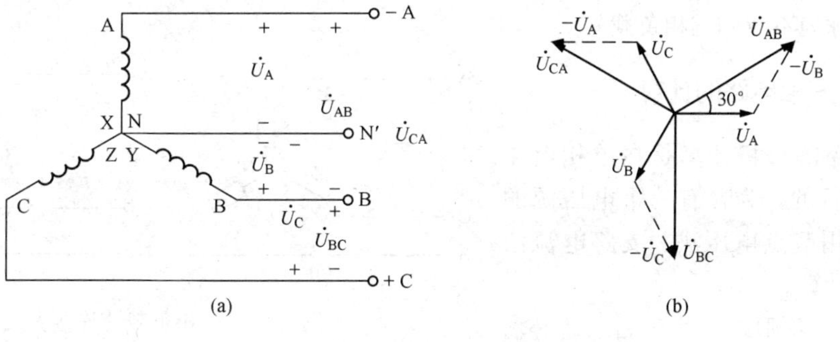

图 4-2　三相电源的星形连接

（a）连接图；（b）相量图

三相电源的每一相线与中性线构成一相，其间的电压称为相电压（即每相绕组上的电压），常用 U_A、U_B、U_C 表示，一般用 U_p 表示。每两条相线之间的电压称为线电压，其有效值用 U_{AB}、U_{BC}、U_{CA} 表示，一般用 U_L 表示。

$$\left.\begin{aligned}
\dot{U}_{AB} &= \dot{U}_A - \dot{U}_B = U\underline{/0°} - U\underline{/-120°} = \sqrt{3}U\underline{/30°} \\
\dot{U}_{BC} &= \dot{U}_B - \dot{U}_C = U\underline{/-120°} - U\underline{/120°} = \sqrt{3}U\underline{/-90°} \\
\dot{U}_{CA} &= \dot{U}_C - \dot{U}_A = U\underline{/120°} - U\underline{/0°} = \sqrt{3}U\underline{/150°}
\end{aligned}\right\} \tag{4-3}$$

画出各相电压及线电压相量如图 4-2（b）所示。

由式（4-3）和图 4-2（b）可得，对称三相交流电源星形连接时三相电压也对称。线电压的有效值是相电压有效值的 $\sqrt{3}$ 倍，线电压的相位超前对应相电压 30°。有效值关系可表示为 $U_L = \sqrt{3}U_p$。

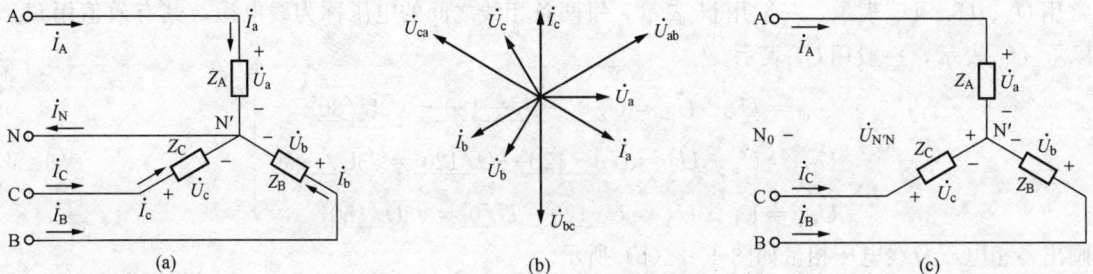

图 4-3　三相电源的△形连接

我国的低压配电系统中，使用三相四线制电源额定电压为 380/220V，即相电压 220V，线电压为 $220\sqrt{3}=380V$。三相三线制只提供 380V 线电压。一般将三相四线制星形连接记为 YN，三相三线制连接记为 Y。

2. 三角形连接（△形连接）

将电源的三相绕组首末端依次连接成三角形，并由三角形的三个顶引出三条相线 A、B、C 给用户供电，称为三角（△）形连接，如图 4-3 所示。采用三相三线制供电方式，$U_L=U_p$。由于 $\dot{U}_{AB}+\dot{U}_{BC}+\dot{U}_{CA}=0$，故电源内部无环流。

4.2　三相正弦交流电路的计算

4.2.1　三相负载的连接方式

三相供电系统中大多数负载也是三相的，即由三个负载接成 Y 形或△形，如图 4-4 所示，其中每一个负载称为一相负载，每相负载的端电压称为负载相电压，流过每个负载的电流称为相电流，流过端线的电流称为线电流，三相负载的复阻抗相等者称为对称三相负载，三相负载的复阻抗不相等者称为不对称三相负载。

4.2.2　三相电路的计算

三相电路的分析计算是在单相电路的基础上进行的，为含有三个电压源的电路，可应用节点电压法、支路电流法等方法分析计算。

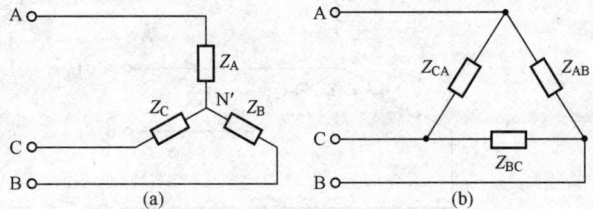

图 4-4　三相负载的连接方式
(a) Y 形连接；(b) △形连接

1. 负载作星形连接的三相电路分析

负载作星形连接的相量模型如图 4-5 (a) 所示，有中性线星形连接常称为 YN 连接，负载的公共连接点为 N′，各电压、电流参考方向如图 4-5 (a) 所示。

图 4-5　负载的 Y 形连接及相量图
(a) YN 连接图；(b) 相量图；(c) Y 形连接图

由图 4 - 4（a）可看出，负载 YN 连接时各相电压即为电源的相电压，各相电压对称，与负载是否对称无关。相电压值为电源线电压的 $\frac{1}{\sqrt{3}}$，相位滞后于线电压 30°。负载的线电流等于相电流。

设 $\dot{U}_a = U_p \underline{/0°}$，则相电流

$$\left.\begin{array}{l} \dot{I}_A = \dot{I}_a = \dfrac{\dot{U}_a}{Z_A} = \dfrac{U_p}{|Z_A|} \underline{/-\varphi_a} \\[3mm] \dot{I}_B = \dot{I}_b = \dfrac{\dot{U}_b}{Z_B} = \dfrac{U_p}{|Z_B|} \underline{/(-120° - \varphi_b)} \\[3mm] \dot{I}_C = \dot{I}_c = \dfrac{\dot{U}_c}{Z_C} = \dfrac{U_p}{|Z_C|} \underline{/(120° - \varphi_c)} \end{array}\right\} \tag{4 - 4}$$

由 KCL 得中性线电流为

$$\dot{I}_N = \dot{I}_a + \dot{I}_b + \dot{I}_c \tag{4 - 5}$$

若三相负载对称，即 $|Z_A| = |Z_B| = |Z_C|$，$\varphi_a = \varphi_b = \varphi_c$，则由式（4 - 4）可知，负载各相电流也对称，且由式（4 - 5）可得，$\dot{I}_N = \dot{I}_a + \dot{I}_b + \dot{I}_c = 0$，故对于对称负载中性线可以省去，成为三相三线制供电，无中性线。总之，三相对称负载 Y 形连接时，$U_L = \sqrt{3} U_p$，$I_L = I_p$。

当不对称的负载作星形连接且无中性线时，电路如图 4 - 5（c）所示，负载中性点 N′ 与电源中性点 N 间的电压可用节点电压法求得

$$\dot{U}_{N'N}\left(\frac{1}{Z_A} + \frac{1}{Z_B} + \frac{1}{Z_C}\right) = \frac{\dot{U}_A}{Z_A} + \frac{\dot{U}_B}{Z_B} + \frac{\dot{U}_C}{Z_C}$$

$$\dot{U}_{N'N} = \frac{\dfrac{\dot{U}_A}{Z_A} + \dfrac{\dot{U}_B}{Z_B} + \dfrac{\dot{U}_C}{Z_C}}{\dfrac{1}{Z_A} + \dfrac{1}{Z_B} + \dfrac{1}{Z_C}} \tag{4 - 6}$$

则各相负载的电压分别为

$$\left.\begin{array}{l} \dot{U}_a = \dot{U}_A - \dot{U}_{N'N} \\[1mm] \dot{U}_b = \dot{U}_B - \dot{U}_{N'N} \\[1mm] \dot{U}_c = \dot{U}_C - \dot{U}_{N'N} \end{array}\right\} \tag{4 - 7}$$

因此，负载不对称，$\dot{U}_{N'N} \neq 0$，三相负载的相电压 $\dot{U}_a$、$\dot{U}_b$ 和 $\dot{U}_c$ 不对称。若负载承受的电压偏离其额定电压太多，便不能正常工作，甚至造成损坏。

由以上分析可知，中性线可使星形连接的负载相电压对称。单相负载作星形连接的三相电路，工作时不能保证三相负载对称，例如照明用电电路，必须用中性线的三相四线制电源供电，且中性线上不允许接刀开关和熔断器，以避免造成无中性线的三相不对称情况引起事故。

【例 4 - 1】 用线电压为 380V 的三相四线制电源给某三相照明电路供电。

（1）若 A、B、C 相各接有 20 盏 220V、100W 的白炽灯，求各相的相电流、线电流和中性线电流。

（2）若 A、C 相各接 40 盏，B 相接 20 盏 220V、100W 的白炽灯，试求各相的相电流、线电流和中性电流。

解 因线电压为 380V，则各相电压为

$$380/\sqrt{3} = 220(\mathrm{V})$$

每盏白炽灯的额定电流为

$$I_N = \frac{P_N}{U_N} = \frac{100}{220} = 0.45(A)$$

（1）每相上白炽灯都是并联的，故各相电流为

$$I_a = I_b = I_c = 20 \times 0.45 = 9(A)$$

由于为 YN 接法，故线电流等于相电流，且中性线电流为零。

（2）各相电流为

$$I_a = I_c = 40 \times 0.45 = 18(A)$$
$$I_b = 20 \times 0.45 = 9(A)$$

若设 $\dot{U}_A = 220\underline{/0°}V$，则

$$\dot{I}_a = 18\underline{/0°}(A)，\quad \dot{I}_b = 9\underline{/-120°}(A)，\quad \dot{I}_c = 18\underline{/120°}(A)$$

所以中性线电流为

$$\dot{I}_N = \dot{I}_a + \dot{I}_b + \dot{I}_c = 18\underline{/0°} + 9\underline{/-120°} + 18\underline{/120°}$$
$$= 18 - 4.5 - j7.79 - 9 + j15.59 = 9\underline{/60°}(A)$$

可见，当负载对称时，中性线中无电流流过，但当负载不对称时，中性线中有电流流过，保证了每相负载上的相电压对称。

【例 4 - 2】 在 ［例 4 - 1］ 中负载不对称时，断开中性线，求各相负载上的电压。

解 设 $\dot{U}_A = 220\underline{/0°}V，\dot{U}_B = 220\underline{/-120°}V，\dot{U}_C = 220\underline{/120°}(V)$

各相负载为

$$Z_A = Z_C = \frac{1}{40} \times \frac{220^2}{100} = 12.1(\Omega)，\quad Z_B = 24.2(\Omega)$$

则

$$\dot{U}_{N'N} = \frac{\dfrac{\dot{U}_A}{Z_A} + \dfrac{\dot{U}_B}{Z_B} + \dfrac{\dot{U}_C}{Z_C}}{\dfrac{1}{Z_A} + \dfrac{1}{Z_B} + \dfrac{1}{Z_C}} = \frac{\dfrac{220\underline{/0°}}{12.1} + \dfrac{220\underline{/-120°}}{24.2} + \dfrac{220\underline{/120°}}{12.1}}{\dfrac{1}{12.1} + \dfrac{1}{24.2} + \dfrac{1}{12.1}}$$

$$= \frac{440\underline{/0°} + 220\underline{/-120°} + 440\underline{/120°}}{2 + 1 + 2}$$

$$= 88\underline{/0°} + 44\underline{/-120°} + 88\underline{/120°}$$

$$= 88 + (-22) - 22\sqrt{3}j + (-44) + 44\sqrt{3}j$$

$$= 22 + 22\sqrt{3}j = 44\underline{/60°}(V)$$

则各相负载的电压分别为

$$\dot{U}_a = \dot{U}_A - \dot{U}_{N'N} = 220\underline{/0°} - 44\underline{/60°} = 201.6\underline{/-10.89°}(V)$$

$$\dot{U}_b = \dot{U}_B - \dot{U}_{N'N} = 220\underline{/-120°} - 44\underline{/60°} = -110 - j190.5 - 22 - j38.1$$
$$= -132 - j228.6 = 264\underline{/-120°}(V)$$

$$\dot{U}_c = \dot{U}_C - \dot{U}_{N'N} = 220\underline{/120°} - 44\underline{/60°} = -110 + j190.5 - 22 - j38.1$$
$$= -132 + j152.4 = 201.6\underline{/130.9°}(V)$$

由 ［例 4 - 2］ 可见，无中性线时，各相负载上的相电压不对称，高出额定电压的负载容易烧坏，而低于额定电压的负载则灯光不亮。若不对称性更大，则会使某些灯烧坏。所以在 YN 接时，不允许将中性线断开，即中性线内不接入熔断器或开关。

【例 4 - 3】 图 4 - 6 所示的电路是一种相序指示器的电路。相序指示器是用来测定电源的相序 A、B、C 的，它是由一个电容器两个电灯连接成星形的电路。如果电容器所接的是 A 相，则灯光较亮的是 B 相，试证明之。（相序 A、B、C 是相对的，任何一相都可作为 A 相，但 A 相确定后，B 相和 C 相也就一定了）

解 本题可用节点电压法证明。节点电压即为中性点电压（负载中性点与电源中性点间的电压），则

$$\dot{U}_{N'} = \frac{\dfrac{\dot{U}_A}{Z_A} + \dfrac{\dot{U}_B}{Z_B} + \dfrac{\dot{U}_C}{Z_C}}{\dfrac{1}{Z_A} + \dfrac{1}{Z_B} + \dfrac{1}{Z_C}}$$

设

$$X_C = R_B = R_C = R, \quad \dot{U}_A = U_p\underline{/0°} = U_p$$

则 $\dot{U}_{N'N} = \dfrac{U_p\left(\dfrac{1}{-jR}\right) + U_p\left(-\dfrac{1}{2} - j\dfrac{\sqrt{3}}{2}\right)\left(\dfrac{1}{R}\right) + U_p\left(-\dfrac{1}{2} + j\dfrac{\sqrt{3}}{2}\right)\left(\dfrac{1}{R}\right)}{-\dfrac{1}{jR} + \dfrac{1}{R} + \dfrac{1}{R}}$

消去 $\dfrac{1}{R}$，并因 $\dfrac{1}{-j} = j$，则上式可化为

$$\dot{U}_{N'N} = \frac{U_p\left[j + \left(-\dfrac{1}{2} - j\dfrac{\sqrt{3}}{2}\right) + \left(-\dfrac{1}{2} + j\dfrac{\sqrt{3}}{2}\right)\right]}{j + 1 + 1} = \frac{U_p(-1+j)}{2+j}$$

$$= U_p(-0.2 + j0.6)$$

根据基尔霍夫电压定律

$$\dot{U}'_B = \dot{U}_B - \dot{U}_{N'} = U_p\left(-\dfrac{1}{2} - j\dfrac{\sqrt{3}}{2}\right) - U_p(-0.2 + j0.6)$$

$$= U_p(-0.3 - j1.466) = 1.49U_p\underline{/-101.6°}\,(V)$$

$$\dot{U}'_C = \dot{U}_C - \dot{U}_{N'} = U_p\left(-\dfrac{1}{2} + j\dfrac{\sqrt{3}}{2}\right) - U_p(-0.2 + j0.6)$$

$$= U_p(-0.3 + j0.266) = 0.4U_p\underline{/138.6°}\,(V)$$

由于 $U'_B = 1.49U_p > U'_C = 0.4U_p$，故 B 相灯较亮。

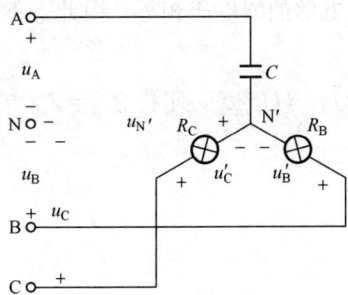

图 4-6 相序指示器电路

2. 负载作三角形连接的三相电路分析

负载作三角形连接的三相电路及各电流、电压参考方向如图 4-7（a）所示。

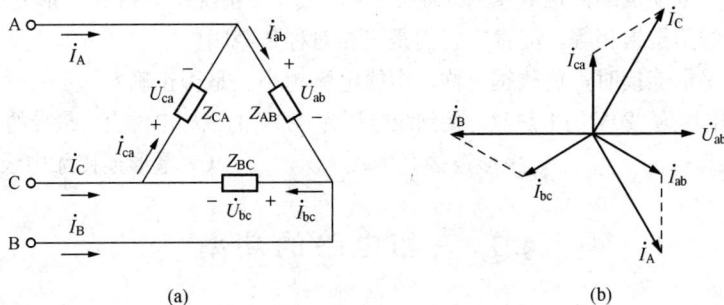

(a)   (b)

图 4-7 负载三角形连接图及电流相量图

（a）连接图；（b）电流相量图

由图 4-7 可见，负载的相电压等于线电压。负载的线电流与相电流关系由 KCL 可知

$$\left.\begin{array}{l}
\dot{I}_A = \dot{I}_{ab} - \dot{I}_{ca} \\[4pt]
\dot{I}_B = \dot{I}_{bc} - \dot{I}_{ab} \\[4pt]
\dot{I}_C = \dot{I}_{ca} - \dot{I}_{bc}
\end{array}\right\} \tag{4-8}$$

因为各相负载直接接在电源的线电压上，所以负载的相电压与电源的线电压相等。因此，不论负载对称与否，其相电压总是对称的，即 $U_L = U_p$。

如果三相负载对称，则 $\dot{I}_{ab}$、$\dot{I}_{bc}$、$\dot{I}_{ca}$ 也是对称的，若设线电压 $\dot{U}_{ab} = \dot{U}_L \underline{/0°}$，阻抗 $Z_{AB} = Z_{BC} = Z_{CA} = |Z| \underline{/\varphi}$，则相电流有

$$\dot{I}_{ab} = \frac{\dot{U}_{ab}}{Z_{AB}} = \frac{U_L \underline{/0°}}{|Z| \underline{/\varphi}} = I_p \underline{/(-\varphi)}$$

$$\dot{I}_{bc} = \frac{\dot{U}_{bc}}{Z_{BC}} = I_p \underline{/(-120° - \varphi)} \qquad (4-9)$$

$$\dot{I}_{ca} = \frac{\dot{U}_{ca}}{Z_{CA}} = I_p \underline{/(120° - \varphi)}$$

因此，各线电流有

$$\dot{I}_A = I_p \underline{/(-\varphi)} - I_p \underline{/(120° - \varphi)} = \sqrt{3} I_p \underline{/(-\varphi - 30°)}$$

$$\dot{I}_B = I_p \underline{/(-120° - \varphi)} - I_p \underline{/(-\varphi)} = \sqrt{3} I_p \underline{/(-\varphi - 150°)} \qquad (4-10)$$

$$\dot{I}_C = I_p \underline{/(120° - \varphi)} - I_p \underline{/(-120° - \varphi)} = \sqrt{3} I_p \underline{/(90° - \varphi)}$$

可见，线电流 $\dot{I}_A$、$\dot{I}_B$、$\dot{I}_C$ 也是对称的，其值为相电流的 $\sqrt{3}$ 倍，相位滞后于对应相电流 30°。各相电流、线电流的相量图如图 4-7（b）所示。

总之，△形连接时 $U_L = U_p$，$I_L = \sqrt{3} I_p$。

【思考与讨论】

1. 试总结 Y 形连接和△形连接时相电压与线电压、相电流与线电流的关系。

2. 中性线的作用是什么？为什么中性线不接开关，也不接熔断器？

3. 有 220V、100W 的电灯 66 个，应如何接入线电压为 380V 的三相四线制电路？试画出接线示意图，并求负载在对称情况下的线电流。

4. 某三相异步电动机的额定电压为 380/220V，在什么情况下需接成 Y 形或△形？

5. 三相负载的阻抗模相等，能肯定它们是三相对称负载吗？

6. 当负载作星形连接时，负载越对称，中线电流越小。是否正确？

7. 三相额定电压为 220V 的电热丝，接到线电压为 380V 的三相电源上，最佳的接法是（　　）。

A. 三角形连接 　　　　B. 星形连接有中线 　　　　C. 星形连接无中线

4.3　三相电路的功率

在三相电路中，不论负载是 Y 接还是△接，总的有功功率必定等于各相有功功率之和，即

$$P = P_1 + P_2 + P_3 = U_1 I_1 \cos\varphi_1 + U_2 I_2 \cos\varphi_2 + U_3 I_3 \cos\varphi_3 \qquad (4-11)$$

当负载对称时，每相的有功功率相等，则

$$P = 3P_p = 3U_p I_p \cos\varphi \qquad (4-12)$$

式中：φ 为相电压 U_p 和相电流 I_p 之间的相位差。

由于三相电路的线电压与线电流易于测量，一般三相负载的铭牌上给出的额定电压、电流均指额定线电压、线电流，因此对称三相电路的有功功率在实用中常以线电压、线电流计算。

当对称负载是星形连接时

$$U_p = \frac{1}{\sqrt{3}}U_L, \quad I_p = I_L$$

当对称负载是三角形连接时

$$U_p = U_L, \quad I_p = \frac{1}{\sqrt{3}}I_L$$

所以式（4 - 12）可写为

$$P = 3U_p I_p \cos\varphi = \sqrt{3}U_L I_L \cos\varphi \qquad (4 - 13)$$

同理，可得出三相对称负载无功功率和视在功率

$$Q = 3U_p I_p \sin\varphi = \sqrt{3}U_L I_L \sin\varphi \qquad (4 - 14)$$

$$S = 3U_p I_p = \sqrt{3}U_L I_L \qquad (4 - 15)$$

【例 4 - 4】 有一三相电动机，每相的等效电阻 $R = 29\Omega$，等效感抗 $X_L = 21.8\Omega$，试求在下列两种情况下电动机的相电流、线电流以及从电源输入的功率，并比较所得结果。

（1）绕组连接成星形接于 $U_L = 380V$ 的三相电源上；

（2）绕组连接成三角形接于 $U_L = 220V$ 的三相电源上。

解 （1）$I_p = \dfrac{U_p}{|Z|} = \dfrac{220}{\sqrt{29^2 + 21.8^2}} = 6.1(A)$

Y 形连接，故

$$I_L = I_p = 6.1(A)$$

$$P = \sqrt{3}U_L I_L \cos\varphi = \sqrt{3} \times 380 \times 6.1 \times \frac{29}{\sqrt{29^2 + 21.8^2}}$$

$$= \sqrt{3} \times 380 \times 6.1 \times 0.8 = 3.2(kW)$$

（2）$I_p = \dfrac{U_p}{|Z|} = \dfrac{220}{\sqrt{29^2 + 21.8^2}} = 6.1(A)$

$$I_L = \sqrt{3}I_p = \sqrt{3} \times 6.1 = 10.5(A)$$

$$P = \sqrt{3}U_L I_L \cos\varphi = \sqrt{3} \times 220 \times 10.5 \times \frac{29}{\sqrt{29^2 + 21.8^2}}$$

$$= 3.2(kW)$$

比较［例 4 - 4］中（1）、（2）的结果，三相电动机有两种额定电压如 220/380V，这表示当电源电压为 220V 时，电动机的绕组应连接成三角形；当电源电压为 380V 时，电动机应连接成星形。两种连接时应保证电动机的每相电压为额定相电压 220V。但接法不同，线电流不同，△形连接时的线电流为 Y 形连接时的 $\sqrt{3}$ 倍。

4.4 用 Multisim 对电路进行仿真——三相电路的分析

本节以三相电路为例，用 Multisim 软件对其进行仿真分析，一方面验证并加深理解三相电路理论，另一方面使读者初步了解三相电路的仿真方法。

4.4.1 三相对称电路分析

分析步骤如下。

（1）创建电路：如图 4-8 所示，从元器件库中选择电压源 U_1、U_2、U_3 设定电压有效值为 220V，相位分别为 0°、-120°、120°，频率为 50Hz，选择三相对称负载为纯电阻，阻值为 1kΩ；选择四踪虚拟示波器 XSC1，将 A、B、C 三个输入通道分别接入三相电源 U_1、U_2、U_3 的正极；选择万用表 XMM1，将其"+"、"-"两个输入端子分别接入电源的中性点和负载的中点。

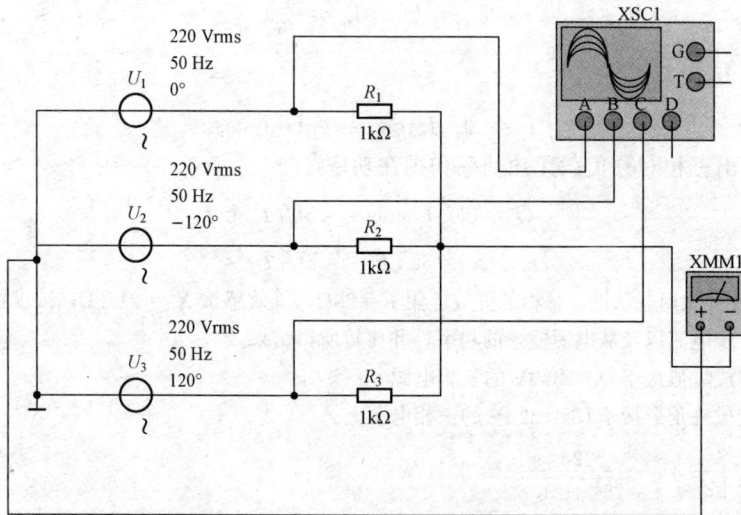

图 4-8   对称三相电路

（2）对称三相电源电压测量：单击运行（RUN）按钮，双击示波器 XSC1 图标，可得示波器 XSC1 的显示界面如图 4-9 所示。电压测量时，通过示波器旋钮，分别将示波器的纵坐标刻度设定为 200V/Div，以便于观察波形。从图 4-9 可以看出，三相电压幅值相等，相位差均为 120°，拖动示波器的红色指针到 A 相峰值处，图中标尺显示 A 通道电压最大值为 311.127V，B、C 通道电压均为 -155.563V，从电压的幅值和相位来看，测量结果反映了三相电源的基本特征，测量结果和理论分析一致。

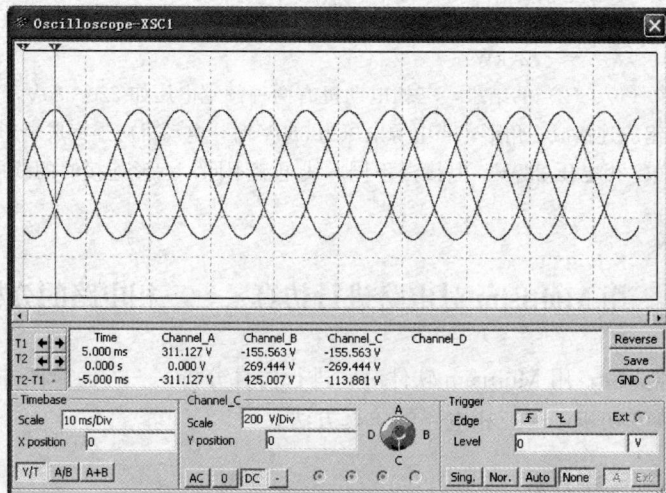

图 4-9   对称三相电源电压波形

（3）对称三相电路的中性线电流测量：双击万用表 XMM1 图标，可得万用表 XMM1 的显示界面，如图 4‑10 所示。选择电流（A）挡，得到电流为 0A，说明对称三相电路三相四线制连接时，中性线电流为 0A。

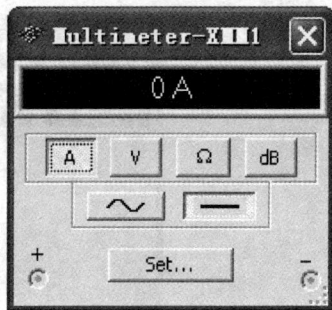

图 4‑10 中性线电流

4.4.2 三相电路功率分析

测量三相电路的功率可以使用三只功率表（瓦特表）分别测出三相负载的功率，然后将其相加得到，这在电工上称之为"三瓦计法"。还有一种方法在电工上也是常用的，即所谓"两瓦计法"，其接法如图 4‑11 所示。下面用两瓦计法测量三相电路的功率。

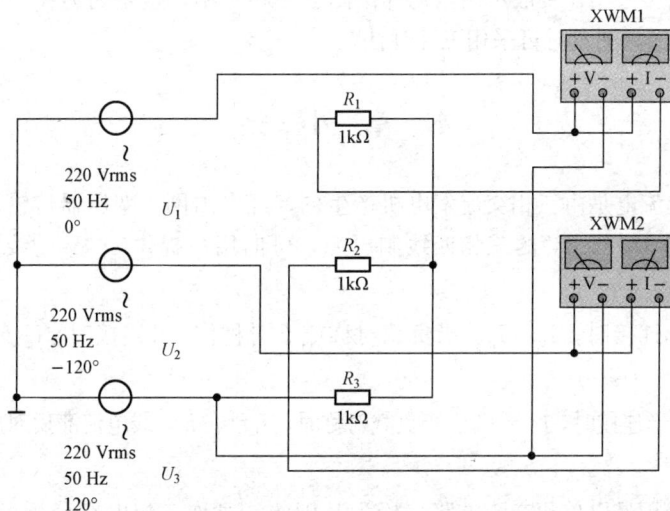

图 4‑11 三相对称电路功率测量电路

分析步骤如下。

（1）创建电路：从元器件库中选择电压源 U_1、U_2、U_3 设定电压有效值为 220V，相位分别为 0°、−120°、120°，频率为 50Hz，选择三相对称负载为纯电阻，阻值为 1kΩ；选择虚拟功率表 XWM1 和 XWM2，将功率表 XWM1 的电压表并接在 AC 相之间，功率表 XWM1 的电流表串入 A 相电路，将功率表 XWM2 的电压表并接在 BC 相之间，功率表 XWM2 的电流表串入 B 相电路，创建电路如图 4‑11 所示。

（2）三相电路功率测量：单击运行（RUN）按钮，双击功率表 XWM1 和 XWM2 的图标，得到三相电路的功率，如图 4‑12 所示。

（3）结果分析：仿真结果，负载功率 $P = P_1 + P_2 = 72.598 + 72.598 = 145.196$W；理论计算，负载功率 $P = \sqrt{3}U_L I_L \cos\varphi = \sqrt{3} \times 380 \times 0.22 \times 1 = 144.799$W。仿真结果同理论计算基本一致，偏差主要在计算精确度上。

说明：

（1）两瓦计法测量三相电路的功率，适用于对称电路和不对称电路，也适用于 Y 形接法和 △ 形接法。测量中一个功率表的读数是没有意义的。

笔记：

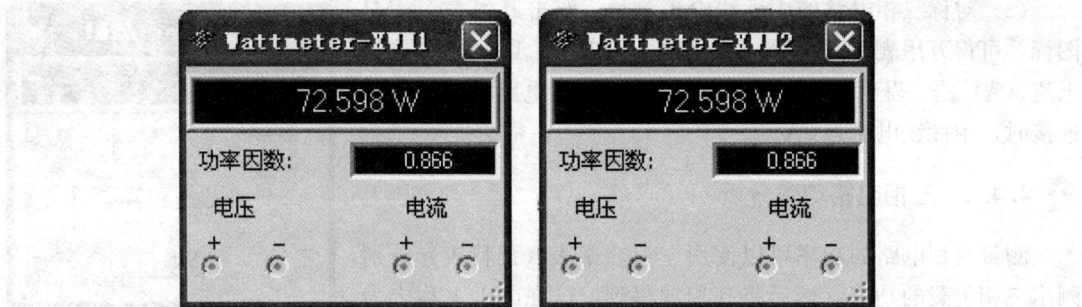

图 4-12　三相对称电路的功率

（2）三相四线制接法中，一般不用两瓦计法测量三相功率，这是因为在一般情况下，三个线电流的代数和不等于 0，测量时可采用三瓦计法。

本 章 小 结

（1）三相正弦交流电是由三相交流发电机产生的，经电力网、变压器传输、分配到用户。我国低压系统普遍使用 380/220V 的三相四线制电源，可向用户提供 380V 的线电压和 220V 的相电压。

（2）负载作 Y 形连接时，$I_L = I_p$。当负载对称或不对称作 YN 连接时，$U_L = \sqrt{3}U_p$。线电压超前对应相电压 30°。

（3）负载作三角形连接时，$U_L = U_p$。当负载对称时，$I_L = \sqrt{3}I_p$，线电流滞后对应相电流 30°。不对称时，$I_L \neq \sqrt{3}I_p$。

（4）三相电路分析是以单相交流电路分析为基础的。对称三相电路分析可先计算其中一相，其他各相根据对称关系得出。

（5）对称三相电路不论 Y 形连接还是△形连接，其有功功率为 $P = 3U_p I_p \cos\varphi = \sqrt{3}U_L I_L \cos\varphi$；无功功率为 $Q = 3U_p I_p \sin\varphi = \sqrt{3}U_L I_L \sin\varphi$；视在功率为 $S = 3U_p I_p = \sqrt{3}U_L I_L = \sqrt{P^2 + Q^2}$，功率因数角 φ 为相电压与相电流的相位差。不对称三相负载的功率为 $P = \sum P_k$，$Q = \sum Q_k$，$S = \sqrt{P^2 + Q^2}$。

习 题

1. 有一三相负载，其每相的电阻 $R = 8\Omega$，感抗 $X_L = 6\Omega$。如果将负载连成星形接于线电压 $U_L = 380V$ 的三相电源上，试求相电压、相电流及线电流。

2. 用线电压为 380V 的三相四线制电源给照明电路供电。白炽灯的额定值为 220V、100W，若 A、B 相各接 10 盏，C 相接 20 盏。

（1）求各相的相电流和线电流、中性线电流；

（2）画出电压、电流相量图。

3. 题设同题 2。则：

（1）A 相输电线路断开，求各相负载的电压和电流；

（2）若 A 相输电线和中性线都断开，再求各相电压和电流，并分析各相负载的工作情况。

4. 额定功率为 2.4kW，功率因数为 0.6 的三相对称感性负载，由线电压为 380V 的三相电源供电，负载为△形连接。试问：

（1）负载的额定电压为多少？

（2）求负载的相电流和线电流。

（3）各相负载的复阻抗。

5. △形连接的三相对称电路，已知线电压为 380V，每相负载的电阻 $R=24\Omega$，感抗 $X_L=18\Omega$，求负载的线电流，并画出各线电压、线电流的相量图。

6. 有一台三相发电机，其绕组连接成星形，每相额定电压为 220V。在一次试验时，用电压表量得相电压 $U_A=U_B=U_C=220V$，而线电压则为 $U_{AB}=U_{CA}=220V$，$U_{BC}=380V$，试问这种现象是如何造成的？

7. 三相试验电路如图 4-13 所示，今测得电源线电压为 220V。

（1）若各相负载均为 2 盏 220V、100W 的白炽灯，各电流表的读数如何？

（2）若 A、B、C 各相负载分别为 2、4、6 盏 220V、100W 的白炽灯又如何？画出各相电流及线电流的相量图。

8. 题设同题 7，若 A 相线不慎断开，试分别计算以上两种情况下各相负载的电压。

9. △形连接的三相对称感性负载与 $f=50Hz$，$U_L=380V$ 的三相电源相连接。今测得三相功率为 20kW，线电流为 38A。若将此负载接成 Y 形，求其线电流及消耗的功率。

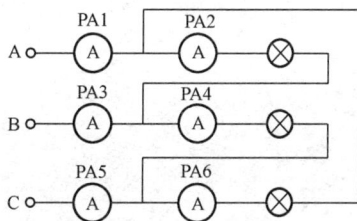

图 4-13　题 7 图

10. 有一三相异步电动机，其绕组连接成三角形，接在线电压 $U_L=380V$ 的电源上，从电源所取用的功率 $P_L=11.43kW$，功率因数 $\cos\varphi=0.87$。试求电动机的相电流和线电流。

11. 在线电压为 380V 的三相电源上，接两组电阻性对称负载，如图 4-14 所示，试求线路电流 I。

12. 一台 380V、△形连接的三相异步电动机，运行时测得输入功率为 50kW，功率因数为 0.7。为了使功率因数提高到 0.9，采用一组△形连接的电容器进行功率补偿，试问：

（1）每相电容器的电容值是多少？耐压能力为多大？

（2）电路提高功率因数后线电流为多大？

13. 如图 4-15 所示电路中，三相对称电源的相电压为 220V，$Z_A=(16+j11)\ \Omega$，$Z_B=(6+j3)\ \Omega$，$Z_C=(11+j7)\ \Omega$。试求：

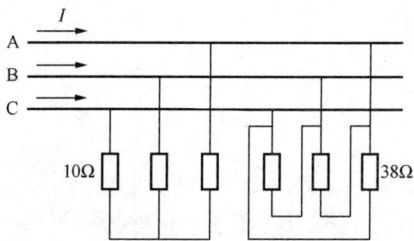

图 4-14　题 11 图

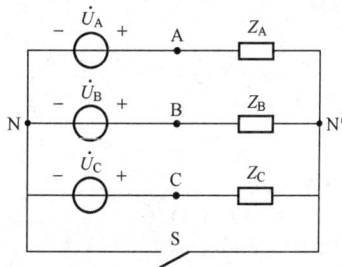

图 4-15　题 13 图

（1）当开关 S 闭合时，负载吸收的功率和中性线电流 $\dot{I}_{N'N}$。

（2）当开关 S 打开时，两中点间的电压 $\dot{U}_{N'N}$ 和各相电压 $\dot{U}_{AN'}$、$\dot{U}_{BN'}$、$\dot{U}_{CN'}$，并画出相量图。

14. 试用 Multisim10 仿真求解题 7 中所求的电流，并与题 7 的结果相比较。

15. 试用 Multisim10 仿真求解题 8 中所求的电压，并与题 8 的结果相比较。

16. 试用 Multisim10 仿真求解题 13 中所求的功率、电流和电压，并与题 13 的结果相比较。

第 5 章

线性电路动态过程的时域分析

本章首先介绍电路的瞬态过程的概念及其产生的原因，然后重点介绍 RC 和 RL 一阶线性电路暂态过程的三要素法。并介绍零输入响应、零状态响应、暂态响应、稳态响应、全响应等重要概念。最后讨论 RC 一阶电路的矩形波电压的响应和一阶电路对正弦交流激励的响应。

5.1 一阶电路的暂态分析

前面讨论的电阻和电感或电容组成的电路，当电源电压或电流恒定或作周期性变化时，电路中的电压和电流也都是恒定的或作周期性变化的。电路的这种工作状态称为稳态。而这种具有储能元件的电路在电源刚接通、断开，或电路参数、结构改变时，电路不能立即达到稳态，需要经过一定的时间后才能达到稳态。这是由于储能元件能量的积累和释放都需要一定的时间。分析电路从一个稳态变到另一个稳态的过程称为暂态分析或瞬态分析。无论是直流或交流电路，都存在暂态过程。

5.1.1 换路定律

电路与电源接通、断开，或电路参数、结构改变统称为换路。在电路分析中，通常规定换路是瞬间完成的。为表述方便，设 $t=0$ 时进行换路，换路前瞬间用 "0_-" 表示，换路后瞬间用 "0_+" 表示，则换路定律可表述为：

（1）换路前后，电容电压不能突变，即

$$u_C(0_+) = u_C(0_-) \tag{5-1}$$

（2）换路前后，电感电流不能突变，即

$$i_L(0_+) = i_L(0_-) \tag{5-2}$$

换路定律实际上反映了储能元件所储存的能量不能突变。因为电容和电感所储存的能量分别为 $W_C = \frac{1}{2}Cu_C^2$ 和 $W_L = \frac{1}{2}Li_L^2$，电容电压 u_C 和电感电流 i_L 的突变意味着元件所储存能量的突变，而能量 W 的突变要求电源提供的功率 $P = \dfrac{dW}{dt}$ 达到无穷大，这在实际中是不可能的。由此可见，含有储能元件的电路发生暂态过程的根本原因在于能量不能突变。

需要指出的是，由于电阻不是储能元件，因而电阻电路不存在暂态过程。另外，由于电容电流 $i_C = C\dfrac{du_C}{dt}$，电感电压 $u_L = L\dfrac{di_L}{dt}$，所以电容电流和电感电压是可以突变的。

利用换路定律可以确定换路后瞬间的电容电压和电感电流，从而确定电路的初始状态。

【例 5-1】 图 5-1（a）所示的电路开关 S 原处于闭合状态，电路已达稳态，求开关 S 打开后各电压、电流的初始值。

解 （1）作 $t=0_-$ 时的等效电路。在 $t=0_-$ 时，电路仍处于开关打开前的稳态，电容元件可视作开路，如

图 5-1 (b) 所示，得

$$u_C(0_-) = 10 \times \frac{30}{30+20} = 6(\text{V})$$

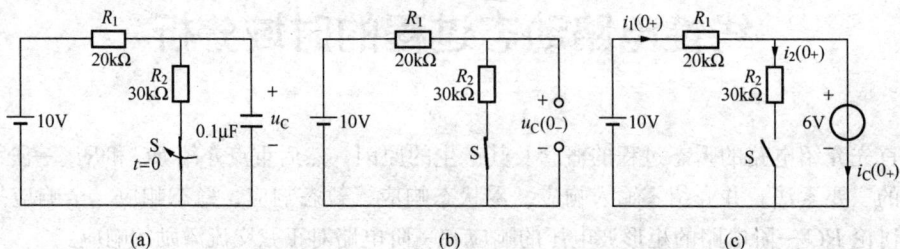

图 5-1 [例 5-1] 图

(a) 电路图；(b) $t=0_-$ 等效电路；(c) $t=0_+$ 等效电路

（2）根据换路定律得

$$u_C(0_+) = u_C(0_-) = 6(\text{V})$$

（3）作 $t=0_+$ 时的等效电路，电容元件可视作 6V 的恒压源，如图 5-1 (c) 所示。由图 5-1 (c) 得

$$i_2(0_+) = 0$$

$$i_1(0_+) = i_C(0_+) = \frac{10-6}{20} = 0.2(\text{mA})$$

$$u_{R1}(0_+) = R_1 i_1(0_+) = 4(\text{V})$$

【例 5-2】 求图 5-2 (a) 所示电路在开关闭合后，各电压、电流的初始值。已知在开关闭合前，电路已处于稳态。

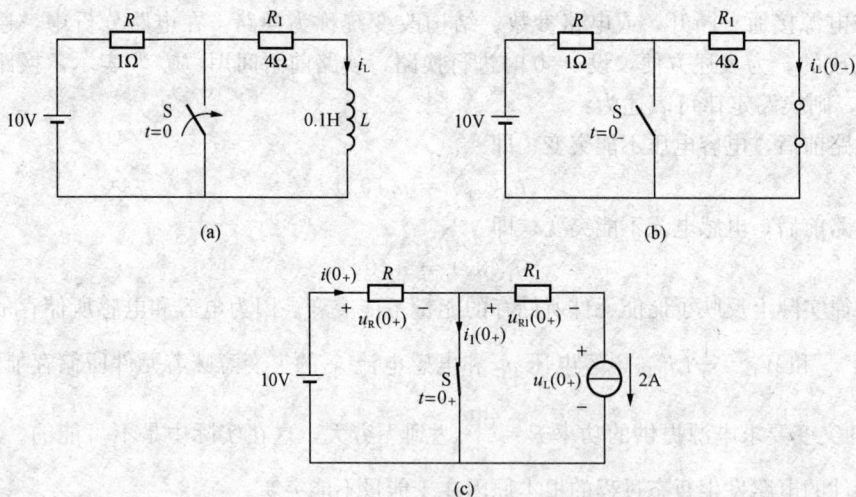

图 5-2 [例 5-2] 图

(a) 电路图；(b) $t=0_-$ 等效电路；(c) $t=0_+$ 等效电路

解 （1）作 $t=0_-$ 时的等效电路。在 $t=0_-$ 时，电路仍处于开关闭合前的稳态，电感元件可视作短路。如图 5-2 (b) 所示，由此可知

$$i_L(0_-) = \frac{10}{1+4} = 2(\text{A})$$

（2）根据换路定律得

（ 笔记：

$$i_L(0_+) = i_L(0_-) = 2(A)$$

（3）作 $t=0_+$ 时的等效电路，电感元件可视作 2A 的恒流源，如图 5-2（c）所示。由图 5-2（c）得

$$i(0_+) = \frac{10}{1} = 10(A)$$

$$i_1(0_+) = i(0_+) - i_L(0_+) = 8(A)$$

$$u_R(0_+) = Ri(0_+) = 1 \times 10 = 10(V)$$

$$u_{R1}(0_+) = R_1 i_L(0_+) = 4 \times 2 = 8(V)$$

$$u_L(0_+) = -u_{R1}(0_+) = -8(V)$$

5.1.2 *RC* 电路的暂态分析

1. 一阶电路暂态过程的微分方程和三要素法

图 5-3 是一个简单的 RC 电路。设在 $t=0$ 时开关闭合，则由 KVL 可列出回路电压方程

$$Ri + u_C = U_s$$

由于 $i = C\dfrac{du_C}{dt}$，所以有

$$RC\frac{du_C}{dt} + u_C = U_s \qquad (5-3)$$

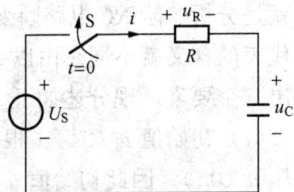

式（5-3）是一阶常系数非齐次线性微分方程，解此方程就可得到电容电压随时间变化的规律。由于列出的方程是一阶方程，因此常称这类电路为一阶电路。式（5-3）的解由特解 u_C' 和通解 u_C'' 两部分组成，即

图 5-3 *RC* 电路

$$u_C(t) = u_C' + u_C'' \qquad (5-4)$$

特解 u_C' 是满足式（5-4）的任一解。因为电路达到稳态时也满足式（5-4），且稳态值很容易求得，故取特解作电路的稳态解，也称稳态分量，即

$$u_C' = u_C(t)\Big|_{t \to \infty} = u_C(\infty) \qquad (5-5)$$

u_C'' 为式（5-3）对应的齐次方程

$$RC\frac{du_C}{dt} + u_C = 0$$

的通解。其解的形式为 Ae^{pt}，其中 p 是待定系数，是齐次方程所对应的特征方程

$$RCp + 1 = 0$$

的特征根，即

$$p = -\frac{1}{RC} = -\frac{1}{\tau}$$

式中：$\tau = RC$，具有时间的量纲，称为 RC 电路的时间常数。

因此通解 u_C'' 可写为

$$u_C'' = Ae^{-\frac{t}{\tau}} \qquad (5-6)$$

可见 u_C'' 是按指数规律衰减的，它只出现在瞬变过程中，通常称 u_C'' 为暂态分量。将式（5-5）和式（5-6）代入式（5-4）中，就得到全解为

$$u_C(t) = u_C(\infty) + Ae^{-\frac{t}{\tau}} \qquad (5-7)$$

式中：常数 A 可由初始条件确定。

笔记:

设开关闭合后的瞬间为 $t=0_+$，此时电容的初始电压（即初始条件）为 $u_C(0_+)$，则在 $t=0_+$ 时有

$$u_C(0_+) = u_C(\infty) + A$$

故 $$A = u_C(0_+) - u_C(\infty)$$

将 A 值代入式 (5-7) 可得

$$u_C(t) = u_C(\infty) + [u_C(0_+) - u_C(\infty)]e^{-\frac{t}{\tau}} \qquad (5-8)$$

式 (5-8) 为求一阶 RC 电路瞬变过程中电容电压的通式。由于在一阶 RC 电路中，其他支路电压或电流的全解也是和式 (5-8) 形式相同的一阶微分方程的解，即只要求出初始值、稳态值和时间常数这三个要素后，就可套用式 (5-8) 得到其他支路的电压和电流（包括流过电容的电流）随时间变化的关系式。因此可将式 (5-8) 写成下列的一般形式

$$f(t) = f(\infty) + [f(0_+) - f(\infty)]e^{-\frac{t}{\tau}} \qquad (5-9)$$

这就是分析一阶 RC 电路瞬变过程的"三要素法"公式。实际应用时，所求物理量不同，公式中 f 所代表的含义就不同。由以上分析可知，求解一阶 RC 电路问题，实际上就是怎样从一阶电路中求出三个要素，现分述如下。

(1) 初始值 $u_C(0_+)$。根据换路定律，电容电压的初始值 $u_C(0_+)$ 取决于换路前瞬间电容上的电压 $u_C(0_-)$。因此初始值 $u_C(0_+)$ 的确定归结为求换路前 $u_C(0_-)$ 的值。求出 $u_C(0_+)$ 后，其他物理量的初始值也可以求得。

(2) 稳态值 $u_C(\infty)$。电容电压稳态值 $u_C(\infty)$ 可根据换路后的电路达到稳态时分析得到。对直流信号作用的情况，由于稳态时流过电容的电流为零，电容相当于开路，因此求稳态值时可将电路中的电容断开，然后进行计算。

(3) 时间常数 τ。前面已指出 $\tau = RC$。要说明的是，在具有多个电阻的 RC 电路中，应将除 C 以外的电路部分求戴维南（或诺顿）等效电路，其中的等效电阻即为计算 τ 时所用的 R（见 [例 5-3]）。由式 (5-8) 可知，理论上当 $t \to \infty$ 时，电容电压才能达到稳态值。但实际上通过计算可知，t 为 τ、3τ、5τ 时

$$\left.\begin{aligned}
u_C(\tau) &= u_C(\infty) + [u_C(0_+) - u_C(\infty)]e^{-1} \\
&= u_C(\infty) - 0.368[u_C(\infty) - u_C(0_+)] \\
u_C(3\tau) &= u_C(\infty) - 0.05[u_C(\infty) - u_C(0_+)] \\
u_C(5\tau) &= u_C(\infty) - 0.007[u_C(\infty) - u_C(0_+)]
\end{aligned}\right\} \qquad (5-10)$$

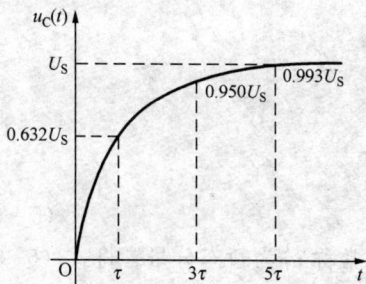

图 5-4 $u_C(t)$ 随时间变化的波形图

由式 (5-10) 可见，经过一个 τ 的时间，u_C 与稳态值的差值为 $0.368[u_C(\infty) - u_C(0_+)]$，经过 5τ 时间，u_C 与稳态值的差值仅为 $0.007[u_C(\infty) - u_C(0_+)]$，为了便于理解上述结果，图 5-4 画出了 $u_C(\infty) = U_S$，$u_C(0_+) = 0$ 时的 $u_C(t)$ 随时间变化的波形图。由此可看到时间常数 τ 的大小直接影响到瞬变过程的快慢。τ 值越大，瞬变过程时间就越长；τ 值越小，瞬变过程时间就越短。

三要素法具有方便、实用和物理概念清楚等优点，是求解一阶电路常用的方法。

2. 一阶 RC 电路的零状态响应、零输入响应和全响应

下面对一阶 RC 电路瞬变过程中电压、电流的变化规律作进一步讨论。

在电路分析中，通常将电路在外部输入（常称激励）或内部储能的作用下产生的电压或电流称为响应。本节讨论的是在换路后电路中的电压或电流随时间变化的规律，称为时域响应。因此前面求出的式（5-8）就是一阶 RC 电路的电压响应表达式。如果电路没有初始储能，仅由外界激励源作用产生的响应，称为零状态响应。如果无外界激励源作用，仅由电路本身初始储能的作用所产生的响应，称为零输入响应。既有初始储能又有外界激励作用所产生的响应称为全响应。

（1）零状态响应。图 5-5 所示电路中，$t=0$ 时开关由 1 位合向 2 位，电容 C 开始充电。由于电容 C 无初始储能，$u_C(0_+)=u_C(0_-)=0$。当开关闭合后电路达到稳态时，$i(\infty)=0$，$u_C(\infty)=U_s$。电路的时间常数 $\tau=RC$。根据三要素公式，可求出电路的零状态响应为

$$u_C(t)=U_s+(0-U_s)\mathrm{e}^{-\frac{1}{RC}t}=U_s(1-\mathrm{e}^{\frac{1}{RC}t}) \quad (5-11)$$

图 5-5 所示电路

图 5-5　RC 电路的零状态响应

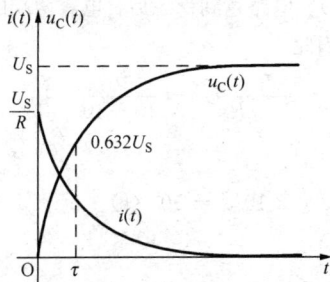

式（5-11）表明，开关 S 闭合后，电源 U_s 对电容充电，电容电压按指数规律上升，最终达到稳态值 U_s，但上升速度与时间常数 τ 有关。电容的充电电流 $i(t)$ 可由 $u_C(t)$ 直接求得

$$i(t)=C\frac{\mathrm{d}u_C}{\mathrm{d}t}=\frac{u_C(\infty)-u_C(0_+)}{R}\mathrm{e}^{-\frac{1}{RC}t}=\frac{U_s}{R}\mathrm{e}^{-\frac{1}{RC}t} \quad (5-12)$$

可见，S 闭合瞬间 C 相当于短路，充电电流最大，其值为 U_s/R，稳态后充电电流为零。$u_C(t)$ 和 $i(t)$ 的波形如图 5-6 所示。由式（5-12）可知，$t=\tau$ 时，$u_C(\tau)=0.632U_s$。当 τ 增大时，$u_C(t)$ 的上升速度变慢，如图 5-7 所示。

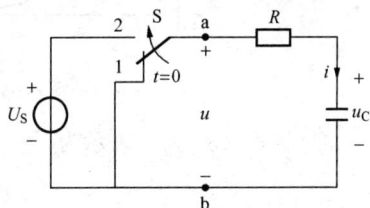

图 5-6 零状态响应的波形

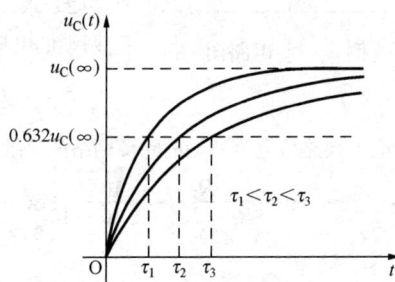

图 5-7 τ 对 uC(t) 波形的影响

图 5-6　零状态响应的波形　　　图 5-7　τ 对 $u_C(t)$ 波形的影响

（2）零输入响应。如果图 5-5 在 $t<0$ 时开关处于 2 位，电路处于稳态，即电容充电完毕，$u_C(0_-)=U_s$。在 $t=0$ 时由 2 位合向 1 位，电容对电阻放电，稳态时 $u_C(\infty)=0$。于是可求得电路的零输入响应为

$$u_C(t)=U_s\mathrm{e}^{-\frac{1}{RC}t} \quad (5-13)$$

其波形如图 5-8 所示。同理可求出电流 $i(t)$。

（3）全响应。图 5-9 所示 RC 电路，设 $u_C(0_+)=u_C(0_-)=U_{s1}$，$u_C(\infty)=U_{s2}$，$\tau=RC$，故电路的全响应为

$$u_C(t)=U_{s2}+(U_{s1}-U_{s2})\mathrm{e}^{-\frac{1}{RC}t} \quad (5-14)$$

式中：U_{S2} 为稳态分量；$(U_{S1}-U_{S2})\mathrm{e}^{-\frac{1}{RC}t}$ 为暂态分量。

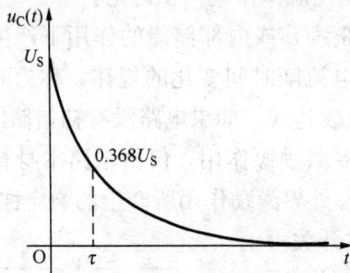

图 5-8　零输入响应的波形　　　　图 5-9　RC 电路的全响应

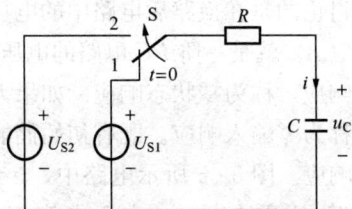

如果将式（5-14）表示为

$$u_C(t) = U_{S1}\mathrm{e}^{-\frac{1}{RC}t} + U_{S2}(1-\mathrm{e}^{-\frac{1}{RC}t})$$

可见全响应等于零输入响应 $U_{S1}\mathrm{e}^{-\frac{1}{RC}t}$ 和零状态响应 $U_{S2}(1-\mathrm{e}^{-\frac{1}{RC}t})$ 相加。也就是说，也可分别求出零输入响应和零状态响应，将两者相加就是全响应。同理可求出电流 $i(t)$。

【例 5-3】 电路如图 5-10 所示，设 $U_S=10\mathrm{V}$，$R_1=R_2=10\mathrm{k}\Omega$，$C=200\mathrm{pF}$，开关 S 原在 1 位，电路处于稳态；在 $t=0$，开关 S 切换到 2 位，求 $u_C(t)$、$i_C(t)$、$i(t)$，并画出波形图。

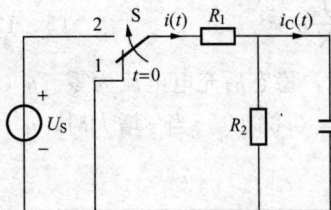

图 5-10　［例 5-3］电路图

解　用三要素法求解。

1. $u_C(t)$

（1）求 $u_C(0_+)$。因开关 S 在 1 位时已达到稳态，电容无初始储能，即 $u_C(0_-)=0$。故

$$u_C(0_+) = u_C(0_-) = 0$$

（2）求 $u_C(\infty)$。电路达到稳态后，电容两端的电压即为电阻 R_2 两端的电压。因此

$$u_C(\infty) = \frac{R_2}{R_1+R_2}U_S = \frac{10}{10+10}\times 10 = 5\,(\mathrm{V})$$

（3）求 τ。R 应为换路后电容两端的除源网络的等效电阻，故

$$\tau = \frac{R_1 R_2}{R_1+R_2}C = \frac{10\times 10}{10+10}\times 10^3 \times 200 \times 10^{-12} = 10^{-6}\,(\mathrm{s})$$

所以电容电压

$$u_C(t) = u_C(\infty) + [u_C(0_+) - u_C(\infty)]\mathrm{e}^{-\frac{t}{\tau}} = 5(1-\mathrm{e}^{-10^6 t})\,(\mathrm{V})$$

2. $i_C(t)$

电容电流可由 $i_C = C\dfrac{\mathrm{d}u_C(t)}{\mathrm{d}t}$ 求得，这里用三要素法求 $i_C(t)$。由于换路后瞬间电容电压 $u_C(0_+)=0$，电容相当于短路，通过电阻 R_2 的电流为零，因此有

$$i_C(0_+) = i(0_+) = \frac{U_S - u_C(0_+)}{R_1} = \frac{10}{10\times 10^3} = 10^{-3}\,(\mathrm{A}) = 1\,(\mathrm{mA})$$

稳态后，电容电流为零，即

$$i_C(\infty) = 0$$

时间常数 τ 仍为 $10^{-6}\mathrm{s}$，因此

$$i_C(t) = i_C(\infty) + [i_C(0_+) - i_C(\infty)]\mathrm{e}^{-\frac{t}{\tau}} = 1\mathrm{e}^{-10^6 t}\,(\mathrm{mA})$$

3. $i(t)$

初始值 $i(0_+) = 1\text{mA}$，稳态后，电容相当于开路，则

$$i(\infty) = \frac{U_\text{S}}{R_1 + R_2} = \frac{10}{(10 + 10) \times 10^3} = 0.5 \times 10^{-3} = 0.5(\text{mA})$$

时间常数不变，所以

$$i(t) = i(\infty) + [i(0_+) - i(\infty)]\text{e}^{-\frac{t}{\tau}} = 0.5 + (1 - 0.5)\text{e}^{-10^6 t} = 0.5(1 + \text{e}^{-10^6 t})(\text{mA})$$

$u_\text{C}(t)$、$i_\text{C}(t)$ 和 $i(t)$ 的波形如图 5 - 11 所示。

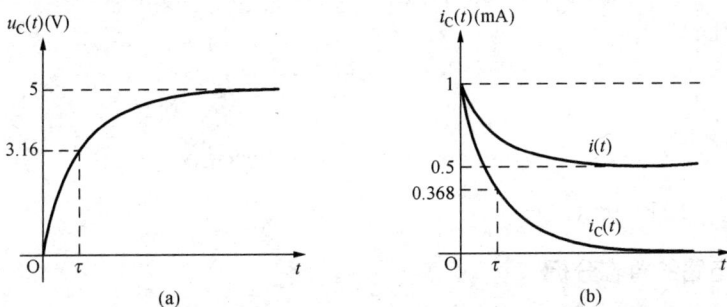

图 5 - 11　[例 5 - 3] 电压、电流波形

(a) 电压波形；(b) 电流波形

【例 5 - 4】　在图 5 - 12 (a) 所示电路中，设 $U_\text{S1} = 10\text{V}$，$U_\text{S2} = 5\text{V}$，$R_1 = 0.5\text{k}\Omega$，$R_2 = 1\text{k}\Omega$，$R_3 = 0.5\text{k}\Omega$，$C = 0.1\mu\text{F}$，开关 S 原处于 3 位，电容无初始储能。在 $t = 0$ 时，开关接到 1 位，经过一个时间常数后，又突然接到 2 位。试写出电容电压 $u_\text{C}(t)$ 的表达式，画出其波形，并求 S 接到 2 位后电容电压变化到 0V 所需要的时间。

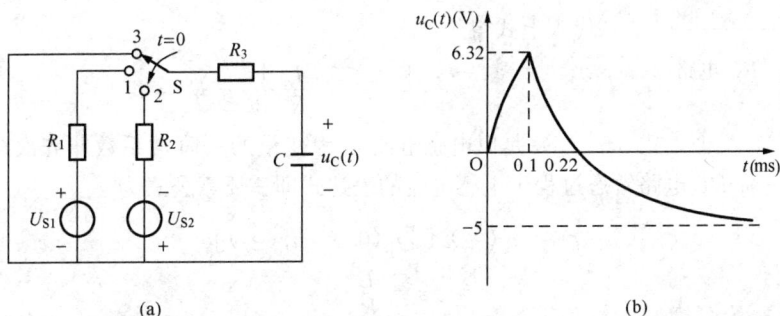

图 5 - 12　[例 5 - 4] 电路和波形

(a) 电路图；(b) 波形图

解　开关 S 接到 1 位时（电容电压用 u_C1 表示）

$$u_\text{C1}(0_+) = u_\text{C1}(0_-) = 0$$

$$u_\text{C1}(\infty) = U_\text{S1} = 10\text{V}$$

$$\tau_1 = (R_1 + R_3)C = (0.5 + 0.5) \times 10^3 \times 0.1 \times 10^{-6} = 0.1(\text{ms})$$

则

$$u_\text{C1}(t) = u_\text{C1}(\infty) + [u_\text{C1}(0_+) - u_\text{C1}(\infty)]\text{e}^{-\frac{t}{\tau}} = 10(1 - \text{e}^{-10t})\text{V} \qquad (t \text{ 以 ms 计})$$

在经过一个时间常数 τ_1 后，开关接到 2 位（电容电压用 u_C2 表示），此时

$$u_\text{C2}(\tau_{1+}) = u_\text{C1}(\tau_{1-}) = 6.32(\text{V})$$

$$u_{C2}(\infty) = -5(V)$$

$$\tau_2 = (R_2 + R_3)C = (1 + 0.5) \times 10^3 \times 0.1 \times 10^{-6} = 0.15(ms)$$

则

$$u_{C2}(t) = u_{C2}(\infty) + [u_{C2}(\tau_{1+}) - u_{C2}(\infty)]e^{\frac{t-t_1}{\tau_2}} = (-5 + 11.32e^{\frac{t-0.1}{0.15}})(V) \qquad (t \geqslant 0.1ms)$$

所以，在 $0 \leqslant t < \infty$ 时电容电压的表达式为

$$u_C(t) = 10(1 - e^{-\frac{t}{0.1}})(V) \qquad (0 \leqslant t \leqslant 0.1ms)$$

$$u_C(t) = (-5 + 11.32e^{\frac{t-0.1}{0.15}})(V) \qquad (t \geqslant 0.1ms)$$

在电容电压变到零时，即

$$-5 + 11.32e^{\frac{t-0.1}{0.15}} = 0$$

解得

$$t = 0.1 - 0.15\ln\frac{5}{11.32} = 0.22(ms)$$

$u_C(t)$ 的波形如图 5 - 12（b）所示。

5.1.3 *RL* 电路的暂态分析

RL 电路的暂态分析类似于 RC 电路的暂态分析。图 5 - 13 所示为一个 RL 电路。设在 $t = 0$ 时开关 S 闭合，则 S 闭合后的节点电流方程为

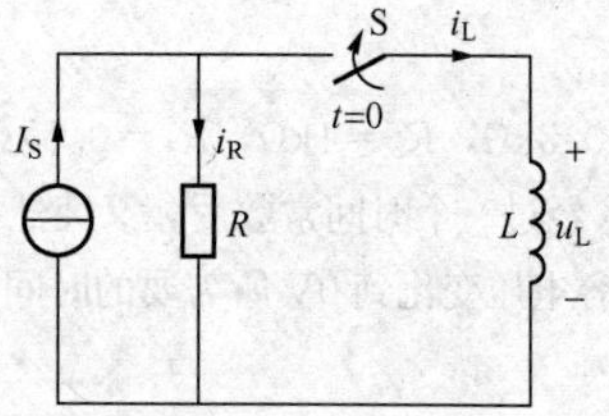

$$i_R + i_L = I_S$$

图 5 - 13 *RL* 电路

其中

$$i_R = \frac{u_L}{R}, \quad u_L = L\frac{di_L}{dt}$$

代入上式得

$$\frac{L}{R}\frac{di_L}{dt} + i_L = I_S \qquad (5 - 15)$$

与式（5 - 3）类似，式（5 - 15）是以电感电流 i_L 为变量的一阶常系数非齐次线性微分方程。因此可以得出一阶 RL 电路暂态过程中电感电流的表达式即三要素公式为

$$i_L(t) = i_L(\infty) + [i_L(0_+) - i_L(\infty)]e^{-\frac{t}{\tau}}$$

$$\tau = \frac{L}{R} \qquad (5 - 16)$$

式中：$i_L(\infty)$ 为 RL 电路换路后电感电流的稳态值；$i_L(0_+)$ 为换路后电感电路的初始值，其值大小由换路定律确定；τ 为 RL 电路的时间常数。

对于含多个电阻或电源的一阶 RL 电路，可将除电感元件以外的电路部分用戴维南等效电路或诺顿等效电路代替。

同理，根据式（5 - 9）还可求得 RL 电路暂态过程中其他元件上的电压和电流。

【例 5 - 5】 在图 5 - 14 所示电路中，设 $U_S = 10V$，$R_1 = 3k\Omega$，$R_2 = 2k\Omega$，$L = 10mH$，在 $t = 0$ 时开关闭合，闭合前电路已达到稳态。求开关闭合后暂态过程中的电感电流 $i_L(t)$ 和电压 $u_L(t)$ 的表达式，并画出波形图。

解 先求三要素

$$i_L(0_+) = i_L(0_-) = \frac{U_S}{R_1 + R_2} = \frac{10}{(3+2) \times 10^3} = 2(mA)$$

$$\tau = \frac{L}{R_2} = \frac{10 \times 10^{-3}}{2 \times 10^3} = 5 \times 10^{-6}(s)$$

$$i_L(\infty) = \frac{U_S}{R_2} = \frac{10}{2 \times 10^3} = 5 \times 10^{-3} = 5(\text{mA})$$

根据式（5-16）得

$$i_L(t) = 5 + (2-5)\mathrm{e}^{\frac{1}{5 \times 10^{-6}}t} = 5 - 3\mathrm{e}^{-2 \times 10^5 t}(\text{mA})$$

$$u_L(t) = L\frac{\mathrm{d}i_L(t)}{\mathrm{d}t} = 6\mathrm{e}^{-2 \times 10^5 t}(\text{V})$$

$i_L(t)$ 和 $u_L(t)$ 的波形如图 5-15 所示。

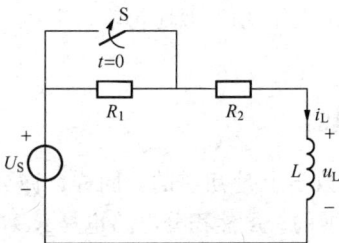

图 5-14　［例 5-5］电路图　　　　　　图 5-15　［例 5-5］波形图

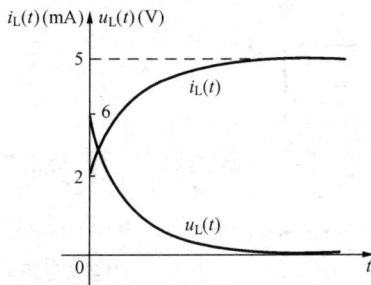

【思考与讨论】

1. 在对含有储能元件的电路进行分析时，电容有时可看成开路，有时却又看成短路，电感也有同样情况，为什么？

2. 在一阶电路全响应中，由于零输入响应仅由元件初始储能产生，所以零输入响应就是暂态响应。而零状态响应是由外界激励引起的，所以零状态响应就是稳态响应。这种说法对吗？

3. 一阶电路的时间常数是由电路的结构形式决定的，对吗？

5.2 *RC* 串联电路对矩形波电压的响应

矩形脉冲电压是数字电子技术中常用信号电压之一。图 5-16（b）所示为矩形脉冲电压波形，其中脉冲幅度为 U_m，宽度为 t_w。下面讨论矩形脉冲电压输入到 *RC* 串联电路时所产生的响应。

5.2.1　微分电路

设矩形脉冲电压 u_i 施加到 *RC* 串联电路上 ［见图 5-16（a）］，且 $u_C(0_+) = 0$，如图 5-16（c）所示。当满足 $\tau \ll t_w$ 和从电阻 R 两端输出这两个条件时，输出电压 u_o 与输入电压 u_i 之间为微分关系，对应的 *RC* 串联电路为微分电路。

首先从波形图来看，如图 5-16（b）所示。在 u_i 的上升跃变部分（从 0 跃变到 U_m），由于电容电压不能跃变，$u_C(0_+) = 0$，电容相当于短路，所以 $u_o = U_m$，此时正值最大；由于，在 u_i 的平值部分，电路很快达到稳态，$u_C = U_m$，电容相当于开路，所以 $u_o = 0$；在 u_i 的下降跃变部分（从 U_m 跃变到 0），输入端短路，电容电压不能跃变仍为 $u_C = U_m$，而 $u_o = -U_m$，此时负值最大。随后 u_C 随电容放电而迅速衰减为零而 u_o 也迅速衰减为零。输出的这种尖脉冲反映了输入的矩形脉冲电压的跃变部分，是对矩形脉冲电压微分的结果。

如果输入的是周期性的矩形脉冲，则输出的是周期性正、负尖脉冲。

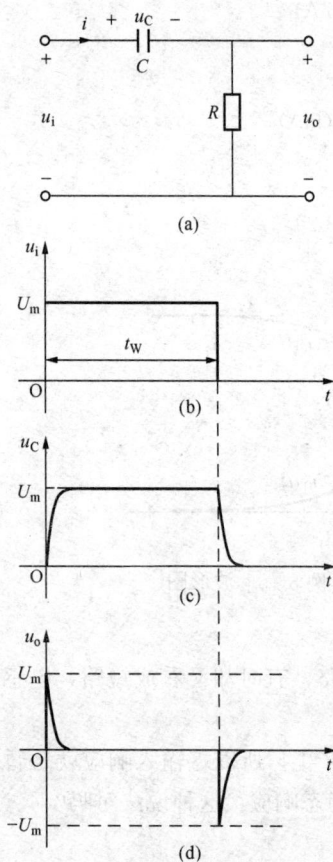

图 5-16　RC 串联电路与波形图

上述的微分关系还可从下面的数学推导中得出。根据 KVL 得

$$u_i = u_C + u_o$$

但是，由于 $\tau \ll t_w$，电容充放电很快，u_o 仅存在于电容刚开始充电或放电的一段极短的时间内，在 u_i 中只占极小部分，因而 $u_i \approx u_C$，所以

$$u_o = Ri = RC\frac{\mathrm{d}u_C}{\mathrm{d}t} \approx RC\frac{\mathrm{d}u_i}{\mathrm{d}t}$$

上式表明，输出电压 u_o 近似地与输入电压 u_i 对时间的微分成正比。

5.2.2　积分电路

微分与积分在数学上是互逆的，同样，微分电路和积分电路的条件也是互逆的。虽然积分电路也是 RC 串联电路，但实现的条件应该是：$\tau \gg t_w$ 和从电容 C 两端输出电压 u_o。电路如图 5-17（a）所示。

图 5-17（b）所示为输入电压 u_i 和输出电压 u_o 的波形。由于 $\tau \gg t_w$，电容充电缓慢，其上电压在整个矩形脉冲电压 u_i 持续时间内缓慢增长，当还未增长到稳定值时，矩形脉冲 u_i 已结束（$t=t_w$），输入端短路，电容经电阻缓慢放电，电容上的电压也缓慢衰减，在输出端输出一个锯齿波电压 u_o，时间常数 τ 越大，电容充放电越缓慢，所得锯齿波电压的线性也越好。

从图 5-17（b）中 u_o 的波形来看，u_o 是对 u_i 积分的结果，因此对应的 RC 串联电路是积分电路。另外，根据 KVL 可得：$u_i = u_R + u_o$。由于电容充放电很缓慢，电容电压 $u_C = u_o$ 很小，可忽略，因而 $u_i \approx u_R = Ri$，则

$$i \approx \frac{u_i}{R}$$

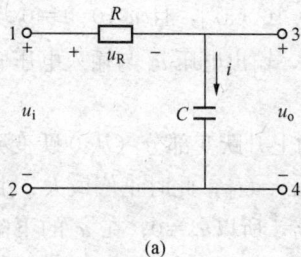

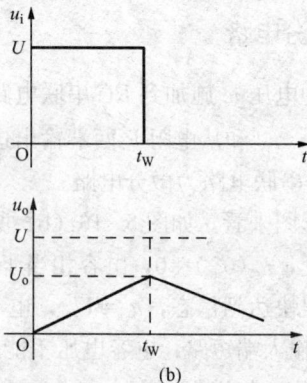

图 5-17　积分电路及其波形

（a）电路图；（b）波形图

所以，输出电压为

$$u_o = u_C = \frac{1}{C}\int i\mathrm{d}t \approx \frac{1}{RC}\int u_i \mathrm{d}t$$

可见，输出电压 u_o 与输入的矩形脉冲电压 u_i 对时间的积分成正比。

5.3 一阶电路对正弦交流激励的响应

下面以 RL 串联电路为例介绍正弦交流激励下的一阶电路的响应。电路如图 5-18 所示。设正弦交流电压源电压 $u_S = \sqrt{2}U\sin(\omega t + \varphi_u)\mathrm{V}$，且 $i(0_-) = 0$。

在 $t=0$ 时，开关 S 闭合。对 $t \geq 0$ 时的电路，应用基尔霍夫定律（KVL）得

$$u_L + u_R = u_S \qquad (5-17)$$

即

$$L\frac{\mathrm{d}i}{\mathrm{d}t} + Ri = \sqrt{2}\sin(\omega t + \varphi_u) \qquad (5-18)$$

图 5-18 RL 串联电路

式（5-18）是一阶线性非齐次微分方程，它的通解仍然是由两部分组成，即

$$i = i' + i''$$

其中，i' 是稳态分量，可根据换路后的稳态正弦交流电路，采用相量法计算求得。

设电压源电压相量为

$$\dot{U}_S = U\underline{/\varphi_u}$$

则稳态电流的相量为

$$\dot{I} = \frac{\dot{U}_S}{Z} = \frac{\dot{U}_S}{R + \mathrm{j}\omega L} = \frac{U\underline{/\varphi_u}}{|Z|\underline{/\varphi}} = \frac{U}{|Z|}\underline{/(\varphi_u - \varphi)} = I\underline{/(\varphi_u - \varphi)}$$

$$|Z| = \sqrt{R^2 + (\omega L)^2}$$

$$\varphi = \arctan\frac{\omega L}{R}$$

故稳态分量 i' 的正弦函数表达式为

$$i' = \sqrt{2}I\sin(\omega t + \varphi_u - \varphi)(\mathrm{A})$$

暂态分量 i'' 是相应的齐次微分方程的解，其变化规律与电源电压无关，仍然是 $A\mathrm{e}^{-\frac{R}{L}t}$，因而电路中的电流

$$i = \sqrt{2}I\sin(\omega t + \varphi_u - \varphi) + A\mathrm{e}^{-\frac{R}{L}t}$$

现在来确定积分常数 A。将 $i(0_+) = i(0_-) = 0$，代入上式得

$$0 = \sqrt{2}I\sin(\varphi_u - \varphi) + A$$

即

$$A = -\sqrt{2}I\sin(\varphi_u - \varphi)$$

所以

$$i = \sqrt{2}I\sin(\omega t + \varphi_u - \varphi) - \sqrt{2}I\sin(\varphi_u - \varphi)\mathrm{e}^{-\frac{R}{L}t} \quad t \geq 0 \qquad (5-19)$$

φ_u 是开关 S 闭合即电路接通时电源电压的初相角，又称接入相位角。例如，当电源为正最大值时

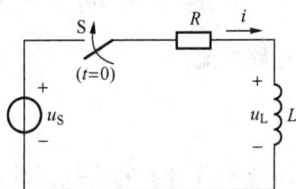

接通，则 $\varphi_{\mathrm{u}} = \dfrac{\pi}{2}$。

下面来讨论 φ_{u} 对暂态过程的影响，主要讨论以下两个极端情况。

（1）开关 S 闭合时 $\varphi_{\mathrm{u}} = \varphi$。在这种情况下

$$A = -\sqrt{2}I\sin(\varphi_{\mathrm{u}} - \varphi) = 0$$

所以

$$i'' = 0$$

而

$$i = i' = \sqrt{2}I\sin\omega t$$

故电路中没有暂态过程，立即进入稳定状态。电流波形如图 5 - 19（a）所示。

（2）开关 S 闭合时 $\varphi_{\mathrm{u}} = \varphi \pm \dfrac{\pi}{2}$。在这种情况下，$A = -\sqrt{2}I\sin(\varphi_{\mathrm{u}} - \varphi) = -\sqrt{2}I\sin\left(\pm\dfrac{\pi}{2}\right) = \mp\sqrt{2}I$

而电路电流

$$i = \sqrt{2}I\sin\left(\omega t \pm \dfrac{\pi}{2}\right) \mp \sqrt{2}Ie^{-\frac{t}{\tau}}$$

这时暂态分量 i'' 的指数函数前面的系数最大，等于 $\sqrt{2}I$。如果时间常数 τ 很大，i'' 衰减非常缓慢。于是，接通后大约经过半个周期，电路电流 i 几乎为其稳态时最大值 $\sqrt{2}I$ 的两倍，这在使用中需要加以注意。$\varphi_{\mathrm{u}} = \varphi \pm \dfrac{\pi}{2}$ 时的电流 i 的波形如图 5 - 19（b）所示。

在 φ_{u} 为其他值时，暂态过程的情况，介于上述两种极端情况之间。

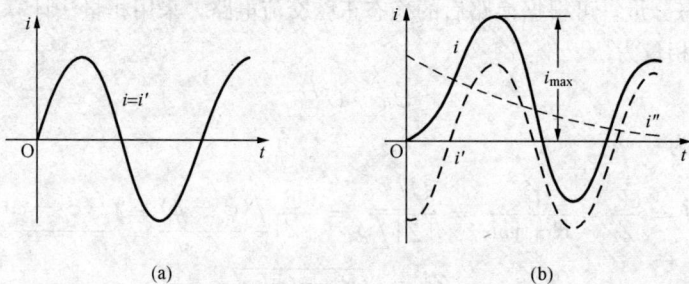

图 5 - 19 正弦电压激励下的 RL 电路中 i 的波形

（a）$\varphi_{\mathrm{u}} = \varphi$；（b）$\varphi_{\mathrm{u}} = \varphi \pm \dfrac{\pi}{2}$

5.4 一阶电路暂态过程的仿真分析

5.4.1 电路暂态过程的仿真分析

当电路中含有动态元件（电容或电感）时，在电路发生换路（电路的结构改变或元件参数变化）时，则电路出现过渡过程（暂态），本节以一阶电路为例，分析电路的暂态过程，即电容或电感的充放电过程。在 Multisim 中，用虚拟示波器可方便观察电容或电感两端的电压变化。

一阶电路如图 5 - 20 所示。分析步骤如下。

（1）创建电路：从元器件库中选择电压源、电阻、电容、单刀双掷开关 S 和示波器 XSC1，创建如图 5 - 20 所示的一阶电路。电容的充放电由开关 S 控制，仿真时，开关的切换由空格键 Space

控制，按下一次空格键，开关从闭合（或断开）切换到断开（或闭合）。

（2）电容的充放电过程：当开关 S 闭合时，电压源 U_1 经电阻 R_1 给电容 C_1 充电；当开关 S 打开时，电容经电阻 R_2 放电。

（3）仿真运行：单击运行（RUN）按钮，双击示波器 XSC1 图标，弹出示波器显示界面，反复切换开关，就得到电容的充放电波形，如图 5-21 所示。

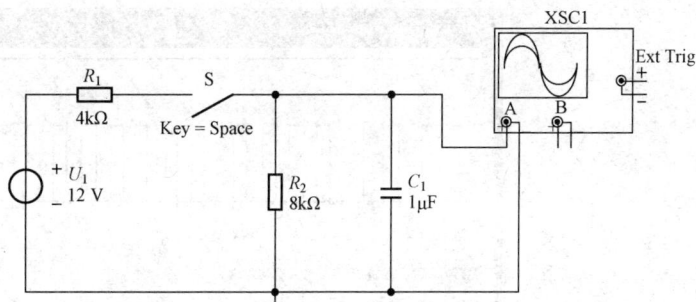

图 5-20　一阶电路

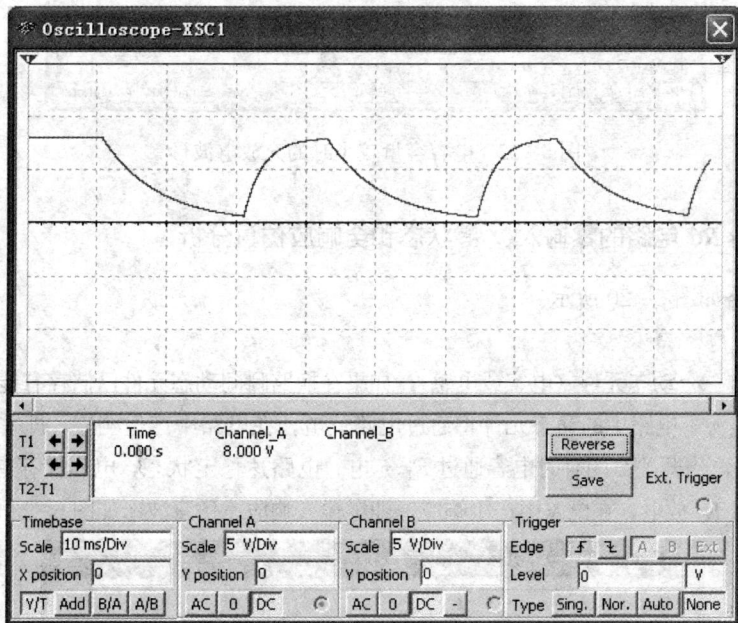

图 5-21　一阶电路电容的充放电波形

说明：

（1）当开关一直闭合时，电源一直给电容充电，电容充到最大值 8V，如图 5-21 中电容充放电波形的开始阶段。

（2）仿真时，电路的参数大小选择要合理，电路的暂态过程快慢与时间常数大小有关，时间常数越大，则暂态过程越慢；时间常数越小，则暂态过程越快。电路中其他参数不变时，电容容量大小就代表时间常数的大小。如图 5-22 所示给出了电容容量较小时（$C=100\text{pF}$），电容的充放电波形，该波形近似为矩形波，充放电加快，上升沿和下降沿变陡。有兴趣的读者还可通过改变电阻阻值的大小，观察电容的充放电过程。

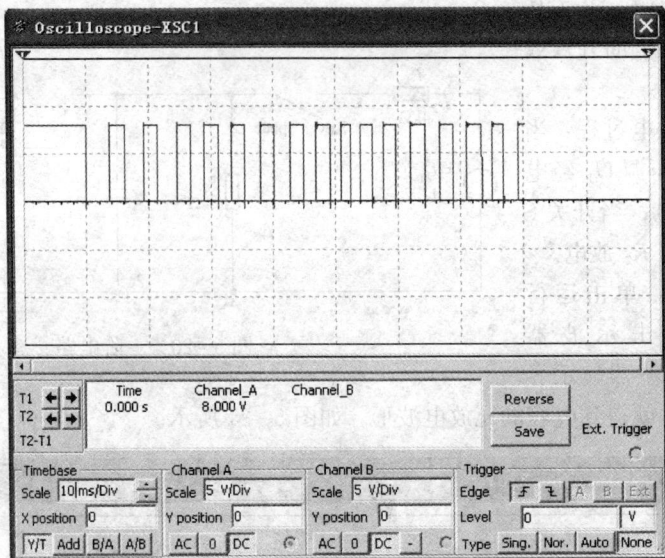

图 5-22 电容容量较小时的充放电波形

5.4.2 一阶 RC 电路的零输入、零状态和全响应仿真分析

一阶 RC 电路如图 5-20 所示。

1. 零输入响应

一阶电路仅有一个动态元件（电容或电感），如果在换路瞬间动态元件已储存有能量，那么即使电路中无外加激励电源，电路中的动态元件将通过电路放电，在电路中产生响应，即零输入响应。对于图 5-20 所示电路，当开关 S 闭合时电容通过 R_1 充电，电路达稳定状态，电容储存有能量。当开关 S 打开时，电容通过 R_2 放电，在电路中产生响应，即零输入响应，仿真波形如图 5-23 所示。

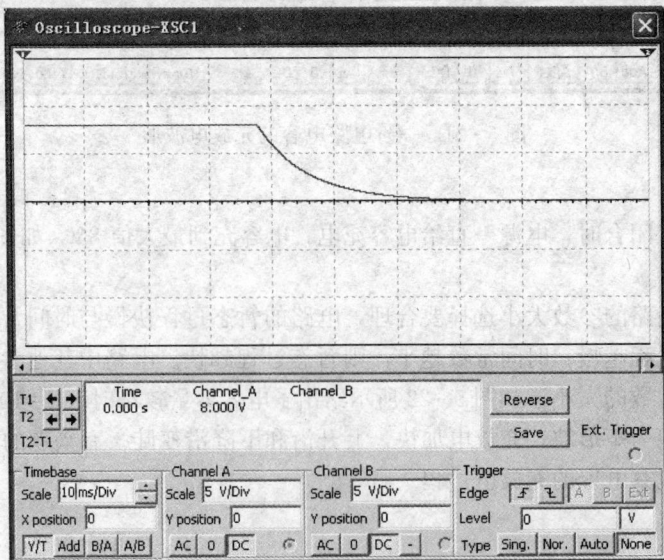

图 5-23 电容电压零输入响应波形图

2. 零状态响应

当动态电路初始储能为零（即初始状态为零）时，仅由外加激励产生的响应就是零状态响应。对于图 5-20 所示的电路，若电容的初始储能为零。当开关 S 闭合时电容通过 R_1 充电，响应由外加激励产生，即零状态响应，仿真波形如图 5-24 所示。

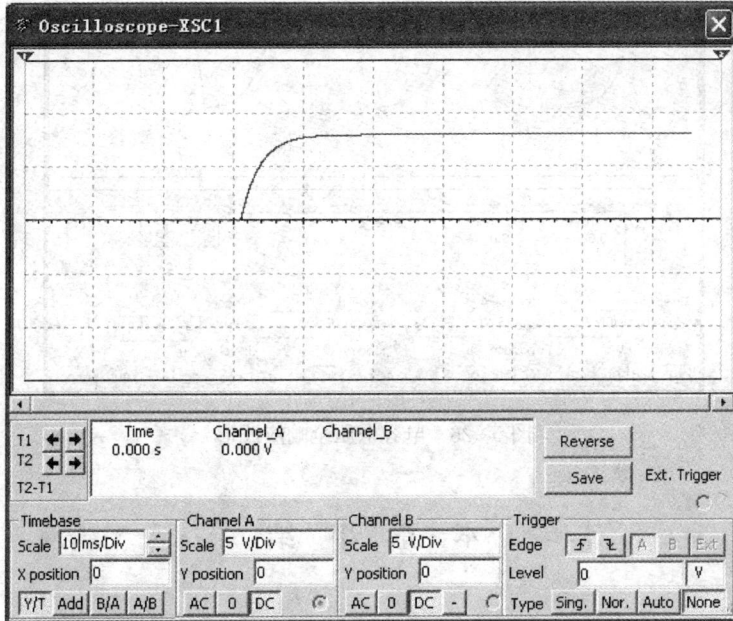

图 5-24　电容电压零状态响应波形图

3. 全响应

当一个非零初始状态的电路受到激励时，电路的响应称为全响应。对于线性电路，全响应是零输入响应和零状态响应之和。电容电压全响应电路如图 5-25 所示，反复按下空格键使开关反复切换，通过示波器 XSC2 就可观察到电容电压全响应波形如图 5-26 所示。

说明：开关的切换频率不同，其响应也不同。

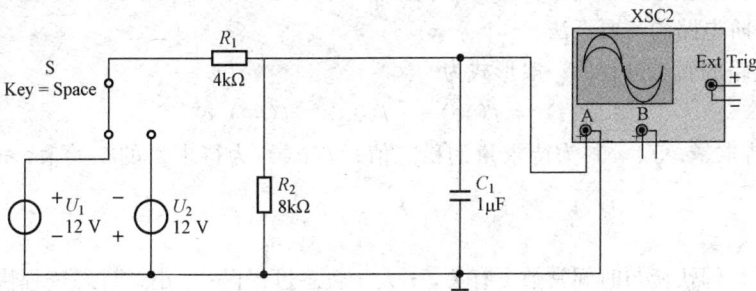

图 5-25　电容电压全响应电路图

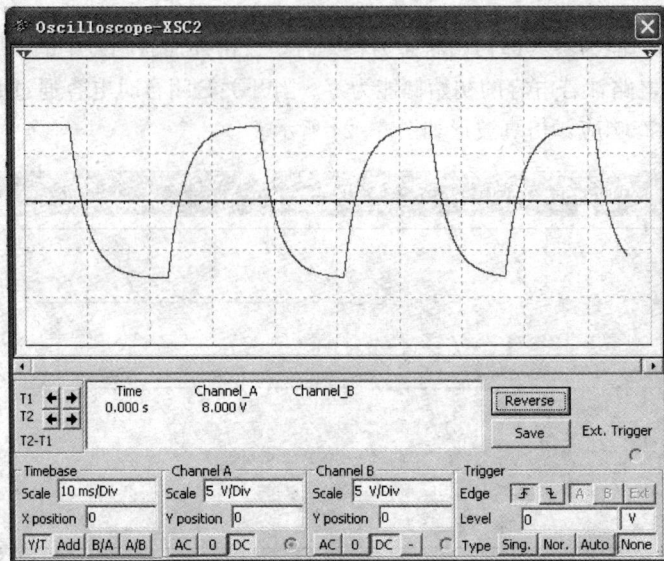

图 5-26　电容电压全响应波形

本 章 小 结

（1）换路定律。

电路从一个稳定状态变化到另一个稳定状态的过程，称为暂态过程。引起电路稳定状态改变的电路变化，称为换路。

换路定律：设 $t=0$ 时电路换路，对于电容有 $u_C(0_+)=u_C(0_-)$，电容电压不能跃变；对于电感有 $i_L(0_+)=i_L(0_-)$，电感电流不能跃变。

（2）全响应的两种分解。

当外加激励为直流或正弦量时，全响应即可分解为零输入响应与零状态响应之和，又可分解为暂态分量与稳态分量之和。这两种分解方式仅是分析方法不同，所反映的物理意义是一样的。

（3）求解一阶电路的三要素法。

一阶线性电路的暂态过程的一般形式为

$$f(t)=f(\infty)+[f(0_+)-f(\infty)]e^{-\frac{t}{\tau}}$$

式中：$f(t)$ 为待求量；$f(\infty)$ 为待求量的稳态值；$f(0_+)$ 为待求量的初始值；τ 为电路的时间常数。

（4）时间常数 τ。

暂态过程进行的快慢与时间常数 τ 有关，τ 大，暂态过程慢；τ 小，暂态过程快。RC 电路有 $\tau=RC$，RL 电路有 $\tau=\dfrac{L}{R}$。

其中 R 为换路后从 C 或 L 看进去的戴维南等效电路中的等效电阻。电路的时间常数是由电路结构和参数决定的，与外加的激励电源无关。

（5）微分和积分电路。

微分和积分电路都是 RC 的实际应用电路，由于时间常数的不同，它们在电路中所起的作用也不同。

<h1 style="text-align:center">习　　题</h1>

1. 在图 5-27 所示电路中，开关 S 闭合前电路已处于稳态，试确定 S 闭合后电压 u_C 和电流 i_C、i_1、i_2 的初始值。

2. 在图 5-28 所示电路中，开关 S 闭合前电路已处于稳态，试确定 S 闭合后电压 u_L 和电流 i_L、i_1、i_2 的初始值。

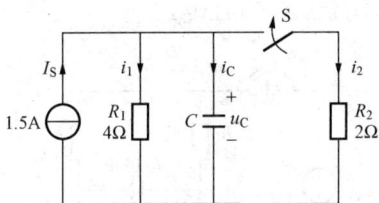　　　　　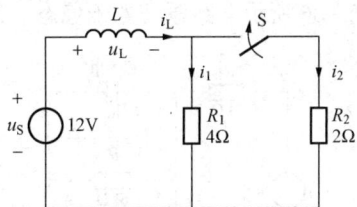

图 5-27　题 1 图　　　　　　　　　　图 5-28　题 2 图

3. 图 5-29 所示电路原已处于稳态，在 $t=0$ 时，将开关 S 闭合。试求响应 u_C 和 $i_C(t)$，并说明是什么响应。

4. 图 5-30 所示电路原已稳定，试求开关 S 闭合后的响应 u_C 和 i_1、i_2，并画出其变化曲线。

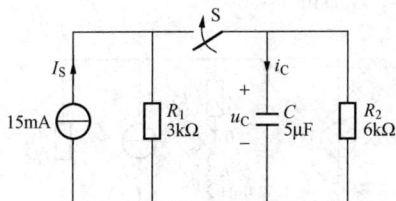　　　　　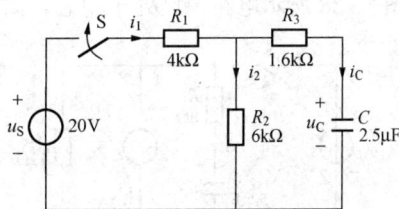

图 5-29　题 3 图　　　　　　　　　　图 5-30　题 4 图

5. 图 5-31 所示电路中电容原未充电。在 $t=0$ 时，将开关 S1 闭合。$t=0.1s$ 时将开关 S2 闭合，试求 S2 闭合后的响应 u_{R1}，并说明是什么响应。

6. 图 5-32 所示电路原已稳定，在 $t=0$ 时，将开关 S 从 a 端换接到 b 端。试求换路后的 u_L 和 i_L。

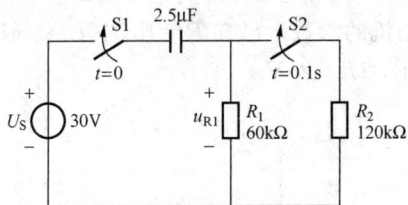　　　　　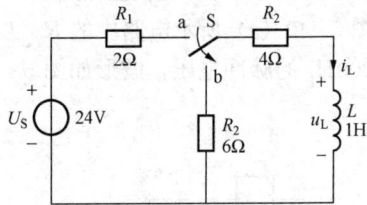

图 5-31　题 5 图　　　　　　　　　　图 5-32　题 6 图

7. 图 5-33 所示电路原已处于稳态。试求 S 闭合后的电压 u_L 和电流 i_L、i_2，并画出其变化曲线。

8. 图 5-34 所示电路原已处于稳态。在 $t=0$ 时，将开关 S 从 a 端换接到 b 端。试求换路后的 u_L 和 i_L，并说明是什么响应。

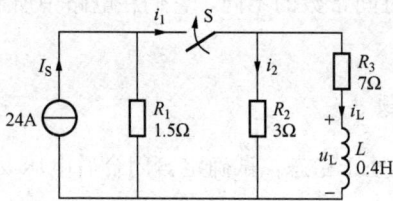

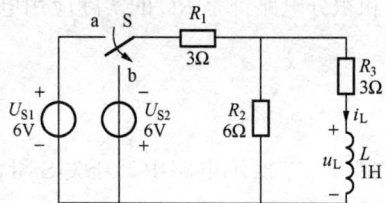

图 5 - 33　题 7 图　　　　　　　　图 5 - 34　题 8 图

9. 图 5 - 35 所示电路原已处于稳态。试求开关 S 闭合后的响应 u_C 和 u_R。

10. 图 5 - 36 所示电路原已处于稳态。试求开关 S 闭合后的响应 u_C。

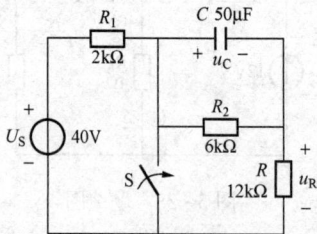

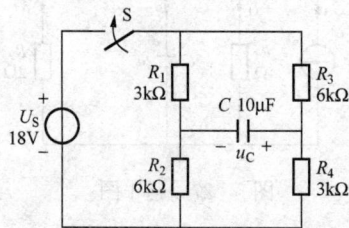

图 5 - 35　题 9 图　　　　　　　　图 5 - 36　题 10 图

11. 图 5 - 37 所示电路原已处于稳态，在 $t=0$ 时，将开关 S 断开，试求换路后的 u_C 和 i_C。

12. 图 5 - 38 所示电路原已处于稳态，试求开关 S 断开后的 u_L 和 i_L。

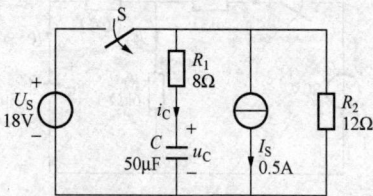

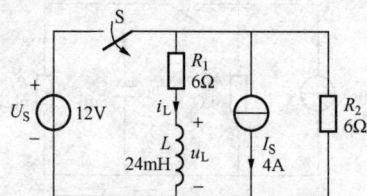

图 5 - 37　题 11 图　　　　　　　　图 5 - 38　题 12 图

13. 当具有电阻 $R=1\Omega$ 及电感 $L=0.2H$ 的电磁继电器线圈（如图 5 - 39 所示）中的电流 $i=30A$ 时，继电器即动作而将电源切断。设负载电阻和线路电阻分别为 $R_L=20\Omega$ 和 $R_1=1\Omega$，直流电源电压 $U=220V$，试问当负载被短路后，需要经过多少时间继电器才能将电源切断？

14. 图 5 - 40（a）所示电路中的 R、L 是某台电动机的参数，已知 $R=10\Omega$，$L=5mH$。$u_S(t)$ 为频率 $2000Hz$ 的脉冲电压，波形如图 5 - 40（b）所示，$U_S=24V$。

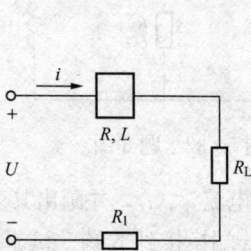

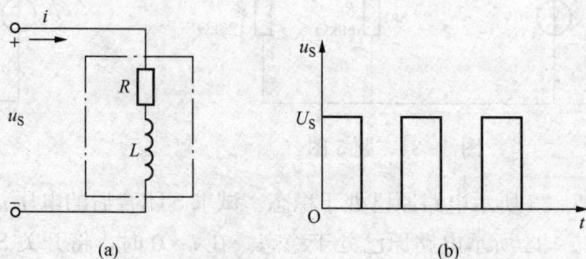

图 5 - 39　题 13 图　　　　　　　　图 5 - 40　题 14 图

（1）试定性画出起动后电流 i 的变化曲线；

（2）当电流变化已达到稳态过程后，求出电流 i 的变化过程。

15. 图 5-41 所示为一测子弹速度的机构图，已知 $E=100\text{V}$，$R=50\Omega$，$C=0.2\text{pF}$，$L=3\text{mH}$。电路原已稳定，测子弹速度时，子弹飞来先将开关 S1 打开，经 3m 长路径后抵达连销开关处，使 S2 打开，同时 S3 闭合。如果这时冲击电流计 G 测出电容上 C 的电荷 Q 为 765pC，求子弹的速度 v。

16. 图 5-42 所示电路中，电容原未充电，$t=0$ 时开关 S 由位置 a 投向位置 b，求 $t>0$ 时的 u_C。

17. 电路如图 5-43 所示，设 $t=0$ 时将开关 S 闭合，$u_C(0_-)=20\text{V}$，电源电压 $u_S=100\sin\left(\omega t+\dfrac{\pi}{3}\right)\text{V}$，$R=20\Omega$，$C=0.1\mu\text{F}$，试求 $t>0$ 时的 u_C。

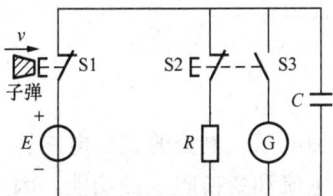

图 5-41 题 15 图

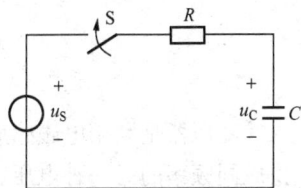

图 5-42 题 16 图

图 5-43 题 17 图

18. 在 Multisim 环境中，创建电路如图 5-44 所示。试分析当开关合上以后，电容 C_1 两端电压的波形。

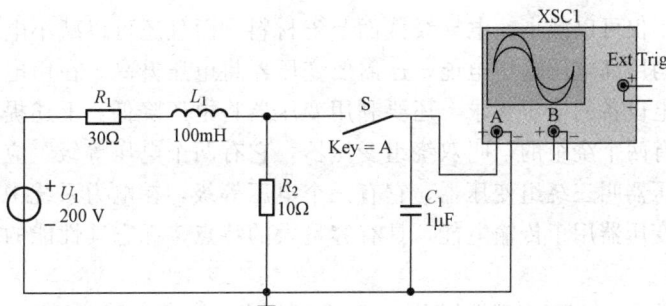

图 5-44 题 18 图

19. 在 Multisim 环境中，创建电路如图 5-45 所示。电路原已达到稳态，试分析当开关合上以后，电感 L_1 两端电压的波形。

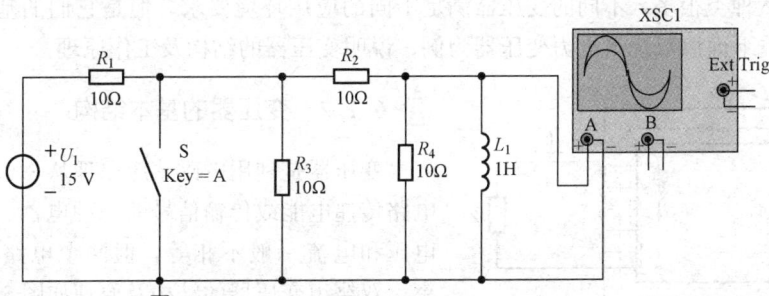

图 5-45 题 19 图

第6章

变　压　器

变压器和电动机是利用磁路实现电磁感应的典型装置，磁路是其中能量变换的中间环节。本章较为详细地介绍单相变压器的结构、工作原理以及使用特性。对三相电力变压器也作了简单介绍。最后，学习几种典型的特种用途变压器。

6.1　变压器的结构及工作原理

变压器是利用电磁感应原理制成的一种静止的电气设备，它将一种电压、电流的交流电能转换成同频率的另一种电压、电流的交流电能。它具有变换电压、变换电流和变换阻抗的功能，因而在各工业领域获得了广泛的应用。

6.1.1　用途及分类

在电力系统中，输送一定的电功率时，由于 $P = UI\cos\varphi$，在功率因数一定时，电压 U 越高，电流就越小，这样不仅可以减小输电导线截面节省材料，而且还可以减小电能传输中的功率损耗，故电力系统中均用高电压输送电能，这需要变压器将电压升高。在用电方面，为了保证用电的安全和符合用电设备的电压要求，还要利用变压器将电压降低。上述提到的变压器都是电力变压器，每一相有两个绕组的，叫双绕组变压器，它有两个电压等级，应用最为广泛；每一相有三个绕组的变压器叫三绕组变压器，它有三个电压等级，在电力系统中用来连接三个电压等级的电网。电力变压器用于传输电能，具有容量大的特点，标志其性能的主要指标是外特性及效率。

除了电力变压器外，根据变压器的用途，在电子技术中，还有用于整流、传递信号和实现阻抗匹配的整流变压器、耦合变压器及输出变压器。这些变压器的容量小，效率不是主要的技术指标。此外，还有调节电压用的自耦变压器，电加工用的电焊变压器和电炉变压器，测量电路用的仪用互感器等。

变压器虽然种类很多，不同的变压器满足不同的应用环境要求，但是它们的基本构造及工作原理是相同的。下面以双绕组电力变压器为例，说明变压器的结构及工作原理。

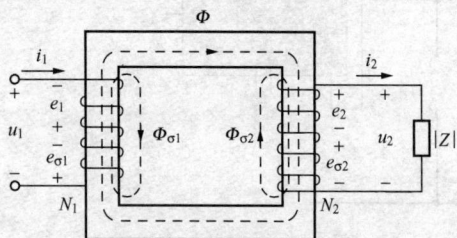

图 6-1　变压器原理图

6.1.2　变压器的基本结构

变压器是利用电磁感应原理从一个电路向另一个电路传递电能或传输信号的一种电器。两个电路中的电压和电流一般不相等，但两个电路具有相同的频率。双绕组变压器的结构及原理如图 6-1 所示。从图中可以看出，变压器的主要部件是一个铁芯和两个线圈。这两个线圈一般称为绕组，它们具有不同的匝数，并且在电气上是互相绝缘的。

1. 铁芯

变压器的铁芯是用硅钢片叠压而成的闭合磁路，按照铁芯结构的不同，可分为心式和壳式两种。小型变压器的铁芯一般做成壳式。壳式变压器的特征是铁芯包围绕组，例如仪器设备和家用电器中的电源变压器的铁芯一般做成这种结构形式。电力变压器的容量大，又以三相的居多，由于心式结构比较简单，绕组的装配及绝缘比较容易，因此国产电力变压器均采用心式结构。心式变压器的特征是绕组包围铁芯。图 6-2 所示为这两种变压器的结构，其中图 6-2（a）和（b）分别为心式变压器和壳式变压器结构。

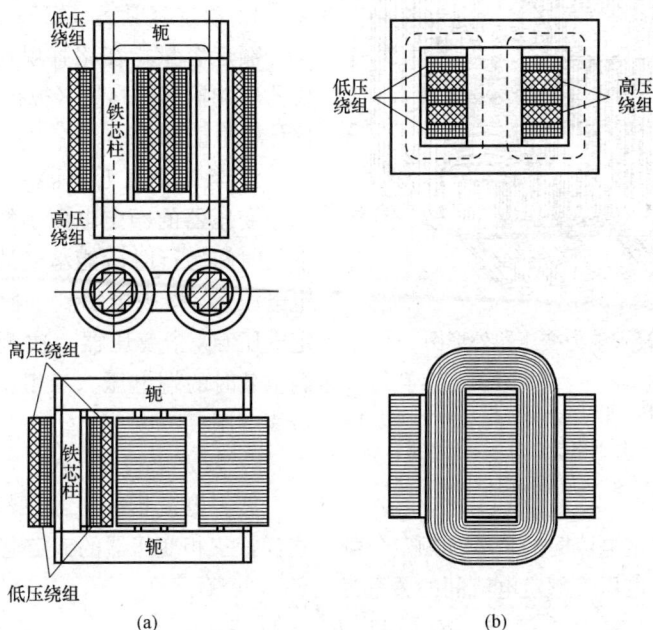

图 6-2 变压器的结构

（a）心式变压器结构；（b）壳式变压器结构

2. 绕组

变压器中与电源连接的绕组称为一次绕组，它从电源吸收电能；与负载连接的绕组称为二次绕组，它输出电能给负载。也可以根据相对工作电压的大小分为高压和低压绕组。为了加强它们之间的磁耦合以及减小绝缘距离，两种绕组共同绕在同一根铁芯柱上，一、二次绕组的匝数分别为 N_1 匝和 N_2 匝。

单相变压器只有一个一次绕组，至少有一个二次绕组；三相变压器有三个一次绕组和三个二次绕组，并且一一对应。

3. 外壳及冷却装置

小型变压器由于损耗小，温升不大，靠自然冷却，一般不需特别的外壳。

中大型变压器由于传输功率大，损耗也大，绕组和铁芯温升严重，必须采用适当的冷却措施。一般都制成油冷式，铁芯和绕组浸在变压器油中。变压器油既是一种绝缘介质，又是一种冷却介质，依靠油的对流，将热量传送到箱体和散热管上散发到空气中去。大容量变压器还采用强迫风冷和水冷措施。油浸式电力变压器外形图如图 6‑3 所示。

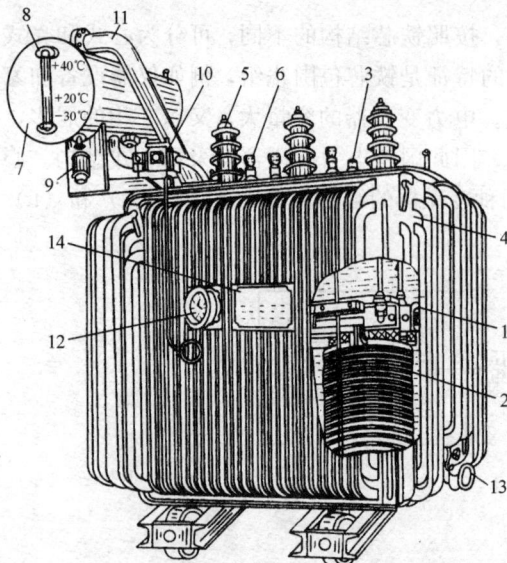

图 6‑3　油浸式电力变压器外形图

1—铁芯；2—绕组及绝缘；3—分接开关；4—油箱；
5—高压套管；6—低压套管；7—储油柜；8—油位计；
9—吸湿器；10—气体继电器；11—安全气道；
12—信号式温度计；13—放油阀门；14—铭牌

6.1.3　变压器的额定数据

为了正确使用变压器，必须了解变压器额定值的意义。变压器的额定值是制造厂根据设计或实验数据，对变压器正常运行状态所作的规定值，它标注在铭牌上，主要包括额定容量、额定电压、额定电流。

1. 额定容量 $S_N(kV \cdot A)$

额定容量指在铭牌规定额定运行状态下变压器所能输送的容量（视在功率），它表明变压器传输电能的大小。

2. 额定电压 $U_N(kV)$

变压器的额定电压是指变压器在额定容量下长时间运行时所能承受的工作电压。一次额定电压 U_{1N} 指规定加到一次侧的电压，二次额定电压 U_{2N} 指变压器一次侧加额定电压，二次侧空载时的端电压。三相变压器的额定电压均指线电压。

3. 额定电流 $I_N(A)$

额定电流指变压器在额定容量下允许长期通过的工作电流。额定电流时的负载称额定负载。同样，三相变压器的额定电流均指线电流。

额定容量、额定电压、额定电流间的关系为

单相变压器　　　　　　$S_N = U_{1N} I_{1N} = U_{2N} I_{2N}$ 　　　　　(6‑1)

三相变压器　　　　　　$S_N = \sqrt{3} U_{1N} I_{1N} = \sqrt{3} U_{2N} I_{2N}$ 　　　　　(6‑2)

4. 额定频率

变压器工作时铁芯中的磁通大小直接和电源的频率有关。在设计中已经确定了对电源频率的要求，该频率称为额定频率。我国电网的标准工作频率为 50Hz，电力变压器一般都取该频率为额定频率。美国的标准工频为 60Hz，所以两国以各自标准生产的电力变压器不能混用。

6.1.4　变压器的工作原理

在分析变压器的结构时已知，变压器的结构主要是一个铁芯和两个彼此绝缘的绕组。变压器的输入和输出之间无电的联系，是靠磁路把两侧耦合起来的。能量的传递要经过电→磁→电的变换过程，下面对变压器的工作原理予以分析。

图 6‑4 所示为一台单相变压器工作原理图。为了分析方便，将高压绕组和低压绕组分别画在两边。接交流电源的绕组称为一次绕组，其匝数为 N_1，电压、电流、电动势分别用 u_1、i_1、e_1 表示；与负载相接的绕组称为二次绕组，

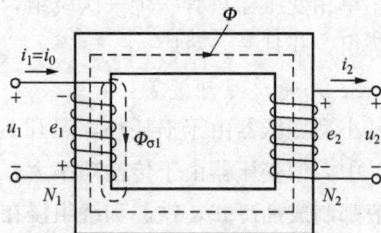

图 6‑4　单相变压器工作原理图

其匝数为 N_2，相应的物理量分别用 u_2、i_2、e_2 表示，图中标明的是它们的参考方向。图中各物理量的参考方向是这样选定的：一次绕组作为电源的负载，电流 i_1 的参考方向与 u_1 的参考方向一致；电流 i_1、感应电动势 e_1 及 e_2 的参考方向和主磁通 Φ 的参考方向符合右手螺旋法则，因此，图中 e_1 与 i_1 的参考方向是一致的。而二次绕组作为负载的电源，规定 i_2 与 e_2 的参考方向一致。

当一次绕组上加上正弦交流电压 u_1 时，一次绕组中便有电流 i_1 流过。磁动势 i_1N_1 在铁芯中产生磁通 Φ，从而在一、二次绕组中感应出电动势 e_1、e_2。若二次绕组上接有负载时，其中便有电流 i_2 通过。下面分别讨论变压器的电压变换、电流变换和阻抗变换。

1. 电压变换

当变压器空载运行时（二次绕组开路，不接负载），如图 6 - 4 所示，在一次绕组交流电压 u_1 作用下，一次绕组中有电流 i_1 流过，此时 $i_1 = i_0$，这个电流称为空载电流或励磁电流。磁动势 $N_1 i_0$ 将在铁芯中产生同时交链着一、二次绕组的主磁通 Φ，以及只和本身绕组相交链的漏磁通 $\Phi_{\sigma 1}$。因 $\Phi_{\sigma 1}$ 比主磁通 Φ 在数值上要小得多（Φ 占总磁通 99% 左右，而 $\Phi_{\sigma 1}$ 只占 1% 左右），故在分析计算时，常忽略不计。根据电磁感应原理，主磁通在一、二绕组中分别产生频率相同的感应电动势 e_1 和 e_2，即

$$e_1 = -N_1 \frac{\mathrm{d}\Phi}{\mathrm{d}t} \tag{6-3}$$

$$e_2 = -N_2 \frac{\mathrm{d}\Phi}{\mathrm{d}t} \tag{6-4}$$

根据图 6 - 4 所示参考方向，忽略一次绕组的电阻及漏磁通的影响时，可得

$$u_1 \approx -e_1$$

对负载来说，变压器的二次绕组是一个电源，即 e_2 为负载的电源电动势，若二次绕组的开路电压记为 u_{20}，则可写为

$$u_{20} = e_2$$

上两式如用相量表示，则为

$$\dot{U}_1 \approx \dot{E}_1 \tag{6-5}$$

$$\dot{U}_{20} = \dot{E}_2 \tag{6-6}$$

根据式（6 - 3）、式（6 - 4）可得

$$U_1 \approx E_1 = 4.44 f N_1 \Phi_\mathrm{m} \tag{6-7}$$

$$U_{20} = E_2 = 4.44 f N_2 \Phi_\mathrm{m} \tag{6-8}$$

由此可以推出变压器的电压变换关系为

$$\frac{U_1}{U_{20}} \approx \frac{E_1}{E_2} = \frac{N_1}{N_2} = K \tag{6-9}$$

式中：K 为变压器的变比。

当变压器二次绕组接有负载时，在 e_2 的作用下，二次绕组中就会产生电流 i_2，当忽略二次绕组的线圈电阻和漏磁通的影响时，二次侧电压 u_2 近似为 e_2，则式（6 - 9）可近似为

$$\frac{U_1}{U_2} \approx \frac{E_1}{E_2} = \frac{N_1}{N_2} = K$$

此式表明：变压器一、二次绕组的电压与一、二次绕组的匝数成正比。当 $K > 1$ 时为降压变压器，$K < 1$ 时为升压变压器。

2. 电流变换

如图 6-5 所示，变压器二次绕组接有负载 Z_L 时，图中一次绕组的电流为 i_1，二次绕组的电流为 i_2。i_2 的参考方向与 e_2 及 u_2 的参考方向一致。铁芯中的交变主磁通在二次绕组中感应出电动势 e_2，e_2 又产生 i_2 及磁动势 $i_2 N_2$。根据楞次定律，$i_2 N_2$ 对主磁通的作用是阻止主磁通的变化。例如当 Φ 增大时，$i_2 N_2$ 就应使 Φ 减小。但由式（6-7）可知，当电源电压 u_1 及频率 f 一定时，Φ_m 不变。因此，随着 i_2 的出现及增大，一次绕组电流 i_1 及磁动势 $i_1 N_1$ 也应随之增大，以抵消 $i_2 N_2$ 的作用。这就是说，变压器负载运行时，一、二次绕组的电流 i_1、i_2 是通过主磁通紧密联系在一起的。当负载变化使 i_2 增加或减少时，必然引起 i_1 的增加或减少，以保证主磁通大小不变。变压器空载时，主磁通由磁动势 $i_0 N_1$ 产生，变压器负载运行时，主磁通由合成磁动势 $(i_1 N_1 + i_2 N_2)$ 产生。因为在 u_1 与 f 一定时，变压器的主磁通幅值几乎不变，所以，变压器在空载及负载运行时的磁动势近似相等，即

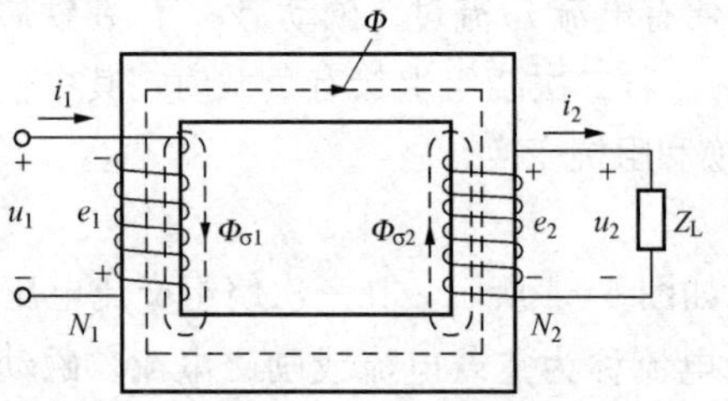

图 6-5　变压器的负载运行

$$i_1 N_1 + i_2 N_2 \approx i_0 N_1$$

用相量表示为

$$\dot{I}_1 N_1 + \dot{I}_2 N_2 \approx \dot{I}_0 N_1$$

$$\dot{I}_1 \approx \dot{I}_0 + \left(\frac{-N_2}{N_1} \dot{I}_2\right) = \dot{I}_0 + \dot{I}_2'$$

即

$$\dot{I}_2' = -\frac{N_2}{N_1} \dot{I}_2$$

此式说明，变压器负载运行时，一次绕组电流 $\dot{I}_1$ 由两个分量组成，其一是 $\dot{I}_0$，用来产生主磁通；其二是 $\dot{I}_2'$，用来抵消负载电流 $\dot{I}_2$ 对主磁通的影响，以保持 Φ_m 不变。无论 I_2 怎样变化，I_1 均能按比例自动变化。变压器的空载电流 I_0 很小，在变压器接近满载（额定负载）时，一般 I_0 约为一次绕组额定电流 I_{1N} 的 2%～8%，即 $I_0 N_1$ 远小于 $I_1 N_1$ 和 $I_2 N_2$，故 $I_0 N_1$ 可忽略不计，即

$$\dot{I}_1 N_1 + \dot{I}_2 N_2 \approx 0$$

$$\dot{I}_1 N_1 \approx - \dot{I}_2 N_2 \qquad\qquad (6-10)$$

一、二次绕组电流的有效值之比为

$$\frac{I_1}{I_2} \approx \frac{N_2}{N_1} = \frac{1}{K} \qquad\qquad (6-11)$$

式（6-11）说明，变压器负载运行时，其一次绕组和二次绕组电流有效值之比，近似等于它们的匝数比的倒数，即变比的倒数，这就是变压器的电流变换作用。

式（6-10）中的负号说明 $\dot{I}_1$ 和 $\dot{I}_2$ 的相位相反，即 $\dot{I}_2 N_2$ 对 $\dot{I}_1 N_1$ 有去磁作用。

3. 阻抗变换

由上述分析可以看出，虽然变压器一、二次绕组之间只有磁的耦合，没有电的直接联系，但实际上一次绕组的电流会随着负载阻抗 Z_L 的大小而变化，若 $|Z_L|$ 减小，则 $I_2 = U_2 / |Z_L|$ 增大，$I_1 = I_2 / K$ 也增大。因此，从一次侧看变压器，可等效为一个能反映二次侧阻抗 Z_L 变化的等效阻抗 $|Z_L'|$。在图 6-6（a）中，负载阻抗 Z_L 接在变压器的二次侧，而图中点画线框中部分的总阻抗

可用图 6-6（b）所示的等效阻抗 Z'_L 来代替。所谓等效，就是图 6-6（a）和（b）中的电压、电流均相同。Z'_L 与 Z_L 的数值关系为

$$|Z'_L| = \frac{U_1}{I_1} = \frac{KU_2}{\frac{1}{K}I_2} = K^2\frac{U_2}{I_2} = K^2|Z_L| \tag{6-12}$$

式（6-12）说明，接在变压器二次侧的负载阻抗 $|Z_L|$，反映到变压器一次侧的等效阻抗为 $|Z'_L| = K^2|Z_L|$，即增大到 K^2 倍，这就是变压器的阻抗变换作用。

变压器的阻抗变换常用于电子电路中，例如，收音机、扩音机中扬声器（喇叭）的阻抗一般为几欧或十几欧，而其功率输出级要求负载与信号源内阻相等时才

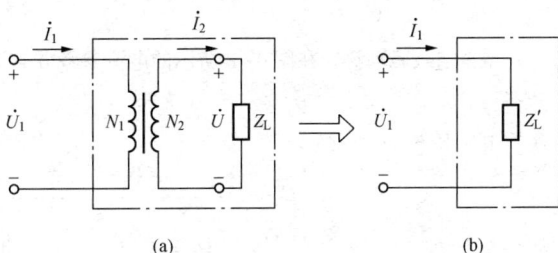

图 6-6　变压器的阻抗变换

能使负载获得最大输出功率，这就叫做阻抗匹配。实现阻抗匹配的方法，就是在电子设备功率输出级和负载（如扬声器）之间接入一个输出变压器，适当选择其变比，就能获得所需的阻抗。

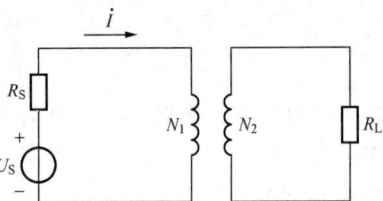

图 6-7　[例 6-1] 图

【例 6-1】 交流信号源电压 $U_S = 80V$，内阻 $R_S = 400\Omega$，负载电阻 $R_L = 4\Omega$。

（1）负载直接接在信号源上，求信号源的输出功率；

（2）接入输出变压器，电路如图 6-7 所示。要使折算到一次侧的等效电阻 $R'_L = R_S = 400\Omega$，求变压器变比及信号源输出功率。

解　（1）负载直接接在信号源上，信号源的输出电流为

$$I = \frac{U_S}{R_S + R_L} = \frac{80}{400 + 4} = 0.198(A)$$

输出功率为

$$P = I^2R_L = 0.198^2 \times 4 = 0.1568(W)$$

（2）当 $R'_L = R_S$ 时，输出变压器的变比为

$$K = \sqrt{\frac{R'_L}{R_L}} = \sqrt{\frac{400}{4}} = 10$$

输出电流为

$$I = \frac{U_S}{R'_L + R_S} = \frac{80}{400 + 400} = 0.1(A)$$

输出功率为

$$P = I^2R'_L = 0.1^2 \times 400 = 4(W)$$

可见，接入变压器后，可使等效电阻 R'_L 与信号源内阻 R_S 匹配，获得最大的输出功率。

【例 6-2】 有一变压器如图 6-8 所示，已知一次侧电压 $U_1 = 380V$，匝数 $N_1 = 760$ 匝，二次侧要求有两个电压输出，空载时分别为 127V 和 36V。求：

（1）两个二次绕组的匝数 N_2 和 N_3；

（2）若二次侧接上纯电阻负载，并测得 $I_2 = 2.14A$，$I_3 = 3A$，求一次绕组的电流及一、二次绕组的功率。

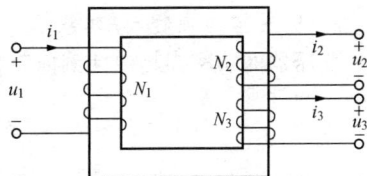

图 6-8　[例 6-2] 图

解　（1）二次绕组多于一个时，匝数比关系与只有一个绕组时是一样的，因为磁路中主磁通相同，频率

相同，每匝伏数是定数。所以有

$$\frac{N_1}{N_2} = \frac{U_1}{U_2}, \quad \frac{N_1}{N_3} = \frac{U_1}{U_3}$$

$$N_2 = N_1 \times \frac{U_2}{U_1} = 760 \times \frac{127}{380} = 254（匝）$$

$$N_3 = N_1 \times \frac{U_3}{U_1} = 760 \times \frac{36}{380} = 72（匝）$$

（2）略去空载磁动势，在图 6-8 所示的电流参考方向下，有

$$\dot{I}_1 N_1 + \dot{I}_2 N_2 + \dot{I}_3 N_3 = 0$$

故一次绕组的电流有效值

$$I_1 = \frac{I_2 N_2 + I_3 N_3}{N_1} = \frac{2.14 \times 254 + 3 \times 72}{760} = 1（\text{A}）$$

一次侧功率 $\qquad\qquad P_1 = U_1 I_1 = 380 \times 1 = 380（\text{W}）$

二次侧功率 $\qquad\qquad P_2 = U_2 I_2 = 127 \times 2.14 = 272（\text{W}）$

$$P_3 = U_3 I_3 = 36 \times 3 = 108（\text{W}）$$

存在关系 $\qquad\qquad P_1 = P_2 + P_3 = 380（\text{W}）$

🗼 6.1.5 变压器的外特性

1. 外特性

前面对变压器的工作原理进行了分析，但忽略了一、二次绕组的电阻及漏磁通感应电动势对变压器工作情况的影响。实际上，在变压器运行中，随着输出电流 I_2 的增大，变压器绕组本身的电阻压降及漏磁感应电动势都将增大，从而使变压器输出电压 U_2 降低。

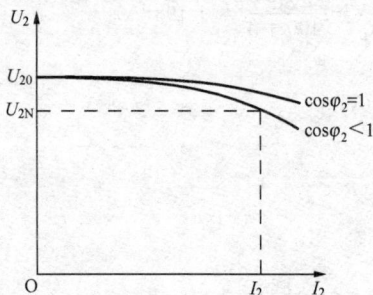

图 6-9 变压器的外特性曲线

在电源电压 U_1 及负载功率因数 $\cos\varphi$ 不变的条件下，二次绕组的端电压随二次绕组输出电流 I_2 变化的关系 $U_2 = f(I_2)$，称为变压器的外特性，特性曲线如图 6-9 所示。对电阻性或电感性负载，U_2 随 I_2 的增加而下降，负载功率因数愈低，U_2 下降愈大。

变压器由空载到满载（额定负载 I_{2N}），二次绕组端电压 U_2 的变化量称为电压调整率，用 $\Delta U\%$ 表示，即

$$\Delta U\% = \frac{U_{20} - U_2}{U_{20}} \times 100\%$$

电压调整率表示了变压器运行时输出电压的稳定性，是变压器主要性能指标之一。电力变压器的电压调整率一般为 5% 左右。

2. 变压器的损耗与效率

变压器的功率损耗包括铜损耗和铁损耗两种，铜损耗是由一、二次绕组中的电阻 R_1 和 R_2 产生的，即

$$\Delta P_{\text{Cu}} = I_1^2 R_1 + I_2^2 R_2$$

它与负载电流的大小有关。铁损耗是主磁通在铁芯中交变时所产生的磁滞损耗 ΔP_{h} 和涡流损耗 ΔP_{e}，即

$$\Delta P_{\text{Fe}} = \Delta P_{\text{h}} + \Delta P_{\text{e}}$$

它与铁芯的材料及电源电压 U_1、频率 f 有关，与负载电流大小无关。

变压器的效率是变压器的输出功率 P_2 与对应的输入功率 P_1 的比值，通常用百分数表示，即

$$\eta = \frac{P_2}{P_1} \times 100\% = \frac{P_2}{P_2 + \Delta P_{Cu} + \Delta P_{Fe}} \times 100\%$$

通常在满载的 60% 左右时，变压器的效率最高，大型电力变压器的效率可达 99%，小型变压器的效率为 $60\% \sim 90\%$。

【思考与讨论】

1. 变压器是否能对直流电压进行变压，为什么？

2. 为什么变压器的铁芯要用薄的硅钢片冲片叠压制成，并且每片硅钢片上涂有绝缘清漆？冲片间的接缝大了，对变压器的性能有何影响？

3. 单相变压器的一、二次绕组之间有磁的耦合关系，但无电的直接联系。那么，一次侧从电源吸取的电功率又是通过什么途径传到二次侧的？二次侧所接负载的大小又是如何反映到一次侧的？

4. 一台 220/110V 单相电源变压器，已知其变比 $K=2$，现在若把低压端接到 220V 交流上，在高压端能否得到 440V 的交流电压，为什么？

5. 已知信号源电压为 10V，内阻 800Ω，为使负载获得最大功率，需要利用变压器进行阻抗匹配。设负载电阻为 8Ω，试求：

(1) 变压器的变比，一、二次侧电流、电压和负载获得的功率；

(2) 若负载直接接到信号源上，试求此时负载获取的功率。

6.2 三相变压器

上面提到的单相变压器主要用于家用电器及小型的仪器设备，工农业生产中大量使用的主要是三相电力变压器。这是因为现代电力的生产及输送都用三相制，发电厂生产的一万伏左右的电能利用三相升压变压器升到几十万伏进行远距离输送，可以减少传输损耗，在用电集中点使用降压变压器将电压降下来。

三相电力变压器可用三台相同的单相变压器连接组成，称为三相变压器组，如图 6-10 所示。在我国，大部分三相电力变压器都做成心式结构，三相心式变压器的铁芯结构如图 6-11 所示。普通的三相电力变压器外形如图 6-12 所示。图 6-12 描绘的是三相心式变压器的一、二次绕组结构。

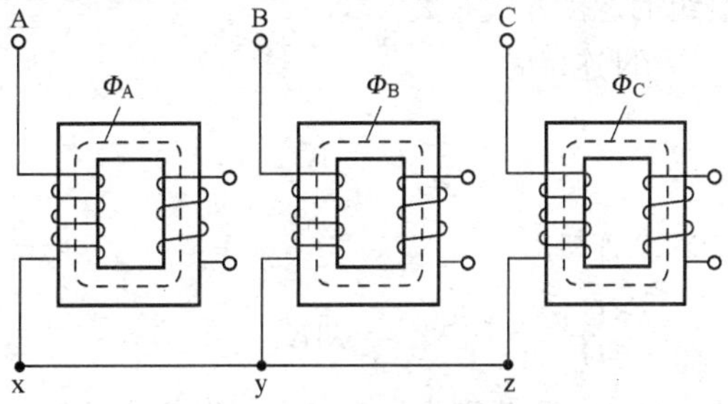

图 6-10 三相变压器组及其磁路

6.2.1 三相变压器绕组的连接

三相变压器的铁芯有三个芯柱。各相的高、低压绕组套在同一芯柱上。一般高压绕组的首端标以 A、B、C，末端标以 X、Y、Z。而低压绕组的首、末端用相应的小写字母表示，即 a、b、c 和 x、y、z，如图 6-12 所示。

三相变压器的三个高压绕组可以连接成星形（Y）或三角形（△），低压绕组同样可以连接成星

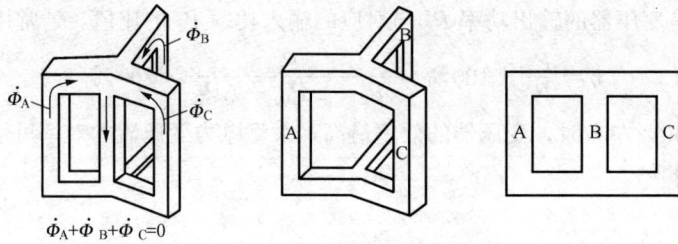

$$\dot\Phi_A + \dot\Phi_B + \dot\Phi_C = 0$$

图 6-11　三相心式变压器

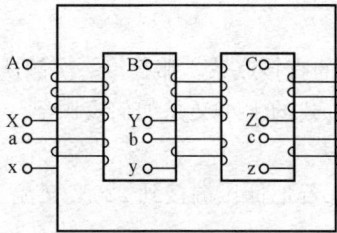

图 6-12　三相变压器

形或三角形。绕组接成星形，其每相绕组的端电压是相电压，这样可以降低绕组绝缘的要求；绕组接成三角形，其绕组中的电流只是线电流的 $1/\sqrt{3}$，当输出一定的线电流时，绕组导线的截面可以减小。工厂供电用电力变压器三相绕组常用的连接方式有 Y/YN 和 Y/△ 两种，如图 6-13 所示，其中分子表示高压绕组接法，分母表示低压绕组接法，YN 表示接成星形，并从中性点引出中线。Y/YN 接法用于给三相四线制供电的配电变压器，高压不超过 35kV，低压为 400/230V；Y/△ 接法常应用于高压为 35kV，低压为 3～10kV 的变压器。

三相变压器与单相变压器一样，一次绕组与二次绕组相电压之比等于一、二次绕组每相的匝数比，即

$$\frac{U_{1p}}{U_{2p}} = \frac{N_1}{N_2} = K$$

但一、二次绕组线电压的比值，不仅与变压器的变比有关，而且还与变压器绕组的连接方式有关。

Y/YN 连接时

$$\frac{U_{1L}}{U_{2L}} = \frac{\sqrt{3}U_{1p}}{\sqrt{3}U_{2p}} = K$$

Y/△ 连接时

$$\frac{U_{1L}}{U_{2L}} = \frac{\sqrt{3}U_{1p}}{U_{2p}} = \sqrt{3}K$$

式中：U_{1L}、U_{2L} 分别为一、二次绕组的线电压；U_{1p}、U_{2p} 分别为一、二次绕组的相电压。

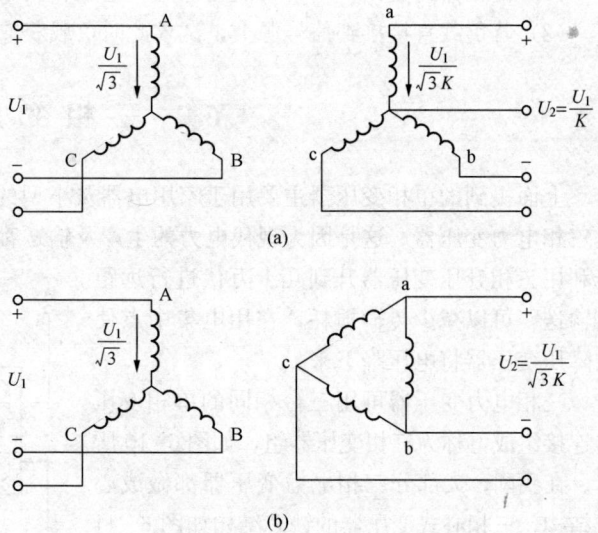

图 6-13　三相变压器连接法举例
(a) Y/YN 连接；(b) Y/△ 连接

6.2.2　变压器绕组的相对极性

变压器工作时，有时需要将它的绕组作适当的串联，以适应或获得较高的电压，而有时却需要并联，以增大工作电流。在电子线路中，则还需要根据一、二次侧电压之间的相位关系来判断电路的工作状态。为了便于识别绕组间的电压相位关系以及便于它们之间的连接，通常将各绕组具有相同瞬时极性关系的端点称为同名端或同极性端。在绕组的图形符号上，在对应的同极性端

标以"·",以资识别。

变压器绕组的同名端由绕组的绕向决定。交变磁通在绕组中产生感应电动势时，各同名端的极性将始终保持一致。图 6-14 表示三个绕组绕在同一铁芯柱上，若绕组 ab 中通入电流 i，且 i 是增加的，此时 ab、cd 及 ef 三个绕组中的感应电动势的实际极性如图 6-14 所示。若 i 减小，各端子的极性正好与前相反。也就是说，图中端子 a、c、f 的极性始终一致，端子 b、d、e 的极性也始终保持一致。因而端子 a、c、f 及 b、d、e 为极性不同的两组同名端。我们可以在端子 a、c、f 上标以识别符号"·"，如图 6-14 所示。当然如将同名端符号标在 b、d、e 端子上也是可以的。有了同名端标记后，不必再关心绕组的具体绕向及相对位置了。若将绕组 ab 与 cd 串联，可以将异名端 b 和 c 相连，而把端子 a 和 d 根据需要接至电源或负载。并联时，可将同名端 a 和 c，b 与 d 分别相连，然后接至电源或负载。

单相变压器的极性测定问题实际上就是确定绕组的同名端问题。对一个已经制成的变压器，无法看到一、二次绕组的绕向，通常采用以下两种实验方法确定同名端。

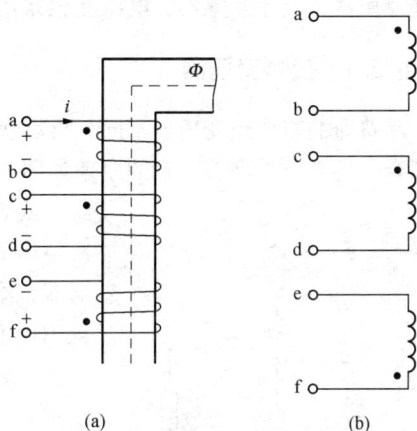

图 6-14　变压器同名端的判别
（a）绕组接线；（b）电路同名端

1. 直流法

图 6-15 所示为用直流法测定绕组相对极性的电路，绕组 ab 通过开关 S 接至电动势为 E 的直流电源。在开关 S 闭合瞬间，如果毫伏表指针发生正向偏转，则端点 a 和 c 为同名端；若指针反向偏转，则说明 a 和 d 为同名端。

2. 交流法

图 6-16 所示为交流法测定绕组相对极性的电路，测量时，先将绕组 ab 和 cd 中的任意两端如 b 和 d 用导线连接在一起，用伏特表测量未被连接的端子 a 和 c 之间的电压。若测得的电压 U_{ac} 为两个绕组的电压之和，则端子 a 和 c 为异名端；反之，若测得的电压 U_{ac} 为两个绕组电压之差，则端子 a 和 c 为同名端，或者说端子 a 和 d 是异名端。

以上讲的都是单相变压器的极性测定，对各种连接方式的三相变压器来说，极性测定或者说同名端的判定是按相进行的。即将三相变压器的绕组分解为 A 相、B 相及 C 相绕组，然后找出各相一、二次电压的相位关系，确定同名端。三相变压器绕组的连接方式及同名端的位置决定了三相变压器的连接组号。

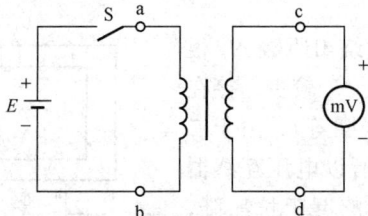

图 6-15　直流法测定绕组极性

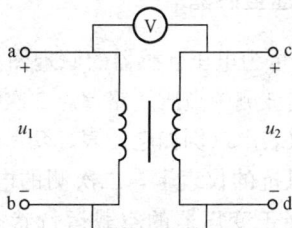

图 6-16　交流法测定绕组极性

6.3 其他用途变压器

其他用途变压器又称特种用途变压器，用来满足各种特殊应用场合。下面简要地介绍其中的自耦变压器、电流互感器、电压互感器及电焊变压器的工作原理及特点。

6.3.1 自耦变压器

和普通的双绕组变压器不同，自耦变压器是一种单绕组变压器。一、二次绕组之间不仅有磁的耦合，还有电的联系。它的原理如图 6-17 所示。由图可见，其中高压绕组的一部分兼作低压绕组。或者可以把自耦变压器的一次绕组看成是双绕组变压器一、二次绕组的串联，而二次绕组继续作为二次侧。这样，就可以利用普通双绕组变压器的分析方法来研究自耦变压器的特点。具体分析过程不再重复，现将有关结论叙述如下。

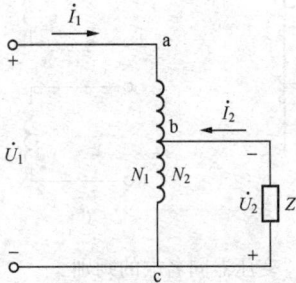

$$\frac{U_1}{U_2} = \frac{N_1}{N_2} = K$$

$$\frac{I_1}{I_2} = \frac{N_2}{N_1} = \frac{1}{K}$$

图 6-17 自耦变压器原理图

显然，只要保持 U_1 不变，随着 N_2 的变化，U_2 也跟着变化。实际上，二次绕组的引出端靠电刷在裸露绕组线圈表面滑动，连续改变匝数 N_2，达到平滑调节输出电压 U_2 的目的。实验室中常用的调压器就是一种可改变二次绕组匝数的自耦变压器，其外形和电路如图 6-18 所示。

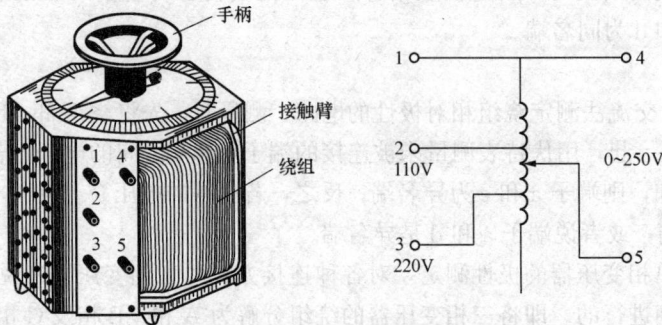

图 6-18 调压器的外形和电路

6.3.2 电压互感器

图 6-19 所示为电压互感器的原理图。它的一次绕组匝数 N_1 很多，直接并联到被测的高压线路上。二次绕组的匝数 N_2 较少，接在高阻抗的测量仪表上（例如电压表、功率表的电压线圈等）。由于二次绕组接在高阻抗的仪表上，二次测的电流很小，所以电压互感器的运行情况相当于变压器的空载运行状态。如果忽略漏阻抗压降，则有 $U_1/U_2 = N_1/N_2 = K$。因此，利用一、二次侧不同的匝数比可将线路上的高电压变为低电压来测量。电压互感器的二次侧额定电

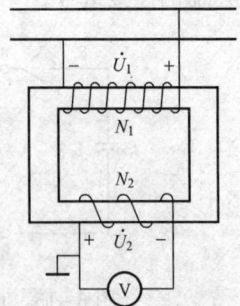

图 6-19 电压互感器原理图

笔记：

一般都设计为 100V。

提高电压互感器的精度，关键是减小励磁电流和绕组的漏阻抗。所以，应选用性能较好的硅钢片制作铁芯，且不能使铁芯饱和。

为安全起见，使用中的电压互感器的二次侧不能短路，否则会产生很大的短路电流。因此，电压互感器的二次侧连同铁芯一起必须可靠接地。

6.3.3 电流互感器

电流互感器的原理图如图 6-20 所示。它的一次绕组由几匝较大截面的导线做成，并且串入需要测量电流的电路中。二次绕组的匝数较多，并与阻抗很小的仪表（例如电流表、功率表的电流线圈）接成回路。因此，电流互感器的运行情况相当于变压器的短路运行。若忽略励磁电流，根据磁动势平衡关系，$I_1/I_2=N_2/N_1=1/K$，$1/K$ 为电流互感器的额定电流比。因此，利用一、二次侧不同的匝数比可将线路上的大电流变为小电流来测量。电流互感器二次侧的额定电流规定为 5A 或 1A。

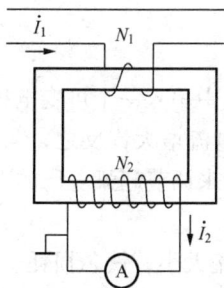

图 6-20 电流互感器原理图

由于电流互感器要求的测量误差较小，所以励磁电流越小越好。为此，铁芯的磁密应较低。绝对避免励磁电流是不可能的，按照误差的大小，电流互感器分为 0.2、0.5、1.0、3.0 和 10.0 五个等级。例如，0.5 级准确度就是表示在额定电流时，一、二次侧电流比的误差不超过 0.5%。

为了使用安全，电流互感器的二次绕组必须可靠接地。另外，电流互感器在运行中二次绕组绝对不允许开路。因为二次侧开路，使电流互感器成为空载运行，此时线路中的大电流全部成为励磁电流，使铁芯中的磁密剧增。这一方面使铁损耗大大增加，从而使铁芯发热到不能允许的程度；另一方面又使二次绕组的感应电动势增高到危险的程度。

6.3.4 电焊变压器

交流电弧焊在生产中应用很广泛。从结构上看，交流电弧焊实质上是一台特殊的降压变压器，通常称为电焊变压器。为保证电焊的质量及电弧燃烧的稳定性，对电焊变压器有以下几点要求。

（1）电焊变压器应有 60~75V 的空载电压，以保证起弧。

（2）电焊变压器应具有迅速下降的外特性，如图 6-21 所示，以适应电弧特性的要求。

（3）为了适应不同的焊件和焊条，还要能够调节焊接电流的大小。

（4）短路电流不应过大，一般不超过额定电流的两倍，工作中的电流要比较稳定。

为了满足以上要求，电焊变压器必须具有较大的电抗，而且可以调节。电焊变压器的一、二次绕组一般分装在两个铁芯柱上，使绕组的漏抗比较大。改变漏抗的办法很多，常用的有磁分路法和串联可变电抗法，如图 6-22 所示。

磁分路电焊变压器在一、二次绕组的两个铁芯柱之间，有一

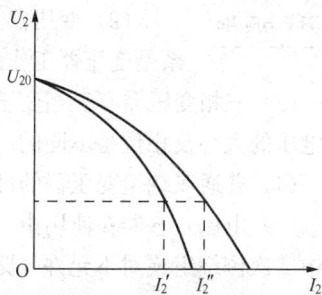

图 6-21 电焊变压器外特性

个分路磁阻（动铁芯），它可以通过螺杆来回调节，如图 6 - 22（a）所示。当磁分路铁芯移出时，一、二次绕组的漏抗减小，电焊变压器的工作电流增大。当磁分路铁芯移入时，一、二次绕组的漏磁通经过磁分路自己闭合，使漏抗增大，工作电流减小。所以，磁分路电焊变压器通过调节漏抗来控制工作电流的大小，以满足不同焊件和焊条的要求。

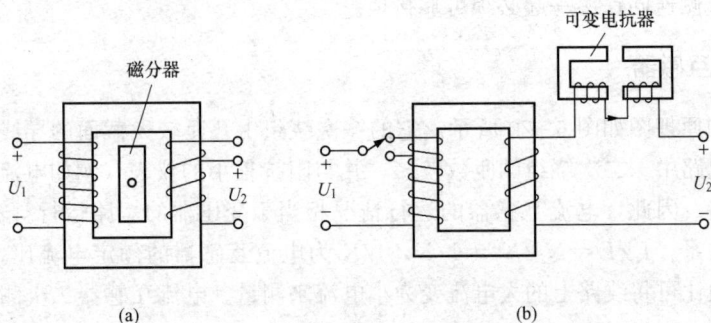

图 6 - 22　电焊变压器原理图
（a）磁分路电焊变压器；（b）可变电抗器电焊变压器

　　串联可变电抗器的电焊变压器如图 6 - 22（b）所示。它是在二次绕组中串入一个可变电抗器，电抗器的间隙可用螺杆调节。当间隙增大时，电抗器的电抗减小，工作电流增大；反之，当间隙减小时，电抗器的电抗增大，工作电流减小。一次绕组中的分接头，可用来调节起弧电压的大小。

【思考与讨论】

　　1. 试分析一次绕组匝数比原设计值减少时，铁芯饱和程度、空载电流大小、铁芯损耗、二次绕组空载电压和变比的变化？

　　2. 一台 50Hz 的变压器，如接在 60Hz 的电网上运行，额定电压不变，问空载电流、铁芯损耗、漏抗、励磁阻抗及电压调整率有何变化？

　　3. 为什么工作中的电压互感器二次侧不能短路，而电流互感器的二次侧不能开路？

　　4. 为什么变压器空载运行时的功率因数很低？

扫一扫

相关知识延伸与应用6

本 章 小 结

　　（1）变压器利用电磁感应原理制成并实现不同回路间的能量及信号的传递。

　　（2）变压器具有变压、变流及变换阻抗的功能。电压平衡关系和磁动势平衡关系是变压器工作的基础。

　　（3）三相变压器有三相变压器组及三相心式变压器两类。对于不同的变压器连接组别，输出线电压的大小及相位是不同的。

　　（4）普通双绕组变压器的理论及分析方法对于自耦变压器都是适用的。

　　（5）电压互感器在使用中二次侧不能短路，否则会产生很大的短路电流；而电流互感器在运行中二次侧绕组绝对不允许开路。

习　　题

1. 有一台单相变压器，额定容量为 5kV·A，一、二次侧均由两个线圈组成，一次侧每个线圈的额定电压为 1100V，二次侧每个线圈的额定电压为 110V，用这个变压器进行不同的连接，试问可得几种不同电压变化比？每种连接法一、二次侧的额定电流是多少？

2. 图 6-23 所示为理想变压器，求输出电压 U_2。已知 $R_1 = 1\Omega$，$R_2 = 1\Omega$，匝数比为 10，$X_L = 1\Omega$，$X_C = 2\Omega$，$\dot{U}_1 = 10\underline{/0°}\text{V}$。

3. 图 6-24 所示为理想变压器，已知：$R_0 = 200\Omega$，$R_1 = 50\Omega$，$R_2 = 10\Omega$，$\dot{U}_1 = 10\underline{/0°}\text{V}$，试确定使输出电阻 R_2 获得最大功率时匝数比应为何值，最大功率为多少？

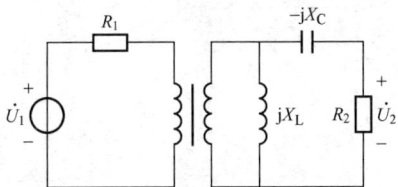 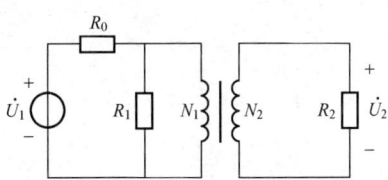

图 6-23　题 2 图　　　　　　　　　图 6-24　题 3 图

4. 电源变压器电压为 220V/22V，如接成如图 6-25 所示两种电路，分别求通过灯泡的电流，哪个灯更亮些？已知电流表内阻 $r = 1\Omega$，灯泡内阻为 300Ω。

5. 一台变压器容量为 10kV·A，在满载情况下向功率因数为 0.95（滞后）的负载供电，变压器的效率为 0.94，求变压器的损耗。

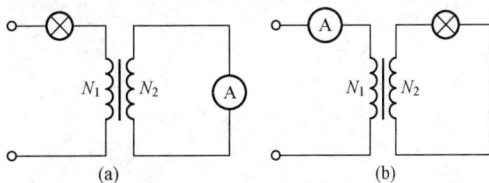

图 6-25　题 4 图

6. 有一台容量为 10kV·A 的单相变压器，电压为 3300V/220V，变压器在额定状态下运行，试求：

(1) 一、二次侧额定电流；

(2) 二次侧可接 40W、220V 的白炽灯多少盏？

(3) 二次侧改接 40W、220V、$\cos\varphi = 0.44$ 的日光灯，可接多少盏？（镇流器损耗不计）

7. 有一音频变压器，一次侧连接一个信号源，其电压 $U_S = 8.5\text{V}$，电阻 $R_0 = 72\Omega$，变压器二次侧接扬声器，其电阻 $R_1 = 8\Omega$。试求：

(1) 扬声器获得最大功率时的变压器变比和最大功率值；

(2) 扬声器直接接入信号源获得的功率；

(3) 比较以上结果，说明变压器在电路中所起的作用。

8. 图 6-26 所示为一输出变压器，二次侧有中间抽头，以便与 8Ω 或 16Ω 的扬声器都能达到阻抗匹配，试求二次侧两部分匝数 N_2 与 N_3 之比。

9. 图 6-27 所示为一单相自耦变压器，已知一次侧额定电压 $U_1 = 200\text{V}$，二次侧电压 $U_2 = 180\text{V}$，二次侧电流 $I_2 = 400\text{A}$。当忽略损耗和漏磁影响时，试求：

(1) 输入和输出功率（均指视在功率）；

（2）自耦变压器一次侧电流 I_1 及公共绕组中的电流 I。

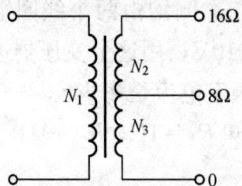

图 6-26　题 8 图

图 6-27　题 9 图

第7章
交 流 电 动 机

电动机是实现机电能量转换的电磁装置，用以把电能转换为机械能。现代各种生产机械都广泛应用电动机来驱动。

有的生产机械只装配着一台电动机，如单轴钻床；有的需要好几台电动机，如某些机床的主轴、刀架、横梁以及润滑油泵和冷却油泵等都是由单独的电动机来驱动的。常见的桥式起重机上就有三台电动机。

生产机械由电动机驱动有很多优点，如简化了生产机械的结构，提高了生产率和产品质量，能实现自动控制和远距离操纵，减轻了繁重的体力劳动等。

电动机可分为交流电动机和直流电动机两大类。交流电动机又分为异步电动机（或称感应电动机）和同步电动机。

在生产上主要用的是交流电动机，特别是三相异步电动机。它被广泛地用来驱动各种金属切削机床、起重机、锻压机、传送带、铸造机械、功率不大的通风机及水泵等。仅在需要均匀调速的生产机械上，如龙门刨床、轧钢机及某些重型机床的主传动机构，以及在某些电力牵引和起重设备中才采用直流电动机。同步电动机主要应用于功率较大、不需调速、长期工作的各种生产机械，如压缩机、水泵、通风机等。单相异步电动机常用于功率不大的电动工具和某些家用电器中。除上述动力用电动机外，在自动控制系统和计算装置中还用到各种控制电机，主要用于自动控制系统中作为检测、执行、随动和解算元件，例如机床加工的自动控制、舰船方向舵的自动控制、火炮和雷达的自动定位等。

本章主要讨论三相异步电动机，对同步电动机、单相异步电动机及直线异步电动机仅作简单介绍。

对于各种电动机应该了解下列几个方面的问题：①基本构造；②工作原理；③表示转速与转矩之间关系的机械特性；④起动、反转、调速及制动的基本原理和基本方法；⑤应用场合和如何正确使用。

7.1 三相异步电动机的构造

三相异步电动机分成定子（固定部分）和转子（旋转部分）两个基本部分。图7-1所示为三相异步电动机的构造。

7.1.1 定子

三相异步电动机的定子由机座和装在机座内的圆筒形铁芯以及其中的三相定子绕组组成。机座主要起固定和机械支撑作用，是用铸铁或铸钢制成的。定

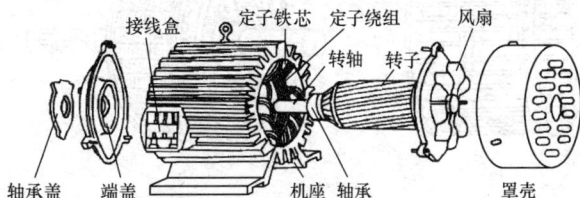

图7-1 三相异步电动机的构造

子铁芯是电动机磁路的组成部分，为了减小铁损耗，定子铁芯由厚约 0.5mm，表面涂有绝缘清漆、具有良好导磁率的硅钢片冲片叠压而成，做好的定子铁芯被整体挤入机座内腔。铁芯的内圆周表面冲有槽，如图 7-2 所示，用以嵌放对称三相定子绕组。

定子绕组是定子中的电路部分，中、小型电动机一般采用高强度漆包线绕制而成。每相绕组可能有多个线圈连接，绕线时将一相绕组一次绕成，各相绕组应做得完全一致。嵌线时，将三相绕组按一定规律嵌入定子绕组中，形成三相定子绕组。三相对称绕组指的是组成三相绕组的每个相绕组在结构上完全相同，在排列上依次相差 120°电角度。今后凡是涉及异步电动机定子三相绕组均指的是三相对称绕组。

三相绕组的六个出线端其首端分别用 A、B、C 表示，尾端用 X、Y、Z 表示。它们分别接到机座接线盒内标记为 A、B、C、X、Y、Z 的六个接线柱上，通过接线盒连接到三相电源上。根据铭牌规定，定子绕组可接成星形和三角形。接法如图 7-3 所示。

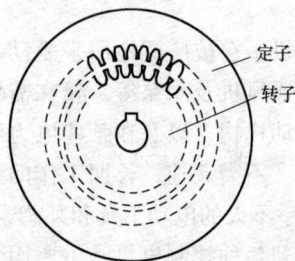

图 7-2 定子和转子铁芯冲片

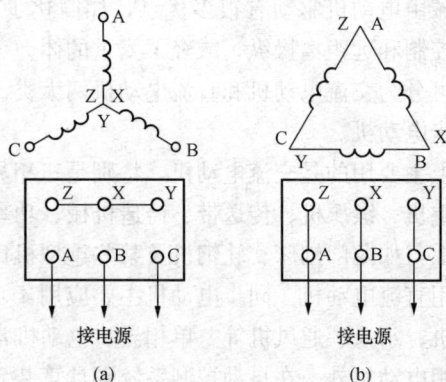

图 7-3 定子绕组的星形和三角形连接
（a）星形连接；（b）三角形连接

有的电动机铭牌上额定电压标有 380/220V，接法 Y/△，这表明定子的每相绕组额定电压为 220V。如电源的线电压为 380V，定子绕组应作 Y 接；电源线电压为 220V，则定子绕组应接成 △形。

7.1.2 转子

三相异步电动机的转子由转子铁芯、转子绕组、风扇及转轴等组成。

转子铁芯是圆柱状，也是用 0.5mm 厚的硅钢片叠压而成，外圆周表面冲有槽孔，以便嵌放转子绕组，如图 7-2 所示。铁芯装在转轴上，轴上加机械负载。

转子根据构造上的不同分为笼型和绕线型两种型式。

笼型转子在转子铁芯槽内压进铜条，其两端用端环连接，如图 7-4 所示。由于转子绕组的形状像一只松鼠笼，故称为笼型转子。为了节省铜材，现在中、小型电

图 7-4 笼型转子
（a）笼型绕组；（b）转子外形

动机一般都采用铸铝转子，即在槽中浇铸铝液，铸成一鼠笼，如图 7-5 所示，这样便可以用比较便宜的铝来代替铜，同时制造也快捷。笼型异步电动机的"鼠笼"是它的构造特点，易于识别。

绕线型异步电动机的构造如图 7-6 所示，它的转子绕组同定子绕组一样，也是三相的，作星形连接。每相绕组的首端连接在三个铜制的滑环上，滑环固定在转轴上。环与环、环与转轴都互相绝缘。在环上用弹簧压着碳质电刷。滑环通过电刷将转子绕组的三个首端引到机座的接线盒上，以便在转子电路中串入附加电阻，用来改善电动机的起动和调速性能。通常是根据绕线型异步电动机具有三个滑环的构造特点来辨认的。

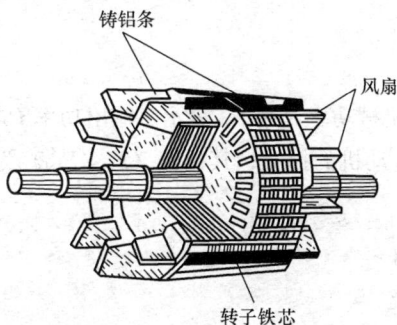

图 7-5　铸铝的笼型转子　　　　　图 7-6　绕线型异步电动机结构

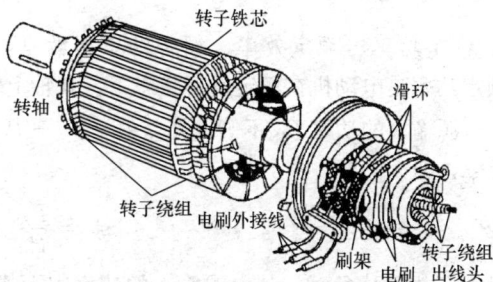

7.2　三相异步电动机的铭牌数据

要正确使用电动机必须看懂铭牌，以 Y132M-4 型电动机为例来说明铭牌上各个数据的意义。

三相异步电动机		
型号 Y132M-4	功率 7.5kW	频率 50Hz
电压 380V	电流 15.4A	接法 △
转速 1440r/min	绝缘等级 B	工作方式 连续
年　　月　　日		电机厂

此外，它的主要技术数据还有功率因数 0.85，效率 87%（可从手册上查出）。

1. 型号

电动机的型号是表示电动机的类型、用途和技术特征的代号。用大写拼音字母和阿拉伯数字组成，各有一定含义。

例如：

```
          Y    132   M-4
三相异步电动机              磁极数

   机座中心高(mm)      机座长度代号  { S— 短机座
                                   M— 中机座
                                   L— 长机座
```

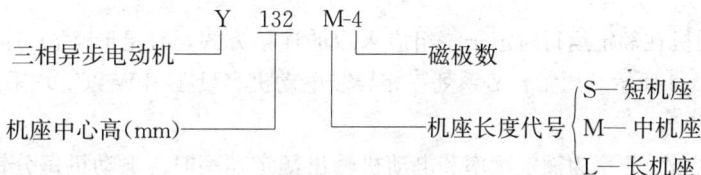

常用三相异步电动机产品名称代号及其汉字意义见表 7-1。

表 7 - 1   **异步电动机产品名称代号**

产品名称	新代号	汉字意义	旧代号
笼型异步电动机	Y，Y-L	异	J，JO
绕线型异步电动机	YR	异绕	JR，JRO
防爆型异步电动机	YB	异爆	JB，JBS
防爆安全型异步电动机	YA	异安	JA
高起动转矩异步电动机	YQ	异起	JQ，JQO

注 Y、Y-L 系列是新产品，Y 系列定子绕组是铜线，Y-L 系列定子绕组是铝线。Y 系列三相异步电动机技术数据及
型号说明见附录 B。

2. 额定功率、额定效率、额定功率因数

额定功率是电动机在额定运行状态下，其轴上输出的机械功率，用 P_{2N} 表示。输出功率 P_{2N} 与电动机从电源输入的功率 P_{1N} 不等，其差值（$P_{1N}-P_{2N}$）为电动机的损耗；其比值（P_{2N}/P_{1N}）为电动机的效率，即

$$\eta_N = \frac{P_{2N}}{P_{1N}} \times 100\%$$

电动机为三相对称负载，从电源输入的功率用下式计算

$$P_{1N} = \sqrt{3} U_N I_N \cos\varphi$$

式中：$\cos\varphi$ 为电动机的功率因数。

笼型异步电动机在额定运行时，效率为 72%～93%，功率因数为 0.7～0.9。

3. 额定频率

额定频率是指定子绕组上的电源频率，我国工业用电的标准频率为 50Hz。

4. 额定电压

额定运行时，定子绕组上应加的电源线电压值，称为额定电压 U_N。一般规定异步电动机的电压不应高于或低于额定值的 5%。当电压高于额定值时，磁通将增大，磁通的增大又将引起励磁电流的增大（由于磁路饱和，可能增加的很大）。这不仅使铁损耗增加，铁芯发热，而且绕组也会有过热现象。

但常见的是电压低于额定值，这时引起转速下降，电流增加。如果在满载的情况下，电流的增加将超过额定值，使绕组过热；同时，在低于额定电压下运行时，和电压的平方成正比的最大转矩会显著下降，对电动机的运行是不利的。

三相异步电动机的额定电压有 380、3000、6000V 等多种。

5. 额定电流

电动机在额定运行时，定子绕组的线电流值，称为额定电流 I_N。

6. 接法

接法是指电动机在额定运行时定子绕组应采取的连接方式，有星形（Y）连接和三角形（△）连接两种，如图 7 - 3 所示。通常，Y 系列三相异步电动机容量在 4kW 以上均采用三角形接法。

7. 额定转速

电源为额定电压、频率为额定频率和电动机输出额定功率时，电动机每分钟的转数，称为额定转速 n_N。

8. 绝缘等级

绝缘等级是指电动机绕组所用的绝缘材料，按使用时的最高允许温度而划分的不同等级。常用绝缘材料的等级及其最高允许温度见表 7 - 2。

表 7 - 2　　　　　　　　常用绝缘材料的等级及其最高允许温度

绝缘等级	A	E	B	F	H
最高允许温度（℃）	105	120	130	155	180

上述最高允许温度为环境温度（40℃）和允许温升之和。

9. 工作方式

工作方式是对电动机在铭牌规定的技术条件下运行持续时间的限制，以保证电动机的温度不超过允许值。电动机的工作方式可分为以下三种。

（1）连续工作：在额定状态下可长期连续工作，如机床、水泵、通风机等设备所用的异步电动机。

（2）短时工作：在额定状态下，持续运行时间不允许超过规定的时限（min），有 15、30、60、90min 四种；否则，会使电机过热。

（3）断续工作：可按一系列相同的工作周期，以间歇方式运行，如吊车、起重机等。

7.3　三相异步电动机的转动原理

图 7 - 7 所示的是一个装有手柄的蹄形磁铁，磁极间放有一个可以自由转动的、由铜条组成的转子。铜条两端分别用铜环连接起来，形似鼠笼，作为笼型转子。磁极和转子之间没有机械联系。当摇动磁极时，发现转子跟着磁极一起转动。摇得快，转子转得也快；摇得慢，转得也慢；反摇，转子马上反转。

从这一演示得出两点启示：第一，有一个旋转的磁场；第二，转子跟着磁场转动。异步电动机转子转动的原理与上述演示相似。那么，在三相异步电动机中，磁场从何而来，又为什么会旋转呢？下面就来讨论这个问题。

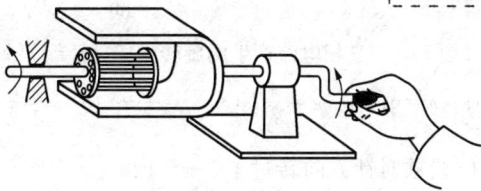

扫一扫

转子转动演示视频

7.3.1　旋转磁场

图 7 - 7　异步电动机转子转动的演示

1. 旋转磁场的产生

三相异步电动机的定子铁芯中放有三相对称绕组 AX、BY 和 CZ。设将三相绕组接成星形，如图 7 - 8（a）所示，A、B、C 分别接在三相电源上，绕组中便通入三相对称电流

$$i_A = I_m \sin\omega t$$
$$i_B = I_m \sin(\omega t - 120°)$$
$$i_C = I_m \sin(\omega t + 120°)$$

其波形如图 7 - 8（b）所示。取绕组首端到末端的方向作为电流的参考方向。在电流的正半周时，其值为正，其实际方向与参考方向一致；在负半周时，其值为负，其实际方向与参考方向相反。

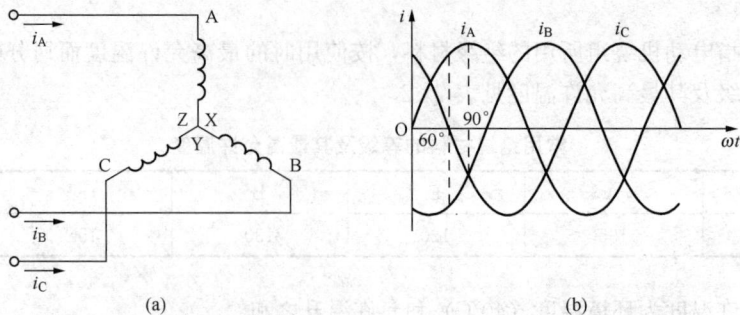

图 7 - 8　三相对称电流

(a) 电路图；(b) 波形图

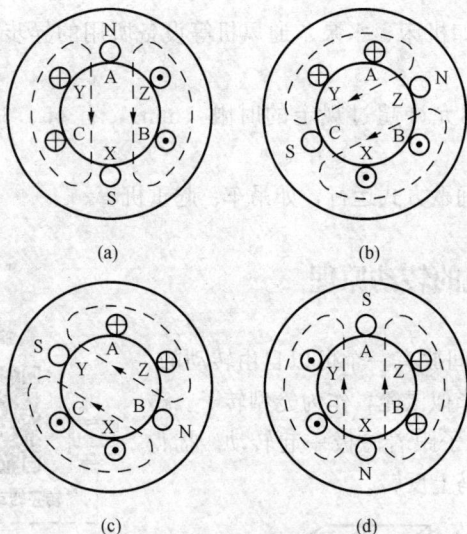

图 7 - 9　三相电流产生的旋转磁场（$p=1$）

(a) $\omega t=0$；(b) $\omega t=\dfrac{\pi}{3}$；(c) $\omega t=\dfrac{2}{3}\pi$；(d) $\omega t=\pi$

在 $\omega t=0$ 的瞬时，定子绕组中的电流方向如图 7 - 9（a）所示。这时 $i_A=0$；i_B 为负，其方向与参考方向相反，即电流自 Y 端流入到 B 端；i_C 为正，其方向与参考方向相同，即电流自 C 端流入到 Z 端。将每相电流所产生的磁场相加，便得出三相电流的合成磁场。在图 7 - 9（a）中，合成磁场轴线的方向是自上而下。因是两极磁场，故称其为一对磁极，用 p 表示极对数，则 $p=1$。

图 7 - 9（b）所示的是 $\omega t=\dfrac{\pi}{3}$ 时定子绕组中电流方向和三相电流合成磁场的方向。这时的合成磁场已从 $t=0$ 瞬时所在位置顺时针方向转过了 $\dfrac{\pi}{3}$ $=60°$。

同理可得，在 $\omega t=\dfrac{2}{3}\pi$ 时的三相电流的合成磁场，如图 7 - 9（c）所示。合成磁场从 $t=0$ 瞬时所在位置顺时针方向转过了 $\dfrac{2}{3}\pi=120°$。

而当 $\omega t=\pi$ 时，合成磁场从 $t=0$ 瞬时所在位置顺时针方向旋转 $\pi=180°$。合成磁场方向如图 7 - 9（d）所示。

由以上分析可知，当定子绕组中通入三相对称电流后，它们共同产生的合成磁场是随电流的交变而在空间不断地旋转着，这就是旋转磁场。旋转磁场同磁极在空间旋转所起的作用是一样的，如图 7 - 7 所示。

2. 旋转磁场的转向

旋转磁场的方向取决于三相电流的相序。从图 7 - 9 可以看出，当三相电流的相序为 A→B→C 时，旋转磁场方向也是沿绕组 A→B→C 的方向，即顺时针方向，所以，旋转磁场的旋转方向与三相电流的相序一致。如果将与三相电源连接的三根导线中的任意两根的一端对调位置，如 B、C 对调，C 相绕组通入 i_B 相电流，B 相绕组通入 i_C 相

扫一扫

两极旋转磁场动画

笔记：

电流，则旋转磁场就会反转，即转向为 A→C→B，如图 7-10 所示。分析方法与前相同。

3. 旋转磁场的极数

三相异步电动机的极数就是旋转磁场的极数。旋转磁场的极数和三相绕组的安排有关。在图 7-9 所示的情况下，每相绕组只有一个线圈，绕组的首端之间相差 120° 空间角，则产生的旋转磁场具有一对极，即 $p=1$，如将定子绕组按如图 7-11 所示连接，即每相绕组有两个线圈串联，绕组的首端之间相差 60° 空间角，则产生的旋转磁场具有两对极，即 $p=2$。四极旋转磁场如图 7-12 所示。

同理，如果要产生三对极，即 $p=3$ 的旋转磁场，则每相绕组必须有三个线圈串联，且在空间位置上，绕组的首端互差 40° 空间角。

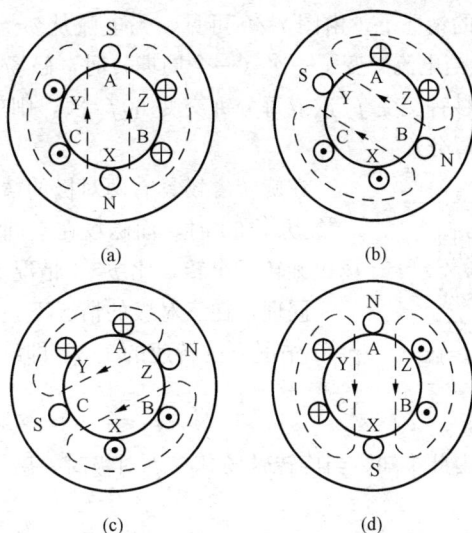

图 7-10 旋转磁场的反转

(a) $\omega t=0$；(b) $\omega t=\dfrac{\pi}{3}$；(c) $\omega t=\dfrac{2}{3}\pi$；(d) $\omega t=\pi$

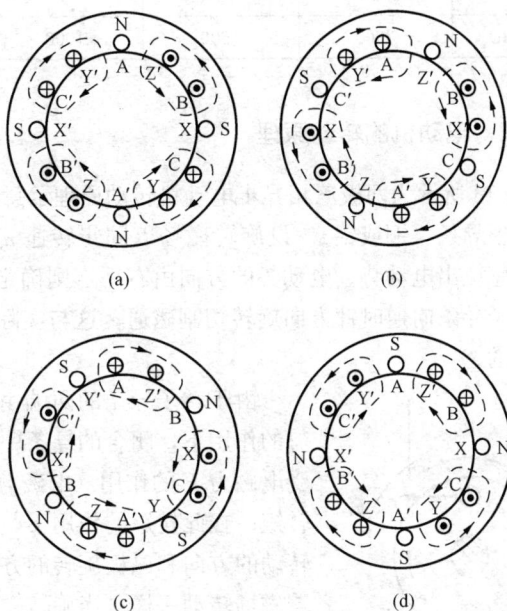

图 7-11 产生四极磁场的定子绕组

(a) 嵌放情况；(b) 接线图

图 7-12 三相电流产生的旋转磁场（$p=2$）

(a) $\omega t=0$；(b) $\omega t=\dfrac{\pi}{3}$；(c) $\omega t=\dfrac{2}{3}\pi$；(d) $\omega t=\pi$

4. 旋转磁场的转速

三相异步电动机的转速与旋转磁场的转速有关，而旋转磁场的转速决定于磁场的极数。在一

〈 笔记：

对极的情况下，由图 7-9 可见，当电流从 $\omega t=0$ 到 $\omega t=60°$ 经历了 $60°$ 时，磁场在空间也旋转了 $60°$。当电流交变了一次（一个周期）时，磁场恰好在空间旋转了一转。设电流的频率为 f_1，即电流每秒钟交变 f_1 次或每分钟交变 $60f_1$ 次，则旋转磁场的转速为 $n_0=60f_1$。转速的单位为 r/min（转/每分）。

扫一扫

在旋转磁场具有两对极的情况下，由图 7-12 可见，当电流也从 $\omega t=0$ 到 $\omega t=60°$ 经历了 $60°$ 时，而磁场在空间仅旋转了 $30°$。就是说，当电流交变了一次时，磁场仅旋转了半转，比 $p=1$ 情况下的转速慢了一半，即 $n_0=60f/2$。

四极旋转磁场动画

同理，在三对极的情况下，电流交变一次，磁场在空间仅旋转了 1/3 转，只是 $p=1$ 情况下的转速的 1/3，即

$$n_0=\frac{60f_1}{3}$$

由此推知，当旋转磁场具有 p 对极时，磁场的转速为

$$n_0=\frac{60f_1}{p} \tag{7-1}$$

由此可得，旋转磁场的转速 n_0 决定于电流频率 f 和磁场的极对数 p，而后者又决定于三相绕组的安排情况。旋转磁场的转速称为同步速度，我国的电源频率为 50Hz，对不同磁极对数所对应的同步转速见表 7-3。

表 7-3　　　　　　　　　　　不同磁极对数时的同步转速

p	1	2	3	4	5	6
n_0(r/min)	3000	1500	1000	750	600	500

7.3.2　电动机的转动原理

图 7-13 所示为两极三相异步电动机转动原理示意图，图中 N、S 表示两极旋转磁场，转子中只示出两根导条（铜或铝）。设旋转磁场以同步转速 n_0 顺时针方向旋转，其磁通切割转子导条，导条中就感应出电动势。电动势的方向由右手定则确定。在这里应用右手定则时，可假设磁极不动，而转子导条向逆时针方向旋转切割磁通，这与实际上磁极顺时针方向旋转时磁通切割转子导条是相当的。

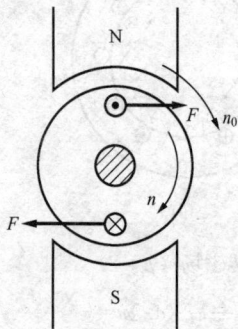

图 7-13　转子转动原理图

由于转子导条的两端由端环连通，形成闭合的转子电路，在电动势的作用下，闭合的导条中产生感应电流。载流的转子导条在磁场中受电磁力 F 的作用（电磁力的方向可应用左手定则来确定）形成电磁转矩，在此转矩的作用下，转子就沿旋转磁场的方向转动起来。转子转动的方向和磁极旋转的方向相同。正如图 7-7 所示的演示中转子跟着磁场转动一样。当旋转磁场反转时，电动机也跟着反转。

转子转速用 n 表示，但 n 总是要小于旋转磁场的同步转速 n_0，否则，两者之间没有相对运动，就不会产生感应电动势及感应电流，电磁转矩也无法形成，电动机不可能旋转。这就是异步电动机名称的由来。又因转子中的电流是感应产生的，故又称为感应电动机。

🗼 7.3.3　转差率

异步电动机作电动运行时，它的转速低于同步转速，即 $n < n_0$。异步电动机的同步转速 n_0 与转子转速 n 之差称为转差，其程度用转差率 s 来表征，即

$$s = \frac{n_0 - n}{n_0} \tag{7-2}$$

转差率是异步电动机的一个重要的物理量。转子转速愈接近磁场转速，则转差率愈小。由于三相异步电动机的额定转速与同步转速相近，所以它的转差率很小。

在电动机起动初始瞬间，$n=0$，$s=1$，这时转差率最大。

空载运行时，转子转速最高，转差率最小，s 约为 0.5%。

额定负载运行时，转子的转速较空载要低，s_N 为 $1\% \sim 6\%$。

【例 7-1】　有一台三相异步电动机，其额定转速 $n=975 \text{r/min}$。试求电动机的极数和额定负载时的转差率。电源频率 $f=50\text{Hz}$。

解　由于电动机的额定转速接近而略小于同步转速，而同步转速对应于不同的极对数有一系列固定的数值，见表 7-3。显然，与 975r/min 最相近的同步转速 $n_0 = 1000 \text{r/min}$，与此相应的磁极对数 $p=3$。因此，额定负载时的转差率为

$$s_N = \frac{n_0 - n_N}{n_0} = \frac{1000 - 975}{1000} = 0.025 = 2.5\%$$

【思考与讨论】

1. 试述感应电动机工作原理，为什么感应电动机是一种异步电动机？

2. 什么叫同步转速？它与哪些因素有关？

3. 旋转磁场的转向由什么决定？

4. 什么是三相电源的相序？就三相异步电动机本身而言，有无相序？

5. 一台三相异步电动机，如果转子转速 n 等于旋转磁场转速 n_0，则将出现什么情况？如果 $n > n_0$ 又将如何？

6. 异步电动机的转速越高，则电动机的转差率 s 就越大，是否正确？

7. 旋转磁场的同步转速与外加电压是否有关？

7.4　三相异步电动机的电磁转矩

电磁转矩是三相异步电动机的重要物理量，机械特性是它的主要特性。它表征一台电动机拖动生产机械能力的大小和运行性能。三相异步电动机的电磁关系与变压器相似，它的定子电路和转子电路就相当于变压器的一次绕组和二次绕组。它的旋转磁场的主磁通将定子和转子交链在一起。因此，可参照变压器的工作原理来对异步电动机进行分析。它们的主要区别是：变压器是静止的，而异步电动机的转子是旋转的；变压器的主磁通通过铁芯而成闭合回路，而电动机的磁路中存在着一个很小的空气隙。

🗼 7.4.1　电磁转矩

由三相异步电动机的转动原理可知，驱动电动机旋转的电磁转矩是由转子导条中的电流 I_2 与旋转磁场每极磁通 Φ 相互作用而产生的。因此，电磁转矩的大小与 I_2 及 Φ 成正比。由于转子电路

是一个交流电路，它既有电阻，又有感抗存在，故转子电流 I_2 滞后于转子感应电动势 E_2 一个相位差角 φ_2，其功率因数是 $\cos\varphi_2$，转子电流只有有功分量 $I_2\cos\varphi_2$ 才能与旋转磁场相互作用而产生电磁转矩。因此，异步电动机的电磁转矩的表达式为

$$T = K_T\Phi I_2\cos\varphi_2 \tag{7-3}$$

式中：K_T 为与电动机结构有关的常数，电磁转矩的单位是 N·m（牛顿·米）。

🗼 7.4.2 旋转磁场主磁通与电源电压 U_1 的关系

在变压器中，电源电压与主磁通最大值的关系为

$$U_1 \approx E_1 = 4.44f_1N_1\Phi_m$$

在异步电动机中，当定子绕组接入三相交流电压 U_1 后，所产生的旋转磁场在定子每相绕组中会产生感应电动势 E_1，忽略定子绕组本身阻抗压降，其端电压有效值为

$$U_1 \approx E_1 = 4.44K_1f_1N_1\Phi \tag{7-4}$$

或

$$\Phi \approx \frac{U_1}{4.44K_1f_1N_1}$$

式中：f_1 为外加电源电压的频率；N_1 为每相定子绕组的匝数；Φ 为旋转磁场的每极磁通量，在数值上等于通过定子每相绕组的磁通最大值 Φ_m；K_1 为考虑电动机定子绕组按一定规律沿定子铁芯内圆周分布而引入的绕组系数，K_1 小于 1 而约等于 1。

式（7-4）说明，当电源 U_1 和 f_1 一定时，异步电动机旋转磁场的每极磁通量基本不变。或者说，在 f_1 不变时，每极磁通 Φ 的大小与定子相电压 U_1 成正比。

🗼 7.4.3 转子电流、功率因数与转差率的关系

在电动机接通电源的瞬间，转子仍处于静止状态，这时，转子转速 $n=0$（$s=1$），旋转磁场的磁通 Φ 以同步转速 n_0 切割转子导条，在转子导条中感应出电动势 E_{20}，其有效值为

$$E_{20} = 4.44K_2f_1N_2\Phi \tag{7-5}$$

式中：K_2 为转子绕组的绕组系数，$K_2<1$；N_2 为转子每相绕组的匝数。

这时，转子感应电动势的频率就是 f_1。

转子每相绕组的感抗为

$$X_{20} = 2\pi f_1L_2 \tag{7-6}$$

式中：L_2 为转子每相绕组的电感。

当电动机正常运行时，转子转速为 n，旋转磁场的转速为 n_0，它与转子导条间的切割速度为 n_0-n，由式（7-1）可求得转子中感应电动势的频率为

$$f_2 = \frac{p(n_0-n)}{60} = \frac{n_0-n}{n_0} \times \frac{pn_0}{60} = sf_1 \tag{7-7}$$

式（7-7）表明，转子转动时，转子绕组感应电动势的频率 f_2 与转差率 s 成正比。当 s 很小时，f_2 也很小，电动机额定运行时，f_2 只有 0.5～3Hz。这时，转子边感应电动势 E_2 的有效值为

$$E_2 = 4.44K_2f_2N_2\Phi = sE_{20} \tag{7-8}$$

转子的每相感抗为

$$X_2 = 2\pi f_2 L_2 = sX_{20} \tag{7-9}$$

故此可得

$$I_2 = \frac{E_2}{\sqrt{R_2^2 + X_2^2}} = \frac{sE_{20}}{\sqrt{R_2^2 + (sX_{20})^2}} \tag{7-10}$$

式中：R_2 为转子每相绕组的电阻。

转子每相绕组的功率因数为

$$\cos\varphi_2 = \frac{R_2}{\sqrt{R_2^2 + X_2^2}} = \frac{R_2}{\sqrt{R_2^2 + (sX_{20})^2}} \tag{7-11}$$

由上述知识可知，转子电路的各物理量 E_2、I_2、f_2、X_2、$\cos\varphi_2$ 都是转差率 s 的函数，即都与电动机的转速有关。特别是 I_2、$\cos\varphi_2$ 与 s 的关系可用图 7-14 表示。

7.4.4 异步电动机的电磁转矩

将式（7-10）和式（7-11）代入式（7-3），即可得出

$$T = K_{\mathrm{T}}\Phi \frac{sE_{20}}{\sqrt{R_2^2 + (sX_{20})^2}} \frac{R_2}{\sqrt{R_2^2 + (sX_{20})^2}}$$

$$= K_{\mathrm{T}}\Phi \frac{sE_{20}R_2}{R_2^2 + (sX_{20})^2} \tag{7-12}$$

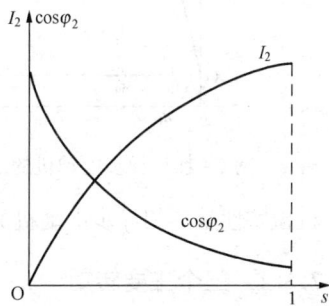

图 7-14 I_2、$\cos\varphi_2$ 与 s 的关系

由式（7-4）和式（7-5）可知，当 f_1 一定时，$\Phi \propto U_1$，$E_{20} \propto \Phi \propto U_1$，故式（7-12）可写成

$$T = K'_{\mathrm{T}}U_1^2 \frac{sR_2}{R_2^2 + (sX_{20})^2} \tag{7-13}$$

式中：K'_{T} 为常数；U_1 为定子绕组的相电压。

由此可见，电磁转矩 T 与相电压 U_1 的平方成正比，所以电源电压的波动对电动机的电磁转矩将产生很大的影响。

【思考与讨论】

1. 在磁通一定时，为什么异步电动机的电磁转矩与转子电流的有功分量成正比，而不是直接与转子电流 I_2 成正比？

2. 频率为 60 Hz 的异步电动机，若接在 50 Hz 的电源上使用，将会发生何种现象？

3. 为什么负载增加时，三相异步电动机的定子电流和输入功率会自动增加？从空载到额定负载，电动机的主磁通有无变化？为什么？

4. 某人在检修电动机时，将转子抽掉，而在定子绕组上加三相额定电压，这会产生什么后果？

5. 如果把三相异步电动机的定子与转子的结构互相对调，是否也能产生旋转磁场和电磁转矩？

6. 异步电动机一旦出现"同步"现象，电磁转矩就会随之消失，是否正确？

7.5 三相异步电动机的机械特性

在式（7-12）中，当电源电压 U_1 和 f_1 一定，且 R_2、X_{20} 都是常数时，电磁转矩 T 只随转差率变化，它们的关系可用 $T = f(s)$ 曲线表示，称为异步电动机的转矩特性曲线，如图 7-15 所示。但在实际工作中，常用异步电动机的机械特性来分析问题。所谓机械特性就是在电源电压不变的

条件下，电动机的转速 n 和电磁转矩 T 的函数关系，即 $n = f(T)$。只需将图 7-15 中 $T = f(s)$ 的曲线顺时针方向旋转 90°，再将表示 T 的横轴移下即可，机械特性曲线如图 7-16 所示。

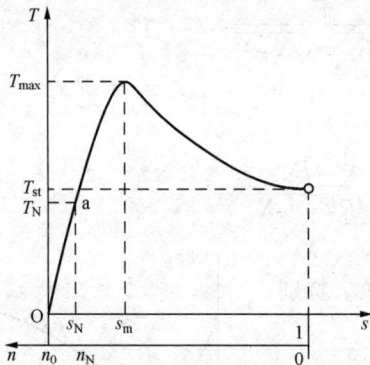

图 7-15　异步电动机的 $T = f(s)$ 曲线　　　图 7-16　异步电动机的 $n = f(T)$ 曲线

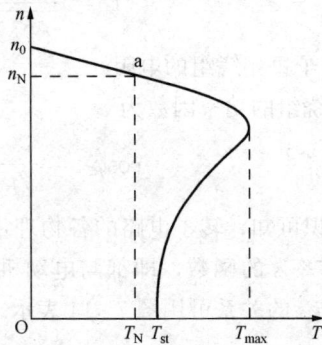

机械特性是三相异步电动机的主要特性。由此可分析电动机的运行性能。

7.5.1　三个主要转矩

1. 额定转矩 T_N

电动机在等速运行时，其电磁转矩 T 必须与阻力转矩 T_C 相平衡，即 $T = T_C$。阻力转矩主要是轴上的机械负载转矩 T_2，此外，还包括电动机的空载损耗转矩 T_0。由于 T_0 一般很小，可忽略，所以有

$$T_C = T_2 + T_0 \approx T_2$$

可近似认为，电动机等速运行时，其电磁转矩与轴上的负载转矩相平衡。由此可得

$$T = T_2 = \frac{P_2 \times 10^3}{\Omega} = \frac{P_2 \times 10^3}{\frac{2\pi n}{60}} = 9550 \frac{P_2}{n} \quad (\text{N} \cdot \text{m}) \tag{7-14}$$

式中：P_2 为电动机轴上输出的机械功率，kW；n 为电动机的转速，r/min；转矩的单位是 N·m。

电动机的额定转矩是电动机在额定负载时的转矩。可从电动机铭牌上的额定功率（输出机械功率）和额定转速并应用式（7-13）求得，即

$$T_N = 9550 \frac{P_{2N}}{n_N} \quad (\text{N} \cdot \text{m})$$

例如某普通车床的主轴电动机的额定功率为 7.5kW，额定转速为 1440r/min，则额定转矩为

$$T_N = 9550 \frac{P_{2N}}{n_N} = 9550 \times \frac{7.5}{1440} \text{N} \cdot \text{m} = 49.7(\text{N} \cdot \text{m})$$

2. 最大转矩 T_m

从机械特性曲线上看，转矩有一个最大值，称为最大转矩或临界转矩，用 T_m 表示，对应于最大转矩的转差率称为临界转差率，用 s_m 表示，可由 $\dfrac{\mathrm{d}T}{\mathrm{d}s}$ 求得，即

$$s_m = \frac{R_2}{X_{20}} \tag{7-15}$$

再将 s_m 代入式（7-13），可得

$$T_m = K'_T U_1^2 \frac{1}{2X_{20}} \tag{7-16}$$

(笔记：

由式（7-15）和式（7-16）可见，T_m 与 U_1^2 成正比，而与转子电阻 R_2 无关；s_m 与 R_2 有关，R_2 愈大，s_m 也愈大，但 s_m 与电源电压 U_1 无关。

图 7-17 所示为 U_1 一定时，对应不同 R_2 的机械特性曲线。图中 $R_2' > R_2$，故 $s_m' > s_m$。在同一负载转矩 T_2 作用下，R_2 愈大，n 愈小。

图 7-18 所示为 R_2 为常数时对应不同 U_1 时的 $n = f(T)$ 曲线。在负载转矩 T_2 一定时，U_1 下降，即 $U_1 > U_1'$ 时，电动机的转速下降，$n' < n$。U_1 进一步减小，T_2 将超过电动机的最大转矩 T_m，即 $T_2 > T_m$，转速急剧下降至 $n = 0$，电动机停转。而电动机的电流迅速升高至额定电流的 5～7 倍，电动机将严重过热，甚至烧毁。这种现象称为"闷车"或"堵转"。

在较短的时间内，电动机的负载转矩可以超过额定转矩而不至于过热。因此，最大转矩也表示电动机的短时允许的过载能力，是电动机重要性能指标之一，用过载系数 λ_m 表示，即

$$\lambda_m = \frac{T_m}{T_N} \tag{7-17}$$

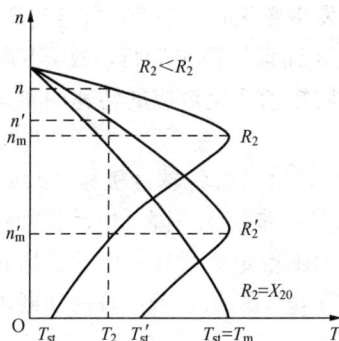

图 7-17　R_2 不同时的 $n = f(T)$ 曲线　　图 7-18　U_1 不同时的 $n = f(T)$ 曲线

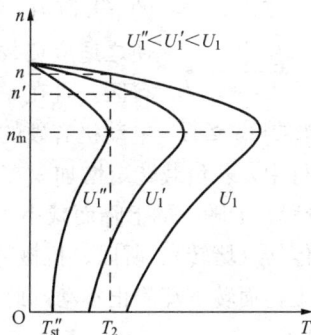

一般三相异步电动机的过载系数为 1.8～2.5，特殊电动机可达 3.7。

在选用电动机时，必须考虑可能出现的最大负载转矩，而后根据所选电动机的过载系数算出电动机的最大转矩，它必须大于负载转矩。否则，就要重选电动机。

3. 起动转矩 T_{st}

电动机接通电源瞬间 $n = 0$，$s = 1$ 的电磁转矩称为起动转矩。将 $s = 1$ 代入式（7-13）得

$$T_{st} = K_T' U_1^2 \frac{R_2}{R_2^2 + X_{20}^2} \tag{7-18}$$

由式（7-18）可见，T_{st} 与 U_1^2 及 R_2 有关。当电源电压降低时，起动转矩会减小，如图 7-18 所示。当转子电阻适当加大时，起动转矩会增大，如图 7-17 所示。当 $R_2 = X_{20}$ 时，可得 $T_{st} = T_m$，$s_m = 1$，如图 7-17 所示，这时，T_{st} 达到最大值。但继续增大 R_2 时，T_{st} 就要减小。绕线型电动机通常采用改变 R_2 的方法来改善起动性能。

电动机的起动转矩必须大于电动机静止时的负载转矩才能带负载起动。起动转矩与负载转矩的差值越大，起动越快，起动过程愈短。通常用 T_{st} 与 T_N 之比表示异步电动机的起动能力，称为起动系数，用 λ_s 表示，即

$$\lambda_s = \frac{T_{st}}{T_N} \tag{7-19}$$

一般笼型异步电动机的起动系数为 1.0～2.2，特殊用电动机可达 4.0。

7.5.2 电动机的稳定运行

异步电动机接通电源后，只要起动转矩大于轴上的负载转矩 T_2，转子便起动旋转，如图 7-19 所示。由机械特性曲线 $n=0$ 的 c 点沿 cb 段加速运行，cb 段 T 随着转速 n 升高而不断增大，经过 b 点后，由于 T 随 n 的增加而减小，故加速度也逐渐减小，直到 a 点，$T=T_2$ 电动机就以恒定转速 n 稳定运行。

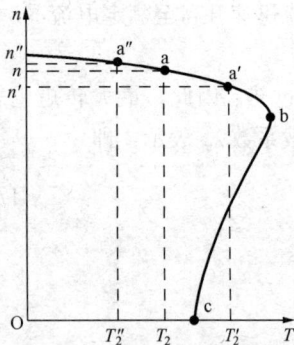

图 7-19　电动机的稳定运行

若由于某种原因使负载转矩增加，如 $T_2'>T$，电动机就会沿 ab 段减速，电磁转矩 T 随 n 的下降而增大，直至 $T_2'=T$，对应于曲线的 a' 点。电动机在新的稳定状态下，以较低的转速 n' 运行。反之，若负载转矩变小，如 $T_2''<T$，电动机将沿曲线 ab 段加速，上升至曲线的 a'' 点，这时，电磁转矩随 n 的增加而减小，又达新的稳定状态 $T_2''=T$，电动机以较高的转速 n'' 稳定运行。由此可见，在机械特性的 n''b 段内，当负载转矩发生变化时，电动机能自动调节电磁转矩，使之适应负载转矩的变化，而保持稳定运行，故 n''b 段称为稳定运行区。且在 n''b 段，较大转矩的变化对应的转速的变化很小，异步电动机有硬的机械特性。

在电动机运行中，若负载转矩增加太多，使 $T_2>T_m$，电动机将越过机械特性的 b 点而沿 bc 段运行。在 bc 阶段，T 随 n 的下降而减小，T 的减小又进一步使 n 下降，电动机的转速很快下降到零，即电动机停转（堵转）。所以，机械特性 bc 段称为不稳定运行区。电动机堵转时，其定子绕组仍接在电源上，而转子却静止不动，此时，定、转子电流剧增，若不及时切断电源，电动机将迅速过热而烧毁。

【例 7-2】　有一台三相笼型异步电动机，其额定功率 $P_{2N}=55kW$，额定转速 $n_N=1480r/min$，$\lambda_m=2.2$，$\lambda_s=1.3$。试求这台电动机的额定转矩 T_N、起动转矩 T_{st} 和最大转矩 T_m 各为多少。

解　电动机的额定转矩为

$$T_N = 9550 \frac{P_{2N}}{n_N} = 9550 \frac{55}{1480} = 354.9 (N \cdot m)$$

起动转矩　　　　　　　　$T_{st}=1.3\times354.9=461 (N \cdot m)$

最大转矩　　　　　　　　$T_m=2.2\times354.9=780 (N \cdot m)$

【例 7-3】　一台三相笼型异步电动机，已知 $U_N=380V$，$I_N=20A$，△接，$\cos\varphi_N=0.87$，$\eta_N=0.87$，$n_N=1450r/min$，$\lambda_m=2$，$\lambda_s=1.4$。试求：

(1) 电动机轴上输出的额定转矩 T_N；

(2) 若要保证能满载起动，电网电压不能低于多少？

解　(1) 电动机轴上输出的额定转矩

$$P_{1N} = \sqrt{3}U_N I_N \cos\varphi_N$$

$$= \sqrt{3} \times 380 \times 20 \times 0.87 = 11.45 (kW)$$

$$P_{2N} = P_{1N} \times \eta_N$$

$$= 11.45 \times 0.875 = 10 (kW)$$

$$T_N = 9550 \times \frac{P_{2N}}{n_N}$$

$$= 9550 \times \frac{10}{1450} = 65.86 (N \cdot m)$$

（2）因为电磁转矩与电压平方成正比，对同一台电机，$U_1 = 380\text{V}$ 时，$T_{st} = 1.4T_N$，设电压为 U_1' 时，$T_{st}' = T_N$，则

$$\frac{380^2}{U_1'^2} = \frac{1.4T_N}{T_N}$$

所以

$$U_1' = \sqrt{\frac{380^2}{1.4}} = 321(\text{V})$$

即满载起动时，电源线电压不得低于321V，否则电机无法满载起动。

【思考与讨论】

1．三相异步电动机在一定的负载转矩下运行时，如电源电压降低，电动机的转矩、电流及转速有无变化？

2．三相异步电动机在正常运行时，如果转子突然被卡住而不能转动，试问这时电动机的电流有何改变？对电动机有何影响？

3．为什么三相异步电动机不在最大转矩处或接近最大转矩处运行？

4．某三相异步电动机的额定转速为 1460r/min。当负载转矩为额定转矩的一半时，电动机的转速约为多少？

5．三相笼型异步电动机在额定状态附近运行，当负载增大、电压升高、频率增高时，试分别说明其转速和电流作何变化。

7.6　三相异步电动机的起动

7.6.1　起动性能

电动机接通电源后开始转动，转速不断上升，直至达到稳定转速，这一过程称为起动。在电动机接通电源瞬间，$n = 0$，$s = 1$。下面从起动时的电流和转矩来分析电动机的起动性能。

首先讨论起动电流 I_{st}。在刚起动时，由于旋转磁场对静止的转子有着很大的相对转速，磁通切割转子导条的速度很快，这时转子绕组中感应出的电动势和产生的转子电流都很大。和变压器的原理一样，转子电流增大，定子电流必然相应增大。一般中小型笼型电动机的定子起动电流（指线电流）与额定电流的比值为5～7。例如 Y132M-4 型电动机的额定电流为 15.4A，起动电流与额定电流的比值为7，因此起动电流为 $15.4 \times 7 = 107.8(\text{A})$。

电动机不是频繁起动时，起动电流对电动机本身影响不大。因为起动电流虽大，但起动时间一般很短（小型电动机只有1～3s），从发热角度考虑没有问题；并且一经起动后，转速很快升高，电流便很快减小了。但当起动频繁时，由于热量的积累，可以使电动机过热。因此，在实际操作时应尽可能不让电动机频繁起动。例如，在切削加工时，一般只是用摩擦离合器或电磁离合器将主轴与电机轴脱开，而不将电动机停下来。

但是，电动机的起动电流对线路是有影响的。过大的起动电流在短时间内会在线路上造成较大的电压降落，而使负载端的电压降低，影响邻近负载的正常工作。例如对邻近的异步电动机，电压的降低不仅会影响它们的转速（下降）和电流（增大），甚至可能使它们的最大转矩降到小于负载转矩，以致使电动机停下来。

其次讨论起动转矩 T_{st}。在刚起动时，虽然转子电流较大，但转子的功率因数 $\cos\varphi$ 是很低的。

因此由式（7-3）可知，起动转矩实际上是不大的，它与额定转矩的比值为 1.0～2.2。

如果起动转矩过小，就不能在满载下起动，应设法提高。但起动转矩如果过大，会使传动机构（例如齿轮）受到冲击而损坏，所以又应设法减小。一般机床的主电动机都是空载起动（起动后再切削），对起动转矩没有什么要求。但对移动床鞍、横梁以及起重用的电动机应采用起动转矩较大一点的。

由上述分析可知，异步电动机起动时的主要缺点是起动电流较大。为了减小起动电流（有时也为了提高或减小起动转矩），则必须采用适当的起动方法。

🗼 7.6.2　起动方法

笼型电动机的起动有直接起动和降压起动两种。

1. 直接起动

直接起动是利用闸刀开关或接触器将电动机直接接到具有额定电压的电源上。这种起动方法虽然简单，但如上所述，由于起动电流较大，将使线路电压下降，影响负载正常工作。

一台电动机能否直接起动，有一定规定。有的地区规定：用电单位如有独立的变压器，则在电动机起动频繁时，电动机容量小于变压器容量的 20% 时允许直接起动；如果电动机不经常起动，它的容量小于变压器容量的 30% 时允许直接起动。如果没有独立的变压器（与照明共用），电动机直接起动时所产生的电压降不应超过 5%。

二三十千瓦以下的异步电动机一般都是采用直接起动的。

2. 降压起动

如果电动机直接起动时所引起的线路电压降较大，则必须采用降压起动，就是在起动时降低加在电动机定子绕组上的电压，以减小起动电流。笼型电动机的降压起动常用下面几种方法。

（1）星形—三角形（Y—△）换接起动。如果电动机在工作时其定子绕组是连接成三角形的，那么在起动时可把它接成星形，等到转速接近额定值时再换接成三角形连接。这样，在起动时就把定子每相绕组上的电压降到正常工作电压的 $1/\sqrt{3}$。

图 7-20 所示为定子绕组的两种连接法，Z 为起动时每相绕组的等效阻抗。

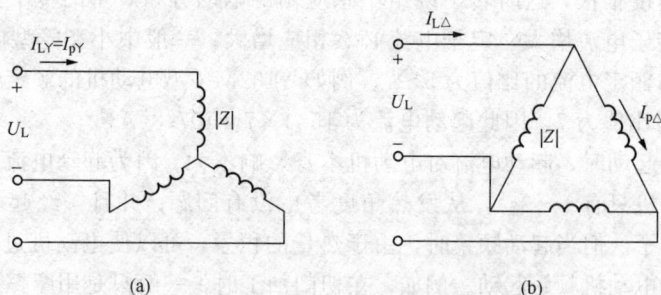

图 7-20　定子绕组 Y 形连接和△形连接时的起动电流
(a) 定子绕组 Y 形连接时的起动电流；(b) 定子绕组△形连接时的起动电流

当定子绕组为星形连接，即降压起动时，有

$$I_{LY} = I_{pY} = \frac{U_L / \sqrt{3}}{|Z|}$$

当定子绕组为三角形连接，即直接起动时，有

$$I_{L\triangle} = \sqrt{3} I_{p\triangle} = \sqrt{3} \frac{U_L}{|Z|}$$

比较以上两式，可得

$$\frac{I_{LY}}{I_{L\triangle}} = \frac{1}{3}$$

即降压起动时的电流为直接起动时的 $\frac{1}{3}$，也即 $I_{stY} = \frac{1}{3} I_{st\triangle}$。

由于转矩和电压的平方成正比，所以起动转矩也减小到直接起动时的 1/3，即 $T_{stY} = \frac{1}{3} T_{st\triangle}$。因此，这种方法只适合于空载或轻载时起动。

这种换接起动可采用星—三角起动器来实现。图 7 - 21 所示为一种星—三角起动器的接线简图。在起动时将手柄向右扳，使右边一排动触点与静触点相连，电动机就接成星形。等电动机接近额定转速时，将手柄往左扳，则使左边一排动触点与静触点相连，电动机换接成三角形连接。

星—三角起动器的体积小，成本低，寿命长，动作可靠。目前 4～100kW 的异步电动机都已设计为 380V 三角形连接，因此星—三角起动器得到了广泛的应用。

（2）自耦降压起动。自耦降压起动是利用三相自耦变压器将电动机在起动过程中的端电压降低，其接线图如图 7 - 22 所示。起动时，先把开关 Q2 扳到"起动"位置。当转速接近额定值时，将 Q2 扳向"工作"位置，切除自耦变压器。

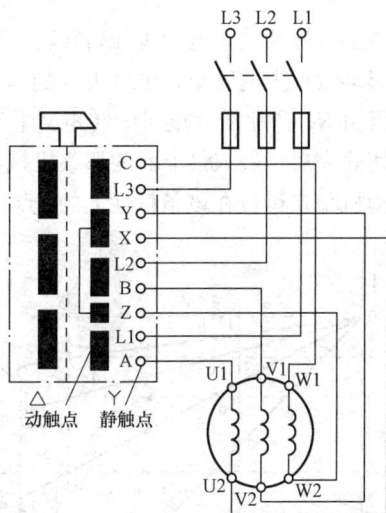

图 7 - 21　星—三角起动器接线简图

设自耦变压器一、二次绕组的变比为 K，全压起动时的起动电流为 I_{st}，则采用自耦变压器降压起动后，电动机从电网吸取的电流为 $I'_{st} = I_{st}/K^2$，此时的起动转矩也降为直接起动时的 $1/K^2$。

自耦变压器降压起动的变压器通常有几个抽头，使其输出电压分别为电源电压的 73%、64%、55% 或 80%、60%、40%，可供用户根据要求进行选择。

自耦降压起动适用于容量较大的或正常运行时为星形连接不能采用星—三角起动器的笼型异步电动机。

3. 绕线型异步电动机的起动

上面讲到的直接起动及降压起动方法也适用于绕线型异步电动机。根据绕线型异步电动机的自身特点，在转子回路中串接适当大小的电阻，可以改变机械特性的斜率，

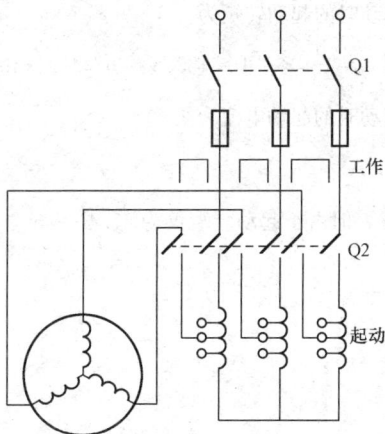

图 7 - 22　自耦降压起动接线图

增大起动转矩，又可以限制起动电流。绕线型异步电动机转子电路串接起动变阻器起动接线图如图7 - 23所示。

转子电路串电阻起动过程机械特性如图 7 - 24 所示。起动时，先将全部电阻串入转子电路，

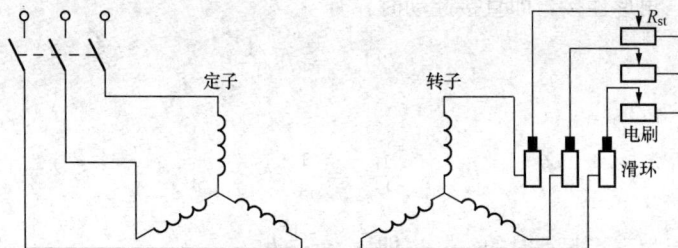

图 7-23　绕线型异步电动机起动时的接线图

再合上电源开关，电动机开始转动。随着电动机转速的逐渐升高，电磁转矩将逐渐减小，为了增大起动过程中的转矩，可将串入的起动电阻分段切除，当转矩降到 T'_{st} 时，切除一段电阻 R'''，使电阻由 R_3 成为 R_2，电机的转矩又上升到起动转矩值 T_{st}，之后重复上述过程。待该切除的电阻全部切除完后，进入最上面的那条机械特性，并沿着该特性上升，直到电磁转矩与负载转矩平衡，电动机稳定运行在该条特性上的 j 点。

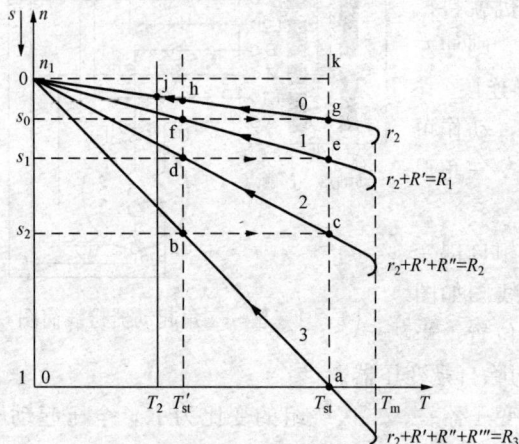

图 7-24　转子电路串电阻分级起动机械特性图

绕线型异步电动机常用于要求起动转矩较大的生产机械上，例如卷扬机、锻压机、起重机及转炉等。

【例 7-4】　一台笼型异步电动机，$P_{2N}=28kW$，$I_N=58A$，$n_N=1455r/min$，△接，$I_{st}/I_N=6$，$T_{st}/T_N=1.1$，供电变压器要求起动电流不大于 150A，负载转矩为 73.5N·m。

试问：采用 Y—△起动法是否可行？

解　电动机的额定转矩

$$T_N = 9550\frac{P_{2N}}{n_N} = 9550 \times \frac{28}{1455} = 183.8(\text{N·m})$$

Y—△起动时的起动转矩为

$$T_{stY} = \frac{1}{3}T_{st\triangle} = \frac{1}{3} \times 1.1 \times 183.8 = 67.4(\text{N·m})$$

Y—△起动时的起动电流为

$$I_{stY} = \frac{1}{3}I_{st\triangle} = \frac{1}{3} \times 6 \times 58 = 116(\text{A})$$

可见，Y—△起动时的起动电流符合供电变压器对起动电流的要求，但由于起动转矩仅为 67.4N·m，小于 73.5N·m 的负载转矩，所以不能采用 Y—△起动。

【例 7-5】　上例中的电机，若采用自耦变压器降压起动，抽头有 55％、64％、73％三种。

试问：用哪种抽头起动时才能满足起动要求？

解　直接起动时的起动电流及起动转矩分别为

$$I_{st} = 6 \times 58 = 348(\text{A})$$

$$T_{st} = 1.1 \times 183.8 = 202.2(\text{N·m})$$

根据题意

$$\begin{cases} \dfrac{348}{K^2} < 150 \\ \dfrac{202.2}{K^2} > 73.5 \end{cases} \Rightarrow \begin{cases} K > 1.52 \\ K < 1.66 \end{cases} \Rightarrow \begin{cases} \dfrac{1}{K} < 0.66 \\ \dfrac{1}{K} > 0.60 \end{cases}$$

则应选择抽头为 64%，此时能同时满足变压器对起动电流的要求和电动机的起动转矩能克服负载转矩的要求。请读者考虑为何不可采用 55% 及 73% 两种抽头。

【思考与讨论】

1. 三相异步电动机在满载和空载下起动时，起动电流和起动转矩是否一样？

2. 绕线型电动机采用转子串电阻起动时，为什么能减小起动电流，增大起动转矩？是否所串电阻愈大，起动转矩也愈大？

3. 某三相笼型异步电动机铭牌上标明的额定电压为 380/220V，接在 380V 的交流电网上空载起动，能否采用 Y—△降压起动？

4. 一台三相笼型异步电动机，已知 $U_N=380V$，$I_N=20A$，△接，$\eta_N=87.5\%$，$\cos\varphi_N=0.87$，$n_N=1450r/min$，$\dfrac{I_{st}}{I_N}=7$，$\dfrac{T_{st}}{T_N}=1.4$，$\lambda_m=2$，试问若采用 Y—△起动，起动电流为多少？能否半载起动？

5. 某三相笼型异步电动机，已知 $P_{2N}=300kW$，$U_N=380V$，$I_N=527A$，定子 Y 接，$n_N=1475r/min$，$\dfrac{I_{st}}{I_N}=6.7$，$\dfrac{T_{st}}{T_N}=1.5$，$\lambda_m=2.5$，车间变电站允许最大冲击电流为 1800A，生产机械要求起动转矩不小于 1000N·m，试选择适当的起动方法。

7.7 三相异步电动机的调速

电动机的调速就是在一定的负载条件下，人为地改变电动机或电源的参数，使电动机的转速改变，以满足生产过程的要求，与各种扰动造成的电动机转速偏离是两回事。例如，各种切削机床的主轴运动随着工件与刀具的材料、工件直径、加工工艺的要求及走刀量的大小等的不同，要求有不同的转速，以获得最高的生产率和保证加工质量。如果采用电气调速，就可以大大简化机械变速机构。

在讨论异步电动机的调速时，首先从公式 $n=(1-s)n_0=(1-s)\dfrac{60f_1}{p}$ 出发。此式表明，改变电动机的转速有三种可能，即改变电源频率 f_1、极对数 p 及转差率 s。前两者是笼型电动机的调速方法，后者是绕线型电动机的调速方法，现分别讨论如下。

7.7.1 变频调速

变频调速是通过改变三相异步电动机定子绕组的供电频率 f_1 来改变同步转速 n_0 而实现调速的目的。近年来变频调速技术发展很快，目前主要采用如图 7-25 所示的变频调速装置，它主要由整流器和逆变器两大部分组成。整流器先将频率 f 为 50Hz 的三相交流电变换

图 7-25 变频调速装置

为直流电，再由逆变器变换为频率 f_1 可调、电压有效值 U_1 也可调的三相交流电，供给三相笼型电动机。由此可得到电动机的无级调速，并具有硬的机械特性。

通常有下列两种变频调速方式。

（1）在 $f_1 < f_{1N}$，即低于额定转速调速时，应保持 $\dfrac{U_1}{f_1}$ 的比值近于不变，也就是两者要成比例地同时调节。由 $U_1 \approx 4.44 K_1 f_1 N_1 \Phi$ 和 $T = K_T \Phi I_2 \cos \Phi_2$ 两式可知，这时磁通 Φ 和转矩 T 也都近似不变。这是恒转矩调速。

如果把转速调低时 $U_1 = U_{1N}$ 保持不变，则在减小 f_1 时磁通 Φ 将增加。这就会使磁路饱和（电动机磁通一般设计在接近铁芯磁饱和点），从而增加励磁电流和铁损耗，导致电机过热，这是不允许的。

（2）在 $f_1 > f_{1N}$，即高于额定转速调速时，应保持 $U_1 \approx U_{1N}$。这时磁通 Φ 和转矩 T 都将减小。转速增大，转矩减小，将使功率近于不变。这是恒功率调速。

如果把转速调高时 $\dfrac{U_1}{f_1}$ 的比值不变，在增加 f_1 的同时 U_1 也要增加。U_1 超过额定电压也是不允许的。

频率调节范围一般为 $0.5 \sim 320\,\text{Hz}$。

目前在国内由于逆变器中的开关元件（可关断晶闸管、大功率晶体管和功率场效应晶体管等）的制造水平不断提高，笼型电动机的变频调速技术的应用也就日益广泛。至于变频调速的原理电路，将在后续课程电子技术中介绍。

7.7.2　变极调速

由 $n_0 = \dfrac{60 f_1}{p}$ 可知，如果极对数 p 减小一半，则旋转磁场的转速 n_0 便提高一倍，转子转速 n 差不多也提高一倍。因此改变 p 可以得到不同的转速。

如何改变极对数呢？这同定子绕组的接法有关。

图 7-26 所示的是定子绕组的两种接法。把 A 相绕组分成两半：线圈 A1X1 和 A2X2。图 7-26（a）中是两个线圈串联，得出 $p=2$。图 7-26（b）中是两个线圈反并联（头尾相连），得出 $p=1$。在换极时，一个线圈中的电流方向不变，而另一个线圈中的电流必须改变方向。

双速电动机在机床上用得较多，像某些镗床、磨床、铣床上都有。这种电动机的调速是有级的。

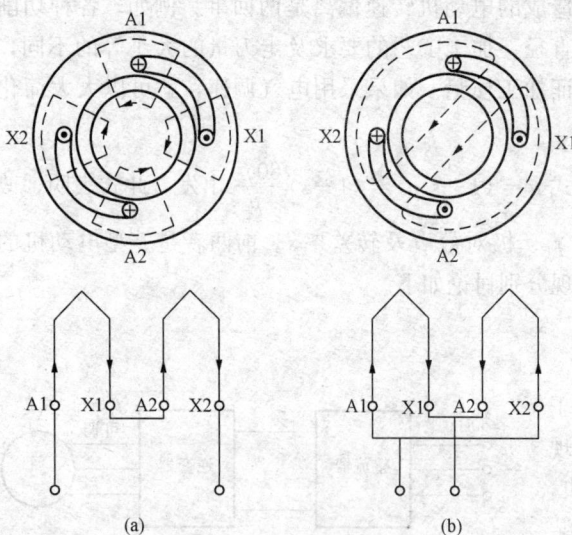

图 7-26　改变极对数 p 的调速方法

7.7.3　变转差率调速

只要在绕线型电动机的转子电路中接入一个调速电阻（和起动电阻一样接入，如图 7-23 所示），改变电阻的大小，就可得到平滑调速。譬如增大调速电阻时，转差率 s 上升，而转速 n 下降。这种调速方法又称为改变转差率调速，其优点是设备简单、投资少，但能量损耗较大。这种调速方法广泛应用于起重设备中。

7.8 三相异步电动机的制动

因为电动机的转动部分有惯性，所以把电源切断后，电动机还会继续转动一定时间而后停止。为了缩短辅助工时，提高生产机械的生产率，并为了安全起见，往往要求电动机能够迅速停车和反转。这就需要对电动机制动。除常见的机械制动外，还有电气制动，特别是电气制动性能十分优良、可靠，在现代生产设备中，普遍将上述两种制动形式配合起来使用。所谓电气制动，也就是要求电动机的转矩与转子的转动方向相反。这时的转矩称为制动转矩。

异步电动机的制动常有下列几种方法。

7.8.1 能耗制动

这种制动方法就是在切断三相电源的同时，接通直流电源，如图 7-27 所示，使直流电流通入定子绕组。直流电流的磁场是固定不动的（磁场的强弱通过调节电位器 R_P 来实现），而转子由于惯性继续在原方向转动。根据右手定则和左手定则不难确定这时的转子电流与固定磁场相互作用产生的转矩的方向。它与电动机转动的方向相反，因而起制动的作用。制动转矩的大小与直流电流的大小有关。直流电流的大小一般为电动机额定电流的 0.5～1 倍。

因为这种方法是用消耗转子的动能（转换为电能）来进行制动的，所以称为能耗制动。

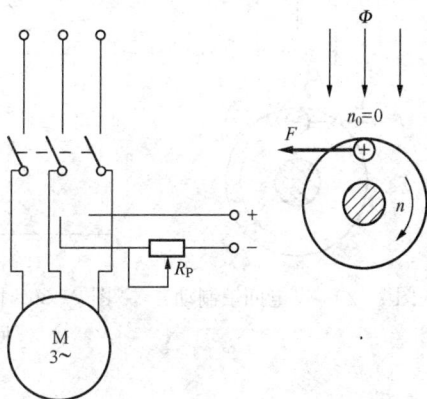

图 7-27　能耗制动原理图

图 7-28　反接制动原理图

这种制动方法能量消耗小，制动平稳，但需要直流电源。在有些机床中采用这种制动方法。

7.8.2 反接制动

这种制动方法在制动时，将任意两根电源线对调，使旋转磁场反向旋转，而转子由于惯性仍在原方向转动。这时的转矩方向与电动机的转动方向相反，如图 7-28 所示，因而起制动的作用。当转速接近零时，利用某种控制电器将电源自动切断，否则电动机将会反转。

由于在反接制动时旋转磁场与转子的相对转速（$n_0 + n$）很大，因而电流较大。为了限制电流，对功率较大的电动机进行制动时必须在定子电路（笼型）或转子电路（绕线型）中接入电阻。

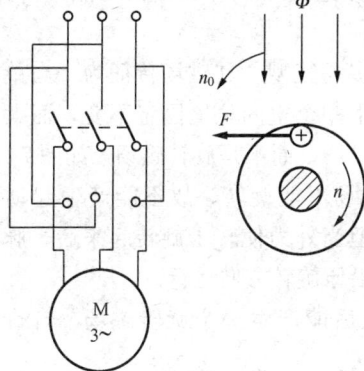

这种制动比较简单，效果较好，但能量消耗较大。对有些中型车床和铣床主轴的制动采用这种方法。

7.8.3 回馈制动

当转子的转速 n 超过旋转磁场的转速 n_0 时，这时的转矩也是制动的，如图 7-29 所示。当起重机快速下放重物时，就会发生这种情况。这时重物拖动转子，使其转速 $n>n_0$，重物受到制动而等速下降。实际上这时电动机已转入发电机运行，将重物的位能转换为电能而反馈到电网里去，所以称为发电回馈制动。

另外，当将多速电动机从高速调到低速的过程中，也自然发生这种制动，因为刚将极对数 p 加倍时，磁场转速立即减半，但由于惯性，转子转速只能逐渐下降，因此就出现 $n>n_0$ 的情况。

图 7-30 及图 7-31 所示为两种回馈制动时的机械特性，具体制动作用及过程不再分析。

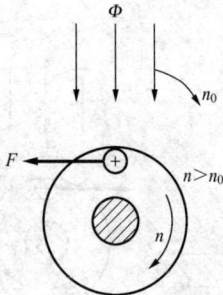

图 7-29 发电回馈制动

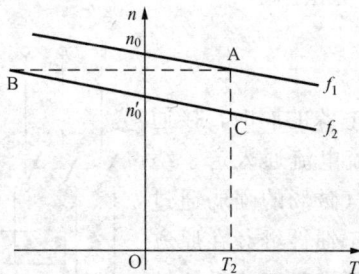

图 7-30 降低电源频率减速时的
回馈制动过程

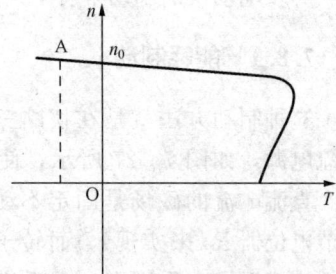

图 7-31 机车下坡时的
回馈制动特性

7.9 单相异步电动机

在单相电源电压作用下运行的异步电动机称为单相异步电动机，广泛用于家用电器、医疗器械等产品及自动控制系统中。容量一般从几瓦到几百瓦，随着用途的不同，其结构可能不一样，但基本工作原理却是相似的。

单相异步电动机的结构特征为：定子绕组为单相，转子大多是笼型。其磁场特征为：当单相正弦电流通过定子绕组时，会产生一个空间位置固定不变，而大小和方向随时间作正弦交变的脉动磁场，而不是旋转磁场，如图 7-32 所示。工作特征为：由于脉动磁场不能旋转，故不能产生起动转矩，因此电动机不能自行起动。但当外力使转子旋转起来后，脉动磁场产生的电磁转矩能使其继续沿原旋转方向运行。

为了使单相异步电动机通电后能产生一个旋转磁场，自行起动，常用电容式和罩极式两种方法。

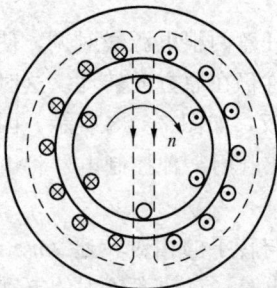

图 7-32 单相异步电动机的
脉动磁场

7.9.1 电容分相式异步电动机

图 7-33 所示为电容式单相异步电动机。电动机定子上有两个绕组 AX 和 BY。AX 是工作绕组，BY 是起动绕组。两绕组在定子圆周上的空间位置相差 90°，如图 7-33（a）所示。起动绕组 BY 与电容 C 串联后，再与工作绕组 AX 并联接入电源，如果电容器的容量选得适当，可使两个绕组中的电流在相位上近乎相差 90°，这就是分相。即电容器的作用使

单相交流电分裂成两个相位相差 90° 的交流电。其接线图和相量图分别如图 7-33（b）、（c）所示。这样，在空间相差 90° 的两个绕组，分别通有在相位上相差 90°（或接近 90°）的两相电流，也能产生旋转磁场。

设两相电流为

$$i_A = I_{Am}\sin\omega t$$

$$i_B = I_{Bm}\sin(\omega t + 90°)$$

它们的正弦曲线如图 7-34（a）所示。根据三相电流产生旋转磁场的原理，则图 7-34（b）中两相电流所产生的合成磁场也是在空间旋转的。在这个旋转磁场的作用下，电动机就有了起动转矩，转子就转动起来。在接近额定转速时，可以借助离心力的作用把开关 S 断开（在起动时是靠弹簧使其闭合的），以切断起动绕组。也可以采用起动继电器把它的吸引线圈串接在工作绕组的电路中。在起动时由于电流较大，继电器动作，其动合触点闭合，将起动绕组与电源接通。

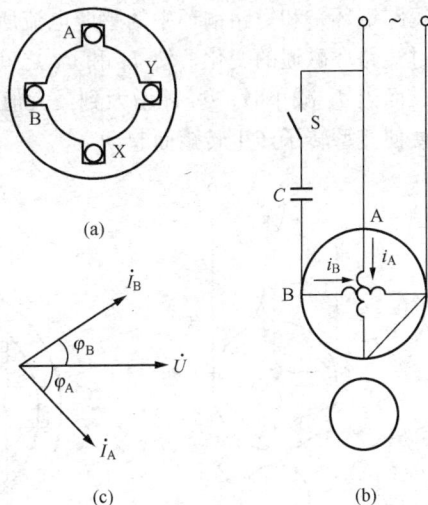

图 7-33　电容式单相异步电动机
（a）绕组的空间位置；（b）接线图；
（c）电压电流相量图

随着转速的升高，工作绕组中电流减小，当减小到一定值时，继电器复位，切断起动绕组。也有在电动机运行时不断开起动绕组（或仅切除部分电容）以提高功率因数和增大转矩的。

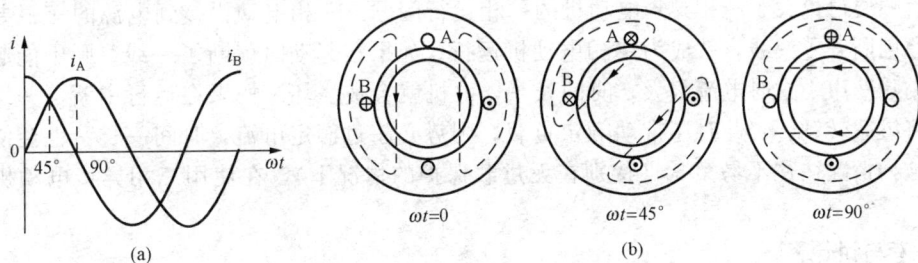

图 7-34　电容式单相异步电动机的电流波形和旋转磁场
（a）两相电流波形；（b）旋转磁场

除用电容来分相外，也可用电感和电阻来分相。工作绕组的电阻小，匝数多（电感大）；起动绕组的电阻大，匝数少，以达到分相的目的。

改变电容器 C 的串联位置，可使单相异步电动机反转。在图 7-35 中，将开关 S 合在位置 1，电容器 C 与 B 绕组串联，电流 i_B 较 i_A 超前近 90°；当将 S 切换到位置 2，电容器 C 与 A 绕组串联，i_A 较 i_B 超前近 90°。这样就改变了旋转磁场的转向，从而实现电动机的反转。洗衣机中的电动机就是由定时器的转换开关来实现这种自动切换的。

扫一扫

洗衣机控制电路动画
油烟机控制电路
动画

7.9.2　罩极式异步电动机

罩极式单相异步电动机的结构如图 7-36 所示。单相绕组绕在磁极上，在磁极的约 1/3 部分套一短路铜环。

在图 7-37 中，Φ_1 是励磁电流 i 产生的磁通，Φ_2 是 i 产生的另一部分磁通（穿过短路铜环）和短路铜环中的感应电流所产生的磁通的合成磁通。由于短路环中的感应电流阻碍穿过短路环磁通的变化，使 Φ_1 和 Φ_2 之间产生相位差，Φ_2 滞后于 Φ_1。当 Φ_1 达到最大值时，Φ_2 尚小；而当 Φ_1 减小时，Φ_2 才增大到最大值。这相当于在电动机内形成一个向被罩部分移动的磁场，它便使笼型转子产生转矩而起动。

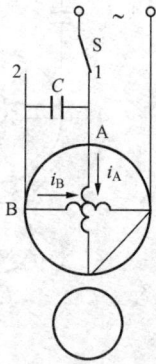

图 7-35 实现正反转的
电路

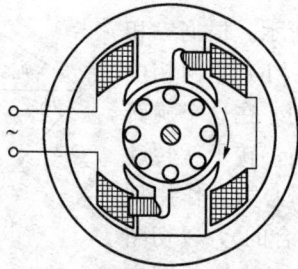

图 7-36 罩极式单相异步
电动机结构图

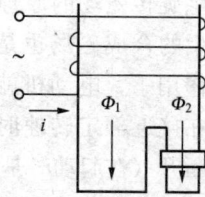

图 7-37 罩极式电动机
的移动磁场

罩极式单相异步电动机结构简单，工作可靠，但起动转矩较小，常用于对起动转矩要求不高的设备中，如风扇、吹风机等。

最后顺便讨论关于三相异步电动机的单相运行问题。三相电动机接到电源的三根导线中由于某种原因断开了一线，就成为单相电动机运行。如果在起动时就断了一线，则不能起动，只听到"嗡嗡"声。这时电流很大，时间长了，电机就会被烧坏。如果在运行中断了一线，则电动机仍将继续转动。若此时还带动额定负载，则势必超过额定电流，时间一长，也会使电动机烧坏。这种情况往往不易察觉（特别在无过载保护的情况下），在使用三相异步电动机时必须注意。

【思考与讨论】

1. 单相异步电动机为什么要有起动绕组？试述电容式单相异步电动机的起动原理。

2. 如何使单相异步电动机反转？试述其工作原理。

3. 三相异步电动机断了一根电源线后，为什么不能起动？而在运行时断了一根线，为什么能继续转动？这两种情况对电动机有何影响？

4. 一台电扇采用电容分相单相电动机，通电后无法起动，而用手拨动风叶后即能运转。试分析原因。

5. 如将电容分相单相异步电动机中的电容换成电阻，能否起到相同作用？试说明。

*7.10 同 步 电 动 机

同步电动机的定子和三相异步电动机的一样；而它的转子是磁极，由直流励磁，直流经电刷和滑环流入励磁绕组，如图 7-38 所示。在磁极的极掌上装有和笼型绕组相似的起动绕组，当将定子绕组接到三相电源产生旋转磁场后，同步电动机就像异步电动机那样起动起来（这时转子尚未励磁）。当电动机的转速接近同步转速 n_0 时，才对转子励磁。这时，旋转磁场就能紧紧地牵引

着转子一起转动，如图 7-39 所示。以后，两者转速便保持相等（同步），即

$$n = n_0 = \frac{60f}{p}$$

这就是同步电动机名称的由来。

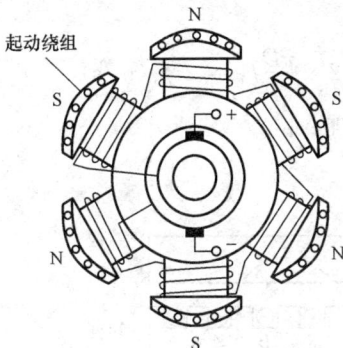

起动绕组

图 7-38　同步电动机的转子　　　　图 7-39　同步电动机的工作原理图

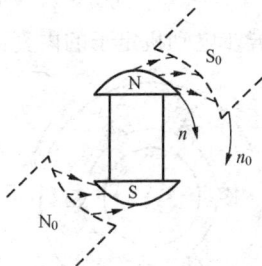

当电源频率 f 一定时，同步电动机的转速 n 是恒定的，不随负载而变。所以它的机械特性曲线 $n = f(T)$ 是一条与横轴平行的直线，如图 7-40 所示。这是同步电动机的基本特性。

同步电动机运行时的另一重要特性是：改变励磁电流，可以改变定子相电压 $\dot{U}$ 和相电流 $\dot{I}$ 之间的相位差 φ（也就是改变同步电动机的功率因数 $\cos\varphi$），可以使同步电动机运行于电感性、电阻性和电容性三种状态。这不仅可以提高本身的功率因数，而且利用运行于电容性状态可以提高电网的功率因数。同步补偿机就是专门用来补偿电网滞后功率因数的空载运行的同步电动机。

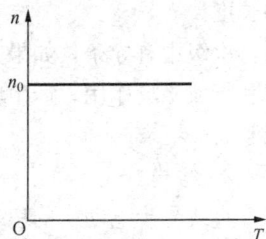

同步电动机常用于长期连续工作及保持转速不变的场所，如用来驱动水泵、通风机、压缩机等。

图 7-40　同步电动机的
机械特性曲线

【例 7-6】 某车间原有功率 30kW，平均功率因数为 0.6。现新添设备一台，需用 40kW 的电动机，车间采用了三相同步电动机，并且将全车间的功率因数提高到 0.96。试问这时同步电动机运行于电容性还是电感性状态？无功功率多大？

解　因将车间功率因数提高，所以该同步电动机运行于电容性状态。车间原有无功功率

$$Q = \sqrt{3}UI\sin\varphi = \frac{P}{\cos\varphi}\sin\varphi = \frac{30}{0.6} \times \sqrt{1 - 0.6^2} = 40\,(\text{kvar})$$

同步电动机投入运行后，车间的无功功率

$$Q' = \sqrt{3}UI'\sin\varphi' = \frac{P'}{\cos\varphi'}\sin\varphi' = \frac{30 + 40}{0.96} \times \sqrt{1 - 0.96^2} = 20.4\,(\text{kvar})$$

同步电动机提供的无功功率

$$Q'' = Q - Q' = 40 - 20.4 = 19.6\,(\text{kvar})$$

*7.11　直线异步电动机

自 20 世纪 60 年代开始，由于高速运输的需要，直线电动机的理论研究和推广应用得到日益

发展。可认为直线电动机是从旋转电动机演变而来的，最典型的是直线异步电动机，现分析如下。

1. 工作原理

如将三相异步电动机沿轴线剖开而后拉平，构成初级和次级两部分，如图 7-41 所示。初级表面开槽，放置三相绕组，产生的不再是旋转磁场，而是位移磁场（也称行波磁场），但其线速度 v_0 可按三相异步电动机的旋转磁场转速 n_0 来计算，即

$$v_0 = \pi D \frac{n_0}{60} = \pi D \times \frac{1}{60} \times \frac{60 f_1}{p} = 2 \times \frac{\pi D}{2p} f_1 = 2\tau f_1 (\text{m/s})$$

式中：D 为三相异步电动机定子的内直径，m；τ 为极距，m。

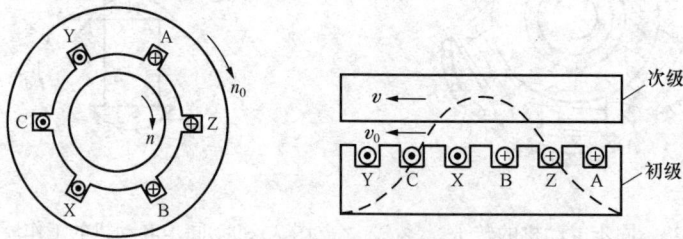

图 7-41　直线异步电动机的工作原理

可见，改变极距 τ 和频率 f_1，就可改变行波磁场的线速度。式中 πD 也就是直线异步电动机的长度。

次级中有导条，如果是整块金属，可认为由无数并联的导条组成。当导条中感应出电流后，就和行波磁场作用，产生电磁力，使次级作直线运动，和异步电动机一样道理，其线速度 v 也应低于 v_0。

2. 结构

直线异步电动机的扁平形结构最为典型，如图 7-42 所示，其中还分短次级和短初级两种。此外，还分单边型和双边型，分别如图 7-41 和图 7-42 所示。前者在初级与次级之间作用着较大的法向磁拉力，这是不希望存在的；而在后者两边的法向磁拉力互相抵消。

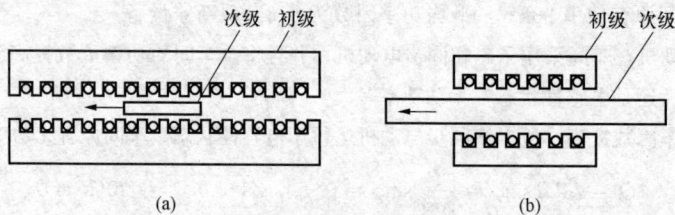

图 7-42　直线异步电动机的结构

3. 应用

磁悬浮高速列车就是应用了直线异步电动机。初级装在车体上，由车内柴油机带动交流变频发电机，供给初级电流。次级是铁轨，固定的，靠反电磁力推动车体作直线运动。初级与次级间用磁垫隔离。目前高速列车可达 $400 \sim 500 \text{km/h}$ 的速度。

图 7-43 所示为直线异步电动机应用于传送带，传送带由金属丝网和橡胶复合而成，作为次级，初级固定。

图 7-44 所示为直线异步电动机用于搬运钢材，钢材作为次级，隔一定距离安装一个固定的

初级。

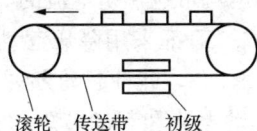

图 7-43　直线异步电动机
用于传送带

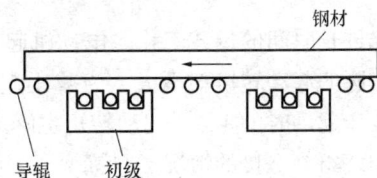

图 7-44　直线异步电动机
用于搬运钢材

　　与旋转电机相比较，直线电动机可以省去把旋转运动转换为直线运动的传动装置。直线电动机的缺点是，由于气隙较大，且初级铁芯两端开断，故电动机的功率因数和效率较低。此外，由于三相阻抗不对称，所以即使在三相对称电压下运行，三相电流也不对称。

本 章 小 结

　　(1) 三相异步电动机的基本结构包括定子和转子两部分。定子绕组为三相对称绕组。按转子结构可分为笼型和绕线型异步电动机两种，笼型结构简单，应用广泛；绕线型转子可外接变阻器，起、制动及调速性能好。

　　(2) 三相异步电动机定子绕组接通三相对称交流电流后，产生气隙旋转磁场，该磁场是正弦分布的。旋转磁场的同步转速 $n_0=\dfrac{60f_1}{p}$，其中 f_1 为电源频率，p 为磁极对数，由相绕组中线圈的连接方式决定。旋转磁场的转动方向与三相定子电流的相序一致，从超前相转到滞后相。将三根电源线中的任意两根对调，可使电动机反向旋转。

　　(3) 电动机运行时，转子转速 $n<n_0$，且 n 与 n_0 方向一致。转差率 $s=\dfrac{n_0-n}{n_0}$。带上负载后，转子转速比同步转速略低，一般的异步电动机的额定转差率在 $1\%\sim6\%$ 之间。要理解各项额定数据的意义。特别指出，额定转矩可由铭牌数据算得，$T_{\mathrm{N}}=9550\times\dfrac{P_{2\mathrm{N}}(\mathrm{kW})}{n_{\mathrm{N}}(\mathrm{r/min})}$，单位为 N·m。

　　(4) 一般的三相异步电动机都工作在额定电源电压下，不论空载还是带负载运行，可以认为气隙磁通保持不变。因此，定子电流 I_1 随转子电流 I_2 的变化也发生改变，或者说定子电流随输出功率的变化而变化，这实际上反映了异步电动机内部的磁动势平衡关系。因此，若负载变大，转子电流 I_2 也增大，定子电流 I_1 随其增大，由于 U_1 不变，所以电动机从电源吸取的有功功率也增大。

　　(5) 异步电动机的运行特性反映了各个物理量随输出功率的变化而变化的情况。为追求最佳的技术经济指标，在选择和使用电动机时，应该使电动机的实际输出功率尽量维持在额定功率附近，尽量避免电动机的轻载及空载运行。

　　(6) 异步电动机的起动转矩系数 λ_{s} 和过载系数 λ_{m} 表征了电动机的起动能力和短时过载能力，其中

$$\lambda_{\mathrm{s}}=\frac{T_{\mathrm{st}}}{T_{\mathrm{N}}}$$

扫一扫

相关知识延伸与应用7

笔记：

$$\lambda_m = \frac{T_m}{T_N}$$

电动机不允许长时间的过载工作。电动机起动瞬间，起动电流可达额定电流的 5～7 倍，由于功率因数低，实际的起动转矩却不大。为减小起动电流冲击，一般都采用降压起动。Y—△起动的起动电流为全压起动时的 1/3，起动转矩也降为全压起动时的 1/3，此种起动方法仅适用于正常工作时定子三相绕组为△接的情况。自耦变压器降压起动的起动电流和起动转矩均为直接起动时的 $1/K^2$ 倍。上述两种降压起动方法，适用于空载及轻载起动。

（7）异步电动机的电气制动性能十分可靠，并且常和其他制动方法配合使用。反接制动的制动作用比较强烈，应在制动开始之前，接入一个一定大小的制动电阻，以限制制动电流。回馈制动在制动过程中可以回收能量，将输入电动机轴上的机械能转换为电能后重新送回电网，是一种先进的节能制动方式，在地下铁道等系统中已广泛使用并取得显著节能效果。

（8）改变磁极对数调速在多速电机中得到应用。变转差率调速多用于绕线型异步电动机转子电路串电阻调速，也有用于交流调压调速系统的。异步电动机的变频调速为无级调速，实现比较困难，但由于其优越的调速性能，使异步电动机变频调速有望取代直流调压调速，成为电拖系统调速技术的主流。

（9）单相异步电动机应用广泛，但本身不存在自起动能力。为解决起动转矩问题，采取的措施有电容分相法及罩极法。其根本目的仍然是提供一个起动时的旋转磁场。

（10）同步电动机主要用于拖动长期连续运行的大容量负载，具有转速稳定不随负载变动的特点。改变直流励磁电流，能够改变同步电动机运行时的功率因数，所以在电网中同步电动机常用作同步补偿机。由于同步电动机无起动转矩，在转子磁极上装有笼型绕组，采用异步起动，待转子转速快被拖入同步转速时，再接通直流励磁电流，正式进入同步状态。

（11）直线异步电动机通常用于高速地面运输系统和各种直线传动设备（如直线传动带）。与旋转电机相比较，可以省去把旋转运动转换为直线运动的传动装置。直线电动机的缺点是，由于气隙较大，且初级铁芯两端开断，故电动机的功率因数和效率较低。此外，由于三相阻抗不对称，所以即使在三相对称电压下运行，三相电流也不对称。

习　　题

1. 有 Y112M-2 型和 Y160M-8 型异步电动机各一台，额定功率都是 4kW，但前者额定转速为 2890r/min，后者为 720r/min。试比较它们的额定转矩，并由此说明电动机的磁极数、转速及转矩三者之间的大小关系。

2. 一台三相异步电动机，接在频率为 50Hz 的三相电源上，已知电动机的额定数据为：$P_{2N}=$ 4kW，$U_N=380V$，$\cos\varphi_N=0.77$，$\eta_N=0.84$，$n_N=960r/min$，试求：

（1）磁极对数 p；

（2）额定转差率 s_N；

（3）额定电流 I_N；

（4）额定输出转矩 T_N；

（5）额定转速下的转子电流频率 f_2。

3. 一台笼型三相异步电动机，其额定数据如下：$P_{2N}=3kW$，$U_N=220/380V$，$I_N=11.2/6.48A$，$n_N=1430r/min$，$f_1=50Hz$，$T_m/T_N=2$，$\cos\varphi_N=0.84$，$T_{st}/T_N=1.8$，$I_{st}/I_N=7$。试求：

（1）额定转差率 s_N；

（2）额定转矩 T_N；

（3）最大转矩 T_m；

（4）起动转矩 T_{st}；

（5）额定状态下运行时的效率 η_N。

4. 某三相笼型异步电动机，其铭牌数据如下：△形接法，$U_N = 380V$，$I_N = 19.9A$，$n_N = 1450r/min$，$P_{2N} = 10kW$，$T_{st}/T_N = 1.4$，$I_{st}/I_N = 7$。若负载转矩为 20N·m，电源允许最大电流为 60A，试问应采用直接起动还是 Y—△转换方法起动，为什么？

5. 有一台三相异步电动机，其额定转速为 1470r/min，电源频率为 50Hz。在（a）起动瞬间，（b）转子转速为同步转速的 $\frac{2}{3}$ 时，（c）转差率为 0.02 时三种情况下，试求：

（1）定子旋转磁场对定子的转速；

（2）定子旋转磁场对转子的转速；

（3）转子旋转磁场对转子的转速；

（4）转子旋转磁场对定子的转速；

（5）转子旋转磁场对定子旋转磁场的转速。

6. 有一台 Y225M-4 型三相异步电动机，其额定数据见表 7-4。

表 7-4　　　　　　　　　　Y225M-4 型三相异步电动机额定数据

P_N	n_N	U_N	η_N	$\cos\varphi_N$	I_{st}/I_N	T_{st}/T_N	T_m/T_N
45kW	1480r/min	380V	92.3%	0.88	7.0	1.9	2.2

试求：

（1）额定电流 I_N；

（2）额定转差率 s_N；

（3）额定转矩 T_N；

（4）最大转矩 T_m 和起动转矩 T_{st}。

7. 有一台三相异步电动机铭牌数据见表 7-5。

表 7-5　　　　　　　　　　　题 7 数据

P_{2N}	n_N	U_N	η_N	$\cos\varphi_N$	I_{st}/I_N	T_{st}/T_N	T_m/T_N	接法
40kW	1470r/min	380V	90%	0.9	6.5	1.2	2.0	△

试求：

（1）当负载转矩为 250N·m 时，在 $U = U_N$ 及 $U = 0.8U_N$ 两种情况下，电动机能否起动？

（2）欲采用 Y—△起动，问当负载转矩为 $0.45T_N$ 和 $0.35T_N$ 两种情况下，电动机能否起动？

（3）若采用自耦变压器降压起动，设降压比为 0.64，求电源线路中通过的起动电流及电动机的起动转矩。

*8. 某工厂原有负载总耗电功率为 200kW，平均功率因数为 0.7。因扩大生产，需要增加一台 100kW 电动机。为了提高功率因数，采用同步电动机，将全厂总功率因数提高到 0.9（电流滞

后），试问该电动机应工作在何种状态？满载运行时向电网提供多少无功功率？它的视在功率为多少？

9. 某台异步电动机的铭牌数据如下：$P_{2N}=10kW$，$U_N=220/380V$，$\eta_N=0.866$，$n_N=1460r/min$，$I_{st}/I_N=6.5$，$\cos\varphi_N=0.88$，$T_{st}/T_N=1.5$。

试求：

（1）额定电流；

（2）用 Y—△ 起动时的起动电流和起动转矩；

（3）当负载转矩为额定转矩的 60% 和 25% 时，问电动机能否用 Y—△ 起动法起动？

第8章

继电接触器控制系统

就现代机床或其他生产机械而言，它们的运动部件大多是由电动机来带动的。因此，在生产过程中要对电动机进行自动控制，使生产机械各部件的动作按顺序进行，保证生产过程和加工工艺合乎预定要求。对电动机主要是控制它的起动、停止、正反转、调速及制动。

对电动机或其他电气设备的接通或断开，当前国内还较多地采用继电器、接触器及按钮等控制电器来实现自动控制。这种控制系统一般称为继电接触器控制系统，它是一种有触点的断续控制，因为其中控制电器是断续动作的。

任何复杂的控制线路，都是由一些基本的单元电路组成的。因此，本章主要讨论继电接触器控制的一些基本线路。

要懂得一个控制线路的原理，必须了解其中各个电器元件的结构、动作原理以及它们的控制作用。电器的种类繁多，可分为手动和自动两类。

手动电器是由工作人员手动操纵的，例如，刀开关、组合开关、按钮及星—三角起动器等。而自动电器则是按照指令、信号或某个物理量的变化而自动动作的，例如各种继电器、接触器、行程开关等。本章对这些常用控制电器也作一简单介绍。

8.1 常用控制电器

8.1.1 组合开关

在机床电气控制线路中，组合开关（又称转换开关）常用来作为电源引入开关，也可以用它来直接起动和停止小容量笼型电动机或使电动机正反转，局部照明电路也常用它来控制。

组合开关的种类很多，常用的有 HZ10 等系列的，其结构如图 8-1 (a) 所示。它有三对静触片，每个触片的一端固定在绝缘垫板上，另一端伸出盒外，连在接线柱上，三个动触片套在装有手柄的绝缘转动轴上，转动转轴就可以将三个触点（彼此相差一定角度）同时接通或断开。图 8-1 (b) 所示为用组合开关来起动和停止异步电动机的接线图。

组合开关有单极、双极、多极性三大类，额定电流有 10、25、60A 和 100A 等几个等级。根据接线方式的不同分为：同时通断、交替通断、两位转换、三位转换和四位转换等。

8.1.2 按钮

按钮通常用来接通或断开控制电路，以操纵接触器、继电器和电机等的动作，从而控制电机或其他电器设备的运行。图 8-2 所示为一种控制按钮的外形、内部结构及图形符号。在图 8-2 (b) 中，1 和 2 是静触点，3 是动触点（导体）。动触点 3 与按帽 4 为一体，按下按帽，动触点向下移动，先断开静触点 1，后接通静触点 2。松开按帽，由于弹簧作用，动触点 3 自动恢复。动作前接通的触点为动断触点，断开的触点为动合触点。

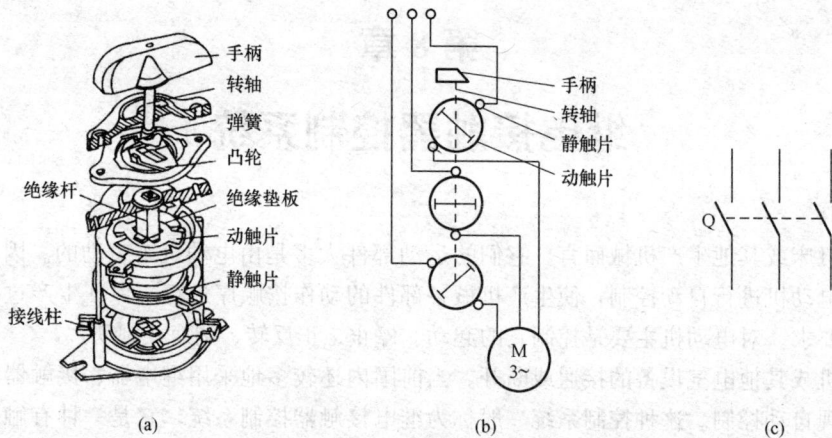

图 8-1　组合开关

(a) 结构图；(b) 与电机接线图；(c) 图形符号

图 8-2 所示的按钮有一对动断触点和一对动合触点。有的按钮只有一对动断触点或一对动合触点，也有具有两对动合触点或两对动合触点和两对动断触点的。实际上，往往把两个、三个或多个按钮单元作成一体，组成双联、三联或多联按钮，以满足电动机起停、正反转或其他复杂控制的需要。

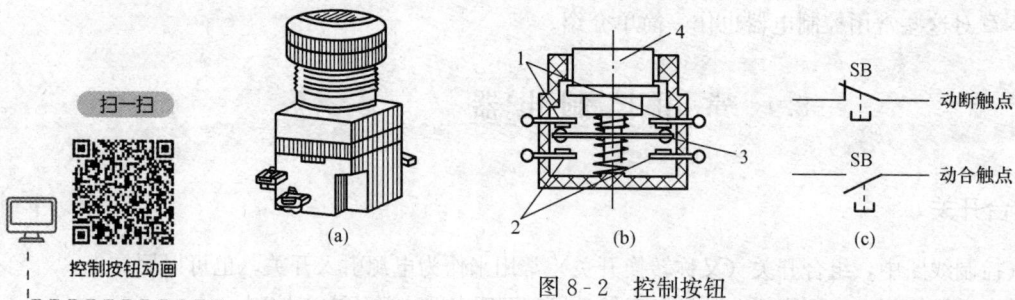

扫一扫

控制按钮动画

图 8-2　控制按钮

(a) 外形图；(b) 结构图；(c) 图形符号

1、2—静触点；3—动触点；4—按帽

8.1.3　交流接触器

交流接触器常用来接通和断开电动机或其他设备的主电路，每小时可开闭几百次。接触器主要由电磁铁和触点两部分组成。它是利用电磁铁的吸引力而动作的。图 8-3 (a) 是交流接触器的主要结构图。当吸引线圈通电后，吸引山字形动铁芯（上铁芯），而使动合触点闭合，动断触点断开。图 8-3 (b) 所示为交流接触器的图形符号。根据用途不同，接触器的触点分为主触点和辅助触点两种。辅助触点通过电流较小，常接在电动机的控制电路中；主触点能通过较大电流，接在电动机的主电路中。如 CJ10-20 型交流接触器有三个动合主触点，四个辅助触点（两个动合，两个动断）。

当主触点断开时，其间产生电弧，会烧坏触点，并使切断时间拉长，因此，必须采取灭弧措施。通常交流接触器的触点都做成桥式，它有两个断点，以降低当触点断开时加在断点上的电压，

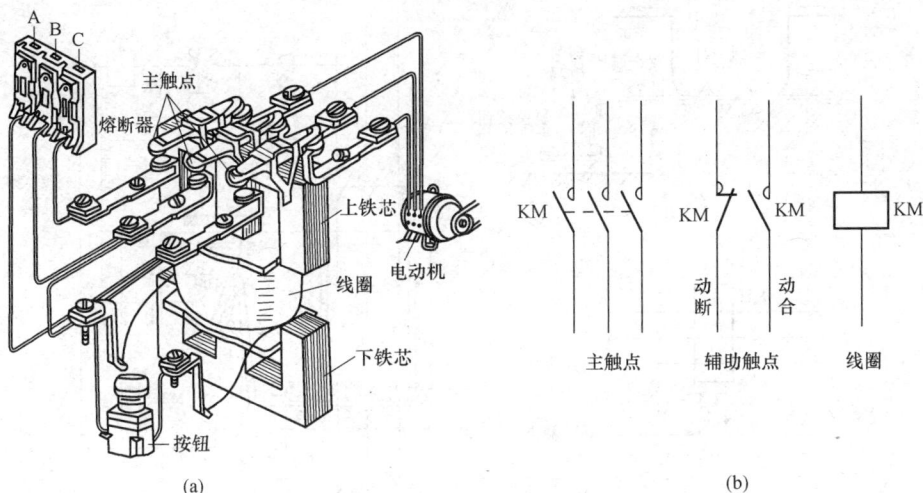

图 8 - 3　交流接触器的主要结构图

(a) 结构图；(b) 图形符号

使电弧容易熄灭；并且相间有绝缘隔板，以免短路。在电流较大的接触器中还专门设有灭弧装置。

为了减小铁损耗，交流接触器的铁芯由硅钢片叠成；并为了消除铁芯的颤动和噪声，在铁芯端面的一部分套有短路环。

在选用接触器时，应注意它的额定电流、线圈电压及触点数量等。CJ10 系列接触器的主触点额定电流有 5、10、20、40、75、120A 等多种；线圈额定电压通常是 220V 或 380V。

常用的交流接触器还有 CJ12、CJ20 和 3TB 等系列。

8.1.4　中间继电器

中间继电器通常用来传递信号和同时控制多个电路，也可直接用它来控制小容量电动机或其他电气执行元件。中间继电器的结构和交流接触器基本相同，只是电磁系统小些，触点多些。常用的中间继电器有 JZ7 系列和 JZ8 系列两种，后者是交直流两用的。此外，还有 JTX 系列小型通用继电器，常用在自动装置上以接通或断开电路。

在选用中间继电器时，主要是考虑电压等级和触点（动合和动断）数量。

8.1.5　热继电器

热继电器是用来保护电动机使之免受长期过载的危害。

热继电器是利用电流的热效应而动作的，它的原理图和图形符号如图 8 - 4 所示。热元件是一段电阻不大的电阻丝，接在电动机的主电路中。双金属片是由两种具有不同热膨胀系数的金属碾压而成。图中，下层金属的膨胀系数大，上层的小。当主电路中电流超过容许值而使双金属片受热时，它便向上弯曲，推杆 14 在弹簧的拉力下将动断触点断开。触点是接在电动机的控制电路中的，控制电路断开而使接触器的线圈断电，从而断开电动机的主电路。

由于热惯性，热继电器不能作短路保护。因为发生短路事故时，要求电路立即断开，而热继电器是不能立即动作的。但是这个热惯性也是合乎我们要求的，在电动机起动或短时过载时，热继电器不会动作，这可避免电动机不必要的停车。如果要热继电器复位，则按下复位按钮 12 即可。

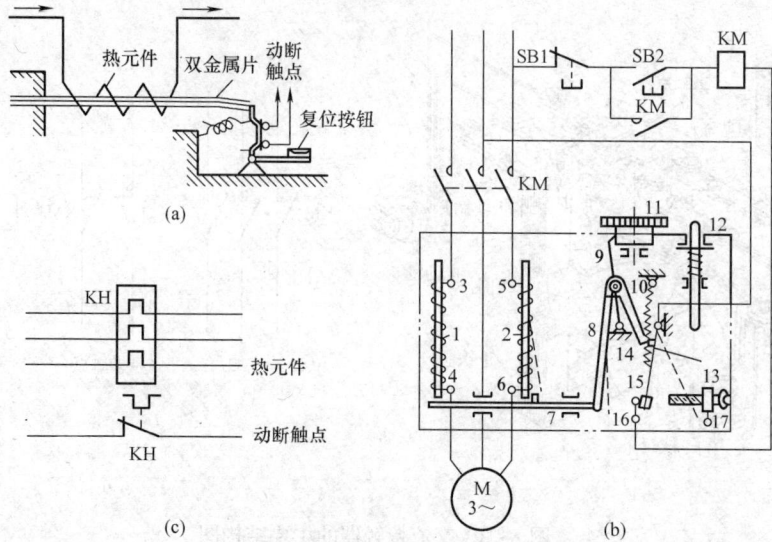

图 8-4　热继电器的原理图和图形符号
（a）原理图；（b）接线图；（c）图形符号
1、2—双金属片；3～6—热电阻丝；7—导板；8—补偿双金属片；9—调整杆；10—弹簧；
11—整定凸轮；12—复位按钮；13—自动手动螺丝；14—推杆；15—动触点；16、17—静触点

常用的热继电器有 JR0、JR10 及 JR16 等系列。热继电器的主要技术数据是整定电流。所谓整定电流，就是热元件中通过的电流超过此值的 20％时，热继电器应当在 20min 内动作。JR10-10型的整定电流从 0.25～10A，热元件有 17 个规格。JR0-40 型的整定电流从 0.6～40A，有 9 个规格。根据整定电流选用热继电器，整定电流与电动机的额定电流基本上一致。

8.1.6　熔断器

熔断器是最简便的而且是最有效的短路保护电器。熔断器中的熔片或熔丝用电阻率较高的易熔合金制成，例如铅锡合金等；或用截面积甚小的良导体制成，例如铜、银等。线路在正常工作情况下，熔断器中的熔丝或熔片不应熔断。一旦发生短路或严重过载时，熔断器中的熔丝或熔片应立即熔断。

图 8-5 所示为常用的三种熔断器的结构图。

选择熔丝的方法如下。

（1）电灯支线的熔丝：熔丝额定电流≥支线上所有电灯的工作电流。

（2）一台电动机的熔丝：为了防止电动机起动时电流较大而将熔丝烧断，熔丝不能按电动机的额定电流来选择，应按下式计算

$$熔丝额定电流 \geqslant \frac{电动机的起动电流}{2.5}$$

如果电动机起动频繁，则为

$$熔丝额定电流 \geqslant \frac{电动机的起动电流}{1.6 \sim 2}$$

（3）几台电动机合用的总熔丝一般可粗略地按下式计算

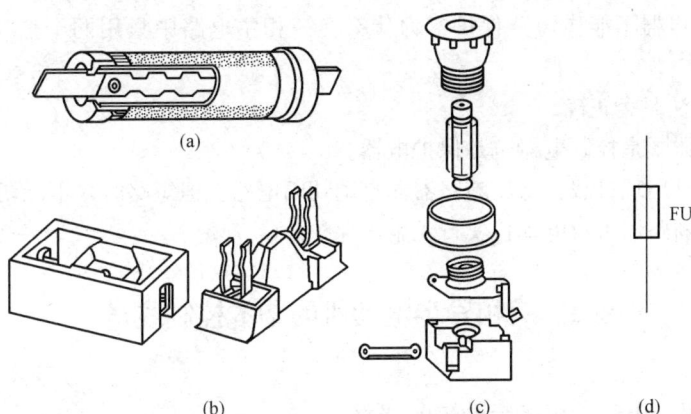

图 8-5 熔断器

（a）管式熔断器；（b）插式熔断器；（c）螺旋式熔断器；（d）图形符号

$$熔丝额定电流＝(1.5 \sim 2.5) \times 容量最大的电动机的额定电流$$
$$＋其余电动机的额定电流之和$$

熔丝的额定电流有 4、6、10、15、20、25、35、60、80、100、125、160、200、225、260、300、350、430、500、600A 等多种。

8.1.7 低压断路器

低压断路器也叫自动开关，是常用的一种低压保护电器，可实现短路、过载和失压保护。它的结构形式很多，图 8-6 所示的是一般原理图。主触点通常是由手动的操动机构来闭合的。断路器的脱扣机构是一套连杆装置。当主触点闭合后就被锁钩锁住。如果电路中发生故障，脱扣机构就在有关脱扣器的作用下将锁钩脱开，于是主触点在释放弹簧的作用下迅速分断。脱扣器有过电流脱扣器和欠电压脱扣器等，它们都是电磁铁。在正常情况下，过电流脱扣器的衔铁是释放着的；一旦发生严重过载或短路故障时，与主电路串联的线圈（图 8-6 中只画出一相）就将产生较强的电磁吸力把衔铁往下吸而顶开锁钩，使主触点断开。欠电压脱扣器的工作恰恰相反，在电压正常时，吸住衔铁，

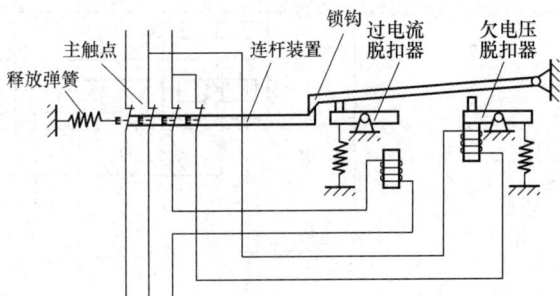

图 8-6 低压断路器的原理图

主触点才得以闭合；一旦电压严重下降或断电时，衔铁就被释放而使主触点断开。当电源电压恢复正常时，必须重新合闸后才能工作，实现了失压保护。

常用的低压断路器有 DZ、DW 等系列。

常用低压控制电器的电气图形文字符号及技术数据见附录 C。

扫一扫

低压断路器动画

【思考与讨论】

1. 为什么热继电器不能作短路保护？为什么在三相主电路中只用两个热元件就可以保护电动机？

2. 判断下列说法是否正确。

（1）低压断路器既是控制电器也是保护电器。（　　）

（2）电路中一旦出现过载，低压断路器能自动切断电路。但短路时，不能切断电路。（　　）

（3）采用低压断路器可对电动机实行无熔丝保护。（　　）

8.2 三相异步电动机的基本控制线路

8.2.1 三相异步电动机直接起动控制线路

三相异步电动机直接起动时的起动电流为其额定电流的 4～7 倍。过大的起动电流既影响其他用电设备的正常工作，又会降低电动机的使用寿命。一般规定，二三十千瓦以下的小型电动机可以直接起动。

图 8-7 所示为小容量笼型电动机直接起动的控制线路示意图。其中用了组合开关 Q、交流接触器 KM、按钮 SB、热继电器 KH 和熔断器 FU 等控制电器。

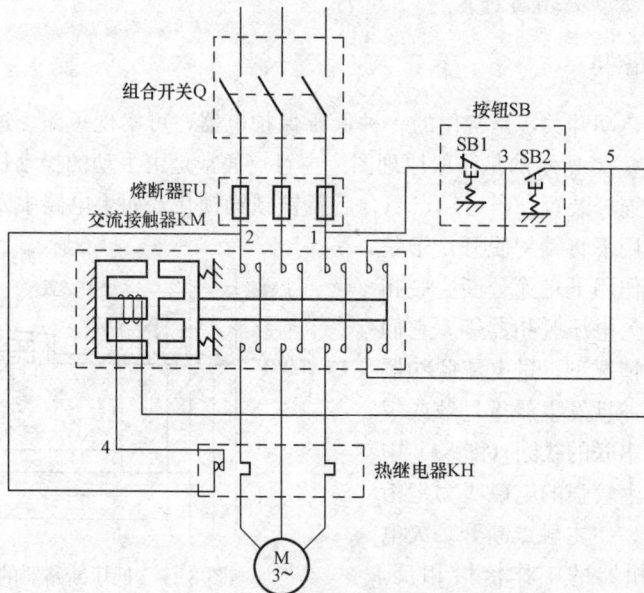

图 8-7　笼型电动机直接起动的控制线路

三相交流电源来自组合开关的上端，先将组合开关合上，为电动机起动做好准备。按下起动按钮 SB2，交流接触器 KM 的线圈得电，动铁芯被吸合，动铁芯同时带动三个主触点闭合，电动机便得电起动。当手松开后，SB2 会自动恢复原位（断开），但由于与 SB2 并联的接触器 KM 的辅助动合触点和主触点同时闭合，接触器线圈照常通电，使接触器保持吸合状态，电动机持续运行下去。与 SB2 并联的辅助动合触点的作用，就是避免松手后电动机停转，这种措施称为自锁。如电动机起动用按钮的动合触点，则停止就要用另一个按钮的动断触点。按下停止按钮 SB1，接触器线圈失电、吸力消失，动铁芯在弹簧的作用下返回原位，主触点断开，使电动机断电停止转动。必须注意的是，起动按钮和停止按钮必须是两个独立的按钮，不能用同一个按钮的两个不同触点来实现对电动机起动和停止的控制。

上述控制线路中，还实现了短路保护、过载保护和零压保护。

起短路保护作用的是熔断器 FU。根据电动机的额定电流选择相应的熔断器，一旦短路，熔体会在安全时间内熔断，保护用电设备及电源。

热继电器 KH 起过载保护作用。当电动机长期过载运行时，它的热元件发热弯曲程度增大，使其动断控制触点断开。接触器的线圈回路被断开，主触点随即释放，切除电源使电动机停止工作，保护电动机免于损坏。

所谓零压（或欠电压）保护就是当电源暂时断电或电压严重下降时，控制电路能使电动机自动断电。因为这时接触器的吸合力小于弹簧的释放力，主触点必然断开。当电源恢复正常时，如不重新按下起动按钮，则电动机不会自行起动，因为自锁触点已经断开。如果不采用继电接触器控制，而直接用组合开关进行手动操作，停电后未及时断开开关，当再来电时电动机会自行起动，这样可能会发生事故。

8.2.2 电气控制原理图的画法

图 8-7 中各个电器都是按照其实际位置画出的，属于同一电器的各部件都集中在一起，这种图称为控制线路的结构图。这种图看起来比较直观，也便于维修和安装。但当线路比较复杂、控制电器较多时，线路因交叉太多而不易看清楚，因为同一电器的不同部件在机械上虽然连在一起，但在电路上并不一定互相关联。为了读图、分析研究和设计线路的方便，控制线路常根据其作用原理画出。这样的图称为电气控制原理图。

绘制电气控制原理图应遵守以下原则。

（1）控制线路中各电器或电器的各部件，必须用其图形符号来表示。电器图形符号必须使用国家最新颁布的统一标准符号。常用电机、电器图形符号见表 8-1。

表 8-1　　　　　　　　　常用电机、电器的图形符号及文字符号

名　称	图形符号	文字符号	名　称		图形符号	文字符号
三相笼型异步电动机	Ⓜ 3~	MA	按钮触点	动合		SB
				动断		
三相绕线型异步电动机	Ⓜ 3~		接触器吸引线圈		□	KM
			继电器吸引线圈			K

续表

名　称	图形符号	文字符号	名　称		图形符号	文字符号
直流电动机	Ⓜ	MD	接触器触点	动合		KM
				动断		
直流测速发电机	Ⓣ		时间继电器触点	通电延时闭合动合触点		KT
				通电延时断开动断触点		
步进电机	Ⓜ	MS		断电延时断开动合触点		
				断电延时闭合动断触点		
有分相端子的单相电动机	Ⓜ 1~	MA	行程开关触点	动合		ST
				动断		
绕组间有屏蔽的单相变压器		T	热继电器	动断触点		KH
单相变压器				热元件		
三极开关		Q		交流继电器线圈		KA
				过电流继电器线圈	$I>$	KOC
熔断器		FU		欠电压继电器线圈	$U<$	KUV
信号灯	⊗	HL	继电器触点	动合		K
				动断		

（2）绘图时应把主电路与控制电路分开。主电路放在左侧，控制电路放在右侧。主电路是指给电动机供电的那部分电器，它以传递能量为主；控制电路是指由接触器线圈、辅助触点、继电器、按钮及其他控制电器组成的电路，它用来完成信号传递及逻辑控制，并按一定规律来控制主电路工作。

（　笔记：

（3）在电气控制原理图中，同一个电器的不同部分（无电路关联）要分开画。如接触器的线圈与触点不能画在一起；同一电路各部件都要用各自的图形符号代替。但是，同一电器的不同部件必须用同一个文字符号来标明。

（4）几乎所有电器都有两种状态，而原理图中只能画一种。因此规定，电气控制原理图中各个电器都要用其常态绘出。常态是指没有发生动作之前的状态。

根据上述原则，我们将图 8-7 所示的控制线路结构图改画成图 8-8 所示的电气控制原理图。

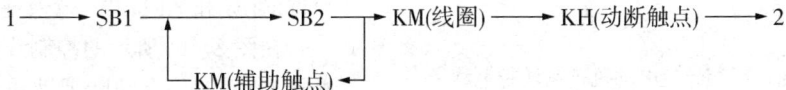

图 8-8　图 8-7 的电气控制原理图

主电路是：

三相电源→Q→FU→KM（主触点）→KH（热元件）→M（电动机）

控制电路是：

1 ——→ SB1 ——————→ SB2 ——→ KM(线圈) ——→ KH(动断触点) ——→ 2

└——— KM(辅助触点) ———┘

8.2.3　点动与长动（连续）控制线路

在图 8-8 所示的控制线路中，按下起动按钮 SB2，接触器 KM 得电吸合，电动机转动。由于自锁触点 KM 的作用，松手后虽然 SB2 断开，但电动机能连续地转动下去。这就是电动机的长动控制。

若 KM 的辅助动合触点不与起动按钮 SB2 并联，按下 SB2，接触器 KM 主触点闭合，电动机转动；松开 SB2，接触器 KM 线圈失电，电动机停止。每按一次 SB2，电动机转动一下。这就是电动机的点动控制。在生产中，很多场合需要点动操作，如起重机吊重物、机床对刀调整等。

一台设备可能有时需要点动，有时又需要长动，这在控制上是一对矛盾。在图 8-8 中，SB2 并联自锁触点就只能长动不能点动；不并联自锁触点就只能点动不能长动。怎样设计才能使控制线路实现既能点动又能长动呢？请看图 8-9。

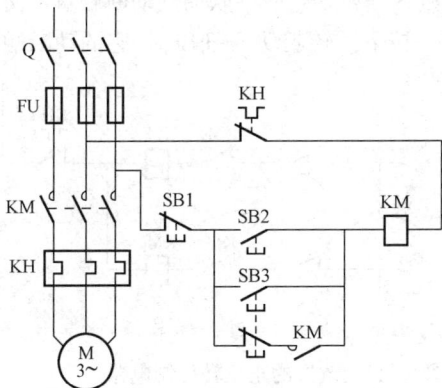

图 8-9　点动与长动控制线路

在图 8-9 中，接触器 KM 的动合辅助触点与 SB3 的动断触点串联后再与 SB2 并联。这样 SB2 就是长动起动按钮。因为，按下 SB2，线圈 KM 得电，主触点和辅助触点吸合。电动机得电转动。松开 SB2，电流经 KM 辅助动合触点和 SB3 动断触点流过线圈，电动机照常运转。

由于 SB3 的动断触点与自锁触点串联，按下 SB3，动断触点先断开、动合触点后闭合，这样就消除了自锁作用。SB3 就是点动控制按钮。

8.2.4 三相异步电动机正反转控制线路

在生产上往往要求电动机能正反向转动，因为机床工作台的前进与后退、主轴的正转与反转、起重机的升降等都要求正反两个方向的运动。根据三相异步电动机的转动原理可知：只要将任意两根电源线对调，就能使电动机反转。

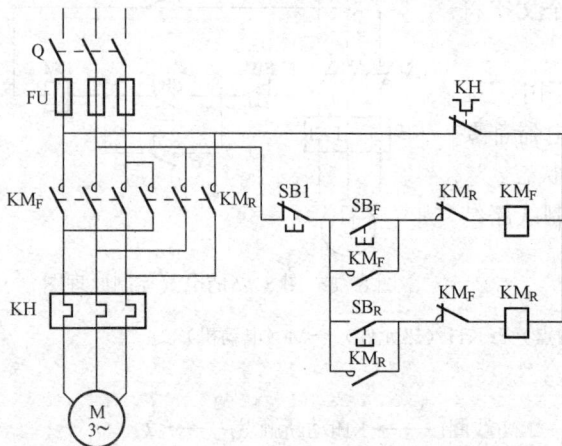

在工作中电动机正反转要反复切换，因而要用两个接触器 KM_F 和 KM_R 交替工作，一个使电动机正转，另一个使电动机反转。从图 8-10 中可知，若两个接触器同时得电工作，电源将经过它们的主触点短路。这就要求控制电路保证同一时间内只允许 KM_F 和 KM_R 中一个接触器通电吸合。

在图 8-10 所示的控制线路中，正转接触器 KM_F 的一个动断辅助触点串接在反转

图 8-10 三相异步电动机正反转控制线路

接触器 KM_R 的线圈回路中；而反转接触器的一个动断辅助触点串接在正转接触器 KM_F 的线圈回路中。当按下正转起动按钮 SB_F 时，正转接触器得电，主触点闭合，电动机正转。与此同时，其动断触点 KM_F 断开反转接触器 KM_R 的线圈回路。这样，即使误按反转起动按钮 SB_R，反转接触器也不会得电。反之也如此。这两个交叉串联的辅助动断触点起互锁作用，保证两个接触器不能同时得电。

上述正反转控制线路的缺点是：在运行中要想反转，必须先按停止按钮 SB1，使互锁触点复位（闭合）后，才能按反转起动按钮使其反转。否则，按反转起动按钮 SB_R 也不能反转，因为其线圈回路被互锁触点断开。生产中有时要求电动机在运行中能够立即反转，因而设计出图 8-11 所示的改进的正反转控制电路。这里两个起动按钮 SB_F 和 SB_R 的（联动）动断触点，交叉地串在 KM_R 和 KM_F 的线圈回路中。在电动机正转运行时，按下反转起动按钮 SB_R，它的动断触点先断开正转接触器 KM_F 的线圈回路，正转停止（在惯性作用下继续正转），与此同时，SB_R 动合触点闭合，使反转接触器得电吸合。给电动机加上反相序的电源，使电动机快速制动，并立即反转。如果在反转运行时，要求立即正转，只要按下 SB_F 即可，道理相同。

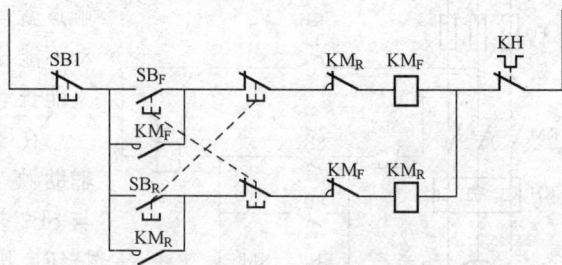

图 8-11 改进的正反转控制电路

【思考与讨论】

1. 试画出能在两地用按钮起动和停止电动机的控制电路。

2. 图 8-12 所示各控制电路能工作吗？为什么？

3. 图 8-10 所示电路中若辅助动断触点 KM_F、KM_R 的位置互换，有何问题？会出现何种现象？

4. 用按钮、继电器和信号灯设计一个二人抢答电路，先按按钮与之对应的信号灯亮，后按按

扫一扫

正反转控制电路动画

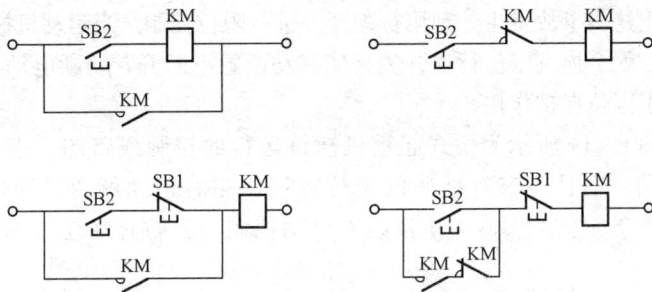

图 8-12　思考与讨论 2 图

钮则不起作用，主持人可熄灯以便进行下面的竞赛。如果要求抢答时既灯亮又鸣笛该如何改进电路？如果是设计三人抢答电路且要求灯亮又鸣笛该如何设计电路？

8.3　行　程　控　制

8.3.1　行程开关

行程控制就是当运动部件到达一定行程位置时，对其运动状态进行控制。而反映其行程位置的检测元件，称为行程开关。行程开关的种类很多。这里仅介绍推杆式。

图 8-13 所示为行程开关的构造原理图和图形符号，其中图 8-13（a）所示推杆式行程开关。它有一对动断触点 3—4 和一对动合触点 5—6。当推杆 1 未被撞压时，两对触点处于原始状态。当运动部件压下推杆 1 时，动断触点断开，动合触点闭合。当运动部件离开后，在弹簧作用下复位。基本与按钮类似，区别是按钮是用手按动，而它是运动部件压动的。图 8-13（b）所示为滚轮式行程开关，其原理请自行分析。图 8-13（c）为行程开关的图形符号。

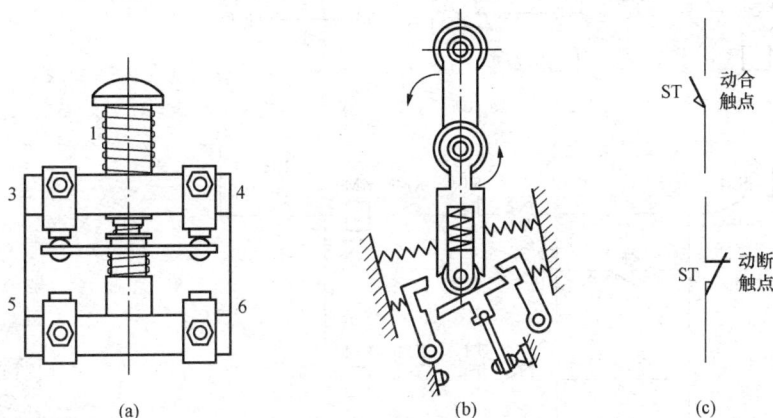

图 8-13　行程开关
（a）推杆式行程开关；（b）滚轮式行程开关；（c）图形符号

8.3.2　限位控制

在生产中各运动机械或部件，应在其安全行程内运动。若超出安全行程，就可能发生事故。

笔记：

为防止这类事故发生，利用行程开关进行限位控制。当运动机械或部件超出其行程范围，就会撞到限位行程开关，使其动断触点断开，切断电动机电源，运动停止。起到了限位保护作用。

图 8-14 所示为桥式起重机横桥运行的控制线路图。横桥必须沿其轨道左右运动，而且要求有准确的定位控制。左右运动就要求对电动机有正反转控制；准确定位就要求对电动机有点动控制。为防止在左右端脱轨，必须采取限位控制。

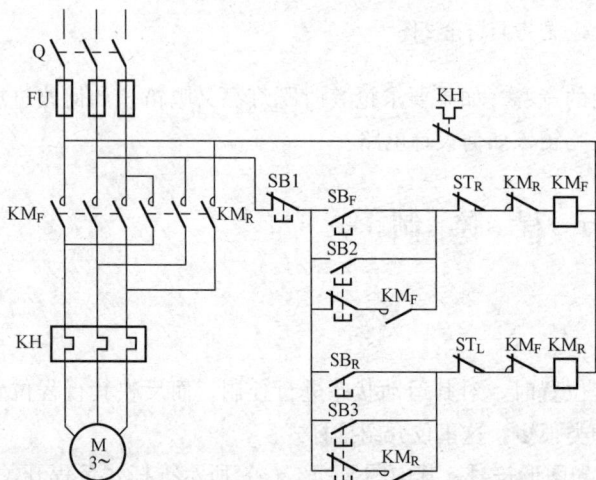

图 8-14　起重机横桥运行控制线路

图 8-14 中的相同。

8.3.3　自动往复控制

在机械加工中，有时要求工作台（或其他运动部件）实现自动往复运动，如刨床和磨床的工作台等。这就要求控制线路完成自动正反转切换控制。因这种自动往复运动是在一定行程内进行，所以要用行程开关完成这种控制功能。

图 8-15（a）所示为工作台运动循环示意图，图 8-15（b）所示为利用行程开关控制工作台自动往复的控制电路。行程开关 ST_a 和 ST_b 分别装在工作台的原位和终点，由装在工作台上的挡块压动，工作台由电动机 M 拖动，主电路与图 8-14 中的相同。

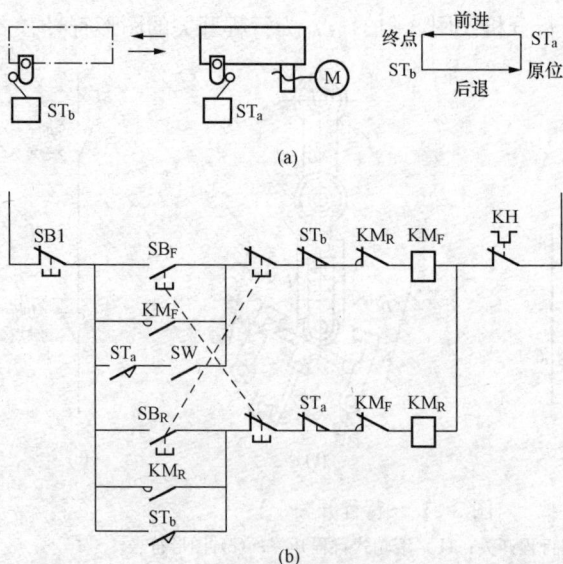

(a)

(b)

图 8-15　工作台自动往复控制线路
（a）工作台循环示意图；（b）控制电路

在控制电路中，行程开关 ST_a 的动合触点与选择开关 SW 串联。一般在正式起动之前，SW 处于断开状态，待起动后再合上 SW，这样可避免电源接通后电路自行起动。SW 合上，电路实现自动往复控制；SW 打开，电路只能实现前进与自动返回控制。

工作台在原位时，挡块将原位行程开关 ST_a 压下。ST_a 的动断触点断开反转控制回路，动合触点闭合（此时 SW 打开）。按下起动按钮 SB_F，电动机正转带动工作台前进。当工作台到达终点时，挡块压下终点行程开关 ST_b，ST_b 的动断触点断开正转控制回路，电动机停止正转。同时，ST_b 的动合触点闭合，使反转接触器 KM_R 得电动作，电动机开始反转，工作台后退，当工作台退回原位时，挡块又压下 ST_a（自动复位式），动断触点断开反转控制电路，动合触点闭合（此时 SW 已闭合），使接触器 KM_F 得电，电动机带动工作台前进，实现了自动往复运动。

8.4　时　间　控　制

在工业生产中，有些过程控制不但有顺序要求，而且有延时要求。如三相异步电动机的 Y—△起动。先将电动机接成 Y 起动，经过一定时间待转速接近额定值时，再换接成△运行。延时时间的长短，需要用时间继电器来控制。

8.4.1　时间继电器

时间继电器就是用来反映时间间隔的自动控制电器。从工作原理上，时间继电器可分为电磁式、空气阻尼式、电子式和钟摆式；从控制方式上又分为通电延时和断电延时两类。它们的延时范围和控制准确性差别很大。延时时间从 0.05s 到几十小时不等。这里仅介绍空气阻尼式时间继电器。

1. 通电延时空气式时间继电器

图 8-16 所示为通电延时空气阻尼式时间继电器的工作原理示意图。它是利用空气阻尼作用实现延时控制的。当动铁芯 2 吸下，使动铁芯与活塞杆 3 之间离开一段距离。在释放弹簧 4 的作用下，活塞杆就会向下移动。在伞形活塞 5 的表面固定有一层橡皮垫 6，它将气室分成上下两部分。当活塞向下移动时，使上半气室空气稀薄压力减小，活塞受到下面空气的压力，不能迅速下移。随着空气从进气孔 7 进入，活塞才能逐渐下移。当移动到最后位置时，杠杆 8 使微动开关 9 动作。延时时间即为自电磁铁线圈通电时起到微动开关动作止的时间间隔。通过螺钉 10 可调节进气孔的大小，即可调节延时时间。

电磁铁线圈断电后，在释放弹簧 11

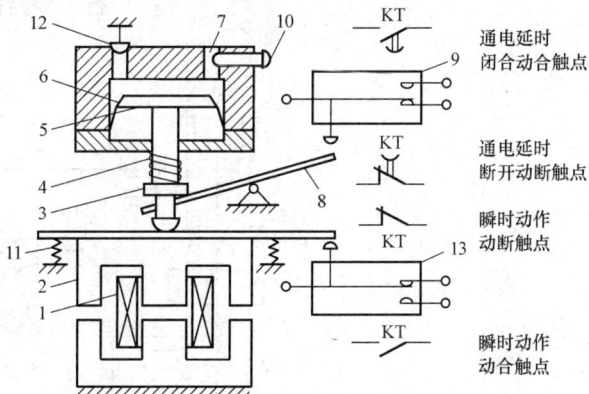

图 8-16　通电延时的空气式时间继电器
1—线圈；2—动铁芯；3—活塞杆；4、11—弹簧；
5—伞形活塞；6—橡皮垫；7—进气孔；8—杠杆；
9、13—微动开关；10—螺钉；12—出气孔

的作用下使动铁芯恢复原位。动铁芯推动活塞杆使活塞迅速上移，将上半气室内的空气从出气孔 12 迅速排出。

从图 8-16 可以看出，这种通电延时的时间继电器有两个延时触点：延时断开的动断触点和

延时闭合的动合触点。此外，还有两个瞬时动作触点（与动铁芯一起动作的微动开关13）。

2. 断电延时空气式时间继电器

断电延时时间继电器与通电延时时间继电器基本相同，只是把铁芯倒装过来。如图8-17所示。电磁铁线圈通电，动铁芯被吸合，动铁芯推动活塞杆迅速上移，微动开关9和13瞬时动作，动断触点打开、动合触点闭合。当线圈失电，动铁芯在弹簧作用下迅速复位。这样，动铁芯的推杆14与活塞杆3分离。但由于空气（室）的阻尼作用，活塞不能迅速下移，只能缓慢下移。当移动到一定位置时，杠杆8使微动开关9复位。从电磁铁线圈失电到微动开关9复位就是继电器的延时时间。微动开关9的触点为延时动作触点，微动开关13的触点为瞬时动作触点。

空气式时间继电器的延时范围较大（0.4～60s和0.4～180s两种），结构简单，但准确性较低。

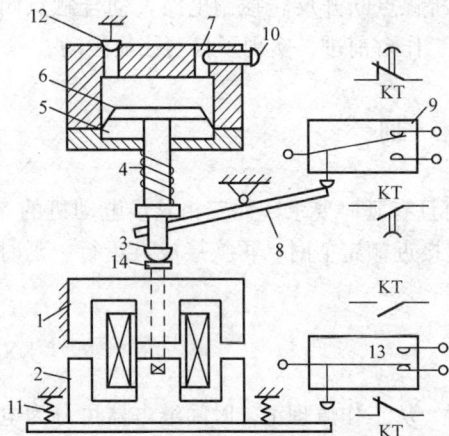

图8-17　断电延时的空气式时间继电器
1—线圈；2—动铁芯；3—活塞杆；4、11—弹簧；
5—伞形活塞；6—橡皮垫；7—进气孔；8—杠杆；
9、13—微动开关；10—螺钉；12—出气孔；14—推杆

8.4.2　三相异步电动机 Y—△ 起动控制线路

对于容量较大的三相异步电动机，一般采用 Y—△降压起动。图8-18所示为笼型电动机Y—△起动控制线路图。这里用了图8-16所示的通电延时的时间继电器KT。KM1、KM2、KM3是三个交流接触器。起动时KM1和KM3工作，使电动机Y连接起动；运行时，KM1和KM2工作，电动机△连接运行。线路的动作次序如下：

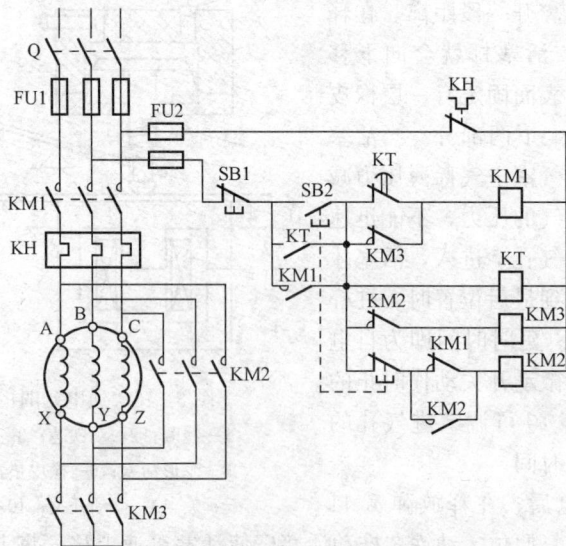

图8-18　笼型电动机 Y—△ 起动控制线路

笔记：

```
                    ┌→ KM1通电 ──→ KM1断电 ─┐           ┌→ KM1通电
                    │                        │           │
        按SB2 ──────┼→ KT通电                └───────────┤
                    │                                    │
                    ├→ KM2断电 ──────────→ KM2通电 ──────┤
                    │                                    │
                    └→ KM3通电 ──────────→ KM3断电 ──────┘
                    (丫起动)                              (△运行)
```

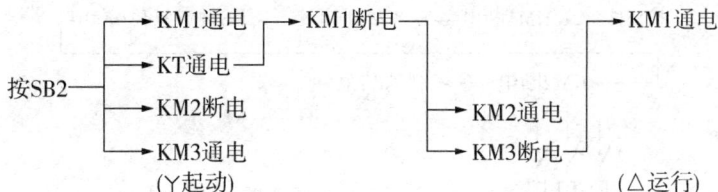

本线路的特点是在接触器 KM1 断开的情况下进行 丫—△换接，这样可以避免由 丫—△切换可能造成的电源短路。同时接触器 KM3 的动合触点在无电下断开，不产生电弧，可延长使用寿命。

8.5　速　度　控　制

在机械设备电气控制系统中，有时也需要根据电动机或主轴转速的变化来自动转换控制动作。如在电动机反接制动线路中，为避免电动机制动后反向转动，要根据电动机的转速来自动切除电源。用来反映转速高低的控制电器，称为速度继电器。

8.5.1　速度继电器

感应式速度继电器的结构示意图如图 8-19 所示。速度继电器由转子、定子及触点三部分组成。图中的永久磁铁就是转子，它与电动机（或机械）转轴相连接，并随之转动。在内圈装有笼型绕组的外环就是定子，它能绕转轴转动、当永久磁铁随转轴转动时，在空间产生一个旋转磁场，在定子绕组中必然产生感应电流。定子因受磁力的作用，朝转子转动的方向转动一个角度。当速度达到一定值时，定子带动顶块使触点动作。触点接在控制电路中，使控制电路改变控制状态。

随电动机的转向，外环可左转也可右转。顶块两侧各装有一个动合触点和一个动断触点。一般情况下，当轴上转速高于 $100r/min$ 时，触点动作，而低于 $100r/min$ 时，触点恢复原位。

实际上，触点动作所需转轴的速度可以人为调整。因为，外环的转动角度不但与转速有关，而且还与外环的重量以及外环所受的阻力有关。外环越重，受的阻力越大，使其转动同样角度所需转速越高。一般通过改变加在动触点上的压力来调整速度继电器的整定速度。加在动触点上的力越大，使其动作所需的顶力就越大。只有提高旋转磁场的转速，外环才能有足够的力量使触点动作。

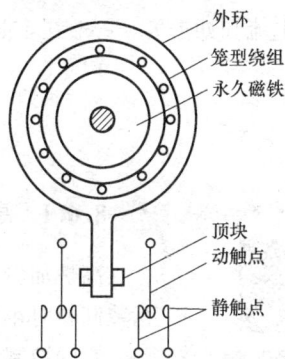

图 8-19　速度继电器的示意图

8.5.2　三相异步电动机反接制动控制线路

为了使电动机迅速停止，可采用图 8-20 所示的笼型电动机反接制动控制线路。电动机正常工作时，接触器 KM1 通电，其动断触点断开、动合触点闭合。同时，速度继电器 KS 的动合触点闭合，为制动做好准备。

按下反接制动按钮 SB1，对电动机实施反接制动。控制线路动作次序如下：

由于反接制动时旋转磁场与电动机转子的相对转速 (n_0+n) 较大，制动电流很大。为减小制

按SB1 —→ KM1断电 —→ KM2通电 —→ KS触点复位(n=0) —┐

└→ KM2断电 —→ 制动结束

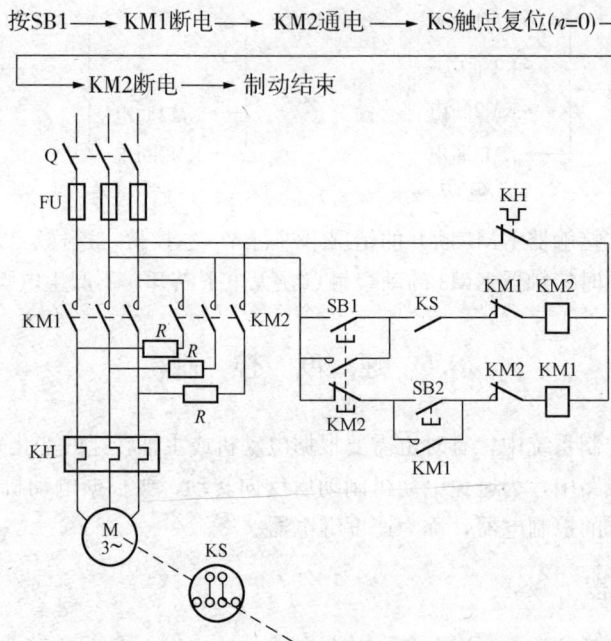

图 8-20 笼型电动机反接制动控制线路

动电流和冲击力，一般在 10kW 以上的电动机定子电路中串入制动电阻 R。

8.6 应 用 举 例

8.6.1 高炉加料小车运行控制线路

高炉加料小车（料斗），要求自动往返于地面与高炉进料口（顶部）之间，并且装卸料时小车要有一定的延时停留时间。这是一种具有延时停留的自动往复运动，它的控制线路如图 8-21 所示。

在高炉的底部装有行程开关 ST_a，其动断触点串接在反转（下降）控制回路中，其动合触点串接在装料等待时间控制电路中。当小车返回到地面压动 ST_a，动断触点断开，反转停止，动合触点闭合，时间继电器 KT1 得电延时开始。当装料延时完了，KT1 动合触点闭合起动正转小车上升。在高炉的顶部同样装有行程开关 ST_b，其作用与 ST_a 类似，不再重述。选择开关 SW 断开时，此线路只能进行正反向点动；SW 闭合，此线路就能实现具有延时停留

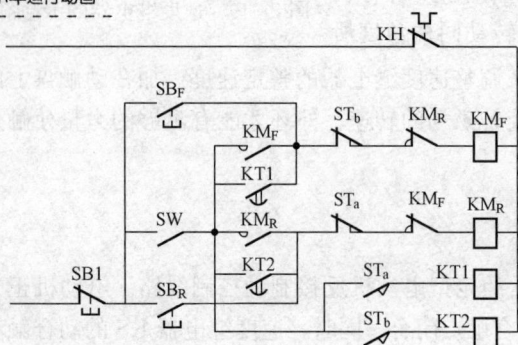

图 8-21 高炉加料小车的控制线路

的自动往复控制。线路动作次序如下：

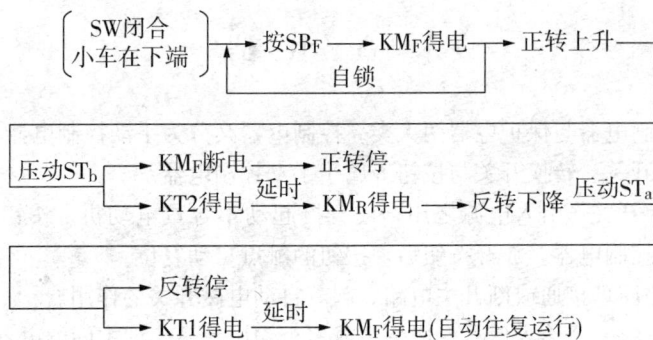

$$SW闭合 \atop 小车在下端 \} \to 按SB_F \to KM_F得电 \to 正转上升$$

自锁

压动$ST_b \to$ KM$_F$断电 → 正转停
KT2得电 —延时→ KM$_R$得电 → 反转下降 —压动ST_a

反转停
KT1得电 —延时→ KM$_F$得电(自动往复运行)

8.6.2 自动皮带传送机控制电路

在实际应用中，常常有需要按照时间顺序起动和停止的工作要求，例如，自动皮带传送系统如图 8-22 所示，系统要求：开机时，皮带 3 先起动；10s 后，皮带 2 再起动；再过 10s，皮带 1 才起动，停止的顺序正好相反。试设计该系统的控制电路。

该系统为典型的时间顺序控制系统，根据题意，系统只需要一个起动按钮和一个停车按钮即可。但是，两条皮带轮的起动和停止是按时间顺序工作的，所以，系统中必须有时间继电器。

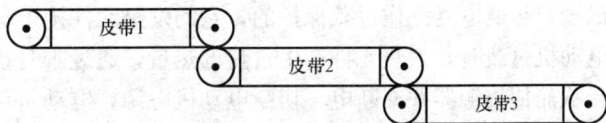

图 8-22 自动皮带传送系统

三台电动机的主电路与直接起停控制相同，控制电路则需要用时间继电器完成，设 KM1～KM3 分别为控制三台电动机运行的接触器，KT1～KT4 分别为延时用的时间继电器，SB1 为起动按钮，SB2 为停止按钮。根据题目要求涉及的控制电路如图 8-23 所示。

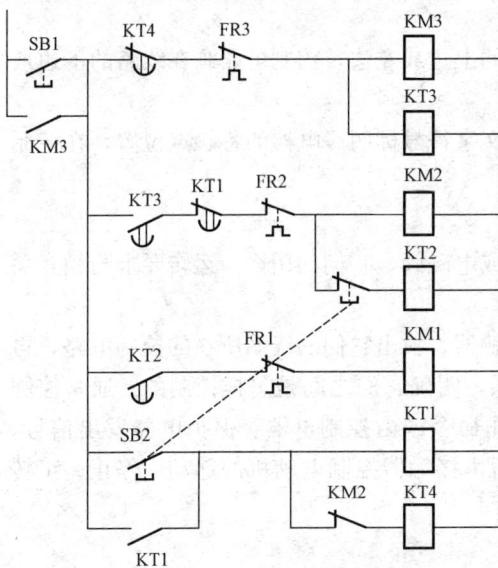

图 8-23 皮带传送机控制电路

工作过程简述如下：

（1）起动。为了避免在前段运输皮带上造成物料堆积，要求逆物料流动方向按一定时间间隔顺序起动。其起动顺序如下：

SB1 按下，KM3 得电动作，皮带 3 先起动，—KT3 延时 10s→ KM2 得电动作，皮带 2 起动，—KT2 延时 10s→ KM1 得电动作，皮带 1 起动。

（2）停止。为了使运输皮带上不残留物料，要求顺物流方向按一定时间间隔顺序停止，其停止顺序如下：

SB2 按下，KM1 断电触点复位，皮带 1 先停止，—KT1 延时 10s→ KM2 断电触点复位，皮带 2 停止，—KT4 延时 10s→ KM3 断电触点复位，皮带 3 停止。

扫一扫

皮带传送
应用动画

笔记：

本 章 小 结

（1）电器分为控制电器与保护电器两大类。控制电器又分为手动控制电器与自动控制电器两类。刀开关、转换开关与按钮等属于手动控制电器。

1）刀开关与转换开关作引入电源之用，或直接起动小容量电动机。按钮与自动控制电器配合，用于接通或断开控制电器。放开按钮后，按钮的触点自动复位。

2）接触器按电磁原理接通或断开主电路，起着自动电磁开关的作用。

3）中间继电器可将一个输入信号变成一个或多个输出信号，即中间继电器线圈接通后，可以同时控制几条电路。

4）行程开关是利用生产机械的运动部件的碰撞来接通或断开控制电路的。

5）时间继电器有通电延时动作型与断电延时动作型两种，用于按时间原则动作的控制电路中。

6）熔断器与热继电器属于保护电器。熔断器串接于主电路与控制电路作短路保护，不能作过载保护；热继电器是作过载保护的，它的发热元件接于电动机的主电路，动断触点接于控制电路。当电动机过载时，发热元件产生过量的热量，通过本身的机构，使它在控制电路里的动断触点断开，从而使接触器线圈断电，切断电动机电源，电动机停止工作而得到保护。热继电器不能作短路保护。

（2）电动机的控制线路分为两个部分，即主电路与控制电路。主电路是电动机的工作电路，从电源、开关、熔断器、接触器的动合主触点、热继电器的发热元件到电动机本身均属于主电路（有些主电路根据需要情况，不用热继电器，或用过电流继电器等）。

控制电路是用来控制主电路的电路，保证主电路安全正确地按照要求工作。

（3）绘制电气控制线路的一般原则。

1）主电路与控制电路分开画出，主电路画在线路的上边或左边，控制电路画在线路的下边或右边，主电路用粗实线表示，控制电路用细实线表示。

2）同一个电器的线圈，触点分开画出，并用同一文字符号标明。电器的各触点位置，在控制线路中均为"正常位置"。

（4）阅读自动控制线路图的步骤。

1）了解生产机械的工作过程，它有多少台电动机或电磁阀，它们的用途、运转要求与相互关系等问题。

2）对于主电路部分，要明白控制各台电动机的接触器，找出它们的线圈所在的控制电路，再分析各条控制电路中有关电器的线圈与触点的相互关系，明确它们之间是怎样控制的。通常控制电路的动作是自上而下，由按钮、行程开关等发出动作命令或由控制电器、保护电器发出信号，有时又经过中间继电器、时间继电器再到接触器，最后由接触器控制电动机的起动、停止、正转或反转。

（5）笼型异步电动机的直接控制线路。

自动控制线路的主电路与控制电路均须装熔断器作短路保护。主电路里还常装有过载保护的热继电器发热元件。控制电路中有动合的起动按钮并联接触器的动合辅助触点，在松开起动按钮后，接触器能自己保护接通，称之为自锁。若不加自锁触点就成为点动控制线路。

（6）笼型异步电动机的正反转控制线路。

这种控制线路的一个重要特点是必须有联锁装置——按钮联锁与接触器联锁，以保证控制正转与反转的接触器不会同时接通。生产机械工作台的限位与自动往返控制线路中用行程开关代替复合按钮的按钮联锁。

（7）按时间原则动作的控制线路。

时间继电器是按时间原则动作的控制线路中必须使用的电器。笼型异步电动机的Y—△降压起动，绕线型异步电动机转子电路串接电阻起动都是按时间原则控制的。

异步电动机的能耗制动控制线路中，用断电延时动作的时间继电器作控制能耗制动时间用，并在制动完成时自动切断直流电源。

习　　题

1. 根据文中图 8-8 所示接线做实验时，将开关 Q 合上后按下起动按钮 SB2，发现有下列现象，试分析和处理故障：

（1）接触器 KM 不动作；

（2）接触器 KM 动作，但电动机不转动；

（3）电动机转动，但一松手电机就不转；

（4）接触器动作，但吸合不上；

（5）接触器触点有明显颤动，噪声较大；

（6）接触器线圈冒烟甚至烧坏；

（7）电动机不转动或者转得极慢，并有"嗡嗡"声。

2. 某机床主轴由一台笼型电动机带动，润滑油泵由另一台笼型电动机带动。要求：

（1）主轴必须在油泵开动后，才能开动；

（2）主轴要求能用电器实现正反转，并能单独停车；

（3）有短路、零压及过载保护。

试绘出控制线路。

3. 根据下列五个要求，分别绘出控制电路（M1 和 M2 都是三相笼型电动机）：

（1）电动机 M1 先起动后，M2 才能起动，M2 并能单独停车；

（2）电动机 M1 先起动后，M2 才能起动，M2 并能点动；

（3）M1 先起动，经过一定延时后 M2 能自行起动；

（4）M1 先起动，经过一定延时后 M2 能自行起动，M2 起动后，M1 立即停车；

（5）起动时，M1 起动后 M2 才能起动；停止时，M2 停止后 M1 才能停止。

4. 分析图 8-24 中有哪几处错误并改正。

5. 在图 8-25 中，要求按下起动按钮后能顺序完成下列动作：①运动部件 A 从 1 到 2；②接着 B 从 3 到 4；③接着 A 从 2 回到 1；④接着 B 从 4 回到 3。试画出控制线路。（提示：用四个行程开关，装在原位和终点，每个

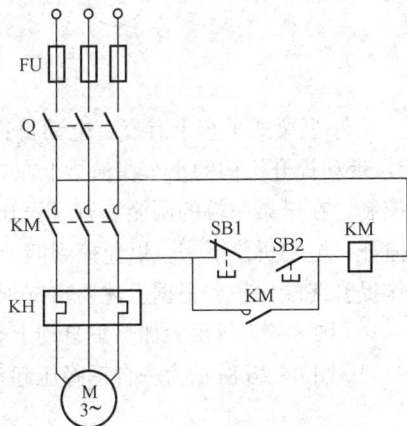

图 8-24　题 4 图

有一动合触点和一动断触点)

6. 设计一个控制线路,要求:

(1) 第一台电动机起动 10s 后,第二台自行起动;

(2) 第二台运行 20s 后,第一台停止、第三台起动;

(3) 第三台运行 30s 后,电动机全部停止。

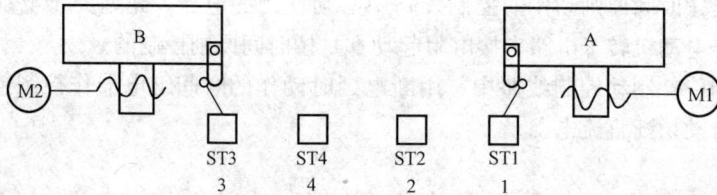

图 8 - 25　题 5 图

7. 要求三台电动机 M1、M2、M3 按顺序起停,即 M1 起动后 M2 才能起动,M2 起动后 M3 才能起动,停止时顺序相反。试绘出控制电路图。

8. 图 8 - 26 所示为工作台前进与自动返回控制线路。请指出此控制线路中存在的错误,说明其后果,并改正。

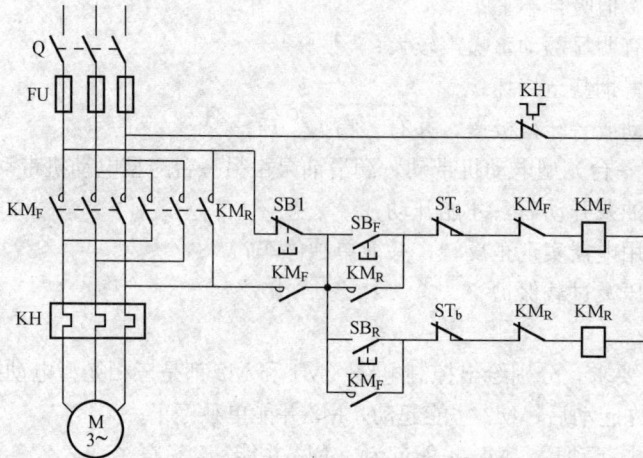

图 8 - 26　题 8 图

9. 小型梁式吊车上有三台电动机:横梁电动机 M1,带动横梁在车间前后移动;小车电动机 M2,带动提升机构的小车在横梁上左右移动;提升电动机 M3,升降重物。三台电动机都采用点动控制。在横梁一端的两侧装有行程开关作终端保护用,即当吊车移到车间终端时,就把行程开关撞开,电动机停下来,以免撞到墙上而造成重大人身和设备事故。在提升机构上也装有行程开关作提升终端保护。根据上述要求试画出控制线路。

10. 图 8 - 27 所示为加热炉自动上料控制线路。请分析此控制线路的工作过程。

11. 图 8 - 28 所示为一自耦降压起动器的控制电路。请分析控制过程。

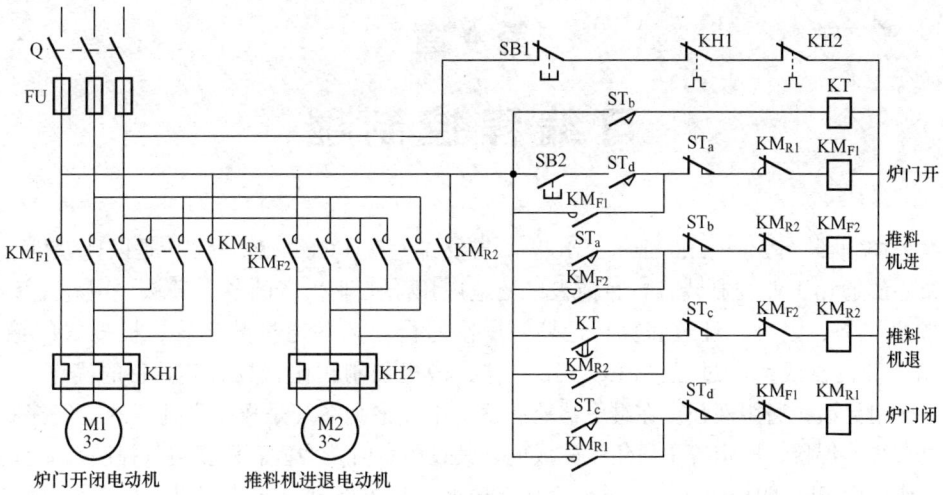

图 8 - 27 题 10 图

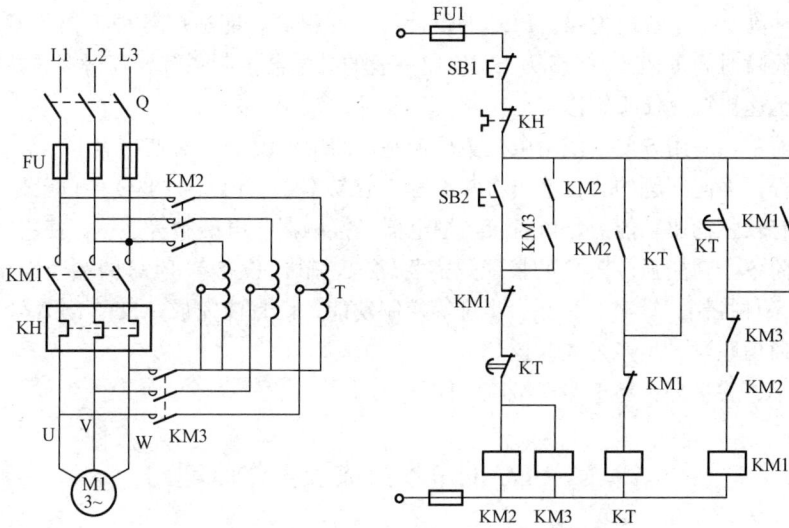

图 8 - 28 题 11 图

第 9 章

可 编 程 控 制 器

可编程控制器（Programmable Controller，英文缩写为 PC，又称 PLC）是以计算机（微处理器）为核心的通用工业控制装置，目前被广泛地应用于工业生产的各个领域，用它来实现逻辑运算、顺序控制、定时、计数和算术运算等操作的指令，并通过数字式、模拟式的输入和输出，控制各种机械或生产过程。PLC 与继电器、微机控制相比，具有其独特的优点。

（1）使用灵活，通用性强。在继电器控制系统中，整个系统是根据设计好的电气控制图，由人工通过布线、焊接、固定等手段组装完成的，其过程费时费力。若改变电气控制则需重新布线、焊接等工作。而 PLC 的控制功能由软件完成，改变控制方案和工艺流程时，只需修改用户程序，非常方便，仅需改变少量的接线即可实现。另外，由于 PLC 产品的多样化、系列化，可满足不同用户和不同需要的控制系统。

（2）可靠性高，抗干扰能力强。PLC 的设计可靠性很高，能适应各种工作环境，抗干扰能力强，其平均无故障时间可达 4 万～5 万 h，这比一般的继电器控制系统要高得多。并且当某一模块出现故障时能迅速更换，便于维修。

（3）编程简单，使用方便。使用微机实现控制，使用汇编语言对使用者要求较高，而 PLC 采用面向控制过程，面向问题的"自然语言"编程，容易掌握。PLC 的 I/O 接口已做好，与现场连接方便，且具有较强的驱动能力，可直接与继电器、接触器、电磁阀等连接，使用方便。

（4）接线简单，功能强。PLC 的接线只需将输入、输出设备与 PLC 的端子连接，接线简单。PLC 不仅具有条件控制、计时、计数、步进等控制功能，而且能完成 A/D、D/A 转换、数字运算和数据处理及通信联网、生产过程监控等。

（5）体积小、质量轻，易于实现机电一体化。

9.1 PLC 的基本组成及工作原理

9.1.1 PLC 的基本组成

PLC 是一种通用的工业控制装置，其组成与一般的微机系统基本相同，按结构形式的不同，PLC 可以分为整体式和组合式两类。

整体式 PLC 是将中央处理单元（CPU）、存储器、输入单元、输出单元、电源、通信接口等组装成一体，构成主机。另外还有独立的 I/O 扩展单元与主机配合使用。主机中 CPU 是 PLC 的核心，I/O 单元是连接 CPU 与现场设备之间的接口电路，通信接口用于 PLC 与编程器和上位机等外部设备的连接。

组合式 PLC 将 CPU 单元、输入单元、输出单元、智能 I/O 单元、通信单元等分别做成相应的电路板或模块，各模块插在底板上，模块间通过底板上的总线相互联系，装有 CPU 单元的底板称为 CPU 底板，其他称为扩展板。CPU 板与扩展板之间通过电缆连接，距离一般不超过 10m。

下面主要介绍整体式 PLC。整体式 PLC 组成示意图如图 9-1 所示。

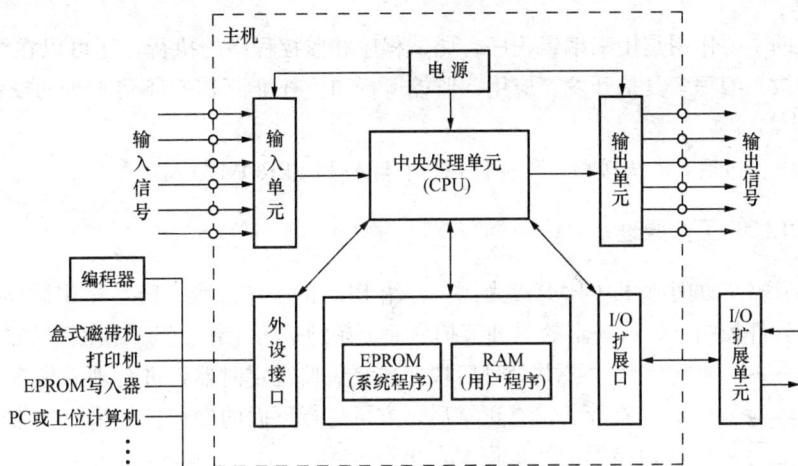

图 9-1　整体式 PLC 的组成示意图

9.1.2　PLC 各部分的功能

1. 中央处理器（CPU）

CPU 是 PLC 的核心，其完成运算和控制功能。其主要类型有微处理器（如 8080、8086 等）、单片机（如 8051 等）和位式微处理器。

2. 存储器

存储器根据在系统中的作用不同，有系统程序存储器、用户程序存储器和工作数据存储器三类。

系统程序存储器主要用来存放监控程序、解释程序等系统程序，一般不允许用户更改，使用 ROM 或 EPROM 存储器。用户程序存储器主要用来存放用户编写的程序，一般用 EPROM。工作数据存储器用来存放经常变化和存取的数据，一般采用 RAM。

3. I/O 单元

I/O 单元也称为 I/O 模块，PLC 通过 I/O 单元与工业生产过程现场相联系。输入单元接收操作指令和现场的状态信息，如控制按钮、操作开关和限位开关、光电管、继电器触点、行程开关、接近开关等信号，并通过输入电路的滤波、光电隔离和电平转换等将这些信号转换成 CPU 能够接收和处理的信号。CPU 送出的弱电控制信号通过输出电路的光电隔离和功率放大等转换成现场需要的强电信号输出，以驱动接触器、电磁阀、电磁铁等执行元件。

4. 智能单元

智能单元是 PLC 系统的一个模块，和 CPU 单元系统总线相连，能独立地进行工作，其中有 CPU、系统程序和存储器。智能单元有 A/D 单元、D/A 单元、高速计数单元、PID 控制单元等。

5. 电源

现代 PLC 一般配有开关式稳压电源，供内部电路使用。有的 PLC 还向外提供 24V 的直流电源，给开关量输入单元连接的现场无源开关使用，或给外部传感器供电。

6. 扩展口

扩展口是 PLC 的总线接口，当用户所需的 I/O 点数或类型超出主机上的点数或类型时，可以通过加接 I/O 扩展单元来解决。

7. 编程工具

编程工具的主要作用是用来编辑程序、调试程序和监控程序的执行，还可以在线测试 PLC 的内部状态和参数。编程工具是开发、应用、监控运行和检查维护 PLC 不可缺少的设备。

8. 其他外部设备

其他外部设备包括有人机接口、外存储器、打印机和 EPROM 写入器等。

9.1.3　PLC 的工作原理

本书以 OMRON 的小型机 CPM1A 为例，介绍 PLC 的工作过程。PLC 采用循环扫描的工作方式，即在系统软件控制下，按一定的时钟节拍周而复始地进行工作。其工作流程如图 9 - 2 所示。

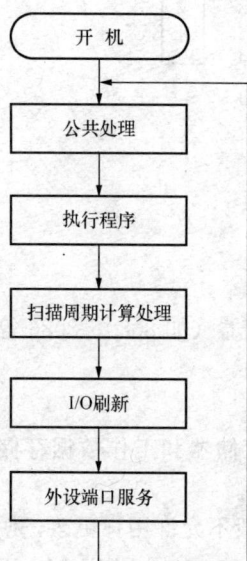

公共处理阶段完成复位监视定时器，进行硬件检查、用户内存检查等。检查正常后，方可进行下面的操作。如果有异常情况，则根据错误的严重程度发出报警或停止 PLC 运行。

程序执行阶段，CPU 按先左后右、先上后下的顺序对每条指令进行解释、执行。

扫描周期计算处理阶段，若设定扫描周期为固定值，则进入等待循环，直到设定值到，再往下进行。若设定扫描周期为不定时，则进行扫描周期的计算。

I/O 刷新阶段，进行 I/O 刷新，输入刷新时，CPU 从输入电路中读出各输入点状态，并将此状态写入输入映象寄存器中；输出刷新时，将输出继电器的元件映象寄存器的状态传送到输出锁存电路，再经输出电路隔离和功率放大，驱动外部负载。

外设端口服务完成与外设端口连接的外围设备或通信适配器的通信处理。

图 9 - 2　PLC 工作流程图

9.1.4　PLC 的性能指标

1. PLC 的主要性能指标

（1）I/O 点数：即为输入输出端子的点数，I/O 点数越多，PLC 可外接的开关器件和输出控制器件就越多，控制规模就越大。

（2）用户程序存储器容量：其决定了可以容纳用户程序的长短，以字为单位。

（3）扫描速度：是指 PLC 执行程序的速度，以 kB/ms 为单位。

（4）指令种类及条数：是衡量 PLC 编程能力强弱的重要指标，指令种类及条数越多，其编程功能越强。

（5）内部器件的种类和数量：种类和数量越多，控制功能越强。

（6）智能单元的种类、功能的强弱：是衡量 PLC 产品水平的一个重要指标。

2. PLC 分类

按结构分为整体式和组合式；按规模分为小型（少于 256 点）、中型（256～2048 点）、大型（多于 2048 点）；还可按厂家分类等。

笔记：

9.2 PLC 的编程语言

PLC 采用面向控制过程、面向问题的 "自然语言" 编程，这些编程语言有梯形图、语句表、逻辑功能图、逻辑方程式或布尔代数式等。

9.2.1 梯形图

梯形图表达式是在原电器控制系统中常用的接触器、继电器梯形图基础上演变而来的。表 9-1 为梯形图与继电器控制图元件符号对照表。

表 9-1 梯形图与继电器控制图元件符号对照表

元件名称	梯形图	继电器
动合触点	—||—	—／
动断触点	—|/|—	—／
线圈	—○—	—□—

下面以三相笼型异步电动机起停控制电路为例，如图 9-3 所示，说明 PLC 梯形图的编制与继电器梯形图的对照。

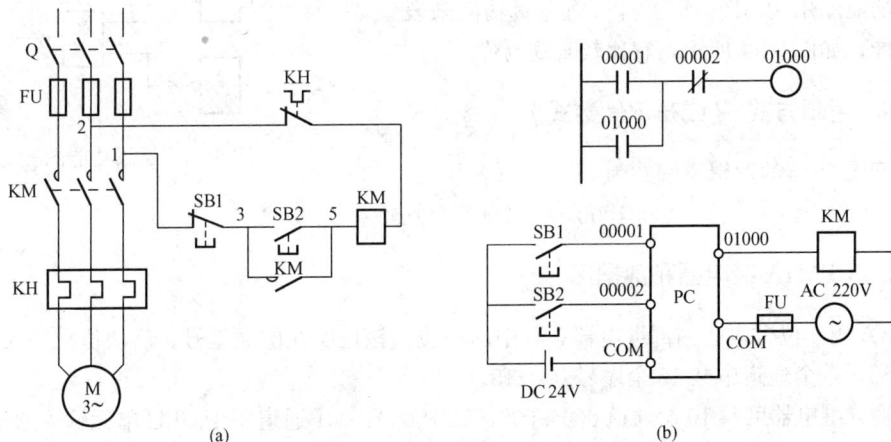

图 9-3 交流电机起动停止图
(a) 继电器控制；(b) PC 梯形图控制

PLC 的梯形图编程规则如下：

(1) 梯形图按从左到右、自上而下的顺序编号，PLC 按此顺序执行程序。

(2) 梯形图的最左边为起始母线，每一行逻辑行必须从起始母线开始，每一逻辑行的最右边为继电器线圈、计数器、定时器或专门指令作为结束。不能将继电器线圈、计数器、定时器直接与起始母线相连，或放在触点的左边。

(3) 每一逻辑行内的触点，可以串联、并联，但输出继电器线圈之间只可以并联，不能串联。

同一继电器、计数器、定时器的触点，可多次反复使用。

（4）每个编程元件按一定的规则加注字母和数字串，不同的编程元件常用不同的字母符号和一定的数字串来表示。

（5）程序的结束行用"END"表示。

9.2.2 语句表

指令语句表是一种与汇编语言类似的助记符编程表达式。梯形图和语句表之间可以相互转换。不同的 PLC，语句表使用的助记符不相同。以下以 OMRON 的 PLC 为例，对应图 9 - 3 的语句表为：

指令助记符	操作数（器件号）
LD	00001
OR	01000
AND NOT	00002
OUT	01000
END	

PLC 语句由操作码和操作数组成，所谓操作码（指令助记符）是各条指令功能的英文名称简写，指定要执行的功能。操作数（器件号）是 PLC 内部继电器编号或立即数，其指明某一操作所需要信息的所在地。

9.2.3 逻辑功能图

逻辑功能图用"与""或""非"等逻辑功能来表达控制功能，如图 9 - 4 所示，它比较直观易懂。

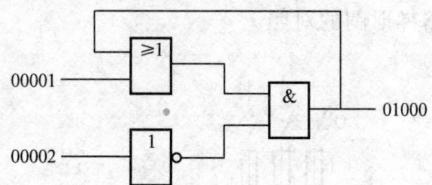

图 9 - 4　逻辑功能图

9.2.4 逻辑方式 （或布尔代数式）

对应于图 9 - 4 的逻辑方程式为

$$01000 = (00001 + 01000) \cdot \overline{00002}$$

9.2.5 CPM1A 继电器和数据区

CPM1A 用 5 位数表达内部继电器，其中前三位为该位所在的通道号，后两位数字为该位在通道中的序号，一个通道中共 16 个序号 00～15。

（1）输入继电器区共 10 个通道 000～009，其中 000、001 通道用于 CPU 单元输入通道，002～009 通道用于 CPU 单元连接的扩展单元的输入通道。

（2）输出继电器区有 10 个通道 010～019，其中 010、011 通道用于 CPU 单元输出通道，012～019 通道用于 CPU 单元连接的扩展单元的输出通道。

（3）内部辅助继电器区有 32 个通道 200～231，共计 512 点。另外，输入/输出继电器区中未被使用的通道也可以作为内部辅助继电器使用。

（4）25313 为常 ON 继电器，25314 为常 OFF 继电器。

（5）25315 常用于初始化脉冲，它在 PLC 运行的第一个扫描周期，处于 ON 状态，然后处于 OFF 状态。

（6）25407 单步起动标志，起动一个单步执行时，该位处于 ON 状态一个扫描周期。其他继电区说明省略，请参看有关指令集手册。

9.3 PLC 基本指令

各厂家生产的 PLC 不同，指令系统不同，以下以 OMRON 公司的 CPM1A 为基本机型讲述 PLC 编程。

9.3.1 基本指令

1. LD 和 LD NOT 指令

功能：LD 指令表示动合触点与左侧母线连接；LD NOT 表示动断触点与左侧母线连接。LD、LD NOT 指令只能以位为单位进行操作，且不影响标志位，其梯形图如图 9-5 所示。

在图 9-5 中，继电器编号 IR 为内部辅助继电器，SR 为特殊辅助继电器，HR 为保持继电器，AR 为辅助记忆继电器，LR 为链接继电器，TC 为定时器和计数器，TR 为暂存继电器。

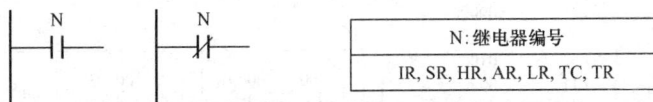

图 9-5　LD 和 LD NOT 指令梯形图

2. OUT 和 OUT NOT 指令

功能：OUT 指令输出逻辑运算结果；OUT NOT 指令将逻辑运算结果取反后再输出。输出位相当于继电器线路中的线圈，其梯形图如图 9-6 所示。

图 9-6　OUT 和 OUT NOT 指令梯形图

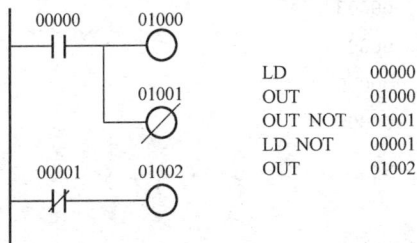

图 9-7　OUT、OUT NOT 指令举例

【例 9-1】　OUT、OUT NOT 指令举例如图 9-7 所示。

3. AND 和 AND NOT 指令

功能：AND 指令表示动合触点与前面的触点相串联；AND NOT 指令表示动断触点与前面的触点相串联。其梯形图如图 9-8 所示。

【例 9-2】　AND、AND NOT 指令举例如图 9-9 所示。

4. OR 和 OR NOT 指令

功能：OR 指令表示动合触点与前面的触点电路相并联；OR NOT 指令表示动断触点与前面的触点电路相并联。

图 9-8　AND 和 AND NOT 指令梯形图

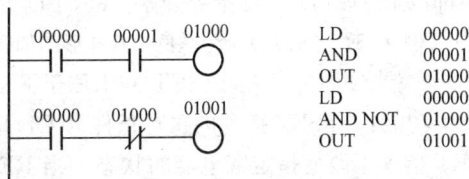

图 9-9　AND、AND NOT 指令应用举例

其梯形图如图 9-10 所示。

N:继电器编号
IR, SR, HR, AR, LR, TC

图 9-10　OR 和 OR NOT 指令梯形图

【例 9-3】　OR、OR NOT 指令举例如图 9-11 所示。

5. AND LD 指令

功能：AND LD 指令用于逻辑块的串联连接，即对逻辑块进行逻辑"与"操作。每个逻辑块都以 LD 或 LD NOT 指令开始。AND LD 指令单独使用，后面没有操作数。

【例 9-4】　AND LD 指令举例，其梯形图如图 9-12 所示。

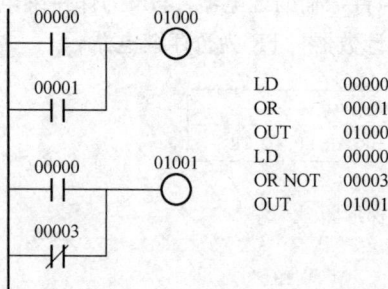

```
LD      00000
OR      00001
OUT     01000
LD      00000
OR NOT  00003
OUT     01001
```

图 9-11　OR、OR NOT 指令
应用举例

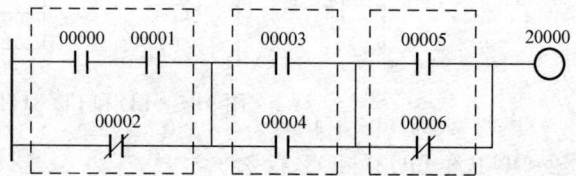

图 9-12　AND LD 指令的
应用举例

方法 1		方法 2	
LD	00000	LD	00000
AND	00001	AND	00001
OR NOT	00002	OR NOT	00002
LD	00003	LD	00003
OR	00004	OR	00004
AND	LD	LD	00005
LD	00005	OR NOT	00006
OR NOT	00006	AND LD	
AND	LD	AND LD	
OUT	20000	OUT	20000

6. OR LD 指令

功能：OR LD 指令用于逻辑块的并联连接，即对逻辑块进行逻辑"或"的操作。每一个逻辑块都以 LD 或 LD NOT 指令开始。OR LD 指令单独使用，后面没有操作数。

【例 9-5】　OR LD 指令举例，其梯形图如图 9-13 所示。

7. 置位和复位指令 SET 和 RESET

功能：当 SET 指令的执行条件为 ON 时，使指定继电器置位为 ON；当执行条件为 OFF 时，SET 指令不改变指定继电器的状态。当 RESET 指令的执行条件为 ON 时，使指定继电器复位为 OFF；当执行条件为 OFF 时，RESET 指令不改变指定继电器的状态。其梯形图如图 9-14 所示。

方法 1		方法 2	
LD	00000	LD	00000
AND NOT	00001	AND NOT	00001
LD	00002	LD	00002
AND	00003	AND	00003
OR LD		LD NOT	00004
NOT	00004	AND NOT	00005
AND NOT	00005	OR LD	
OR LD		OR LD	
OUT	01001	OUT	01001

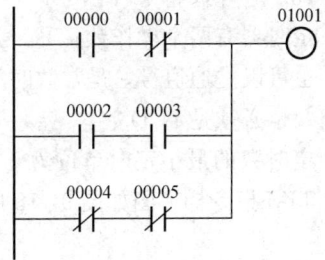

图 9-13　OR LD 指令的应用举例

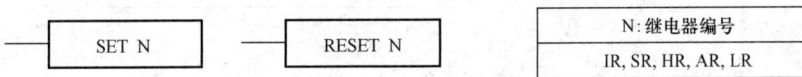

图 9-14　SET 和 RESET 指令

【例 9-6】 SET 和 RESET 指令应用举例，如图 9-15 所示。

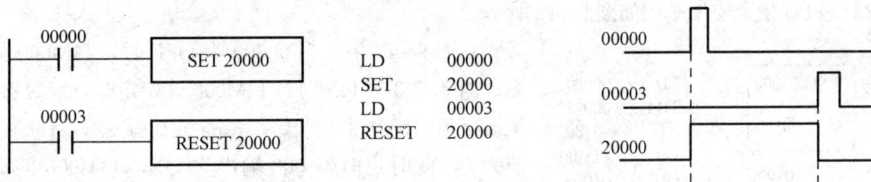

LD	00000
SET	20000
LD	00003
RESET	20000

图 9-15　SET 和 RESET 指令应用举例

8. 保持指令 KEEP（11）

功能：当置位输入（S）端为 ON 时，继电器保持为 ON 状态；当复位输入端为 ON 时，继电器保持 OFF 状态。当 S 和 R 端同时为 ON 时，R 端优先级别高，继电器保持 OFF 状态。

KEEP 指令梯形图及应用举例如图 9-16 所示。

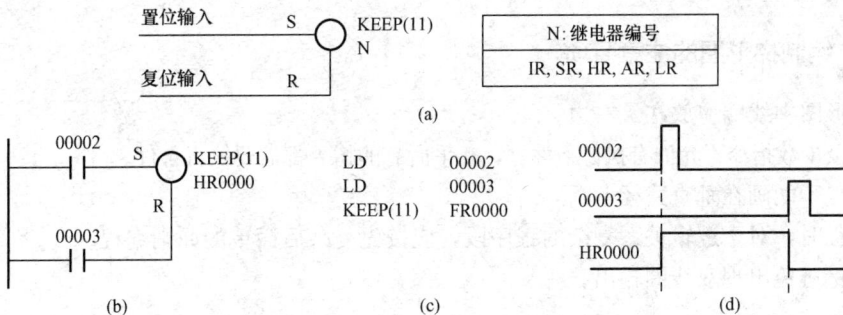

LD	00002
LD	00003
KEEP(11)	FR0000

图 9-16　KEEP 指令梯形图及应用举例

9. 结束指令 END（01）

功能：END 指令表示程序结束，如图 9-17 所示。

图 9-17　END 指令

笔记：

10. 定时器指令 TIM

定时器有两个操作数；TC 号和设定值 SV。TC 取值范围为 000～127，设定值 SV 可以是常数，也可以是通道号，是常数时为 BCD 数，前面加前缀♯；是通道号时，通道号内的数据作为设定值，也必须是 BCD 数。

定时数的最小定时单位为 0.1s，定时范围为 0～999.9s，设定值 SV 的取值范围为 0～9999。

TIM 指令梯形图如图 9-18 所示。

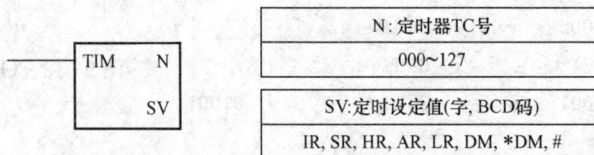

图 9-18　TIM 指令

功能：定时器为通电延时，当定时器的输入为 OFF 时，定时器输出为 OFF。当定时器的输入变为 ON 时，开始定时，定时时间到，定时器的输出变为 ON。若输入继续为 ON，则定时器的输出保持 ON。当定时器输入变为 OFF 时，定时器的输出随之变为 OFF。

【例 9-7】　TIM 指令应用举例如图 9-19 所示。

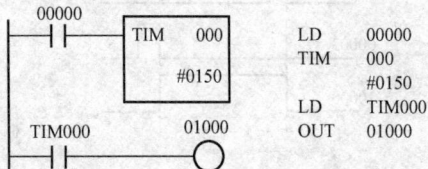

图 9-19　TIM 指令应用举例

在图 9-19 中，当 00000 为 OFF 时，TIM000 处于复位状态；当 00000 为 ON 时，TIM000 开始定时，定时器的当前 PV 从设定值（SV）150 开始，每隔 0.1s 减去 1，15s 后当前值 PV 减为 0，此时定时器 000 输出为 ON，TIM000 的动合触点闭合，使 01000 为 ON，若 00000 一直为 ON，则 TIM000 的状态不变；若 00000 变为 OFF，则定时器复位，当前 PV 恢复为设定值 SV。

11. 跳转/跳转结束指令 JMP（04）/JME（05）

功能：JMP/JME 指令用于控制程序流向，当 JMP N 的执行条件为 OFF 时，跳过 JMP N 和 JME N 之间的程序段，转去执行 JMP N 后面的程序。当 JMP N 的执行条件为 ON 时，JMP N 和 JME N 之间的程序段将被执行。

9.3.2　编制梯形图的注意事项

(1) 梯形图中线圈应放在最右边。

(2) 除极少数指令不允许有执行条件外，几乎所有的指令都需要执行条件。

(3) 触点不能画在垂直路径上。

(4) 编程时，对于逻辑关系复杂的程序段，应按先复杂后简单的原则编程。

(5) 尽量避免出现双线圈输出。

9.4　可编程控制器的应用举例

【例 9-8】　试设计一台电动机的起停控制电路（如图 9-20 所示）。

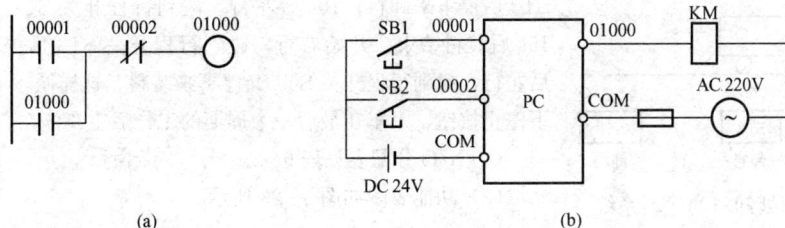

(a)　　　　　　　　　　　　　(b)

图 9-20　［例 9-8］图

1	LD	00001
2	OR	01000
3	AND NOT	00002
4	OUT	01000
5	END	

【例 9-9】　试设计电机的正反转控制电路（如图 9-21 所示）。

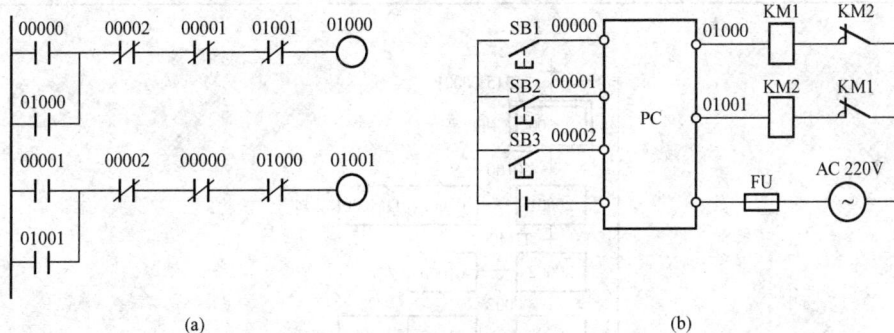

(a)　　　　　　　　　　　　　(b)

图 9-21　［例 9-9］图

1	LD	00000
2	OR	01000
3	AND NOT	00002
4	AND NOT	00001
5	AND NOT	01001
6	OUT	01000
7	LD	00001
8	OR	01001
9	AND NOT	00002
10	AND NOT	00000
11	AND NOT	01000
12	OUT	01001
13	END	

【例 9-10】　试绘制两处送料小车的控制梯形图。送料小车工作示意图如图 9-22 所示。初始状态小车空车停在行程开关 ST1 处，按一下起动按钮，小车在 ST1 处装料；15s 后装料结束，开始右行；碰到行程开关

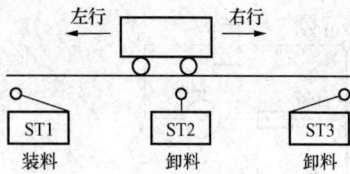

图 9-22　两处卸料的送料系统

ST2 后停下来卸料；10s 后左行，碰到行程开关 ST1 又停下来装料；15s 后装料结束，开始右行，碰到行程开关 ST3 后停下来卸料，10s 后左行，碰到行程开关 ST1 又停下来装料。这样循环工作，直到按一下停止按钮，小车在最后一个周期的工作后空车停在 ST1 处。

（1）I/O 分配表见表 9-2。

（2）功能表图如图 9-23 所示。

表 9-2

I/O 分 配 表

输　　入		输　　出	
ST1	00001	右行接触器	01000
ST2	00002	左行接触器	01001
ST3	00003	装料电磁阀	01002
起动按钮	00004	卸料电磁阀	01003
停止按钮	00005		

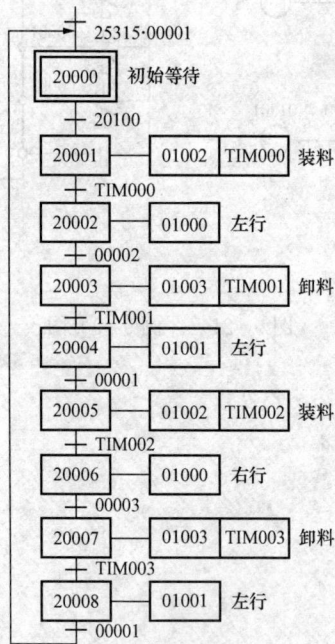

图 9-23　功能表图

（3）梯形图如图 9-24 所示。

说明：

（1）25315 为初始化脉冲，它在 PLC 运行的第一个扫描周期，处于 ON 状态，然后处于 OFF 状态。

（2）此程序循环一次后，再继续工作，需按动起动按钮。

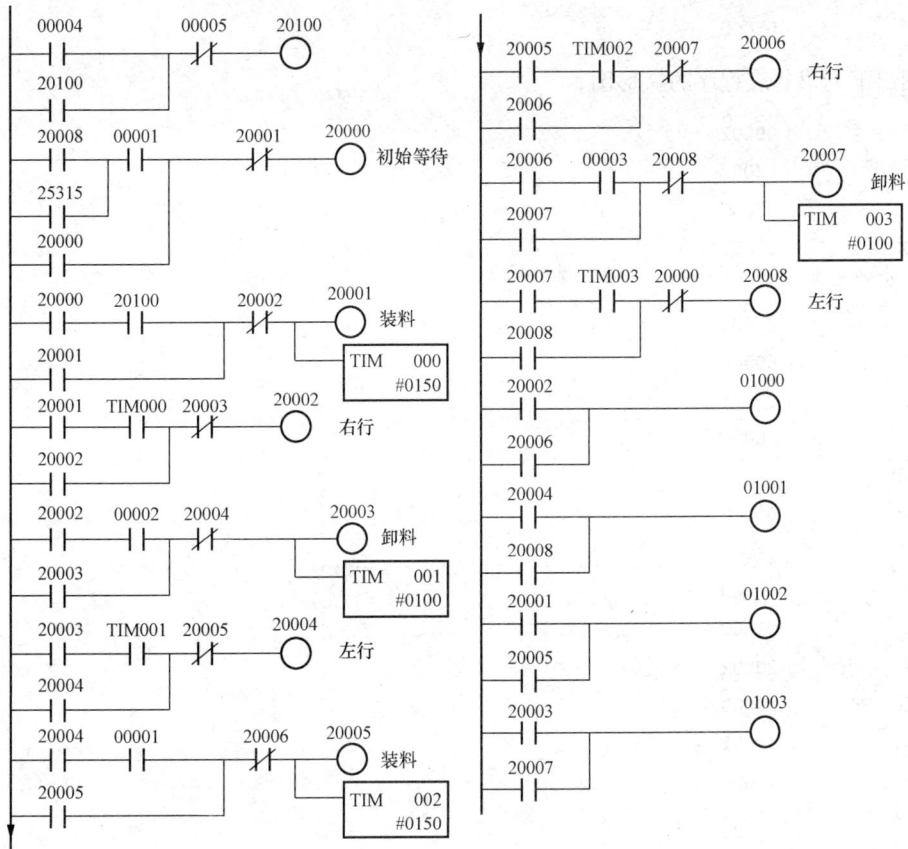

图 9-24 [例 9-10] 梯形图

本 章 小 结

(1) 可编程控制器（PLC）是一种面向工业控制的计算机系统。按结构可分为整体式和组合式两类。PLC 由主机模块、输入模块、输出模块和电源模块组成。可根据实际需要选择不同型号的 PLC。

(2) PLC 的编程语言有梯形图、语句表、逻辑功能图、逻辑方程或布尔代数式等，常用的有梯形图和语句表。梯形图与继电接触器控制图相似，易于掌握。语句表类似于汇编语言的程序表达式，不同的 PLC 助记符不同。

(3) 本章以 OMRON 的 CMP1A 为基本机型介绍了其基本指令和编程应用举例。

习　　题

1. 画出下列语句表程序所对应的梯形图，并说明电路的功能。

| 1 LD | 00000 |
| 2 OR | 01000 |

3 AND NOT	00001
4 OUT	01000

2. 画出下列语句表程序的梯形图。

1 LD	00002
2 AND	00003
3 LD	20000
4 AND	20001
5 OR LD	
6 OR	01005
7 AND	00004
8 AND NOT	00005
9 LD	00006
10 AND	00007
11 OR	00008
12 AND LD	
13 OUT	01000
14 LD	01000
15 OR	20002
16 AND NOT	00009
17 OUT	01001
18 LD	20002
19 TIM	00
	♯0100
20 LD	TIM00
21 OUT	01002
22 END	

3. 写出图 9-25 所示梯形图的语句表程序。

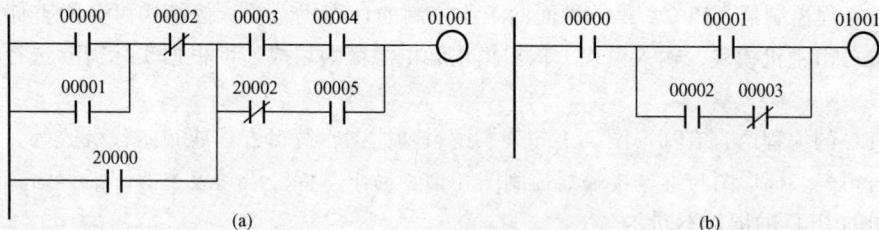

图 9-25   题 3 图

4. 试用 PLC 实现三相异步电动机的 Y—△降压起动控制。画出外接线图和梯形图。

5. 利用 PLC 实现下述控制要求，分别绘出梯形图。

(1) 电动机 M1 先起动后，M2 才能起动，M2 能单独停车。

(2) M1 起动后，M2 才能起动，M2 并能点动。

（3）M1 先起动后，经过 10s 后 M2 能自行起动。

6. 某广告牌上有六个字，每个字显示 0.5s 后六个字一起显示 1s，然后全灭。0.5s 后再从第一个字开始显示，重复上述过程。试用 PLC 实现。

第 10 章
工业企业供电与安全用电

本章主要介绍工业企业供配电的基本知识、安全用电及保护接地与保护接零的意义。

10.1 电力系统

10.1.1 发电与输电

按被转换能源的不同，发电厂有水力发电厂（水电站）、火力发电厂、原子能发电厂（核电站）、风力发电厂和沼气发电厂等。为了提高发电效率，充分发掘能源，人们还在不断探索和研究新的发电方式，如磁流体发电、太阳能发电和各种新型燃料电池等。

发电厂大多建在能源基地附近，往往离用户很远，因此用户所需要的电能需要用输电线路长距离传送。而在输送电能的过程中，为减少输送线路的损耗，发电厂生产的电力要经升压变压器升高电压，输送到用户附近后，又经降压变压器降低电压，供给用户所需的低压。这其中变电站是连接电力系统的枢纽，它的主要任务是升压与降压、汇集与分配电力、适当调整电压，使输出的电压稳定在额定值允许范围内。图 10 - 1 就是从发电厂到用户的送电过程示意图。

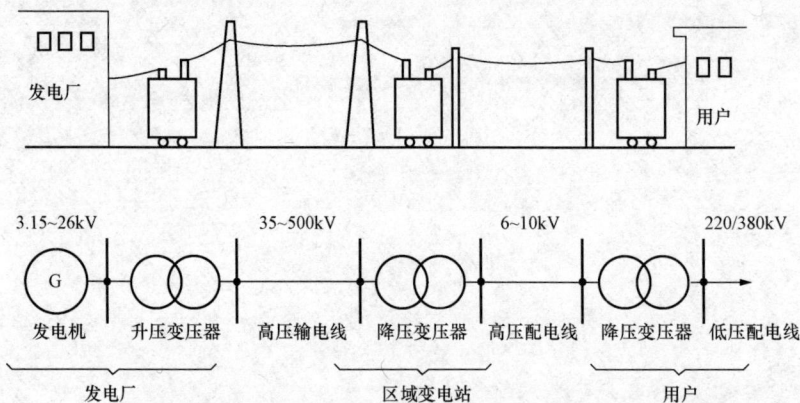

图 10 - 1 从发电厂到用户的送电过程

电能的输送过程分为交流输电和直流输电。交流输电电压一般分为高压、超高压和特高压。国际上，高压（HV）通常指 35～220kV 电压，超高压（EHV）通常指 330～1000kV 电压，特高压（UHV）定义为 1000kV 及以上电压。高压直流（HVDC）通常指的是 600kV 及以下的直流输电电压，600kV 以上的电压称为特高压直流。由于我国能源布局与经济发展的不平衡，采用特高压输电可以使输电距离大幅提高，输送容量增大，能更好地满足经济发展对电力的需求。我国已于 2005 年在西北建成了 750kV 的特高压交流输电线路，第一条直流特高压输电线路金沙江一期 800kV 直流送出工程在 2008 年开工建设，2011 年建成投产。

电力负荷常分为三类：一类负荷是指当停电时可能引起人身伤亡、设备损坏、产生严重事故或混乱的场所，如医院、电气化铁路、地铁、重要军事及政府机关部门。它们一般采用两个独立的电源系统供电。二类负荷是指当停电时将产生大量废品或造成公共场所秩序混乱的部门，如炼钢厂、化工厂、大城市人员集中场所等。它们一般由两路电源线进行供电。三类负荷是指不属于上述一、二类电力负荷的其他用户，其供电方式一般为单路。

10.1.2　工业企业配电

扫一扫

相关知识延伸与应用8

从输电线末端的变电站将电能分配给各工业企业和城市。工业企业设有中央变电所和车间变电所（小规模的企业往往只有一个变电站）。中央变电所接收送来的电能，然后分配到各车间，再由车间变电站或配电箱（配电板）将电能分配给各用电设备。高压配电线的额定电压有 3、6kV 和 10kV 三种。低压配电线的额定电压是 380/220V。因此，一般的厂矿企业和民用建筑都必须设置降压变电所，经配电变压器将电压降为 380/220V，再引出若干条供电线到各个用电点（车间或建筑物）的配电箱上，再由配电箱将电能分配给各用电设备。用电设备的额定电压多半是 220V 和 380V，大功率电动机的电压是 3000V 和 6000V，机床局部照明的电压是 36V。

这种低压供电系统的接线方式主要有放射和树干式两种。

放射式供电线路如图 10-2 所示。它的特点是从配电变压器低压侧引出若干条支线，分别向各用电点直接供电。这种供电方式不会因其中某一支线发生故障而影响其他支线的供电，供电的可靠性高，而且也便于操作和维护。但配电导线用量大，投资费用高。在用电点比较分散，而每个用电点的用电量较大，变电所又居于各用电点的中央时，采用这种供电方式比较有利。

树干式供电线路如图 10-3 所示。它的特点是从配电变压器低压侧引出若干条干线，沿干线再引出若干条支线供电给用电点。这种供电方式一旦某一干线出现故障或需要检修时，停电的面积大，供电的可靠性差。但配电导线的用量小，投资费用低，接线灵活性大。在用电点比较集中，各用电点居于变电站同一侧时，采用这种供电方式比较合适。

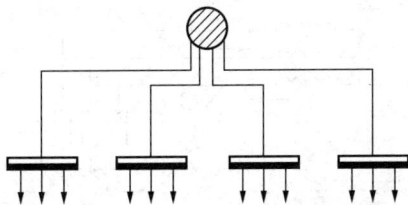

图 10-2　放射式供电线路

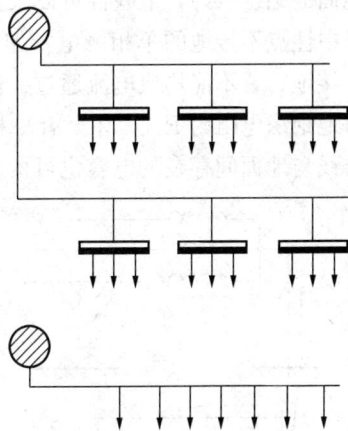

图 10-3　树干式供电线路

10.2 安全用电

10.2.1 电流对人体的作用

由于不慎触及带电体，产生触电事故，使人体受到各种不同的伤害，根据伤害性质可分为电击和电伤两种。

电击是指电流通过人体，使内部器官组织受到损伤。如果受害者不能迅速摆脱带电体，则会造成死亡事故。

电伤是指在电弧作用下或熔断丝熔断时，对人体外部的伤害，如烧伤、金属溅伤等。

根据大量触电事故资料的分析和实验，证实电击所引起的伤害程度与下列几个因素有关。

1. 人体电阻的大小

人体的电阻愈大，通入的电流愈小，伤害程度也就愈轻。根据研究结果，当皮肤有完好的角质外层并且很干燥时，人体电阻为 $10^4 \sim 10^5 \Omega$。当角质外层破坏时，则降到 $800 \sim 1000 \Omega$。

2. 电流通过时间的长短

电流通过人体的时间愈长，则伤害愈严重。

3. 电流的大小

如果通过人体的电流在 0.05A 以上时，就有生命危险。一般来说，接触 36V 以下的电压时，通过人体的电流不致超过 0.05A。

此外，电击后的伤害程度还与电流通过人体的路径以及与带电体接触的面积和压力等有关。

10.2.2 触电方式

1. 接触正常带电体

（1）电源中性点接地的单相触电，如图 10-4 所示。这时人体处于相电压之下，危险性较大。如果人体与地面的绝缘较好，危险性可以大大减小。

（2）电源中性点不接地的单相触电，如图 10-5 所示。这种触电也有危险。乍看起来，似乎电源中性点不接地时，不能构成电流通过人体的回路。其实不然，要考虑到导线与地面间的绝缘可能不良（对地绝缘电阻为 R'），甚至有一相接地，在这种情况下人体中就有电流通过。在交流的情况下，导线与地面间存在的电容也可构成电流的通路。

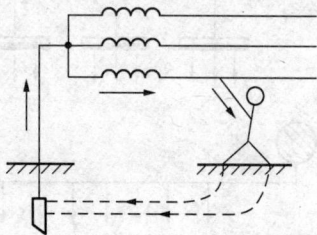

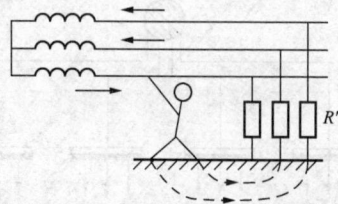

图 10-4 电源中性点接地的单相触电　图 10-5 电源中性点不接地的单相触电

（3）两相触电最为危险，因为人体处于线电压之下，但这种情况不常见。

2. 接触正常不带电的金属体

触电的另一种情形是接触正常不带电的部分。譬如，电机的外壳本来是不带电的，由于绕组绝缘损坏而与外壳相接触，使它也带电。人手触及带电的电机（或其他电气设备）外壳，相当于单相触电。大多数触电事故属于这一种。为了防止这种触电事故，对电气设备常采用保护接地和保护接零（接中性线）的保护装置。

🗼 10.2.3 触电防护

1. 安全电压

选用安全电压是防止直接接触触电和间接接触触电的安全措施。根据欧姆定律，作用于人体的电压越高，通过人体的电流越大，因此，如果能限制可能施加于人体上的电压值，就能使通过人体的电流限制在允许的范围内。这种为防止触电事故而采用的由特定电源供电的电压系列称为安全电压。

安全电压值取决于人体的阻抗值和人体允许通过的电流值。人体对交流电是呈电容性的。在常规环境下，人体的平均总阻抗在 $1k\Omega$ 以上。当人体处于潮湿环境，出汗、承受的电压增加以及皮肤破损时，人体的阻抗值都会急剧下降。国际电工委员会（IEC）规定了人体允许长期承受的电压极限值，称为通用接触电压极限。在常规环境下，交流（$15\sim100Hz$）电压为 50V，直流（非脉动波）电压为 120V；在潮湿环境下，交流电压为 25V，直流电压为 60V。这就是说，在正常和故障情况下，交流安全电压的极限值为 50V。我国规定工频有效值 42、36、24、12V 和 6V 为安全电压的额定值。电气设备安全电压值的选择应根据使用环境、使用方式和工作人员状况等因素选用不同等级的安全电压。例如，手提照明灯、携带式电动工具可采用 42V 或 36V 的额定工作电压；若在工作环境潮湿又狭窄的隧道和矿井内，周围又有大面积接地导体时，应采用额定电压为 24V 或 12V 的电气设备。

安全电压的供电电源除采用独立电源外，供电电源的输入电路与输出电路之间必须实行电路上的隔离。工作在安全电压下的电路必须与其他电气系统和任何无关的可导电部分实行电气上的隔离。

2. 保护接地和保护接零

正常情况下，一些电器设备（如电动机、家用电器等）的金属外壳是不带电的。但由于绝缘遭受破坏或老化失效导致外壳带电，这种情况下，人触及外壳就会触电。接地与接零技术是防止这类事故发生的有效保护措施。

接地的种类很多，这里主要介绍供电系统中的工作接地、保护接地和接零。

（1）工作接地。在 380/220V 三相四线制供电系统中，中性线连同变电所的变压器的外壳直接接地，称为工作接地，如图 10-6 所示，当某一相（如图中 L1）相对地发生短路故障时，这一相电流很大，将其熔断器熔断，而其他两相仍能正常供电，这对于照明电路非常重要。如果某局部线路上装有自动空气断路器，大电流将会使其迅速跳闸，切断电路，从而保证了人身的安全和整个低压系统工作的可靠性。

（2）保护接零（接中）。在上述有工作接地的三相四线制低压供电系统中，将用电设备的金属外壳与中性线（零线）可靠地连接起来，称为保护接零，如图 10-7 所示。在保护接零用电系统中，若由于绝缘破损使某一相电源与设备外壳相连，将会发生该相电源短路，使熔断器等保护电器动作，保护了人身触及外壳时的安全。但是，如果三相负载不平衡，中性线上将有电流通过，存在中性线电压,给人以不安全感,故保护接零比较适合于对称负载系统使用。

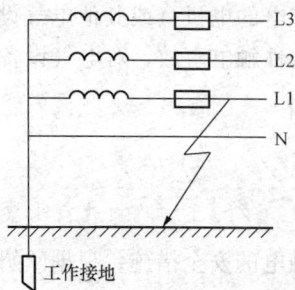

图 10-6 工作接地   图 10-7 保护接零

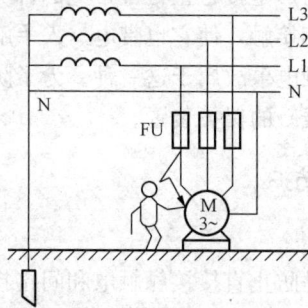

(3) 保护接地。在中性点不接地的三相三线制供电系统中,其保护措施是将电气设备的外壳可靠地用金属导体与大地相连,称为保护接地,如图 10-8 所示。图中 PE 为保护接地线,R_{ins} 为中性点对地绝缘电阻,R_h 为人体(包括鞋)电阻,一般 $R_h > 10^4\,\Omega$,R_g 为保护接地电阻,根据安全规程要求,$R_g \leqslant 4\Omega$。

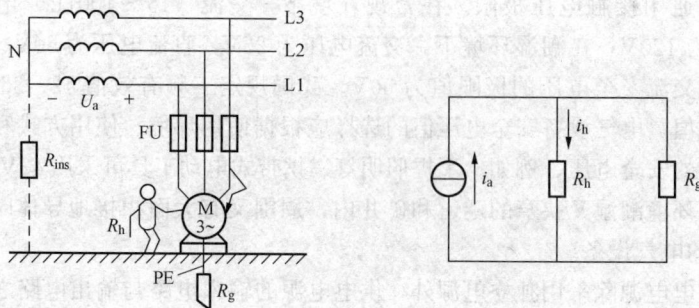

图 10-8 保护接地

在人不小心碰到电器外壳触电时,相当于人体电阻 R_h 与接地电阻 R_g 并联。R_g 起分流作用,此时通过人体的电流为

$$I_h = I_S \frac{R_g}{R_h + R_g} \tag{10-1}$$

其中

$$I_S \approx \frac{U_a}{R_{ins}}$$

这是因为 $R_{ins} \gg R_h /\!/ R_g$,故 L1 相电路可视为一恒流源电路。

由于在一般情况下,$R_g \ll R_h$,故通过触电者身体的电流很小,从而得到保护。但如果没有设保护接地,则相当于中性点不接地的单相触电情况,危险性大大增加。可见,在中性点不接地的供电系统中,电器设备外壳均应装设良好的接地系统。

值得注意的是,中性点接地(工作接地)系统不能随便将电器外壳接地,例如,将电器外壳与暖气管、水管相连,如图 10-9 (a) 所示,此种情况下,当发生一相绝缘破坏,例如 L3 相碰壳,则相电压 U_a 分别降在两个接地电阻 R_0、R_g 和大地电阻上。一般情况下,可设 R_0 与 R_g 近似相等，大地电阻可忽略不计，则电源中性点、中性线和电器外壳电压相等，约为 $U_a/2$，当 $U_a=$ 220V 时，电器外壳电压为 110V，对人体有危害。

另外，还必须指出，在中性点接地系统中，也不允许保护接零和保护接地同时混用，如图 10-9 (b) 所示。这种情况下，一旦发生电源与设备外壳相连故障，不仅自己设备外壳电压升高为 $U_a/2$，而且由于中性线电压升高，使中性线上其他正确保护接零的设备外壳也同时出现 $U_a/2$ 的电压，使触电事故隐患范围扩大。

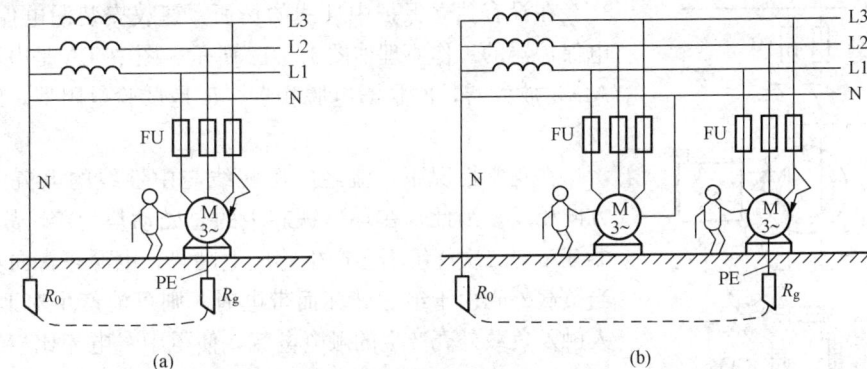

图 10-9　错误接地方式
(a) 错误方式一；(b) 错误方式二

特殊需要的场合，一些小功率电子仪器采用金属外壳直接接地方式，起到屏蔽电磁干扰的作用。

普通民用供电均为工作接地的单相系统，即为三相四线接地系统中的一根相线、一根工作中线，再加上一根专用保护地线组成，如图 10-10 所示。这种接地保护方式的安全性好，但投资较大。家用电器应采用将金属外壳与专用保护地线 PE 相连的保护接地方法，而绝不能将外壳与工作中性线相连，这是因为家庭居室的单相交流电源相线和工作中性线上均装有熔断器，一旦中性线上的熔断器熔断而相线上的熔断器完好时，电器外壳通过保护接线，负载与相线相连而带电，非常危险，如图 10-11 所示。

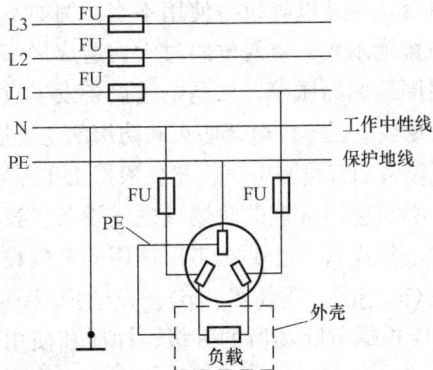

图 10-10　家庭居室正确的接地保护方式　　图 10-11　家庭居室错误的接地保护方式

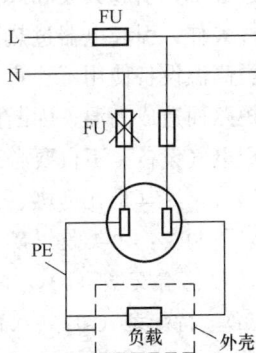

正确的家用电器接地保护如图 10-10 所示。在居室配电完好的情况下，预制的单相三孔插座已为用户提供了带有保护地线的单相电源，即中间较粗大的孔为保护接地，其余两孔为电源线，

各种电器的三端电源插头也是这样装配的（粗大的一端与电器外壳相接，其余两端为电源输入端），将它直接插入三孔插座即可。若家用电器只有两根电源线，外壳没有引出线，这种情况的保护接地中需另外用一根导线一端接在电器外壳上，另一端接到三线插座的中间线上，两根电源线接到三线插座的另外两线即可。千万不要随便将电器外壳与工作中性线连接或接到暖气、自来水管上，否则将带来事故隐患。

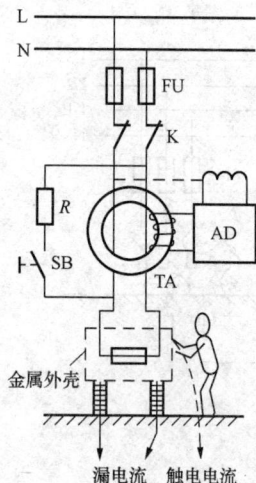

图 10-12   漏电保护器工作原理图

3. 漏电保护器

在没有独立保护中性线的场所，建议安装漏电保护器，漏电保护器的工作原理如图 10-12 所示。图中 TA 是电流互感器，AD 是放大器，K 是漏电脱扣器，R 是试验电阻器，SB 是试验按钮。

在正常情况下，流经电源相线与中性线的电流大小相等，方向相反。因此，在环形铁芯中的总磁动势为零，故电流互感器 TA 的二次绕组不会产生感应电动势，电源正常向负载供电。当负载外壳由于绝缘破坏而带电时，则可能产生对地漏电流或人触及负载外壳产生的触电电流，使得中线电流比相线电流小，环形铁芯中的合成磁动势不再为零，当漏电电流或触电电流超过一定数值（一般整定为 15～30mA）时，TA 二次绕组产生的感应电动势经放大器放大后，使脱扣器 K 动作，切断故障电路，起到保护作用。试验按钮 SB 和试验电阻器 R 是为了检查漏电保护器是否能可靠动作而设置的，借以模拟漏电故障动作情况。

【思考与讨论】

1. 单相触电和两相触电哪个更危险？为什么？
2. 照明灯开关接到照明灯的相线端安全，还是接到工作零线端安全，为什么？

10.3   电器防火和防爆

在使用电器过程中，引起火灾和爆炸的主要原因，一是电气设备使用不当，例如不适当的过载、通风冷却条件欠佳，引起电器过热；导体之间接触不良、接触电阻过大，造成局部高温；电烙铁、电熨斗之类高温设备使用不注意，烤燃了周围易燃物质等。二是电气设备发生故障，例如绝缘损坏，引起短路而造成高温；因断路而引起火花或电弧等。电器防火和防爆的主要措施如下。

（1）合理选用电气设备。不仅要合理选择电气设备的容量和电压，还要根据工作环境的不同，选用合适的结构形式，尤其是在易燃、易爆场所，必须选用合理的防爆型电气设备。我国的防爆型电气设备分为以下两类：Ⅰ类是煤矿井下使用的电气设备，Ⅱ类是工厂使用的电气设备。每一类又分为隔爆型（d）、增安型（b）、本质安全型（ja，jb）、正压型（p）、充油型（o）、充砂型（q）、无火花型（n）、特殊型（s）共八种。使用时应根据危险场所的等级、性质和使用条件来选择防爆电器的种类。

（2）保持电气设备的正常运行。

（3）保持必要的安全间距。

（4）保持良好的通风。

（5）装设可靠的接地装置。

（6）采取完善的组织措施。

10.4 　静 电 防 护

所谓静电是指在宏观范围内暂时失去平衡的相对静止的正、负电荷。静电现象是十分普遍的电现象，其产生极其容易，又极易被人忽视。目前，静电现象一方面被广泛应用，例如静电除尘、静电复印、静电喷漆、静电选矿、静电植绒等；另一方面由静电引起的工厂、油船、仓库和商店的火灾和爆炸又提醒人们应充分重视其危害性。

1. 静电的形成

产生静电的原因很多，其中最主要的有以下几种。

（1）摩擦起电。两种物质紧密接触时，界面两侧会出现大小相等、符号相反的两层电荷，紧密接触后又分离，静电就产生了。摩擦起电就是通过摩擦实现较大面积的接触，在接触面上产生双电层的过程。

（2）破断起电。不论材料破断前其内部电荷的分布是否均匀，破断后均可能在宏观范围内导致正、负电荷的分离，即产生静电。当固体粉碎、液体分离时，就能因破断而产生静电。

（3）感应起电。处在电场中的导体，在静电场的作用下，其表面不同部位感应出不同电荷或引起导体上原有电荷的重新分布，使得本来不带电的导体可以变成带电的导体。

2. 静电的防护

静电的产生虽然难以避免，但并不一定都会造成危害。危险的是这些静电的不断积累，形成了对地或两种带异性电荷体之间的高电压，这些高电压有时可高达数万伏。这不仅会影响生产、危及人身安全，而且静电放电时产生的火花往往会造成火灾和爆炸。防止静电危害的基本方法如下。

（1）限制静电的产生。限制静电产生的主要办法是控制工艺过程。例如，降低液体、气体和粉尘的流速，在易燃、易爆场所不要采用皮带轮传动等。

（2）防止静电的积累。防止静电积累的主要方法是给静电一条随时可以入地或与异性电荷中和的出路。例如增加空气的湿度，将容易产生静电的设备、管道采用金属等导电良好的材料制成，并予以可靠的接地，添加抗静电剂和使用静电中和器等。

（3）控制危险的环境。在易燃、易爆的环境中尽量减少易燃易爆物的形成，加强通风以减少易燃易爆物的浓度，则可以间接防止静电引起的火灾和爆炸。

【思考与讨论】

1. 为什么静电容易引起易燃、易爆环境发生火灾或爆炸？

2. 防止静电危害的基本方法有哪些？

10.5 　雷 电 防 护

雷电是一种大气中自然放电现象。雷电的放电能量很大，雷电电压可高达数千万伏，雷电电流可达数十万安。雷电会给人、畜、建筑物和电气设备带来危害，必须采取措施加以防护。最积极的措施是安装有效的避雷器和消雷器。

避雷器的作用是将雷电引入大地，从而保护其他设施不受雷击。避雷器有避雷针、避雷线等种类。避雷针由接闪器、引下线及接地装置构成。单支避雷针的保护范围是一个以避雷针为中心的折线圆锥体空间，如图 10-13 所示。在此空间的物体及设施将受到保护。为了扩大保护范围，可采用多只避雷针组成的阵列，也可采用避雷带、避雷网等防雷措施。

避雷线的作用主要是用于高压输电线的雷击保护，通常采用一根钢绞线架设在电力输电线铁塔顶端，位于输电线的上方。

消雷器是近年来出现的一种新型防雷装置。消雷器是利用金属针状电极尖端放电原理，使雷云中的电荷中和，从而避免雷电现象产生。

消雷器的工作原理如图 10-14 所示。当雷云出现在消雷器上方时，消雷器附近大地要感应出与雷云电荷极性相反的电荷。由于消雷器浅埋地下的地电收集装置通过引线，与离子化装置相连，使大地的正电荷（阳离子）在雷电场的作用下，由针状电极发射出去，向雷云方向运动，使雷云中的负电荷被中和，雷电场被削弱，从而防止雷电的发生。

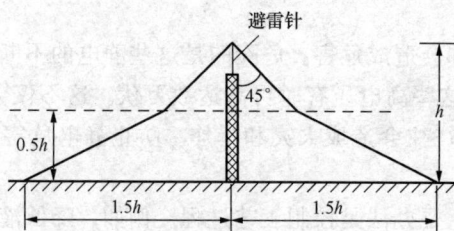

图 10-13 单支避雷针的保护范围　　　图 10-14 消雷器的工作原理

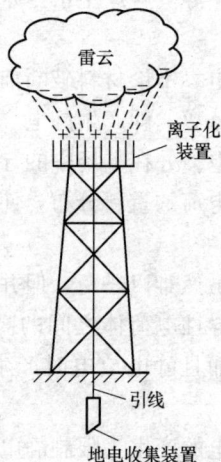

10.6 节 约 用 电

随着我国社会主义建设事业的发展，各方面的用电需要日益增长。为了满足这种需要，除了增加发电量外，还必须注意节约用电，使每一度电都能发挥它的最大效用，从而降低生产成本，节省对发电设备和用电设备的投资。

节约用电的具体措施主要有下列几项。

（1）发挥用电设备的效能。如前所述，电动机和变压器通常在接近额定负载时运行效率最高，轻载时效率较低。为此，必须正确选用它们的功率。

（2）提高线路和用电设备的功率因数。提高功率因数的目的在于发挥发电设备的潜力和减少输电线路的损失。对于工矿企业用电设备的功率因数一般要求达到 0.9 以上。关于提高功率因数的方法，请参阅本书 3.6.2 节。

（3）降低线路损失。要降低线路损失，除提高功率因数外，还必须合理选择导线截面，适当

笔记：

缩短大电流负载（例如电焊机）的连线，保持连接点的紧接，安排三相负载接近对称等。

（4）推广和应用节电新技术。例如：电车上采用晶闸管调速比电阻调速可节电 20% 左右；电阻炉上采用硅酸铝纤维代替耐火砖作保温材料，可节电 30% 左右；采用精密铸造后，可使铸件的耗电量大大减小；采用节能灯后，耗电大、寿命短的白炽灯也将被淘汰。

（5）合理使用家用电器。

1）家用电器不要处在待机状态。如家用电器处在待机状态，既耗电又伤机器。

2）电视机的亮度可以适当调低，这样既可省电，眼睛也不易疲劳。

3）合理选用空调等大功率电器的温度控制。《民用建筑节能条例（草案）》就规定，夏季室内空调温度设置不得低于 26℃，冬季室内空调温度设置不得高于 20℃，这也是人体最适宜的温度范围。如果夏季空调温度调高 1℃，运行 10h 大约能节省 0.5kW·h 电，使用空调的睡眠功能则可以起到节能 20% 的效果。

4）在使用电冰箱时，应减少开关门次数，缩短每次开门的时间。另外安置冰箱时，它的背面、侧面与墙之间都要至少留出 10cm 的空隙，这比紧贴墙面每天可以节能 20%。

5）多用低谷电。可以在低谷时间使用有定时功能的洗衣机、蓄热式电热水器、消毒柜等电器，手机、数码相机等则可在晚上 10 点以后充电。

扫一扫

相关知识延伸与应用9

本 章 小 结

（1）通常将用电量大的地区中所有发电厂、变电站、输电线、配电设备和用电设备联系起来，组成一个强大的电力系统。建立电力系统不仅可以提高供电的可靠性，而且可以合理地调节各个发电厂的发电能力。各种不同电压的输电线和变电所所组成的电力系统的一部分称为电力网。

（2）从输电线末端的变电所将电能分配给各工业企业和城市。然后再由设在工业企业中的中央变电所将接收来的电能，分配到各车间，再由车间变电所或配电箱（配电板）将电能分配给用电设备。高压配电线的额定电压有 3、6kV 和 10kV 三种。低压配电线的额定电压是 380/220V。低压供电系统的接线方式主要有放射式和树干式两种。

（3）触电对人体的危害程度主要由通过人体的电流强度和频率决定，我国规定的安全电压等级为 48、36、24、12V 等几种。

（4）防止触电应采取有效的保护措施。在三相三线制中性点不接地低压系统中，采用保护接地；在三相四线制中性点接地的低压系统中，采用保护接零。没有独立保护中性线的场所，可安装漏电保护器。

（5）由于使用不当导致电气设备发生故障是在使用电器过程中，引起火灾和爆炸的主要原因，应积极采取措施加以防范。

（6）在可燃气体、粉尘多的场所，应采取措施防止静电引爆事故。

（7）对高大建筑物和电气设备应安装有效的避雷器或消雷器。

（8）加强防范意识，建立完善的安全工作制度，严格遵守操作规程是做到安全用电的根本保证。

（9）必须注意节约用电，使每一度电都能发挥它的最大效用，从而降低生产成本，节省对发电设备和用电设备的投资。

笔记：

习 题

1. 为什么远距离输电要采用高电压？

2. 在同一供电系统中为什么不能同时采用保护接地和保护接零？

3. 为什么中性点不接地的系统中不采用保护接零而采用保护接地？

4. 为什么在中性点接地的系统中不采用保护接地？

5. 试说明工作接地、保护接地和保护接零的区别。

6. 很多家用电器由单相交流电源供电，为什么其电源插头是三线的，怎样与家庭供电系统相连接？试画出正确使用的电路图。

7. 图10-15所示为刀开关的三种接线图，试问哪种接法正确？

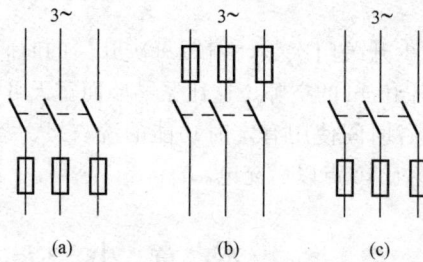

图 10-15 题 7 图

8. 家庭应如何注意安全用电和节约用电？

附录 A   电阻器和电容器的命名方法及性能参数

电阻器和电容器的命名方法及一些性能参数，见表 A-1～表 A-7。

表 A-1　　　　　　　　　　　　　　　电阻器的命名方法

第一部分 主称		第二部分 材料		第三部分 特征		第四部分 序号
符号	意义	符号	意义	符号	意义	
R	电阻器	T	碳膜			用数字 1，2，3，…表示，说明主称、材料、特征相同，仅尺寸、性能指标略有差别，但基本上不影响互换的产品，则标同一序号
		P	硼碳膜			
		U	硅碳膜			
		H	合成膜			
		J	金属膜			
		Y	氧化膜			
		X	线绕			
		S	实心			
		M	压敏			
		G	光敏			
		R	热敏	B	温度补偿用	
				C	温度测量用	
				G	功率测量用	
				P	旁热式	
				W	稳压用	
				Z	正温度系数	

表 A-2　　　　　　　　　　　　　　　电阻器的功率等级

名　称	额　定　功　率（W）					
实心电阻器	0.25	0.5	1	2	5	
线绕电阻器	0.5 25	1 35	2 50	6 75	10 100	15 150
薄膜电阻器	0.025 2	0.05 5	0.125 10	0.25 25	0.5 50	1 100

表 A-3　　　　　　　　　　　　　　　电阻器的标称值系列

标称值系列	精度	标　称　值
E24	+5%	1.0 1.1 1.2 1.3 1.5 1.6 1.8 2.0 2.2 2.4 2.7 3.0 3.3 3.6 3.9 4.3 4.7 5.1 5.6 6.2 6.8 7.5 8.2 9.1
E12	+10%	1.0 1.2 1.5 1.8 2.2 2.7 3.3 3.9 4.7 5.6 6.8 8.2
E6	+20%	1.0 1.5 2.2 3.3 4.7 6.8

注　表中数值再乘以 10^n，其中 n 为正整数或负整数。

表 A - 4　　　　　　　　　　　色标的基本色码及意义

色别	左第一环	左第二环	左第三环	右第二环	右第一环
	第一位数	第二位数	第三位数	应乘倍率	精度
棕	1	1	1	10^1	F+1%
红	2	2	2	10^2	G+2%
橙	3	3	3	10^3	
黄	4	4	4	10^4	
绿	5	5	5	10^5	D+0.5%
蓝	6	6	6	10^6	C+0.2%
紫	7	7	7	10^7	B+0.1%
灰	8	8	8	10^8	
白	9	9	9	10^9	
黑	0	0	0	10^0	
金				10^{-1}	J+5%
银				10^{-2}	K+10%

色标电阻（色环电阻）可分三环、四环、五环三种标法，含义如下：

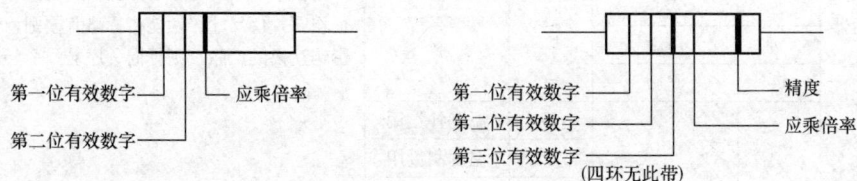

第一位有效数字——　　——应乘倍率　　第一位有效数字——　　——精度
第二位有效数字——　　　　　　　　　　第二位有效数字——　　——应乘倍率
　　　　　　　　　　　　　　　　　　　第三位有效数字——
　　　　　　　　　　　　　　　　　　　（四环无此带）

表 A - 5　　　　　　　　　　　电容器的命名方法

第一部分 主称		第二部分 材料		第三部分 特征		第四部分 序号
符号	意义	符号	意义	符号	意义	
C	电容器	C	瓷介	T W	铁电 微调	用数字1，2，3，…表示，说明主称、材料、特征相同，仅尺寸、性能指标略有差别，但基本上不影响互换的产品，则标同一序号
		Y	云母	W	微调	
		I	玻璃铀			
		O	玻璃（膜）	W	微调	
		B	聚苯乙烯	J	金属化	
		F	聚四氟乙烯			
		L	涤纶	M	密封	
		S	聚碳酸酯	X	小型、微调	
		Q	漆膜	G	管形	
		Z	纸质	T	筒形	
		H	混合介质	L	立式矩形	
		D	（铝）电解	W	卧式矩形	
		A	旦	Y	圆形	
		N	铌			
		T	钛			
		M	压敏			

表 A-6　　　　　　　　　　　固定式电容器的标称容量系列

系列	精度	标 称 值
E24	+5%	1.0　1.1　1.2　1.3　1.5　1.6　1.8　2.0　2.2　2.4　2.7　3.0 3.3　3.6　3.9　4.3　4.7　5.1　5.6　6.2　6.8　7.5　8.2　9.1
E12	+10%	1.0　1.2　1.5　1.8　2.2　2.7　3.3　3.9　4.7　5.6　6.8　8.2
E6	+20%	1.0　1.5　2.2　3.3　4.7　6.8

注　表中数值再乘以 10^n，其中 n 为正整数或负整数。

表 A-7　　　　　　　　　　电容器工作电压系列　　　　　　　　　单位：V

1.6	4	6.3	10	16	25	32	40
50	63	100	125	160	250	300	400
450	500	630	1000	1600	2000	2500	3000
4000	5000	6300	8000	10 000	15 000	20 000	25 000
30 000	35 000	40 000	45 000	50 000	60 000	80 000	100 000

附录B　Y系列三相异步电动机技术数据及型号说明

部分型号Y系列三相异步电动机技术数据及型号说明见表B-1和表B-2。

表 B-1　　　　　　　　　　　　　部分型号Y系列三相异步电动机技术数据

型号	额定功率（kW）	满载时				起动转矩额定转矩	起动电流额定电流	最大转矩额定转矩
		电流（A）	转速（r/min）	效率（%）	功率因数（cosφ）			
（1）二极：同步转速 3000r/min（部分型号）								
Y801-2	0.75	1.8	2825	75	0.84	2.2	7.0	2.2
Y112M-2	4	8.2	2890	85.5	0.87	2.2	7.0	2.2
Y160M$_2$-2	15	29.4	2930	88.2	0.88	2.0	7.0	2.2
Y225M-2	45	83.9	2970	91.5	0.89	2.0	7.0	2.2
Y280M-2	90	167	2970	92	0.89	2.0	7.0	2.2
（2）四极：同步转速 1500r/min（全部型号）								
Y801-4	0.55	1.5	1390	73	0.76	2.2	6.5	2.2
Y802-4	0.75	2.0	1390	74.5	0.76	2.2	6.5	2.2
Y90S-4	1.1	2.7	1400	78	2.2	0.78	6.5	2.2
Y90L-4	1.5	3.7	1400	79	0.79	2.2	6.5	2.2
Y100L$_1$-4	2.2	5.0	1420	81	0.82	2.2	7.0	2.2
Y100L$_2$-4	3	6.8	1420	82.5	0.81	2.2	7.0	2.2
Y112M-4	4	8.8	1440	84.5	0.82	2.2	7.0	2.2
Y132S-4	5.5	11.6	1440	85.5	0.84	2.2	7.0	2.2
Y132M-4	7.5	15.4	1440	87	0.85	2.2	7.0	2.2
Y160M-4	11	22.6	1460	88	0.84	2.2	7.0	2.2
Y160L-4	15	30.3	1460	88.5	0.85	2.2	7.0	2.2
Y180M-4	18.5	35.9	1470	91	0.86	2.0	7.0	2.2
Y180L-4	22	42.5	1470	91.5	0.86	2.0	7.0	2.2
Y200L-4	30	56.8	1470	92.2	0.87	2.0	7.0	2.2
Y225S-4	37	69.8	1480	91.8	0.87	1.9	7.0	2.2

表 B-2　　　　　　　　　　　　　　　三相异步电动机常用型号说明

型号		结 构	用 途
现	新		
J J_2 J_3	Y	防护式 笼型异步电动机	其结构能防止水滴、铁屑在与垂直方向成 45°以内落入电动机内部。用于对起动性能无特殊要求的设备，如车床、铣床、水泵、鼓风机等
JO1 JO2 JO3	Y	封闭式 笼型异步电动机	其结构能防止灰尘、铁屑或其他飞扬杂物侵入电动机内部。用于灰尘多与水土飞溅的场合，如铸造车间用的鼓风机、带运输机、混砂机、清砂滚筒等
J-L J2-L	YL	防护式 铝线笼型异步电动机	用途同 Y
JQ JQ	YQ	防护式 笼型异步电动机	Q 表示高起动转矩，用于静止负载转矩或惯性较大的机械负载。如磨床、锻压机床、粉碎机、起重机等
JR	YR	防护式 绕线型异步电动机	用于要求起动转矩大和小范围调速场合，如起重机、卷扬机、桥式起重机、锻压机床与转炉等
JDO JDO2	YD	封闭式 多速异步电动机	D 表示多速，广泛用于各种万能机床、专用机床等需要调速的机器设备中，如车床、立式车床、铣床、钻床、镗床、磨床、工具磨床等
JZ JZB	YZ	防护式 笼型异步电动机	用在起重、冶金及冶金辅助机械，如起重机、轧钢机等

注　上述型号中，"现"为过去生产但现在仍在使用的型号；"新"是 1984 年国家重新规定的型号，即"国标"。

附录C 常用低压控制电器的电气图形、
文字符号及技术数据

常用低压控制电器的电气图形、文字符号及技术数据见表C-1～表C-7。

表 C-1　　　　　　　　　　　常用低压控制电器的电气、文字符号

名称		图形符号	文字
刀开关	单极		S
	三极		
三相异步电动机	笼型		M
	绕线转子		
直流电动机			
单相变压器			T
接触器	吸引线圈		KM
	动合触点		
	动断触点		
电磁继电器	吸引线圈		KA
	动合触点		
	动断触点		
热继电器	热元件		FR
	动断触点		

名称		图形符号		文字
熔断器				FU
按钮	动合			SB
	动断			
行程开关	动合触点			ST
	动断触点			
时间继电器	缓放线圈		或	KT
	缓吸线圈			
	通电延时闭合动合触点			
	断电延时断开动合触点			
	通电延时断开动断触点			
	断电延时闭合动断触点			
理想电压源				U_S, E
理想电流源				I_S
受控电压源				
受控电流源				
原电池或蓄电池				
电解电容器				C

表 C - 2　　　　　　　常用低压控制电器的技术数据——CJ10 系列交流接触器

型号	主触点		辅助触点		线圈		可控制三相异步电动机的最大功率（kW）		额定操作频率（次/h）
	对数	额定电流（A）	对数	持续电流（A）	电压（V）	功率（W）	220V	380V	
CJ10-5	3	5	一对动合	5	36，110（127）220，380	6	2.2	2.2	≤600
CJ10-10	3	10	均为二动合二动断	5	36	11	2.2	4	≤600
CJ10-20	3	20		5	127	22	5.5	10	
CJ10-40	3	40		5	220	32	11	20	
CJ10-60	3	60		5	380	70	17	30	
CJ10-100	3	100		5	380	—	24	50	
CJ10-150	3	150		5	380	—	43	75	

表 C - 3　　　　　　　常用低压控制电器的技术数据——JR15 系列热继电器

型号	热元件的额定电流（A）	热元件（双金属片）等级			动作特性
		编号	热元件额定电流（A）	电流调节范围（A）	
JR15-10	10	6	2.4	1.5～2.0～2.4	
		7	3.5	2.2～2.8～3.5	
		8	5	3.2～4.0～5.0	
		9	7.2	4.5～6.0～7.0	
		10	11.0	6.8～9.0～11.0	
JR15-20	20	11	11.0	6.8～9.0～11.0	通过电流为整定值的 100% 时，长期不动作。通过电流为整定电流值的 120% 时，从热状态开始 20min 后动作。冷态开始通过电流整定值的 600% 时，其动作时间大于 5s
		12	16	10～13～16	
		13	24.0	15～20～24	
JR15-60	60	14	24.0	15～20～24	
		15	35.0	20～28～35	
		16	50.0	32～40～50	
		17	72.0	45～60～70	
JR15-150	150	18	72.0	45～60～70	
		19	110	68～90～110	
		20	150	100～125～150	

表 C - 4　　　　　常用低压控制电器的技术数据——RL1 和 RC1 型熔断器

型号	熔断器额定电流（A）	熔体额定电流等级（A）	交流 380V 极限分断能力（A）
RL1-15	15	2，4，5，6，10，15	2000
RL1-60	60	20，25，30，35，40，50，60	5000
RL1-100	100	60，80，100	5000
RC1-10	10	1，4，6，10	500
RC1-15	15	6，10，15	500
RC1-60	60	40，50，60	1500
RC1-100	100	80，100	1500
RC1-200	200	120，150，200	3000

表 C - 5　　　　　常用低压控制电器的技术数据——JS7 系列空气阻尼式时间继电器

型号	延时触点数量				不延时触点数量		延时范围（s）	吸引线圈电压（V）
	通电延时		断电延时					
	动合	动断	动合	动断	动合	动断		
JS7-1A	1	1			1	1	0.4～60	交流 50Hz 24，36
JS7-2A	1	1						
JS7-3A			1	1			60～180	127，220 380，420
JS7-4A			1	1				

表 C - 6　　　　　常用低压控制电器的技术数据——JLXK1 系列空气阻尼式时间继电器

型号	传动装置及复位方式	额定电流（A）	额定电压（V）		触点换接时间（s）	触点数量		操作频率（次/h）
			交流	直流		动合	动断	
JLXK1-111	单轮防护式能自动复位	5	500	440	≤0.4	1	1	1200
JLXK1-111M	单轮密封式能自动复位							
JLXK1-211	双轮防护式非自动复位							
JLXK1-211M	双轮密封式非自动复位							
JLXK1-311	直动防护式能自动复位							
JLXK1-311M	直动密封式能自动复位							
JLXK1-411M	直动滚轮密封式能自动复位							

表 C-7 常用低压控制电器的技术数据——LA19 系列按钮

型号	形式	额定电压 (V)	额定电流 (A)	触点数量 (对)	信号灯	
					电压(V)	功率(W)
LA19-11	揿钮式					
LA19-11J	紧急式	交流至			6.3	
LA19-11D	信号灯式	500V		1 动合	18	1
LA19-11H	防护式	直流至	1	1 动断	24	
LA19-11DH	信号灯防护式	400V				
LA19-11DJ	信号灯紧急式					

附录 D　Multisim10 软件使用简介

随着计算机的普及和应用，电子设计自动化（Electronics Design Automation，EDA）技术在我国逐渐得到推广应用。EDA 技术的发展和应用推动了电子工业的飞速发展，也对科技工作者提出了新的要求及挑战，掌握和应用 EDA 技术，已经成为每位工程技术人员需要具备的一种技能。

EDA 的工具软件种类繁多，Multisim 是专门用于电路设计和仿真的 EDA 工具软件之一。Multisim 是早期的 EWB 的升级换代产品，NI Multisim10 是美国国家仪器公司（National Instruments，NI）推出的 Multisim 最新版本。Multisim10 提供了更为强大的电子仿真设计界面，能进行射频、PSPICE、VHDL、MCU 等方面的仿真和更为方便的电路图和文件管理功能。更重要的是，Multisim10 使电路原理图的仿真与完成 PCB 设计的 Ultiboard 仿真软件结合起来，使电子线路的仿真和 PCB 的制作更为高效。

NI Multisim10 软件最突出的特点之一是用户界面友好，图形输入易学易用，具有虚拟仪表的功能，它既适合高级的专业开发使用，也适合 EDA 初学者使用，是目前世界上最为流行的 EDA 软件之一。

一、Multisim10 的主窗口界面

点击"开始"→"程序"→"National Instruments"→"Circuit Design Suite10.0"→"multisim"起动 Multisim10，可以看到图 D-1 所示的 Multisim10 的主窗口。

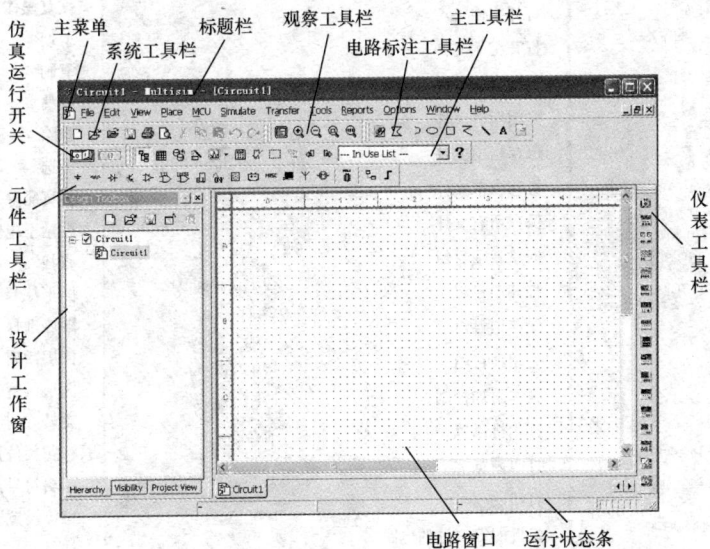

图 D-1　Multisim10 的主窗口

Multisim10 界面和 Office 工具界面相似，参考图 D-1 各部分功能介绍如下：

（1）标题栏：用于显示应用程序名和当前的文件名。

（2）主菜单：里面包含了所有的操作命令。

（3）系统工具栏：包含了所有对目标文件的建立、保存等系统操作的功能按钮。

（4）主工具栏：包含了所有对目标文件进行测试、仿真等操作的功能按钮。

（5）观察工具栏：包含了对主工作窗内的视图进行放大、缩小等操作的功能按钮。

（6）电路标注工具栏：它提供了在编辑文件时，插入图形、文字的工具。

（7）元件工具栏：通过单击相应的元件工具条可以方便快速地选择和放置元件。

（8）仪表工具栏：包含了可能用到的所有电子仪器，可以完成对电路的测试。

（9）设计工作窗：它是展现目标文件整体结构和参数信息的工作窗，完成项目管理功能。

（10）电路窗口：它是软件的主工作窗口。使用者可以在该窗口中进行元器件放置、连接电路、调试电路等工作。

（11）仿真运行开关：它由仿真运行/停止和暂停按钮组成。

（12）运行状态条：用以显示仿真状态、时间等信息。

二、 Multisim10 主菜单

Multisim10 有 12 个主菜单，菜单中提供了本软件几乎所有的功能命令。

1. File（文件）菜单

File（文件）菜单提供 19 个文件操作命令，如打开、保存和打印等。File 菜单及功能说明如图 D-2 所示。

2. Edit（编辑）菜单

Edit（编辑）菜单在电路绘制过程中，提供对电路和元件进行剪切、粘贴、旋转等操作命令，共 21 个命令。Edit 菜单及功能说明如图 D-3 所示。

图 D-2　File 菜单及功能说明

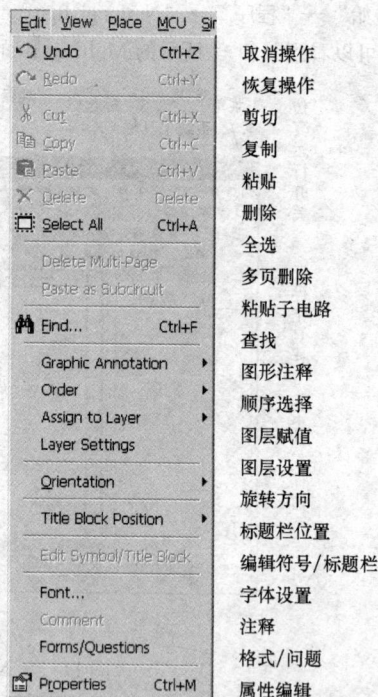

图 D-3　Edit 菜单及功能说明

3. View（窗口显示）菜单

View（窗口显示）菜单提供 19 个用于控制仿真界面上显示内容的操作命令。View 菜单及功能说明如图 D-4 所示。

4. Place（放置）菜单

Place（放置）菜单提供在电路工作窗口内放置元件、连接点、总线和文字等 17 个命令，Place 菜单及功

能说明如图 D-5 所示。

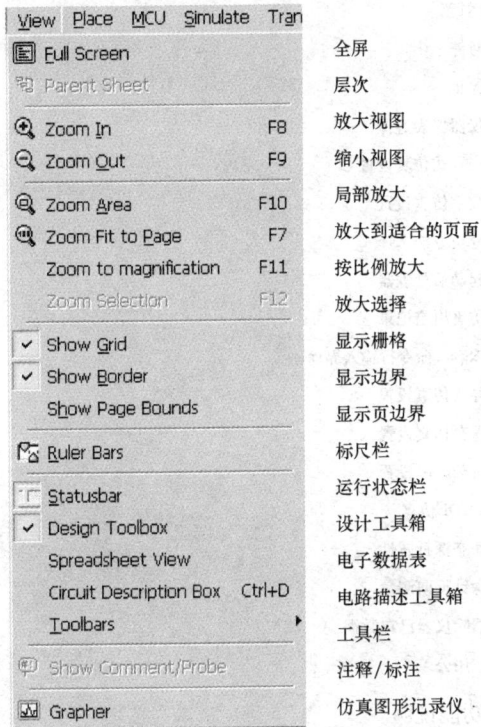

View Place MCU Simulate Tran			
Full Screen		全屏	
Parent Sheet		层次	
Zoom In	F8	放大视图	
Zoom Out	F9	缩小视图	
Zoom Area	F10	局部放大	
Zoom Fit to Page	F7	放大到适合的页面	
Zoom to magnification	F11	按比例放大	
Zoom Selection	F12	放大选择	
✓ Show Grid		显示栅格	
✓ Show Border		显示边界	
Show Page Bounds		显示页边界	
Ruler Bars		标尺栏	
Statusbar		运行状态栏	
✓ Design Toolbox		设计工具箱	
Spreadsheet View		电子数据表	
Circuit Description Box	Ctrl+D	电路描述工具箱	
Toolbars	▶	工具栏	
Show Comment/Probe		注释/标注	
Grapher		仿真图形记录仪	

Place MCU Simulate Transfer Tools Report			
Component...	Ctrl+W	元件	
Junction	Ctrl+J	节点	
Wire	Ctrl+Q	导线	
Bus	Ctrl+U	总线	
Connectors	▶	输入／输出端口连接器	
New Hierarchical Block...		新建电路层次模块	
Replace by Hierarchical Block	Ctrl+Shift+H	替换电路层次模块	
Hierarchical Block from File...	Ctrl+H	来自文件的层次模块	
New Subcircuit	Ctrl+B	新建子电路	
Replace by Subcircuit	Ctrl+Shift+B	替换子电路	
Multi-Page		多页设置	
Merge Bus...		合并总线	
Bus Vector Connect...		总线矢量连接	
Comment		注释	
Text	Ctrl+T	文字	
Graphics	▶	图形	
Title Block...		图纸标题栏	

图 D-4 View 菜单及功能说明　　　　　　　图 D-5 Place 菜单及功能说明

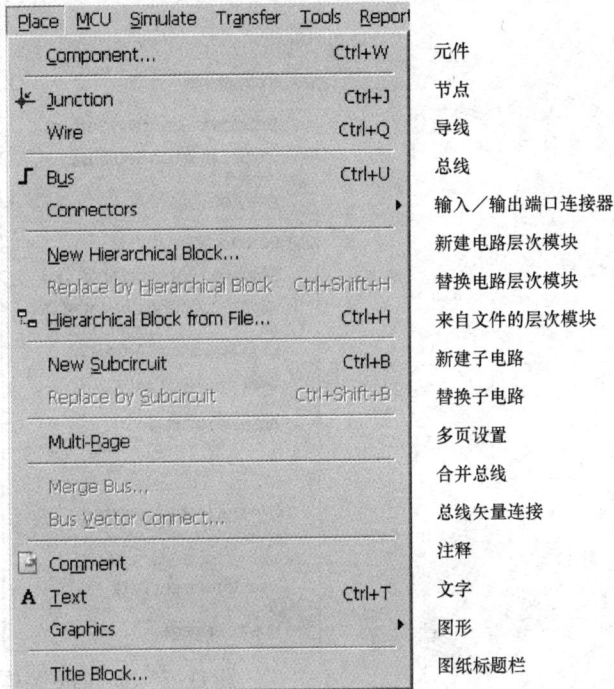

5. MCU（微控制器）菜单

MCU（微控制器）菜单提供在电路工作窗口内 MCU 的调试操作命令。MCU 菜单及功能说明如图 D-6 所示。

6. Simulate（仿真）菜单

Simulate（仿真）菜单提供 18 个电路仿真设置与操作命令。Simulate 菜单及功能说明如图 D-7 所示。

7. Transfer（文件输出）菜单

Transfer（文件输出）菜单提供 8 个传输命令。Transfer菜单及功能说明如图 D-8 所示。

8. Tools（工具）菜单

Tools（工具）菜单提供 17 个元件和电路编辑或管理命令。Tools 菜单及功能说明如图 D-9 所示。

9. Reports（报告）菜单

Reports（报告）菜单提供材料清单等 6 个报告命令。Reports 菜单及功能说明如图 D-10 所示。

10. Options（选项）菜单

Options（选项）菜单提供 3 个电路界面和电路某些功能的设定命令。Options 菜单及功能说明如图 D-11所示。

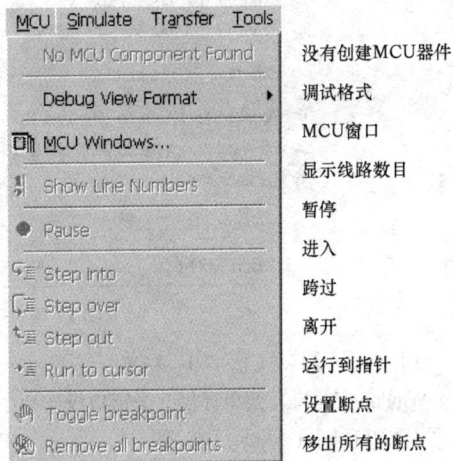

MCU Simulate Transfer Tools		
No MCU Component Found		没有创建MCU器件
Debug View Format	▶	调试格式
MCU Windows...		MCU窗口
Show Line Numbers		显示线路数目
Pause		暂停
Step Into		进入
Step over		跨过
Step out		离开
Run to cursor		运行到指针
Toggle breakpoint		设置断点
Remove all breakpoints		移出所有的断点

图 D-6 MCU 菜单及功能说明

Simulate	Transfer	Tools	Reports
▷ Run		F5	运行
⏸ Pause		F6	暂停
■ Stop			停止
Instruments		▶	仪器仪表选择
Interactive Simulation Settings...			交互式仿真设置
Digital Simulation Settings...			数字仿真设置
Analyses		▶	分析方法选择
Postprocessor...			起动后处理器
Simulation Error Log/Audit Trail			仿真出错记录
XSpice Command Line Interface			XSpice命令行输入界面
Load Simulation Settings...			导入仿真设置
Save Simulation Settings...			保存仿真设置
Auto Fault Option...			自动故障设置
VHDL Simulation			VHDL仿真
Dynamic Probe Properties			动态探针属性
Reverse Probe Direction			探针反向测量
Clear Instrument Data			清除仪器已存数据
Use Tolerances			使用公差

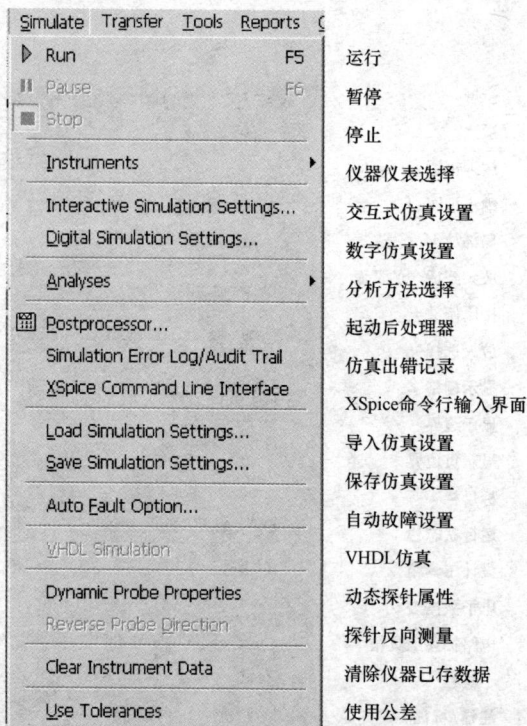

图 D-7　Simulate 菜单及功能说明

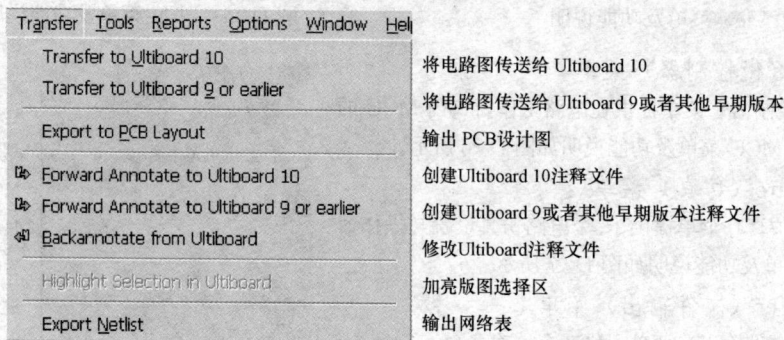

Transfer	Tools	Reports	Options	Window	Help
Transfer to Ultiboard 10					将电路图传送给 Ultiboard 10
Transfer to Ultiboard 9 or earlier					将电路图传送给 Ultiboard 9或者其他早期版本
Export to PCB Layout					输出 PCB设计图
Forward Annotate to Ultiboard 10					创建Ultiboard 10注释文件
Forward Annotate to Ultiboard 9 or earlier					创建Ultiboard 9或者其他早期版本注释文件
Backannotate from Ultiboard					修改Ultiboard注释文件
Highlight Selection in Ultiboard					加亮版图选择区
Export Netlist					输出网络表

图 D-8　Transfer 菜单及功能说明

11. Window（窗口）菜单

Window（窗口）菜单提供 9 个窗口操作命令。Window 菜单及功能说明如图 D-12 所示。

12. Help（帮助）菜单

Help（帮助）菜单为用户提供在线技术帮助和使用指导。Help 菜单及功能说明如图 D-13 所示。

三、　Multisim10 元件数据库介绍

Multisim10 提供了元件数据库，在元器件库 Database（数据库）窗口下，元器件库被分为 Master Database（主数据库）、Corporate Database（公共数据库）、User Database（用户数据库）三类。Master Database 是主数据库，其内部元件是不能改动的；Corporate Database 是共享设计专用的数据库；User Database 是用户自定义数据库，用户可以将常用的器件和自己编辑的器件放在此数据库中。

Tools	Reports	Options	Window	H

Component Wizard	元件编辑器
Database ▶	元件数据库
Variant Manager	变量管理器
Set Active Variant	设置动态变量
Circuit Wizards ▶	电路应用向导
Rename/Renumber Components	元件重新命名/编号
Replace Components...	元件替换
Update Circuit Components...	更新电路元件
Update HB/SC Symbols	更新HB/SC符号
Electrical Rules Check	电气规则检查
Clear ERC Markers	清除ERC标志
Toggle NC Marker	切换未连接标志
Symbol Editor...	符号编辑器
Title Block Editor...	标题栏编辑器
Description Box Editor...	电路描述栏编辑器
Edit Labels...	编辑标签
Capture Screen Area	抓图范围

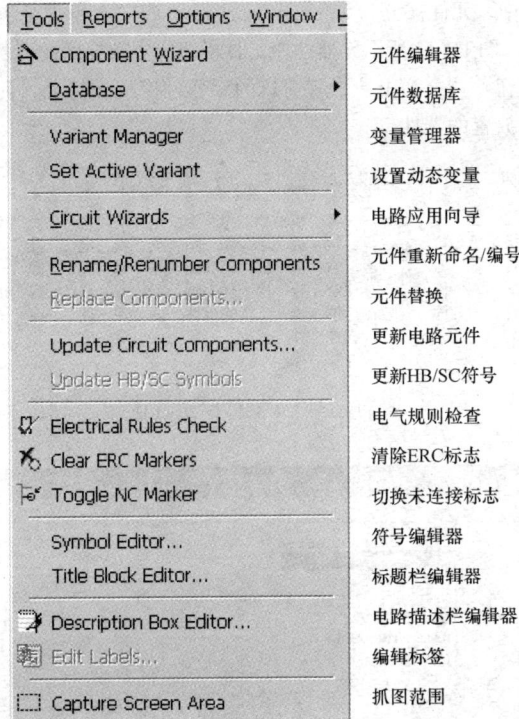

图 D-9 Tools 菜单及功能说明

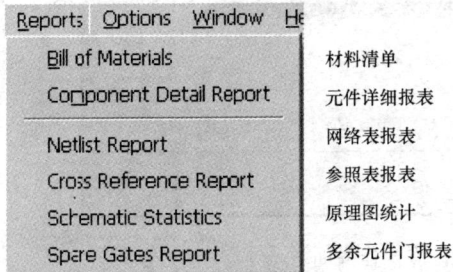

Reports	Options	Window	He

Bill of Materials	材料清单
Component Detail Report	元件详细报表
Netlist Report	网络表报表
Cross Reference Report	参照表报表
Schematic Statistics	原理图统计
Spare Gates Report	多余元件门报表

图 D-10 Reports 菜单及功能说明

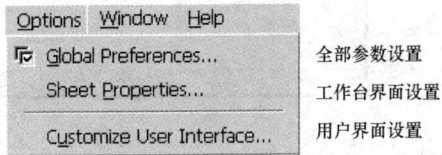

Options	Window	Help

Global Preferences...	全部参数设置
Sheet Properties...	工作台界面设置
Customize User Interface...	用户界面设置

图 D-11 Options 菜单及功能说明

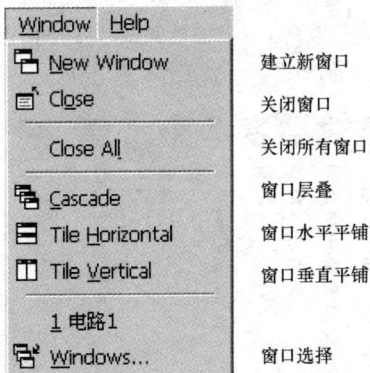

Window	Help

New Window	建立新窗口
Close	关闭窗口
Close All	关闭所有窗口
Cascade	窗口层叠
Tile Horizontal	窗口水平平铺
Tile Vertical	窗口垂直平铺
1 电路1	
Windows...	窗口选择

图 D-12 Window 菜单及功能说明

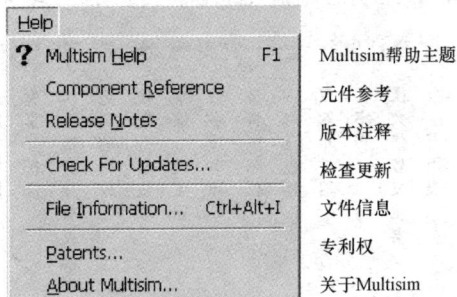

Help	

Multisim Help F1	Multisim帮助主题
Component Reference	元件参考
Release Notes	版本注释
Check For Updates...	检查更新
File Information... Ctrl+Alt+I	文件信息
Patents...	专利权
About Multisim...	关于Multisim

图 D-13 Help 菜单及功能说明

在 Multisim10 的主数据库中，元件被分为 18 个组（Group），每一个组中又包含数个元件族（Family），同一类型的元件放在同一个族中。图 D-14 所示元器件库工具栏即为主数据库的元件工具栏。用鼠标左键单击工具栏中的任何一个分组库的按钮，均会弹出一个多窗口的元器件库操作界面。元器件库操作界面如图 D-15 所示，在此窗口下可以选择要放置的器件。

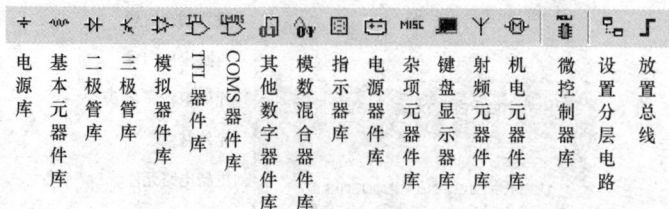

| 电源库 | 基本元器件库 | 二极管库 | 三极管库 | 模拟器件库 | TTL器件库 | COMS器件库 | 其他数字器件库 | 模数混合器件库 | 指示器件库 | 电源器件库 | 杂项器件库 | 键盘显示器库 | 射频元器件库 | 机电元器件库 | 微控制器库 | 设置分层电路 | 放置总线 |

图 D-14　元器件库工具栏

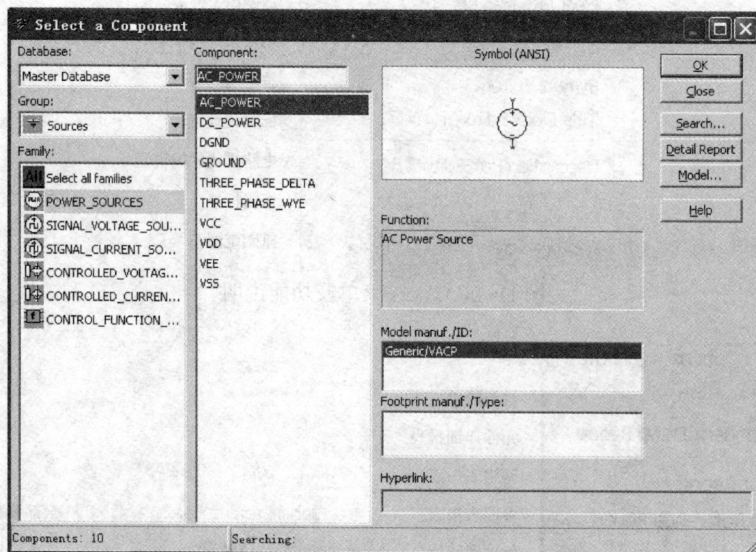

图 D-15　元器件库操作界面

四、仪表工具栏

Multisim10 提供了 21 种仪器、仪表，可以通过调用它们进行电路工作状态的测试。一般情况下，仪表工作栏放在工作电路窗口的右侧，也可以将其拖动到工作窗口的任何地方。仪表工作栏如图 D-16 所示。

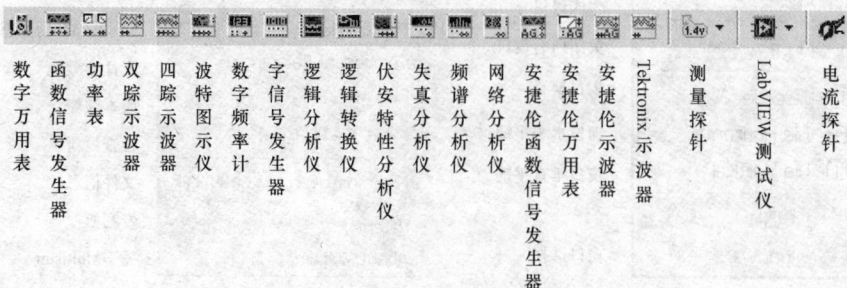

| 数字万用表 | 函数信号发生器 | 功率表 | 双踪示波器 | 四踪示波器 | 波特图示仪 | 数字频率计 | 字信号发生器 | 逻辑分析仪 | 逻辑转换仪 | 伏安特性分析仪 | 失真分析仪 | 频谱分析仪 | 网络分析仪 | 安捷伦函数信号发生器 | 安捷伦万用表 | 安捷伦示波器 | Tektronix示波器 | 测量探针 | LabVIEW测试仪 | 电流探针 |

图 D-16　仪表工作栏

五、 **Multisim10** 的基本使用步骤

Multisim10 的功能强大，要熟练使用需经过不断学习和摸索，电路分析的实战仿真练习对于掌握其使用方法是很重要的。限于篇幅，这里只介绍初步的使用步骤如下。

（1）打开 Multisim10，首先进行简单的设置。选择"Options"→"Global Preferences"菜单命令打开参数设置所需的选择（Global Preferences）窗口，可以进行各种选择设置。

（2）创建电路。①选择电路元件，Multisim 将元件分成实际元件（具有布线信息）和虚拟元件（只有仿真信息）两种，选择元件时要注意区分。如果只用于仿真时可以使用虚拟元件。如果仿真后还需要布线并制作 PCB 板，要使用实际元件。选择元件时单击元件工具栏中的工具按钮，弹出元件库窗口，选择需要的元件，点击 OK 确认，在电路窗口中可看见鼠标拖动着该元件，将其拖动到要放置的位置，再次单击，即放到当前位置上。双击该元件，弹出一个虚拟元件设置对话框，可以进行参数设置。②元件的连接，单击要连接的元件的引脚一端，当出现一个小黑点时，拖动光标至另一元件的引脚处（或电路的导线上）并单击，系统就会用导线自动将两个引脚连接起来。电路中可以使用多个接地符号，但至少要使用一个接地符号，因为没有接地符号的电路不能通过仿真。③放置要使用的仪表并进行相应的设置。与使用实际仪表非常相似，放置仪表后要进行测试线的连接。按以上方法连接、设置完电路后，将电路保存。④调试、仿真。单击仿真开关 ⬛ 或单击 Simulate（仿真）菜单下的 RUN（运行）命令，调节仪表设置，观察到合适的波形。

（3）利用分析功能。Multisim10 提供了 18 种分析方法，可以通过选择 Simulate（仿真）菜单中的 Analysis（分析）命令项来实现，点击设计工具栏也可以弹出该电路分析菜单。

（4）后处理和传输。后处理功能可以对分析的数据结果进行各种运算处理，可以将已经设计好的电路传输到布线软件进行 PCB 设计，也可以导出各种电路数据。

参 考 文 献

[1] 秦曾煌. 电工学. 6 版. 北京：高等教育出版社，2004.

[2] 唐介. 电工学（少学时）. 北京：高等教育出版社，1999.

[3] 姚海彬. 电工技术（电工学Ⅰ）. 2 版. 北京：高等教育出版社，2004.

[4] 孙洛生. 电工学基本教程. 2 版. 北京：高等教育出版社，2008.

[5] 刘润华. 电工电子学. 济南：中国石油大学出版社，2002.

[6] 徐淑华，宫淑贞. 电工电子技术. 北京：电子工业出版社，2006.

[7] 朱伟兴. 电工电子应用技术（电工学Ⅰ）. 北京：高等教育出版社，2008.

[8] 朱伟兴. 电路与电子技术（电工学Ⅱ）. 北京：高等教育出版社，2009.

[9] 陈小强，罗映红. 电工技术. 兰州：兰州大学出版社，2002.

[10] 汤蕴璆. 电机学. 3 版. 北京：机械工业出版社，2009.

[11] 周新云. 电工技术. 北京：科学出版社，2005.

[12] 从宏寿. Multisim8 仿真与应用实例开发. 北京：清华大学出版社，2007.

[13] 熊伟，侯传教，梁青，孟涛. Multisim7 电路设计及仿真应用. 北京：清华大学出版社，2006.

[14] 王冠华. Multisim10 电路设计及应用. 北京：国防工业出版社，2008.

[15] 田健仲. 电路仿真与实验教程. 北京：北京航空航天大学出版社，2007.

[16] 段玉生. 电工电子技术与 EDA 基础（上）. 北京：清华大学出版社，2004.